终　身　教　育　研　究　丛　书

# 让学习伴随终生

## ——上海国际终身学习论坛文集

**Make Learning a Reality throughout Life**

***——Collected Papers of Shanghai International Forum on Lifelong Learning***

郝克明　主编

高等教育出版社·北京
HIGHER EDUCATION PRESS　BEIJING

**图书在版编目（CIP）数据**

让学习伴随终生——上海国际终身学习论坛文集/郝克明主编. --北京：高等教育出版社，2011.12

（终身教育研究丛书）

ISBN 978-7-04-013156-7

Ⅰ. ①让… Ⅱ. ①郝… Ⅲ. ①终生教育-国际学术会议-文集 Ⅳ. ①G72-53

中国版本图书馆CIP数据核字（2011）第188029号

策划编辑 姬 琳　责任编辑 姬 琳　封面设计 于文燕　版式设计 范晓红
责任校对 金 辉　责任印制 胡晓旭

| | | | |
|---|---|---|---|
| 出版发行 | 高等教育出版社 | 咨询电话 | 400－810－0598 |
| 社　　址 | 北京市西城区德外大街4号 | 网　　址 | http://www.hep.edu.cn |
| 邮政编码 | 100120 | | http://www.hep.com.cn |
| 印　　刷 | 北京佳信达欣艺术印刷有限公司 | 网上订购 | http://www.landraco.com |
| 开　　本 | 787mm×1092mm 1/16 | | http://www.landraco.com.cn |
| 印　　张 | 31.75 | 版　　次 | 2011年12月第1版 |
| 字　　数 | 360千字 | 印　　次 | 2011年12月第1次印刷 |
| 购书热线 | 010－58581118 | 定　　价 | 73.00元 |



物 料 号 13156－00

# 本书编委会


**主　编：**郝克明

**副主编：**薛明扬　方茂田　李仁和　李骏修　杜　越

**编　委：**曹　丞　王　宏　董建红　卢海弘　张　婧
张丽娟　马　凯

# 序一　为推进世界终身学习的发展贡献智慧和力量①

刘延东

教育是国家发展和民族振兴的基石。中国政府高度重视教育事业发展，不断推进教育改革，建成了世界上规模最大的教育体系，保障了亿万人民的受教育权利，实现了从人口大国向人力资源大国的转变。随着知识经济时代的来临，构建终身学习体系，创建学习型社会成为国际教育发展的重要趋势。中国政府规划到2020年基本实现教育现代化，基本形成学习型社会，进入人力资源强国行列。在13亿人口的发展中国家，建设世界上最大规模的全民学习和终身学习社会对中国本身以及对世界都意义重大，影响深远。

联合国教科文组织是终身学习理念的积极倡导者和热情推动者。由联合国教科文组织和上海市政府等联合举办的此次国际终身学习论坛，不仅为与会各国专家提供了交流经验、分享智慧的互动平台，而且也为国际教育界的朋友们近距离观察、认识中国和中国教育发展打开了一扇窗口。希望各国专家借此机会加强沟通、相互启迪、增进友谊、凝聚共识，共同为推进世界终身学习的发展贡献智慧和力量！

---

① 摘自是国务委员刘延东为论坛发来的贺信。

# 序二　努力为所有人提供终身学习机会[1]

伊琳娜·博科娃

2010上海世博会的主题是“城市,让生活更美好”,还有什么地方比上海更好呢,这个充满活力的城市,近年来在建立终身教育体系方面已取得了巨大进步。作为联合国大家庭的一员,联合国教科文组织(UNESCO)将积极参与世博会,其特别贡献主要是让人们学会在城市共同可持续地生活。值此世博会举办之际,我们讨论UNESCO周活动之一的终身学习是再好不过的了。

此次论坛由联合国教科文组织、上海市政府、中国教育发展战略学会和中国联合国教科文组织全国委员会联合举办。其议题是“实现全民终身学习:终身学习的发展、趋势和体系”,这意味着两个目标:第一个是加强推进终身学习趋势,该趋势是由第六届国际成人教育会议和《贝伦行动框架》通过分享政策上的最佳实践经验而确立的。第二个是将其作为实现全民受教育权利以及建立综合全面的学习体系和社会的一种方式。

这次论坛注定是一次盛会。我们非常高兴有来自三十多个成员国的嘉宾来

① 本文是联合国教科文组织总干事伊琳娜·博科娃在论坛上的致辞。

参加这次会议。我对你们表示诚挚的问候和谢意。你们能够来参加会议本身就是对联合国教科文组织项目和终身教育的大力支持。我在这里也欢迎中国各个省份和上海各个区的官员和专家,你们的出席将让我们的会议讨论更丰富热烈。

从创建时起,联合国教科文组织就重视人们受教育的权利。我们坚信教育是人类享有的基本权利,是履行实现其他权利的基本途径。教育不是少数精英分子享有的特权,也不受年龄的局限,相反,教育应该是全民性的终身享有的权利。

联合国教科文组织不断强调,单是承认受教育的权利是没有意义的,我们必须采取措施创造条件来实践这个权利。2000 年我们在塞内加尔的达喀尔举行的世界教育论坛上制订计划要在 2015 年实现六个全民教育的目标,这是实现全民受教育的战略方法。达喀尔行动框架明确表明,教育——无论少年儿童教育和终身继续教育,对增强个人能力,消除家庭及特定社会群体的贫困,促进社会经济发展起着至关重要的作用。全民教育是每个国家发展的基础,是建设更宽容的、更公正的社会的基础。

联合国教科文组织及其成员国的观点是教育和学习是与人文价值紧密联系的发展过程。从新人文主义的视角看,我们必须把终身学习纳入可持续发展的中心,作为建立一个更加公平和宽容社会的手段。现在,我们比以往任何时候都需要努力为所有人提供终身学习机会,从而提高生活质量,建设一个更好的社会,让人们更好地适应、解决他们面临的挑战。

在以知识为本的全球经济环境下,未来繁荣与安全、和平、社会和谐和维持自然环境将会依赖于人们做出选择的机会和能力,依赖于人们对快速变化的适应力,依赖于人们找到解决具有紧迫性和挑战性问题的可持续发展方案。实际上，教育和终身学习就是关键。联合国教科文组织2008—2013年度中期战略规划主张一个国家的经济发展和繁荣依赖于这个国家教育所有公民的能力。全民素质教育是联合国教科文组织的最终目标。终身学习是达到这个目标和促进正规学习、非正规学习、非正式学习发展的重要组织原则。

最近几年，一些联合国教科文组织成员国在建设终身学习体系中取得重大进展。然而，在建设终身学习体系进程中，政策与实际行动并不完全一致。面对21世纪全球挑战，每个国家将所有人都能终身学习的目标变为现实更加迫在眉睫。在当今全球金融危机和气候变化威胁的背景下，社会经济可持续发展的必要性使得增加全民高质量学习机会，尤其对于那些很少获得学习机会的边缘群体来说，变得更加迫切。

终身学习覆盖了所有类型的学习机会，包括幼儿园、小学、中学、大学教育。然而，终身学习不只是正规学校教育，还包括校外青少年和成人非正规和非正式学习。第六届国际成人教育会议重新确定了终身学习在解决全球发展问题中的重要作用。贝伦行动框架对指导联合国教科文组织成员国利用成人学习和教育建立一个可行的未来具有重要意义。

我必须强调整体教育学习方法的重要性，及教育要联系环境，教育联系发展体系的重要性。因此，为了扩大教育范围，提高教育质量，促进教育相关性及教育公平，成员国要加强教育计划和实施，加强对教育过程的监督。

联合国教科文组织终身学习机构要求成员国对终身学习有关的研究、政策及实践要给予支持并相互联系。这将有助于促进对终身学习的拥护和研究，有助于能力的提高及培养合作精神。相关的政策制定人员、研究者及社会团体都拥有丰富的经验和足够的知识储备并积极致力于终身学习领域。我知道终身学习研究所也将尽其所能帮助成员国建立和发展全面有效的终身学习体系，以确保所有公民，不论性别与地位，都享有平等的学习机会。

近几年来，中国为教育的改革和发展所作的努力尤为显著。联合国教科文组织也注意到中国政府为发展《国家中长期教育改革和发展规划纲要》所作的努力，这些努力值得称赞。且此纲要嵌在受教育权中，这一做法也受到欢迎。联合国教科文组织也将大力支持中国为建立终身学习体系及建立学习型社会而努力。

中国在推动终身学习及建立学习型社会方面所取得的进步尤为显著。通过参观上海终身学习机构，中国在这方面的经验尤其是创新型实践及在终身学习制度化方面的经验，将大大促进国际知识的交流。

作为世界第三经济大国，中国有潜力、有经验在世界教育交流，尤其在推进南南教育合作方面产生更大的影响。中国在其“国家中长期教育计划纲要”中针对国际教育交流做出的承诺令人印象深刻，提出“应当加强与联合国教科文组织和其他国际组织的合作”和“中国将更积极参与双边、多边、地区和全球教育合作”。

我想向中国政府表达我真挚的谢意，感谢中国政府通过一系列双边和多边项目支持南半球国家发展教育，感谢中国政府主办和赞助联合国教科文组织的活动。我为中国将在全球教育对话和合作中扮演更积极的角色而感到非常高兴。

我非常清楚要普及终身学习、将终身学习国际化和使终身学习遍及每个国家的复杂性。让我们一起努力，积极、创新地解决眼前的问题。我们深信，我们将尽最大的努力战胜自己国家面临的学习方面的挑战。我希望所有的与会者都能致力于这届论坛的成功，让越来越多的人实现终身学习，并且建立联盟关系以期在联合国教科文组织成员国推动终身学习。

# 前　　言

不论从社会角度还是经济和政治角度来看，我们现在所处的都是一个变化快速而又纷繁复杂的世界。我们需要在广泛的社会背景中不断加快获取知识、掌握技巧的速度，并且时刻调整自身态度以适应这种高速变化。就个体而言，一个人在成为终身学习者之前无法面对生活的挑战，而从整个社会来看，只有发展为学习型社会，(人类的)可持续发展才有保障。此外，赋予所有人平等的受教育机会是实现全民教育这一目标的必要条件。而终身学习正是顺应了上述种种教育需求，才逐渐成为引领全世界教育改革和发展的原则。

2010 年上海世博会的举办为终身学习提供了交换意见与分享经验的平台。以此为契机，联合国教科文组织、上海市人民政府、中国教育发展战略学会，以及中国联合国教科文组织全国委员会强强联合，于 2010 年 5 月 19 日至 21 日在上海世博会期间组织召开了上海国际终身学习论坛。这次论坛的召开具有双重目的：首先，巩固和发展了 2009 年在巴西帕拉州首府贝伦举行的联合国教科文组织第六届国际成人教育大会(CONFINTEA VI)上所形成的发展终身学习的成果；其次，分享了各成员国将终身学习理念付之于全面建立学习型体系和学习型社会最新实践的先进经验。

历时三天的论坛，在各个方面都取得了巨大成功。首先，论坛的召开聚集了

35个国家200多名致力于发展终身学习理念,并将之付诸实践的工作者及出类拔萃的专家;其次,本次论坛还向专业人员、决策者以及学术界人士提供了分享经验和成果的独特机会,使各界人士得以通过全体会议、分论坛主题辩论以及参观世博会和上海终身教育机构等多种方式,开展经验交流与成果分享活动,并探讨当今教育界面临的种种核心问题。这次论坛上各位专家的发言,丰富和发展了对终身学习理念内涵的认识。专家们的发言还特别强调在终身学习框架下学校教育改革的重要性和紧迫性,并对积极推进学校后的继续教育、重视和发挥信息技术和现代远程教育的作用、建立终身学习成果认证转换制度、加强终身学习制度建设等方面提出了许多重要的观点和建议。论坛的成功还与所有协办方的努力密切相关,正是由于他们的热情、奉献和决心,以及所有工作人员和志愿者们的帮助,本次论坛才得以圆满举行。

中国政府和联合国教科文组织都非常重视本次论坛的召开。国务委员刘延东为本次论坛致贺词,联合国教科文组织总干事伊琳娜·博科娃以及教育部部长袁贵仁分别莅临并向所有与会人士发表讲话。伊琳娜·博科娃着重指出,联合国教科文组织自诞生之日起就致力于发展教育,把教育视为维系并实现人们各种权利的保障,并已达成了一系列包含新千年人类发展目标、全民教育(EFA)以及联合国教育促进可持续发展十年国际实施计划(DESD)在内的国际公认的发展目标。她强调终身教育在应对全球发展问题中所扮演的角色,并鼓励所有与会人士以积极乐观的态度、创新敬业的精神竭诚合作,使终身学习遍布全世界每个角落。

袁贵仁强调了在中国建立终身学习机制、发展学习型社会的重要性与紧迫性。他指出,中国政府将通过立法来推广终身教育,通过课程与教学方式的改革以扩大继续教育，并在不同形式、不同层次的教育之间构建“立交桥”。为了顺应全民终身教育的发展需要，中国将建立财政支持系统，从而在 2020 年之前实现教育现代化与构建学习型社会的目标。

论坛的与会人员就终身学习领域的各种理念进行了深入探讨，并着重就其发展演变和关键内容进行了广泛交流。终身学习就是生活本身，与会各国分享评论了其在决策制定中出现的许多闪光点，诠释了人们推广终身学习的愿望。中国推进建立学习型社会和终身学习体系的改革有望成为一次真正意义上的重大突破，这引起了与会各国的强烈兴趣与持续关注。

中国国务委员、国家教育体制改革领导小组组长刘延东对这次论坛给予了高度评价。她指出，此次论坛很成功，不仅对促进终身学习在全球发展产生了重要影响，也增进了国际社会对中国教育发展的了解。她希望中国的教育工作者进一步加强对终身学习的规律和政策的研究，着力构建具有中国特色的终身学习体系，为建设学习型社会提供有力保障。教育部部长袁贵仁提出，要认真学习和吸收这次论坛所提出的重要理念、思路和举措，在终身教育（学习）的框架下做好教育改革和发展的各项工作。

本书收录的 43 篇论文（包括与会专家向论坛提交的部分书面发言），记载了本次论坛中的丰富辩论、热烈讨论和重要观点。我们希望借此机会向所有发言人、提交论文以及为本次论坛的成功做出贡献的人士致以诚挚的感谢，并真切希望本次论坛的召开以及本书的出版能够为国际社会实现终身学习的全民普及做出贡献。

中国教育发展战略学会会长
郝克明

联合国教科文组织终身学习研究所所长
阿达姆 · 旺安（Adama Ouane）

# 目　录

## 终身学习的紧迫性和理论创新



## 推进终身学习的政策与制度建设

## 教育信息化与终身学习的发展

## 学习型社区、学习型组织与终身学习



## 终身学习体系下的继续教育与培训

## 论坛总结报告和综述

# 终身学习的紧迫性和理论创新

# 中国教育改革和发展的重要战略目标和任务[①]

袁贵仁



在美丽的黄浦江畔，在精彩纷呈的世博会期间，来自多个国际组织和35个国家的200余名中外学者专家欢聚一堂，共同出席“上海国际终身学习论坛”，共商终身学习的发展战略，分享各国学习型社会建设的理念经验。在此，我代表中国教育部对论坛的召开表示热烈祝贺，向参加论坛的国际组织和各国学者、专家、朋友们表示热烈欢迎！

终身教育是20世纪最为重要的教育理念。早在20世纪60年代，联合国教科文组织就提出“终身教育”的概念，并在1972年的《学会生存——教育世界的今天和明天》和1996年的《教育：财富蕴藏其中》报告中，提出终身教育是学习型社会的基石，是进入21世纪的钥匙。40多年来，在联合国教科文组织的积极倡导下，构建终身教育体系，创建学习型社会已成为世界各国教育政策的重要原

① 本文是中国教育部部长袁贵仁在论坛上的致辞。

则。特别是随着知识经济时代的到来，人类走向学习型社会已成为经济发展、社会进步和生活质量提高的必然趋势，包括联合国教科文组织在内的国际组织及许多国家相继制定终身学习战略、规划和政策，并在实践推进方面取得了重要成就和进展。本次"国际终身学习论坛"作为上海世博会联合国教科文周的重要活动，必将对各国交流终身学习理念、构建终身学习制度的成果和经验，加快向学习型社会迈进，产生重要的推动作用。同时，也必将为上海世博会增添丰富的人文内涵。

中华民族历来重视学习。"活到老、学到老"是自古形成的优良传统。新中国成立特别是改革开放以来，教育事业有了重大发展，终身学习越来越受到广泛关注。1995 年颁布实施的《中华人民共和国教育法》提出，要逐步建立和完善终身教育体系。进入 21 世纪，国家明确把构建终身教育体系，形成全民学习、终身学习的学习型社会作为全面建设小康社会奋斗目标的重要内容。2009 年，我们全面普及了九年免费义务教育，高中阶段教育毛入学率达到 79.2%，高等教育毛入学率达到 24.2%，职业教育和成人继续教育快速发展。从业人员继续教育达 1.66 亿人次，全国主要劳动年龄人口和新增劳动力平均受教育年限分别达到 9.5 年和 12.4 年，具有高等教育文化程度的人口达到 9 830 万人。中国实现了由人口大国向人力资源大国的转变。这些成就标志着中国人口受教育程度显著提高，也为学习型社会建设奠定了坚实基础。

当前，世界正处于大发展、大变革、大调整时期，科技进步日新月异，产业振兴加速实施，国民财富的增长和人民福祉的改善，越来越依赖于知识的积累和创新，越来越依赖于人才的培养和储备。特别是受国际金融危机的影响，大大凸显了提高国民素质、培养创新人才的重要性和紧迫性。为了让人民生活得更加幸福、更有尊严，让社会更加公正、更加和谐，中国政府决定研究制定《国家中长期教育改革和发展规划纲要（2010—2020 年）》。这是指导未来 10 年中国教育改革发展的纲领性文件。这次研究制定规划纲要，更加自觉地把终身教育理念作为重要指导思想，把学习型社会建设放在突出位置。提出了“到 2020 年，基本实现教育现代化，基本形成学习型社会，进入人力资源强国行列”的战略目标，明确要求实现更高水平的普及教育，形成惠及全民的公平教育，提供更加丰富的优质教育，构建体系完备的终身教育和健全充满活力的教育体制。为此确立了中国今后一个时期包括学前教育、义务教育、高中阶段教育、职业教育、高等教育、继续教育以及民族教育、特殊教育等各个领域教育改革发展的目标任务，保障全体人民学有所教、学有所成、学有所用。

构建终身教育体系、建设学习型社会，是摆在世界各国面前的一项重大而又紧迫的任务。我们将以加强终身学习法制建设为保障，以加强人力资源能力建设为核心，逐步完善体现终身教育理念的国民教育体系；我们将大力发展非学历继续教育，稳步发展学历继续教育，广泛开展城乡社区教育，重视老年教育，倡导全民学习，加快各类学习型组织建设；我们将办好开放大学，完善自学考试制度，建立学分积累和转换制度，实现不同类型学习成果的互认和衔接，促进各级各类教育纵向衔接、横向沟通，搭建终身学习的“立交桥”；我们将加快教育信息化进程，建设开放、便捷的终身学习网络和服务平台，创造方便、灵活、个性化的学习条件。我们还将鼓励支持地方、企事业单位和学校开展综合改革试点，发挥各方面的积极性、主动性和创造性，为全面推进学习型社会建设积累经验、创造条件。

学习改变命运，教育决定未来。“让学习伴随终生”越来越成为当前全球教育的发展趋势和时代主题。中国作为发展中的人口大国，在教育改革和发展过程中面临着诸多前所未遇的新情况、新问题，迫切需要开展教育国际交流与合作。让我们秉承“理解、沟通、欢聚、合作”的世博理念，充分利用和研究借鉴本次论坛的重要成果，积极推进双边、多边人文交流与教育合作，加强终身学习政策的对话与沟通，共同为推动人类终身教育体系和学习型社会建设贡献力量。

# 发掘学习宝库[①]

罗伯托·卡乃罗(Roberto Carneiro)[②]

要让像财富一样埋藏在每个人灵魂深处的所有才能都发挥出来，如记忆、推理、想象、体力、审美观、与他人交流的能力、领导者的天然气质等。这表明人需要对自己有更深入的了解。

——摘自《教育:财富蕴藏其中》

## 一、教育:连接旧社会与新社会

教育是全人类的终极眷注。而教育却充满了讲授新奇事物的圣贤们，随着对学习关注的加深，他们不得不去激发人们的创意和进取心。从使命上来说，教育也被设计成一个保存和传播的场所。

教育既要保守又要自由的双重角色决定了其自身会出现的矛盾、冲突甚至僵持的现象，现在这些现象出现的比以往任何时候都更频繁。

---

① 本文为大会发言稿。

② 罗伯托·卡乃罗(Roberto Carneiro)先生是葡萄牙教育部原部长。

有人可能会说，教育中渗透着的双重性是由快速变化的社会造成的。好像是旧的思维方式正在被新的理解现实的范式和新的预知我们共同困境的范式所取代。

面对越来越快速的变化，我们也越来越难以驻足思索了。我们也越来越不可能根据过去就可以简单地预测未来了，引用当代著名的分析家德鲁克的观点，现在是一个巨变的时代。

教育的至高社会职能是在千年之交，把旧社会与新社会连接起来。在稳定和变革之间、保守和创新之间微弱的临界线上被施加了越来越多的压力后，教育也正经历着前所未有的紧张状态。毫无疑问，教育是所有冲击现代社会的矛盾的一个集体反映。

在我们的旧社会里是以稳定性、简单性和重复性为特征的。记忆控制着推想的足迹，原则被不变地传递下去，值得效法的模式被以典型的形式保留了下来，结构胜于创生。

在我们的新社会里是以不稳定性、创造性和创新性为特征的。推想克服了记忆的羁绊，未来控制了过去，模式被不断地质疑，创生胜于结构。

无论旧社会还是新社会，都是人类的自然栖息地，人类不能够脱离社会而存在。从教育最根本的社会性来说，教育是被文化经验和社会学习所塑造的。

知识和学习是一个硬币的两面：它们表征了社会上升的历程，由原始的工业和信息的形式上升到更高级的共同体和自由的形式，前者主要是由经济驱动的，而后者却是由文化困境所决定的。

横跨知识和学习之间的鸿沟将为克服我们时代的悲剧性缺陷而铺设道路。越来越多的知识被推广了，我们只需指尖轻触，信息就会出现在我们面前。知识和学习之间的鸿沟日益加深，当我们通过有效的学习机会来衡量时，会发现这道鸿沟正扩大着发达世界和不发达世界之间的差距。

主要的知识差距和学习机会不平等违背了社会信息体系的交易原则。

过去的教训告诉我们，在新的经济下，贫富差距很有可能进一步扩大。科学技术的进步给我们的世界制造了一种连通性的假象，而破除这种假象，真正实现一个具有亲近关联性的世界则是我们所面临的真正挑战。连通性，换言之距离感的消失，应该给人们带来更紧密的亲近性。而只有当那些少数的富裕者毫不推诿帮助那些世代贫困的人们，改变那些世代被排斥在主流社会之外的人们的命运的时候，所谓的全球化才能真正实现。

在越来越复杂的情境中，线性的因果关系好像失去了解释力。启蒙运动时期传递下来的认知框架——客观真理和理性的力量——对于帮助我们获得至高无上的知识来说仍是不够的，因为我们一直苦苦探索着这些知识却始终一无所获。

原有的理解世界的方式已经不能产生意义了，因为这些理解方式是建立在一种严格的主客体分离的基础上的，这种方式强调人类对外在现实的支配和控制，并且崇尚技术理性化及其规则的实效化。相反，对主体性的强调、为深化知识而向非零碎算法的取向以及用一体化的方式研究事物复杂性的做法已经成为一种新的范式，这种新范式触及我们自身意义的形成过程，这是仅仅靠事物的外在的和物质的现实所不能及的。

那么，我们不禁要问，我们该如何采用把世界看做“主体的交融”而非“客体的汇聚”的方式来重新思索和重新展现我们生存的世界呢？

主客体的分裂是启蒙运动的特点，是世界与自我的分离的标记。科学是建立在确定性的基础上的，目的是为了确定：世界一定是与我们的主观的人类经验无关，而依赖于客观的、可再生的、不表达人性的数据。这是个精通和专门知识的模型，专家作为主体，世界作为客体。这种心态假定了一种知识丰富的教育，而这种教育经常会导致无意义的学习。

我们理解复杂现代性的两分性方式，对于为了更好地理解世界而选择的手段有着深刻的影响。

系统化的且专横的审查方式通过对外在现实的控制来寻求知识的不断进步，而从其含义来说，那些科学家们不能控制的知识就不能被普遍认可和仔细研究。这就是当今理性学派的假定。

作为一种选择，隐性的、主体性的知晓方式突出了参与的优越性。同样，在知识原子化的前提下，运用简单的认知和沟通方法已经无法顺应目前世界的复杂性。因此，我们应该日益放眼于一种具有全面性的整体认知，而不应该着重对于知识的个体性理解。这些是未来学校的创办趋势。

## 二、终身学习及其四个支柱

终身学习是旨在结合传统性与现代性的一个战略性主题。然而，终身学习与几十年来的成人教育政策、关于回归教育无休止的讨论、或与最近对终身学习的狂热又有何不同之处呢？终身学习是不是仅是修辞上的“新瓶装旧酒”？抑或是它真的包括了创新的元素？

教育的不同阶段及阶段间的链接的重要性日益突出。教育系统如何认知不同阶段间的链接与过渡，可以向我们折射出许多该系统本身的价值理念。阶段之间的过渡是否保证了顺畅的流动性？阶段间的链接是否是宽敞、众多并且有吸引力？答案应该是是的，因为教育的目的需要既追求卓越又具有包纳性。

终身学习既是一种组织教育的方式，又是一种教育哲学；根据杜威的支配性观点，教育是生活的过程，而不是将来生活的预备。终身学习必须从以下方面考虑：

- 关于时间、内容和学习风格的路线多样性；
- 继续学习的机会；
- 参与共同体、分权化、筹措资金的多样化、传输的多样化、对教育目的和实践的民主化磋商；
- 解决社会大量部门中存在的遗忘和技能退化等倾向；
- 知识制造和能力获得的新的社会维度；
- 防止和最小化知识分配不公的行动和补救办法。

必然的结果是，终身学习作为一个主题得到了以德洛尔为主席的委员会的广泛认可，并且高度依赖于在个体的、社区的和社会的层面中形成的充满活力的学习文化。

持续学习给以知识驱动为主流的社会提出了艰难的挑战，个体很少具备对长期性的知识路径进行自我组织和自我管理所必需的技能。因此，在正规教育的早期加强对元认知能力和技能的培养就变得越发重要了。

学会组织多种来源的信息，学会从经验中学习（体验性的知识），处理知识形成的社会维度，学会自我调节为学习而付出的努力，学会在必要的时候忘记并为新知识腾出空间，适量地结合显性知识和隐性知识，以及永远努力把惰性知识转化为活性知识。这些仅仅是形成学习文化几个紧迫的挑战中的一部分。

因而,新一代胜任的和自我监控的学习者的出现,正是针对终身学习这一难题所表现的五个方面。这五个方面分别是:动机(保证学习和克服障碍)、创新(内容上、方法上和传输上)、可持续性(跨越时空)、效能(更少的投入却带来更多的产出)和分配(展示最佳实践和最佳标杆)。

自我监控的学习者"有时通过不懈的坚持,有时通过创造性的解决问题来追求挑战和克服障碍。他们设置现实的目标并使用一系列的资源。他们带着信心和目的来解决学术任务,积极的期望、强烈的动机和多样的问题解决策略的结合就是自我监控的学习者优点"。

比起过去,未来终身学习很可能会在非学历教育的学习环境中占有更大的比例。非学历教育的学习环境中更多的可能是学习者导向的,而不是教师导向的,这意味着这种环境下的学习需要更多的自我监控的技能。

因此,贯穿一生的、面向各行各业的、高强度的终身学习体系将包括多样化激励措施:

- 在非制度化的环境下,促进能力的获得;
- 识别、测量和褒奖隐性知识,做中学(或学中做);
- 增强人力资本、社会资本和文化资本的累积过程;
- 驾驭源于社会多样性的活力与创造力;
- 改变国家(在终身学习体系中)的角色,从单独的公共服务支出转变为多个供应者监管的角色;
- 无约束、无边界的学习。

国际21世纪教育委员会提出了学习的四个支柱:学会生存、学会认知、学会做事和学会共同生活。

“学会生存”表现了永恒的优先性，它早在1971年的富尔报告中就得到了认可，精神上和存在上拓宽的过程赋予了生命的终极意义和追求幸福的意义，而“学会生存”则呈现了每个人的内在历程。

“学会认知”是在科学技术进步范围之内的一种学习形式。这个紧密联系的社会对信息来源的多样性、媒体内容的多样化和新的求知方式产生了紧迫需求，而“学会认知”这个支柱正好适应这种需求。

“学会做事”能将知识与技能、学习与能力、惰性学习与活性学习、显性知识与隐性知识、创造性学习和适应性学习结合起来，“做中学”和“学中做”使我们能更好地面对这个不确定的世界，也能更好地面对工作性质的不断变化。

“学会共同生活”包含着特别的挑战：重新发现一种富有意义关系的挑战，提高社会凝聚临界值的挑战，为共同体的发展奠定可持续的基础的挑战。“学会共同生活”包含了在多种归属感的环境中公民生活和认同感建立的核心价值观。

学习的四个支柱为学习型社会中的终身学习奠定了持久的基础。

同样的，对于人一生的各个阶段来说，终身学习的包容愿景会专注于以下三个不同的发展目的：

- 个人和文化的发展——与理解、意义产生和精神财富相关。
- 社会和共同体的发展——与公民的职责和权力、参与性和社会性相关。
- 专业发展和可支持的就业——与生产、工作满意度、物质财富和经济追求相关。

新千年中的学习被期望能为第三个目标的实现做出主要贡献。一般来说，传统目的是由经济的增长和发展所确定的。我们的世界正朝向复杂性和相互依赖性演化,这正为终身学习的必要性构建了更为广泛的框架:把个人、文化的进步以及公民的发展放在首位。人类的发展需要这两者的结合,而不应仅仅一味地限于狭隘的经济层面。

## 三、学习型社会的图景

脱离教育后就进入了知识驱动的时代,我们就来到学习型社会的图景面前,学习型社会是为了克服对教育世界的官僚政治和经济主宰而设想出来的(图1)。

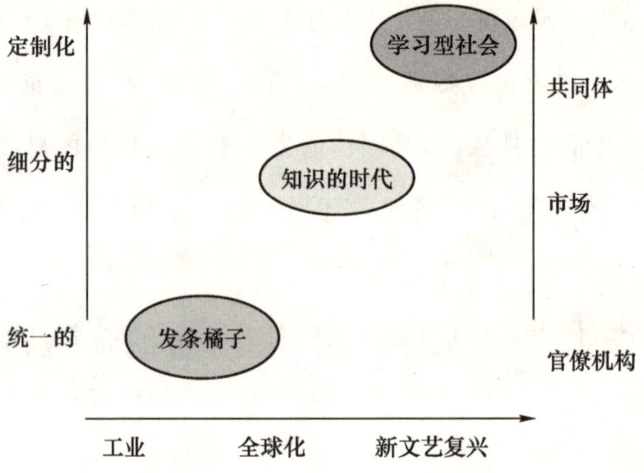


图1　学习型社会的图景

一个全面的学习型社会模型会考虑三个关键变量的相互影响:范式转换、传输模式和驱动力。

相应地,这三个关键变量分别可以用时间纵向分析,因此,可以用三个维度(过去、现在、未来)来阐述这三个变量。

一个由 3×3 构成的组合可以简要地用下面的矩阵讨论一下。

- 范式转换：从工业（过去）到全球化（现在），走向新文艺复兴——理想化的价值愿景（乌托邦式价值愿景）。

- 传输模式：从统一的机械系统（过去）到细分分发（现在的市场驱动），逐渐转变为更加顺应个性化和定制化的分配方式（乌托邦式传输愿景）。

- 驱动力：从官僚领导（由国家控制或州控制的体系）到市场安排（现在），直至将来演变为实权在手的共同体（乌托邦式的激进权力下放）。

我认为，我们正在快速地从发条橘子式的教育进入一个知识的时代，这个转变被全球秩序下销售渠道上的市场细分所支持着。后者学说来源于对独创性知识的信仰，相信知识的生成能把人类从束缚中释放出来，也能实现至高财富的秩序。

我们所支持的全局图景并没有在这里就结束了。紧紧依赖经济理论来实现一个人文和社会的梦想会让人非常不满意。没有更远的值得渴望的地平线，历史的结局会变得太笨拙了。

因此，学习型社会的概念实现了学习的整合。构成健康的学习共同体的愿景是能为其授予与其公共身份相一致的进行教育和培训的权力。这样的公民社会会使它的至高权力达到辅助的最大极限，也就是说，任何国家的干预都被包含在有自我意识和自我决定的共同体权力主要范围内。

教育和学习都是起源于同一个愿景，而这个愿景是围绕一个三层系统而构建的，三层是指学习的教室，包括教师和学生；学习的学校，使负责人、校长、学校领导、管理员、父母、校董会成员和理事连接起来；学习共同体，扩大范围到共同体成员、终身学习者、媒体、商业共同体、社会和文化机构。

在原始的希腊语中,"教育"(educare)一词正是这一理念的信条。学习型社会的定位仍是一个"未解之谜"。人们总是会把基础知识当做灵丹妙药,抑或是一种新兴的日常便利品来消费,然而在人们的意识或意愿里,打破这种思维想法的束缚却具有极大的吸引力。

当老的工业模式试图通过增加投入(日益减少的低回报率)来增长时,新的学习开辟了一个生产率增长和效率增加(增加每一个单元投入的产出)的新时代,这是由"开放"实现的,这种开放具有一种允许适当的知识扩散和健康竞争的特性。

随着逐渐从工业到服务的转变,学习规则的改变也给教育带来了一个根本的改变。

从这个角度说,新的学习会对供应和需求之间的优势重新平衡,会使那种垄断性的统一供应变得更加多样性,更加关注相关人士的利益,会把教学机构转变为学习网络,也会进一步巩固那种从客观知识传播向主观社会学习的演变。

在这个多变的背景下,传统的注重"全教式"的学习正在被融合了各种灵活学习的新形式所取代,这给教育机构带来了重大的压力。新形式的学习包括一部分教课的学习、大量的自学和越来越多的辅助学习和团队学习。学习通过活性知识(而非惰性知识)与世界交互,也就是,这些知识为解决问题和解释能力增加了价值。

取消捆绑教育会为到达新的学习世界增加机会,新的学习世界中将会消除一直以来存在的学习需求和学习供应之间的不匹配。我可以设想在教育和学习模式变化过程中的主要推力:

- 以学习者为中心的学习,而非以教师为中心的学习。

- 鼓励多样性，而非同质性：信奉多元智能和不同的学习风格。
- 理解这个相互依赖和不断变化的世界，而不是记住事实和为了所谓的正确答案而奋斗。
- 不断探索参与教育过程中所有人的使用理论。
- 重新教育与社会关系网络内的同辈、朋友、家庭、组织、社会整合起来。
- 克服第一次启蒙运动所带来的知识破碎的典型特征，要支持整体的和整合的求知方式。
- 认同非正规和非正式学习所扮演的日益重要的角色。

学习的过程是否真能活跃起来？

如何才能使具有非正式的、灵活性的、网络化的和每时每地的特征的学习，在教育复兴的故事中作为一种范式的转化显现出来？

## 四、非正式学习的挑战

学习是普遍的人类活动。

我们通过设计来学习存在，因此，学习发生在现代生活的每一个角落里，在学校、在家里、在工作中，甚至在移动中。

这些不同的学习地点往往与学习的机会和意义的获得重叠融合，并使学习成为一道连续的流动。学校已失去了其垄断地位，不再是唯一的学习场所。工作场所、家庭或在移动中都可为弹性学习提供有力的学习场所。

无处不在的学习和分布式学习正成为规范，这就容许学习者可以对他或她的学习资源进行更有效的管理。

图 2 示意了四个选择性的教育模式和弹性学习方法所带来的挑战。

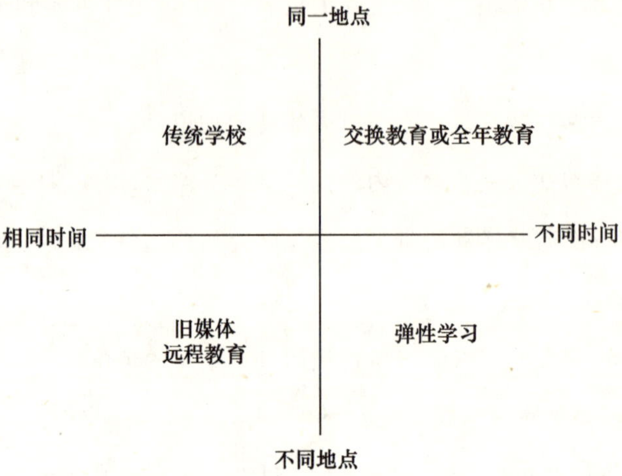


图 2　教学模式与弹性学习方法所带来的挑战

技术逐渐为学习者和教育者赋予了权力。

在即将到来的新时代中，个人对空间和时间的支配权日益增强，这影响了学习事业中教与学的双方。

这其中最精髓的问题仍然是探寻非正式学习和弹性学习是否会进一步为终身学习者赋予权力，特别是对于学历低的群体。

弹性学习给新的教育模式和新一代学习环境的创建带来了有创造力的范式。

对新的学习机会和支持它的技术的开放强调了这样一个事实，学习始终是一个在共同体内部和共同体之间强烈的相互交流的协作活动。

这些共同体可能是非常广泛的或跨越学科的，但它们都有一个共同的目的（如更有效地工作）或与某个职业相关。他们可能在某个单一的（大）组织中或跨越了多个组织。因此,个人为工作而学习的系统需要在虚拟世界中解决社会交互的问题;(解决)在学习者的群体中对共同体目的的自动认同问题;学习者的角色和行为的问题;在虚拟学习共同体中知识的创造和迁移的问题;在系统中学习者创造的知识的所有权问题

新式学习法带有一种强烈的关系色彩。同样的道理,终身学习也要求亲密和亲近的关系。而且,为非正式学习服务就意味着承认这样可以为工作、学习和创新的高级协同建立和巩固基础。事实上,创新总是以知识为基础,因为创新是对先前牢固的知识体发出的挑战。

然而,非正式场合的学习几乎没有得到过社会界和教育界的认可。

APL 认证(对已有知识的鉴定)和 RPL 认证(对已有知识的认可)的经验仍然不足,还是被正规教育系统和知识认证系统所怀疑。

因此,如何对把生活的和(专业的)经验转化为被认证的知识和技能的理论与实践进行投资成为一个重大的挑战。换句话说,这个跨越式的一步需要理解和掌握"社会知识"的形成共享的复杂过程,这个也是新的学习共同体的中心议程。

新一代的信息通信技术(ICT),所谓的网络原生代或数字原生代,不断地探索 Web 2.0(社交网络)和 Web 3.0(语义网+物联网)在传播非正式学习理念和获取隐性知识等方面的潜能。

从这个角度看,对政策制定者和政策研究者来说,如何为非正式的终身学习修整新的政策议程的挑战是艰巨的。这将延伸到阐明和规范以下的紧迫主题:

- 促进经验转化为系统化的有用知识。
- 用一个社会认可的方式使在非正规和非正式场合获得的隐性知识合法化。

- 克服对系统化知识的传统垄断。

- 为隐性能力构建一个可靠的“目录”，而隐性能力只能通过经验的手段来获得和培育。

- 对主要基于正规学位和证书（文化资本）的能力和机会体系进行解构。

- 重新设计一个能够展示经验知识的有效价值的社会信令系统。

- 对由拥有非正式知识的“知识主体”和隐性能力的建设者所构成的共同体进行奖励，而不奖励单纯增加“知识对象”的共同体。

我们可以在葡萄牙的新机会项目（NOI）中找到广泛的评价性研究的训练。这是2005年提出的一项公共政策，目的是使350万低技能的成人胜任工作和提升技能。

研究和广泛的实地调查的第一批成果显示了对于那些成功完成NOI成年人的终身学习基础技能提高证据，尤其是在以下几方面：

在文化素养和信息技能（读、写、说、电脑的使用和互联网的使用）方面，认证后有证据显示其生活习惯有了改变，尤其表现在达到了基础教育水平方面。

在学会学习的技能（自我形象和自尊、批判性思维、学习动机、学习策略和对教育和培训参与）方面，尤其是对达到了基础教育水平的学习者来说，他们的自我形象和学习动机得到提高和改进。

软技术得到了提高，表现在个人及社交能力、公民能力和文化意识和表达方面。

然而，在硬技术方面（即科学、技术和外语）却少有进步的证据。

下面的雷达图（图3，图4，图5）从技能掌握的三个维度提供了结果概况，这三个维度是认证前、认证后以及在日常生活和工作生活中的实际应用。

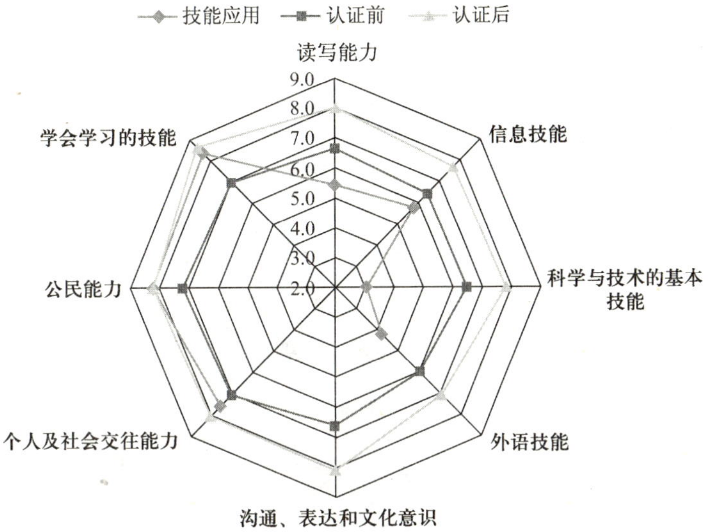


图 3　技能概况——高中层次(12 年级)的评价与应用

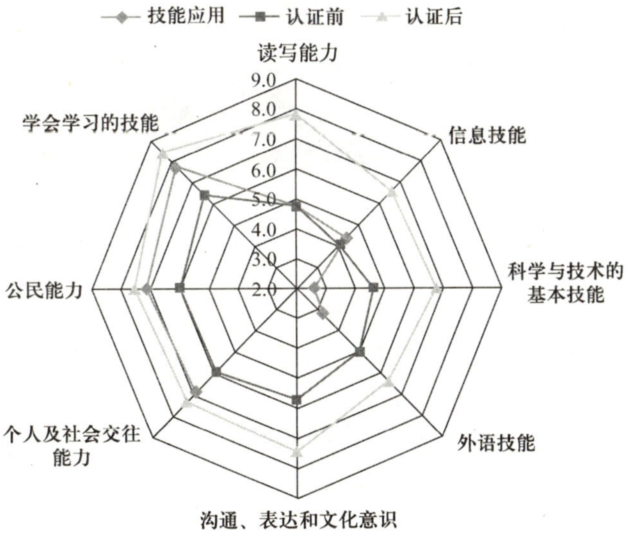


图 4　技能概况——初中层次(9 年级)的评价与应用

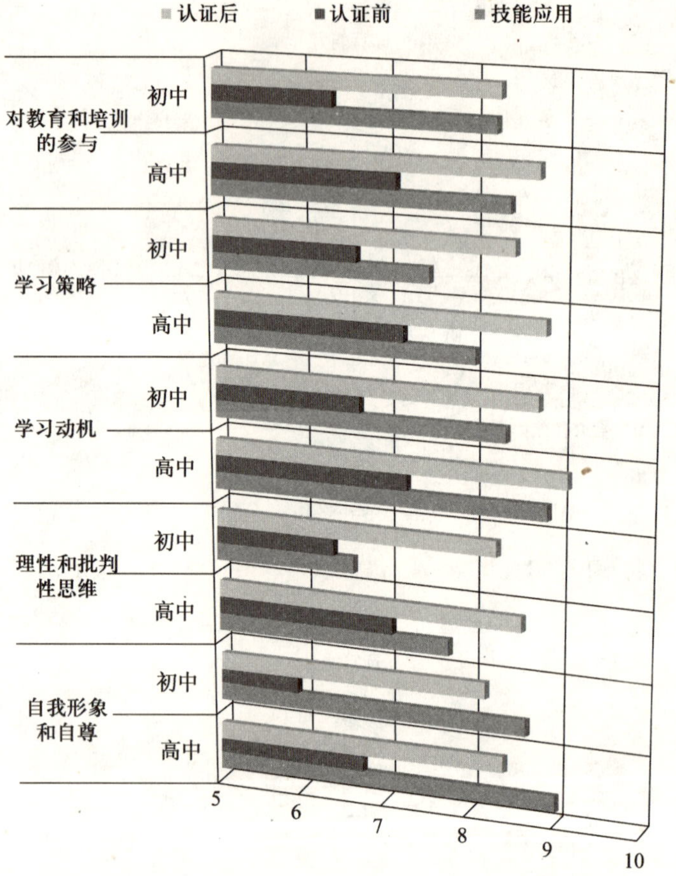


图 5 学会学习在认证前、认证后以及技能应用三个维度的结果概况

这些图形对那些印象深刻的个人技能进步情况加以说明，而在学术知识获取方面没有那么大的程度，这里强调是相当于九年级基础教育的程度。尽管也同样出色，高中教育（相当于十二年级）成绩中也有较少进步的记录。在这两个案例中，学会学习的技能和信息技能获益巨大，软技能（如公民能力、社会文化

能力和沟通能力)也同样获益颇多。技能在实际中的应用仍然以一个较小程度在减少,这个结论揭示了获得的(官方认证)新技能与传统的工作要求和工作环境实际需要的技能之间的不匹配。

从对这个广泛的实证研究材料中得出的重要教训是,认识到终身的非正式学习技能对于低技能成人中大多数缺乏足够教育的群体来说,对于提高他们的“学会学习”是有帮助的。这一结论集中体现在自尊和批判性思维的显著提高上:在基础教育中,自尊在参与之前排名最低,认证后得到最大跃进,批判性思维能力在工作情景中和参与终身学习之前,也是排名最低。我们可以在本部分中最后显示的图中观察到这些个人特征在认证(基础教育)后得到了显著的强化。

## 五、生成主义:为终身学习的新理论奠定基础

传统的联结主义理论,以桑代克(Thorndike)为代表,影响了20世纪整个教育学的取向。在其假设之下,带有惩罚与奖励的练习与实践似乎就足以解决能力分布的核心理论;钟形曲线提供了无可争议的统计学上的教条。教师的首要职责变成了开展由课程专家设计的教学,他们只需像个半熟练的工人就可以了。

新的学习理论强调由知识建构主义和对认知过程进行积极自我管理的学习者构成“新的核心”,建构主义对社会学习中的主体性作用提出了新见解:知识被提升到个人建构和社会建构的范畴,知识与文化的制约性和制约性之间的强相互作用是不可分割的。通往知识和认知的道路是要视记忆、历史、语言、种族和感情而定的。

文化本身,作为一个知识占有和传播的有力标志。符号的语言弥漫在整个

宇宙的知识中，语言——为事物命名——与思想交织在一起，因为学习源于对社会互动的内化，所以语言为思想提供了物质基础。

智能不再被当做一种自然的和无弹性的禀赋。研究表明，长期生存在苛刻的环境有利于获得强有力的“思维习惯”。通过生成式学习可以达到智力的扩展：生成式学习是努力和能力的平衡组合，它呼吁专家式的教学和有能力的辅导。教师的能力变得越来越关键，通过努力和持续的专业发展来扩展自己。

加拿大学者西门思（Siemens，2005）提出了联通主义的理论，这个理论既强调现代人中的媒体文化，又强调学习机会的多样性，这些是基于人仍然与世界有着密切联系的这一事实。在某种程度上，联通主义在教育上的意义与 Bruno Latour 的行动者网络理论和 Luc Boltanski 对资本主义新精神的解释是一脉相承的。然而，Latour 的主张并不完全有利于推进作为一种社会事业和文化事业的学习，因为他在解释一个本地网络系统中所有的叙述时，否认了“社会”的功能。

总结起来说，我们强调根据几个重要的里程碑来设置各种学习理论，因此，像其他专门文献强调的那样，这里也值得重提学习理论是四个主要方法：

- 行为主义——用外界刺激来改变一个人的反射行为。
- 认知主义——通过观察外部行为的改变来探索心智（心理过程）。
- 建构主义——基于这样的假设：学习者通过反思个人经验和“向世界说话，让世界回话”来积极构建他/她自己的理解。
- 联通主义——我们的大脑正在不断发生变化，甚至被技术“格式化”，我们使用技术的过程正在塑造我们的行为；知道是什么（know-what）、知道如何做（know-how）如正在被知道在哪（know-where）所取代，因为知道在哪是理解在哪里才能找到真正需要的知识。

在确定了这四个主要趋势后，下一个问题应该是：在日益数字化和联系越来越紧密的世界中，这四种方法中的哪一种最适合解决终身学习的挑战呢？

为了进一步深入思考这个紧迫问题，我们应该从我们正站在教育和学习的一个激动人心的新时代的门槛上出发来阐明我们的优先选择。实际上，在见证了开放教育资源在过去几十年来的超常规发展后，我们可以梦想到一种"学习效用议程"。换句话说，就是有大量的基础设施可用来提供更多的学习机会，可从多种设备和平台随时随地访问，就像今天的人们可以轻松地接触到电力、水和通讯一样，这鼓舞人们对与终身学习、关键技能的获得和对非正式学习的认可有关的紧迫议程抱有大胆无畏的新设想。

然而，很少有证据表明开放教育资源的"大爆炸"为教育舞台带来了有效的自由使用的资源，此外，开放教育资源在转化为实际的课堂实践和激发新的学习模式方面仍然有惊人的不足。

日益增长的开放教育资源的供应与不愿采用开放教育实践之间的深渊让人丝毫不感到吃惊。事情的真相是，表面上的矛盾体现了一个早期就出现的主题中，两个传统范式之间的冲突，一个是开发知识"对象"（供应驱动的战略），而另一个是投资学习"主体"（需求驱动的战略）。

显然，现实并不一定要在两者之间做出选择。为了避免教育创新进展中的重大不平衡，这两个战略应走在一起，携手共进，而这却很少出现。

我们现有的学习理论不足以涵盖开放教育实践的政策的复杂性，行为主义、认知主义和建构主义都是在信息和通信技术之前的石器时代里形成的。此外，这些理论预料不到这个"勇敢新世界"的出现，这里是个科技丰富的环境，这里有围绕着 Web 2.0 构建的社会网络所带来的飙升的互动，这里有无界限的可用内容。

而对于联通主义，无论这个理论是多么有独创性，多么有吸引力，技术促进变革的基本主张仍是把个体作为转化的主要核心——脑功能和行为。这种认识达不到开放教育实践的要求，因为可能从根本上需要一套新的能力要求和不同的促进社会学习的方式。

谈到这里，我想提出的是，只有我们从个性化、专业化和社会技能等方面对人（学习主体）进行投资，从而使开发教育资源成为新的学习经验的强大的引擎，开发教育实践才能在可持续的道路上起飞航行。

对于什么是科学知识的认识，“接收观”和“语义观”标志着有明显的区别两大哲学理论。前者（接收观）是对现有知识的被动收集或回忆。后者（语义观）包含对接受到知识的重新构建和对附加价值意义的持续寻求。

我们已经提出了一个完整的价值链，从原始数据到信息（元数据），从信息到知识（元信息），从知识到学习（元知识），从学习到意义的获得（元学习）。为了弥补信息获取、知识差距、学习和意义获得间不一致性的努力，体现在三个方面的转变上：从简单到复杂，从定量科学到定性科学，从产品到服务（Carneiro，2008）。

这个价值链对全面理解从接收观到语义观的升级有重要作用（图 6）。

实际上，接收观和语义观的对立导致我们为开放教育实践（OEP）形成了一个新的语义驱动语法，作为第五种学习理论，它是对前面四种理论的扩展，我们把它称为生成主义（作为适应主义的对立面）。

生成主义存在于创新性学习和为创新而学的交汇处，是创新型社会的基础。从这个意义上说，开放教育实践的挑战在于从已经编码好的知识中生成新的知

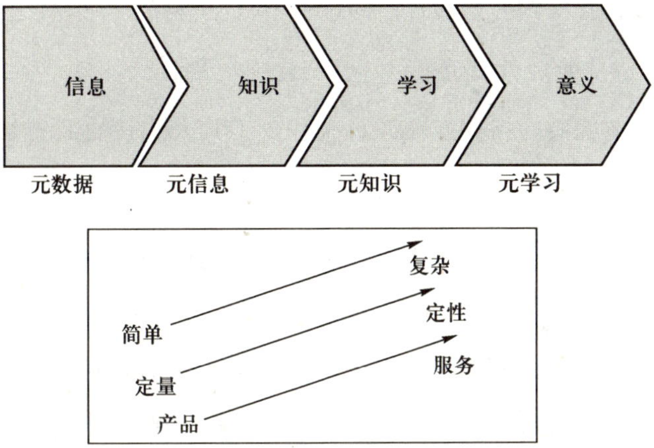


图6　价值链：为了获得意义

识。生成主义认为知识的协同创造和再创造对人从经验中获取新的意义和进一步理解传统知识共享体有重要意义。

我们认为生成主义可能为开放教育实践提供坚实的理论基础，但这也带来许多分歧和一系列疑问：

• 不管是新的知识客体中的知识，还是新学习主体中的知识，生成主义都能激发知识生成、分享、再生成这样的持续螺旋上升吗？

• 为了使新的信息传播技术（ICT）和媒体能够最终赋予并帮助形成充满活力的学习社区实践，生成性的开放教育实践是否具有释放组织中人的生产和创新能力的潜力？

• 如果开放教育实践被作为是以新的终身学习者为中心设计的关键要素，那我们该如何定义"合格的未来学习者"：是掌握并运用一系列的生成性学习能力的人吗？

- 在开放教育实践开始和传播的过程中，自我规范学习和社会（对话的）学习中提高的生成技能是否会带来破坏性变化呢？

- 怎样打造优质的指导方针和自我评价工具来支持自我持续性的生成主义并提高终身学习者的能力呢？

- 生成主义能够把自己定位为 Web3.0 的中心概念（语义的、学习性的、智能的、定制化服务的、不断演变和丰富的）吗？人们会调控开放教育实践，允许智慧地使用开放资源实现真正变革性和创造性的学习经验吗？

- 为了增强成人与成人（教师—学习者、高等教育和成人教育）之间交互中的生成性，"幼态成熟"（Neotenia）的研究是否应该作为开放教育实践研究的一个主要领域呢？

总结起来，把这些问题归结到一个大的研究问题，人们可能会问：我们是否可以把生成主义作为实现以新的、独特的、灵活的模式重新启动或进行终身学习的关键呢？

## 六、建立新的社会契约：朝向全面培养公民的方向

从华美的言辞到实际执行的转变还远未完成。终身教育被纳入教育学字典已有几十年。因此，有必要为把生活作为基础的学习资产而开辟新的途径，这不是说要严格地按照时间扩展的横向维度，而是从来自对各种特定的生活体验进行反思中受益。学习是密集的内在旅程的集合，它是"财富蕴藏其中"。

脑科学研究告诉我们，意识围绕着知识加工和基于价值的选择的复杂机制，而这两个机制是由我们前脑中的两部分完成的：边缘系统和大脑皮质。有目的

的行为需要由语义记忆、动机和意识的辅助来完成。

意识演变为在职业认同形成过程中自主性和意义的获得设置了阶段。从长期的个人演变链上来看，它根源于强大的意识，努力解决最深、最难的职业和身份问题，并不断警惕浅显的激进主义。

当意识和职业认同缺失时，学习将缺少目的性，工作与个人发展的联系疏远，学习驱动力也不稳定。当具备职业认同时，个人和专业能力才能完满发展。

在全球化的学习环境中，教育作为一种权利和学习作为一种义务天然地形成了合作伙伴（图7）。

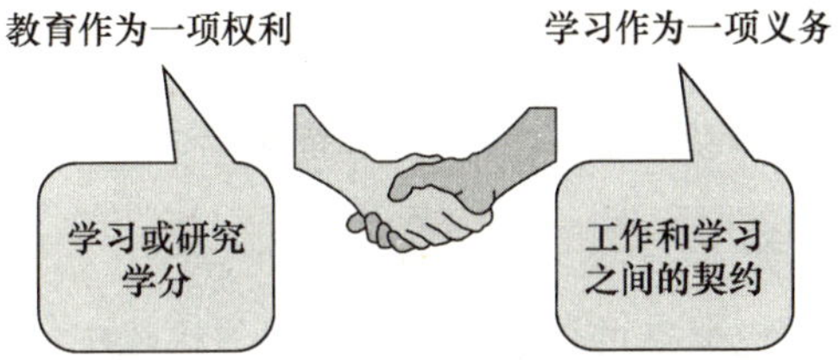


图7　教育与学习新的公民权利和义务

换句话说，新千年是自然的理论家巧言描述的一种空白画布。从柏拉图到卢梭，从霍布斯到罗尔斯，社会哲学家们通过构想稳定和持续的社会契约来寻找至高和谐的状态，这种社会契约是基于社会权利和义务平衡地相互作用，通过自由谈判并建立的行为规范。

这里值得一提的是，区别于动物界的另一个显著的人性特征，人的社会存在根植于从遗传特征到长期形成的契约，是随着道德观念和法律文化而不断演变的。

我们自然地参与各项持续的“盟约”，我们接受维系“盟约”确保其存在的必要性包括:长期的友谊、家庭的维系、所属的社区、文化的链接、国家的身份。学习也是一项建立公共意识的事业,它的一项基本原则是道德规范和滋养我们社会的基础制度。

因此,一个学习型社会带来的是独立自主的机遇:建立一个新的社会权利和个人义务之间的平衡,同时也是协调个人和集体或文化权利的时机。

在塞萨洛尼基(希腊)给欧洲的社会合作者的高层代表做的一场演讲中,我们提出如下观点:

"社会契约是一项所有参与者都接受并遵守的隐性规范。战后的社会契约已成功持续了五十多年,到目前已完全过时了。这主要体现在许多假设在今天已经站不住脚,比如:稳定和全部就业、社会福利、无限制的经济增长、对民主政府的绝对信仰和宪制权力的严格区分。毫无疑问,除非协同努力建立一项不同的社会契约,并使其适应复杂的信息社会及从学习挑战中最大限度地获益,否则我们的社会将陷入越来越多的困境之中。在建立新的契约化过程中,经济依然会是很重要的角色,但不是唯一和原始的因素。真正的公民是在责任与义务之间找到平衡,注重并呼吁良性价值观,如国家秩序和国际秩序上的公正、公平、平等和团结等。"

民主参与是培养有意识公民的根源。民主参与需要有一定起始水平的社会资本和能够支持更高共同目标的信任。这个公共利益范畴超越了简单的个人权利。

这就是为什么民主法则是公民教育的核心。建立一个学习型社会与深化民主信仰、激励子孙后代完善民主政治是密切相关的。换句话说,构建一个包括教育、知识和学习的新型社会契约是开启新的政治事业的关键。

雅克·德洛尔(Jacques Delors)的报告启发了我的这篇论文,他在那篇报告中强烈地提醒我们:我们十分有必要时刻提醒自己,真正的财富所蕴含之处在于:

“而老人是明智的,

他在临终前告诉儿子们:

学习是一种财富。”

# 终身学习的演进与展望[①]

阿达玛·旺安(Adama Ouane)[②]



## 一、引言

在这样一个时刻,即全世界的公民日益需要终身学习机会的时刻,重申不可剥夺的受教育权利是十分必要的。终身学习是生存与应对同可持续发展和个人实现相关的挑战的唯一方式。尽管越来越多的政府认识到,终身学习在建设可持续与社会融合的未来——使得个体学会如何认知、做事、存在与共处——的过程中发挥着极其重要的作用,但是迄今为止,教育排斥的根本原因仍然没有以综合的方式并且为了所有公民加以对待,尤其是对那些在经济与社会上被剥夺的人而言。

仍然有 7.59 亿成人没有接受任何学校教育或失去其他成为有文化的人的机会。这相当于 15 岁及其以上的世界总人口的 16%,其中近 2/3 是女性。而

① 本文为大会发言稿。

② 阿达玛·旺安(Adama Ouane)先生是联合国教科文组织终身学习研究所所长。

且,2010 年《全民教育全球监控报告》强调,虽然失学儿童的数量继续下降,但是仍然有 7 200 万儿童失学。最近的入学注册数据表明,世界初等教育 2015 年目标将会落空。此外,家庭调查数据表明,失学儿童的数量多于官方公布的数量。

所有这些都说明,日益需要教育变革,并且,教育除了作为一种权利,还是实现其他权利的一种手段。它给予学习者拓展所知范围、创造新的现实或者从现实中寻求新的理解的工具。它是自由与限制之间的一种平衡行为。

正如阿马蒂亚·森(Amartya Sen)所言,人力资本存量是做事和生存能力的总和,这些能力决定了个体就业与幸福的能力。因为教育影响个体"存在"或"做事"的"能力",它也深刻影响他/她可利用的积极自由的总量:在工作、专业或创业类型方面塑造他/她自身生活的自由。此外,雅克·德洛尔在他主持的 21 世纪教育委员会的报告《学习:财富蕴藏其中》中指出,教育是人类有关自身知识的传递与期待。德洛尔著名的学习的四个支柱①强调了以下事实,即教育一定是学习预备与参与民主生活的一种过程。

本文将追踪终身学习的演进。它努力拓展这个概念,并为植根于联合国教科文组织总干事"新人道主义"吁求的新的行动规划争取政治支持。

## 二、终身学习:仍然是一个愿景? 一个简短的历史回顾

终身学习概念的起源可以回溯到古代。但是,这个术语本身是在第二次世界大战末教育扩张时期之后才首次流行开来。它兴起于"通识教育"(fundamental education)、"继续教育"(continuing education)、"基础教育"(basic educa-

① 四个支柱:即学会存在、学会做事、学会共处与学会认知。

tion)、“永恒教育”(permanent education)与“回流教育”(recurrent education)等观念。

30多年前,富尔(Faure)报告《学会生存》(1972)把终身教育作为发达与发展中国家教育政策的总体概念加以倡导。该报告由联合国教科文组织授权,紧随1967年和1968年遍及世界的学生与青年示威运动之后。由于它承认教育不再是精英的特权或者只是为了某一年龄层的事务,因此被视为国际教育政策的一个转折点与乐观主义时期的起点。它主张教育应该是普遍的与终身的。从根本上说,这意味着追求一种人道主义的、基于权利的与整体的教育观。

到了20世纪90年代中期,明显受到人们偏爱的术语是“终身学习”,而不是“终身教育”。对于这两个概念之间的主要区别,存在着不同的观点。但是一般而言,“终身教育”反映的是作为一种规定与规范过程的教育观,而“终身学习”强调学习者需求与个体选择。欧盟学习年(1996)整合这两种取向。尽管如此,一些批评者指出,学习个体化趋向受到旨在解脱政府以及把成本和责任转向个体学习者的经济政策的驱动。

此外,《学习:财富蕴藏其中》(1996)这一报告重申了终身学习在社会与个体生活中所扮演的基本作用,即使得他们能够面对劳动力市场的不断演化的需求与个体存在的不断变化的时间框架与节律。同富尔报告一致,德洛尔报告把终身学习作为教育行动与改革的指导与组织原则之一,并认可下述观念,即通过使得人们能够参与与应对在自身生活过程中所面临的任何挑战,从而促进有意义的人类生活。但是,正如科林·鲍华(Colin Power)[①]所言,德洛尔报告并非是一张教育改革的蓝图;它只是对政策形成过程中所作选择的反思与争论的框架。

在德洛尔报告发表之后,终身学习已经成为国际舞台上的一个讨论焦点。1997年的《汉堡宣言》(CONFINTEAV)、2000年《达喀尔行动框架》、《联合国扫盲十年计划》与《联合国可持续发展十年教育计划》等动议都指明了终身学习及其人道主义取向在21世纪的重要性与适切性,尽管在这些动议中终身学习并没有得到清晰的阐明。值得一提的是,尽管同EFA动议相关,但是联合国千年发展目标并没有提及终身学习。

在2008年和2009年,终身学习是联合国教科文组织四个主要国际研讨会的基础,这些研讨会分别是第48届国际教育大会(ICE,2008年11月)、可持续发展国际教育会议(2009年3月)、高等教育国际会议(2009年7月)与第六届成人教育国际会议(2009年12月)。所有这些事件都强调终身学习在应对全球教育议题与挑战时的关键作用。此外,它还是致力于儿童早期关怀与教育(WCECCE)的第一届全球重要会议的显著特征,该会议在2010年9月召开。

而且,在2009年10月举行的第35届联合国教科文组织全体会议期间,许多代表团强调,面向全体的教育应该成为面向全体的、在所有层次的、贯穿生活的教育,包含普遍的终身学习。因此,看起来已经趋向于承认与接受终身学习。现在,我们的任务是把愿景转化为现实。

① Power, C. N. *Learning: A means or an end? A look at the Delors report and its implications for educational renewal.* In: Prospects, vol. 27, no. 2, June 1997, pp. 187-199.

## 三、终身学习:教育的促进者

### (一) 为了社会融合

今日世界所面临的最大问题之一是越来越多的人被排斥于经济、社会生活与一般生活活动之外。不公正与不平等的社会既不是有效的也不是安全的,最终是不可接受的。影响更加深远的政策措施与更加广泛的社会经济和文化的投入是急需的,而教育是应对这些议题的手段之一。超越不公应该处于所有国家与国际教育议程的核心。

从根本上来说,社会融合需要确保所有个体在学校系统内外受到合适的、良好的教育。在学校系统内外,任何个体或群体都没有被隔离或排斥,这是教育权——即有权利用各种学习机会——的充分与有效落实。它给学习者提供了成功与教育成就所带来的自我表达与实现的机会。它涵盖了性别、种族、阶级、社会环境、健康与人类权利的议题。全纳教育就是学会同多样性共处与学会从差异中学习,不仅是在一定时期,而且是贯穿全部生命周期与在各种情境中。

终身学习逐渐被作为一种回应社会排斥的重要因素,因为它给个体与社会带来了一系列益处。

### (二) 为了可持续发展

终身学习有助于为了可持续发展的教育(ESD),因为它是一个促进可持续发展所有三个层面——经济、社会与环境——的福祉的持续过程。可持续发展所依赖的价值与原则应该使得学习者能够识别问题,并且批判性地与分析性地反思这些问题,以作为一种应对地方和全球挑战与塑造可持续的未来的手段。

联合国教科文组织可持续发展世界教育会议的最终文件——波恩宣言呼吁为了“支持包含可持续发展议题，而在所有层次的正规教育与非正规的和非正式的教育中使用一种整合的与系统的方法……同时承认非正规教育与非正式学习以及职业与工作场所学习的重要价值”。通过利用教育去提倡尊重、公正与平等之类的价值，我们能够建构可持续的金融与经济系统，以应对我们的世界正在经历的危机。

## 四、终身学习：一种全面、整合与整体的系统（正规的、非正规的与非正式的）

### 对新课程的需要

持续获得新的素质、知识、技能、智慧与行为的能力也许是我们最显著的特征，并且在快速变化的世界中发挥着重要的作用。

终身学习的整体与人道主义性质允许人们形成使得其能够自信而又从容地扮演不同背景中所要求角色的能力，这些角色包括家庭成员、朋友、工人、雇员与企业家、社会成员，以及理想中的世界公民，并使得他们能够对自身与其他人担负起责任，能够不仅从经济与物质财富方面，也从幸福与福祉追求方面组织他们的生活。此外，发达与发展中国家中目前的社会与经济现实，包括信息通讯技术的兴起，需要个人具备新的、更加广泛的与更加复杂的素质，诸如批判思维、创新、应对快速变化、发展环境、解决问题与负责任地且有道德地行动的能力。只有当具备这些素质的时候，个体才能够理解并面对巨大的可利用的潜能，以及目前正在发生的快速变革。

正因这些素质影响个体与社会的全部方面，养成这些素质的可以利用的教育供给必须是全方位的：包括正规的、非正规的与非正式的。今天的个体与公民需要利用多重的教育模式、多样化的学习情境（家庭、社区、工作场所、学校、休闲，等等）与各种类型的媒介（书籍、计算机、游戏、传统媒介，等等）。正规学习如同乘公共汽车，司机决定汽车朝哪里走，乘客们顺道而行。与此同时，非正规学习如同骑自行车，在这里，骑车人决定目的地、速度与路线。

我们所面对的关键问题是：如果人们在今日世界取得成功所需要的素质不能单独由一种教育形式所提供，那么一种课程如何能够回应需求、预期必要的变化与顾及正规和非正规学习？

真正需要的是这样一种教育取向，即把学习看作是从正规到非正规与非正式学习的连续体，并且包含在所有生活阶段的所有人。终身学习因而必须被视为所有国家中教育改革与行动的总的指导与组织原则。它是应对全球教育议题与挑战的一种关键手段。由此，基于终身学习观的课程是整体的、人道主义的与全纳的。它们提供多样化的内容，基于全纳的、解放的、人道主义的与民主的价值观。它们是无所不包的，并且是知识社会愿景的重要组成部分。终身学习课程考虑到不同群体的需要与需求，促进个体的认知、情感与创造发展，并且涵盖普通的、技术的与职业的教育与培训。文化是动力，而个体的福祉是目的。这样的课程应该受到学习的强有力的支柱——学会认知、学会做事、学会共处、学会存在与学会学习——的支持。它们应该适合于反映不断变化的需要与需求，并面向一系列目标群体。

而且，终身学习、为了可持续发展的教育与全纳教育都挑战着传统的教与学的文化与观念。因此，需要正确地发展多样的与灵活的教育供给形式。新的学习模式正在出现，包括共同体学习、社会学习、成人学习、跨文化交流、积极学习、代际学习与自我导向学习。一系列方法使得我们能够从新的方式审视学习，并且顾及终身学习，包括非正式的与非正规的学习，以及认可先前学习与经验学习成果的机制。

所有这些都指向一种更加关键的需要：一种新的与全面的培训者的培训系统，它考虑到一种无所不包的终身学习观所涵盖的正规、非正规与非正式学习的结合。

## 五、终身学习认可与认证

我们能够确定一件事情，即离开非正规与非正式学习模式的认可与认证，就不会存在终身学习。

因为终身学习重视所有类型的学习经验，所以学习结果应该被认可与认证，而不依赖于它们如何、在哪与被谁获得。然而，尽管这无疑是一种有用的、有远见的观念，但是目前的教育政策与实践还是倾向于忽视或回避它。

所有类型的正规、非正规与非正式教育的认可、认证与鉴定的内在机制必须是终身学习的重要组成部分。此种系统应该淘汰教育、培训与学习之路的“死胡同”，并且通过使得学习更加灵活与促进处境不利群体的卷入，调节着不同教育与培训模式与层次之间的转换。而且，非正规与非正式学习的认可与认证能够成功确保所有教育政策文件以终身学习为参照，由此为跨越各种学习情境的教育供给与参与奠定基础，并且从上至下为终身学习系统形成一系列方法。

通过与不同地区和专业组织的合作，联合国教科文组织终身学习研究所

（UIL）与联合国教科文组织法国国家委员会进行了一项大型的国际调查，涵盖了大约50个国家，并着手建立一个有关非正规、非正式与经验学习认可、认证与鉴定（RVA）的国家政策、方法与评价工具的国际观察平台。终身学习研究所希望在2010年末出版认可、认证与鉴定指导纲要。

同时，经济合作与发展组织已经发起了“非正规与非正式学习认可”（RNFIL）议程，欧盟开发了一种综合的认可与认证系统作为其终身学习议程（2007—2013）的一部分。尽管仍然有许多事情有待去做，朝向联结RVA与终身学习的步伐已经取得真实的与可测的进展。

## 六、化终身学习愿景为现实：世界范围的政策回顾

如前所述，终身学习并非是一个新概念。但是，作为以更加综合与公正的方式系统化与组织学习的一种手段，它在最近几年里获得了新的拓展的意义。

从整体上看，终身学习的演进与实施可以被区分成下述几个广义的范畴。

首先是终身学习的国家取向，包括：有着终身学习悠久传统的国家，如日本、韩国等；在发达国家启动的近期国家政策；发展中国家的近期政策。

其次是国际取向，可以概述如下：

国际性与超国家组织在终身学习发展过程中所扮演的近期角色，即联合国教科文组织、欧洲委员会、经济合作与发展组织、南部非洲发展共同体（SADC）与亚欧会议ASEM教育与研究中心所扮演的探索角色。

### （一）国家取向

1. 拥有终身学习政策传统的国家

日本

日本拥有强有力的法律与政策以辅助推动终身学习社会，提供广泛且多样的成人教育活动。日本终身学习系统具有几个显著的强项，如旨在向住在市区的人们提供教育、学习与文化机会的公民馆，广泛且多样的认证课程与地方企业的在职培训。

1990年，日本国会通过了《终身学习促进法》。2001年，教育、文化、运动、科学与技术部(MEXT)建立了终身学习促进局，旨在把整个教育政策的焦点转向终身学习系统。终身学习促进局协调所有层次上的终身学习政策与实践，并同地方政府合作共事。

2006年，术语"终身学习"进入日本的教育宪章《教育基本法》。作出这个修正之后，目前的讨论集中在界定日本应该建构的终身学习政策类型上。

韩国

"终身教育"被韩国正式引入，始于《宪法》第31款于1980年做出修正时："国家负责推动终身教育。"1982年，作为非正规与成人教育法律与政策框架的《社会教育法》颁布实施。

1995年5月，总统委员会提出了《建立新教育系统的教育改革草案》，并被国民政府颁布实施。委员会的目的是通过引入学分银行系统形成开放、终身学习社会的基础结构，该系统把各种学习经验认可为学分，并且授予相应的学业程度与资格，其目标是向公民、提供利用不同学习系统的更多机会，以及认可不同学习活动。

2007年的《终身教育法案》澄清了地区层面上终身教育的范围与领域。同时，在国家层面上，2008年2月，教育、科学与技术部设立了集权化的终身教育国民协会。该法案使得地方政府有义务去发起自己的终身教育促进计划，并且形成实施此类计划的地方委员会。

2. 发达国家的近期国家政策

英国

1998年的绿皮书《学习的时代》讨论了贯穿生活的学习如何能够通过鼓励创造性、技能与想象形成人力资本。主张，为了确保未来的成功，必须培养探索的心灵与对学习的热爱。

其他政府性文本紧随其后：1998年的《为了21世纪的学习》；1999年的《学会成功》；2003年的《21世纪的技能：实现我们的潜能》；2006年的《继续教育：提升技能，改善生活机会》。所有这些文件都聚焦于通过职业培训、继续教育与改善就业能力加强英国的经济地位。

澳大利亚

1995年以来，作为一个术语的"终身学习"在澳大利亚的使用频率越来越高。此后，通过《21世纪学校教育国家目标的阿德莱德宣言》，终身学习稳固地被置于各种学校议程中。于1999年被教育部批准的这个重要文件致力于为了确保所有年轻的澳大利亚人享受到高质量的学校教育而共同努力。

挪威

在追求其终身学习愿景与寻求跟上快速社会变革步伐的过程中，自从20世纪90年代，挪威已经开始改革教育系统。在改革成人和继续教育与培训系统的同时，挪威实施了所谓的资格改革。这些改革的总目标是提高人口的技能基础，确保质量与创造更加整合和更加协调的教育系统与教育政策。

此外，这些改革还指向于：鼓励人们认同进一步的学习有助于个体发展；确保接受初等、初级与高级中等教育的权利；记录与认可成人的非正规学习；给予雇员获得学习休假的权利；去除阻碍学习的税收；重构公共教育以满足工作场所学习需要。资格改革也限制了市场的权力，诸如使得个体更加方便地获取就业与学习机会的劳工处。

爱沙尼亚

1992 年通过的《爱沙尼亚共和国教育法》确立了爱沙尼亚制度的一般原则。接下来的《成人教育法》（1993 年 11 月）制定了培训成人的法律条文，并从法律上确保了终身学习。2004 年，《爱沙尼亚社会融合国家计划》被通过。

根据《爱沙尼亚统计数据》，2006 年终身学习的一般参与率是 6.5%，远远低于欧盟设定的 2010 年达到 12.5% 的目标。2006 年，为了提高终身学习的参与率，政府采纳了一项终身学习战略，旨在形成金融计划，改善残疾人与少数民族的参与机会，拓展职业资格制度与确保成人教育进程同欧盟标准相一致。

3. 发展中国家的近期国家政策

中国

中国政府在最近几年里就终身学习已经颁布了一系列法律、法规和政策。1995 年的《中华人民共和国教育法》规定，国家建立和完善终身教育体系，并创造条件使公民能够终身学习。三年后，《面向 21 世纪教育振兴行动计划》提到，到 2010 年基本建立起终身学习体系。

在随后的几年里，其他举措也被采纳，如 1999 年同中央广播与电视大学合作进行的远程教育。2004 年，教育部颁布了《关于推进社区教育工作的若干意见》。许多省市已经进行了更加广泛的活动，如建立学习型社团、城市、企业、社区与家庭。

泰国

面临经济、社会与教育危机,为了应对改革课程与完善教育管理的急迫需要,泰国于1999年引入了《国家教育法案》。

纳米比亚

纳米比亚有关教育的基本文件《走向为了全体的教育》包含了终身学习的承诺。迄今为止,已经发布了三份全国发展规划(NDP),围绕《2030年纳米比亚愿景》对全国社会与经济发展制定了路线图。

为此,教育与培训部门已经采纳了《教育与培训部门改进议程》(ETSIP),旨在从根本上增进该部门对取得国家战略发展目标与促进向知识经济转变的贡献。该文件指明了朝着广阔的学习议程努力的需要,该议程支持处境不利的人们通过增进均衡与利用高质量的终身学习机会打破贫困的怪圈。

拉丁美洲与加勒比海沿岸国家

就拉丁美洲与加勒比海沿岸国家而言,2008年在墨西哥举行的第六届成人教育国际会议的预备会表明,终身学习概念仍然没有进入该区域的教育讨论之中,并且在一些情况下,终身学习甚至被认为是一种"内在的灌输"。第六届成人教育国际会议的《区域综合报告》指出,大多数国家和地区的教育举措与计划把终身教育同成人群体联系起来;终身学习经常被作为一种割裂的行动或目标系列加以引用,而不是作为一种总的范畴。

尽管如此缺乏终身学习的具体立法,为第六届成人教育国际会议而准备的国家报告却表明,在大多数拉丁美洲与加勒比海沿岸国家的立法和政策中已经有所进步。对教育权利与语言和文化多样性的认可日益巩固。青年与成人教育已经被纳入近期的国家教育改革与计划,并伴随着具体的系列目标与行动。

（二）国际取向

欧盟、经济合作与发展组织、世界银行、联合国教科文组织与南部非洲发展共同体对终身学习应该具有的目的有着不同的看法。世界银行、经济合作与发展组织主要关注终身学习的经济逻辑，而联合国教科文组织与南部非洲发展共同体对该术语有着更加理想与包容的理解。

2000 年《里斯本战略》与《终身学习宪章》发布之后，欧盟发起了一项叫做“使终身学习的欧洲变成现实”的项目，并且把“个人实现、积极公民权、社会融合与就业能力和适应性”纳入终身学习的界定。同时，联合国教科文组织是第一个从整体维度发展终身学习概念的国际组织。终身学习是同该组织的新人道主义吁求相呼应的领域，并具有对全球化与近期经济危机作出深刻和长期应对的潜力。

但是，以上提到的所有组织均认为，学习对所有人都是有意义的，它应该持续一生，并且在正规、非正规与非正式教育部门之间存在着密切合作的需要。因此，十分显著的是，在这些组织之间应该建立起协同合作，以能够结合它们各自的强项，集中它们的诸多能力。与此同时，它们具有利用终身学习造就一个真正的新世界的潜力。

## 七、下一步做什么？

消除误解

许多人存在着对终身学习的抵制，因为他们把它视为纯粹同经济、技能与就业能力相关的“西方”教育模式。但是，这种看法是错误的。终身学习既不是一个新概念,也不是一种仅仅适用于富裕和发达国家的系统。它并非仅仅同经济与市场需求相关;它也涉及融合、公民权、休闲与娱乐。为了有助于对终身学习的整体与人道主义性质的普遍接受,还需要做更多的事情。必须消除围绕着这个术语的混淆与顾虑。可是,我们如何才能做到这一点呢?

第一,终身学习概念应该加以澄清,强调它并非局限于成人学习这一事实。它关涉到儿童、青年与成人。它包含了跨越整个教育连续体的正规、非正规与非正式学习。应该认识到,因为终身学习系统不仅随着时间而变化,而且在地区、国家与不同研究领域之间也存在着差异,所以并不存在有关终身学习概念的"通用界定"。

第二,应该强调终身学习是面向所有人的教育的关键。世界已经在为全民的教育而奋斗,但是在该举措还有 5 年就要结束的时候,统计数据远不是乐观的。越来越清楚地是,全民教育的目标被证明是并未完全实现的,并且实现全民教育目标本身还远远不够。因此,现在应该把全民教育举措的关注点扩展到包含终身学习,并且接受这一观点,即如果我们准备确保普遍的受教育权利,该举措应该在最广泛的意义上满足公民的学习需要,而不只是满足他们最基本的需要。

第三,必须鼓励决策者充分考虑终身学习,并把教育和学习视为一种跨越个体一生的,由整合的、内在关联的成分组成的统一系统。

## 八、终身学习新进展:更新德洛尔报告

德洛尔报告《学习:财富蕴藏其中》认识到,终身学习是使人类过上有意义

生活并应对在此过程中所面临的任何挑战的一种基本手段。考虑到世界市场的与工作世界变革方式的重大影响,该报告反映了基于权利的、人道主义的与变革性的学习取向。报告强调应该养成使得人们能够克服其宗教与文化差异从而和平共处的技能与态度,同时把学习同共享的人类、道德与伦理价值相联结。

在一个快速变化的世界里,甚至是具有适切性与预见性的、由雅克·德洛尔主持的面向21世纪教育委员会报告这一重要文件,也必须更新以便阐明近期的变化与满足新的需求。许多学者和诸多会议都发出了倡议,如终身学习与可持续发展会议(荷兰莱顿,2008年4月)、第一届终身学习全球论坛(2008年10月)与联合国教科文组织可持续发展教育世界会议(2009年3月),都重新考虑了德洛尔报告以便回应对终身学习的新需求。

除了由德洛尔提出的学习的四个支柱,我们应该考虑增加三个新的支柱,以便阐明与反映现代社会的持续流动与前进势头。

第一,"学会学习",它既是终身学习的基础又是进行终身学习的手段。它是支持其他支柱并且鼓励学习者承担继续学习责任的"可迁移的"技能。培育它是个体与集体的责任。

第二,"学会变革",它使得学习者能够对现状投以批判的眼光,以便为了更美好的生活而改变现在的情境。

第三,"学会成长",它包含了所有的学习成果,因此使得学习者能够既作为个体也作为更广泛、更包容的社会的一员而发展。

重新考虑德洛尔报告的进一步理由在于:报告集中阐明了为什么终身学习是重要的,而没有追问对什么而言它是重要的。报告也没有检视终身学习对社会与个体公民的普遍适用,从而无视了他们的状态与差异。因此需要更加深入地研究终身学习的真正本质,无论是就其结果还是就其作为变革过程的潜力而言。

## 九、学会学习:发掘新的学习支柱

德洛尔报告提到的四个支柱之一是“学会认知”,并把其界定为一种学习类型,即“更少关注结构化知识的获得,更多关注学习工具的掌握。它既被作为人类存在的一种手段,也被作为人类存在的一种目的。作为手段,人们必须学会理解周围的世界,至少满足过上有尊严的生活、发展职业技能与同他人交流的需要。作为目的,它源于由理解、知识与发现带来的欢乐。学会认知意味着通过发展个体的注意力、记忆技能与思维能力学会如何学习”。

通过重新命名把“学会认知”这一支柱扩展为“学会学习”是吸引人的。但是,仔细检查可以发现,我们面对的两个虽然密切相连但却分离的支柱。知识现在被视为知识经济中支撑学习型社会的一种产品与过程。它产生于各种情境与机构中,并且同时作为学习的重要组成与结果。因此,学会认知必须被作为一种根本的支柱。同时,快速变化的现代社会更加需要生存与成功的技能。因此,为了学会认知,我们现在也必须学会如何学习。

学会学习也完善了其他支柱,如学会共处、学会存在与学会做事。由此,它既可以被视为学习建筑物中的一个贯通的支柱,又可以被视为一个独立支柱。学会学习是个体与群体追求和坚持学习、组织个体自身学习、有效管理时间和信息的能力。它包含了所有的学习模式,包括学习、忘却与重新学习,旨在塑造未来而不是仅仅适应它。

学会学习不只是基础性的与贯通性的，它还是激发性的。为了学习，我们需要同他人互动，而通过同他人的互动，我们被激发起来追求进一步的学习。它促进了反思、自主性与责任感，并且在向学习者的心田播种好奇心与创造性的种子的同时，养成了个体的学习风格。作为一种能力，它是打开所有其他重要能力之锁的“万能钥匙”。

学会学习被包含在《欧洲关键能力框架》(欧洲议会与委员会，2006 年)中，并且在 2007 年被教育委员会作为衡量里斯本教育与培训目标实现程度的指标之一。它是终身学习的前提。因此，向公民尤其是那些边缘群体(特殊需求者、辍学者、成人学习者)提供可利用的、有益的和差别化的(即正规、非正规或非正式的)学习环境是至关重要的。

简言之，“学会学习”使得个体意识到他们的学习偏好与强项，意识到他们在生活的所有方面能够激发与充实自己走向成功的方式。因此，除了四种被阐明的学习支柱，“学会学习”这一支柱应该被视为一种独立的支柱。

如前所述，需要采纳更多的支柱以便充分反映现代社会的持续流动与进步势头，即“学会变革”与“学会成长”。这些支柱使一系列能力的发展成为必需：

- 学会如何完成新任务的能力。
- 把素质运用到新情境的能力。
- 分析与组织所获知识的能力。
- 有技巧地处理一般与具体之间关系的能力。
- 知识与行动相结合的能力。
- 应对危机的能力。
- 引导与重新引导变革的能力。

- 快速适应变化的能力。
- 应对社会变革以便面对未来挑战的能力。

显然,这些支柱必须是真实的,即它们必须持续反映与支持学习建筑物的真正的基础,而不会被那些虽然相关但却不是真正基础性的因素所分散注意或冲淡。可能正是这种考虑使得德洛尔委员会从1996年的基本支柱清单中排除了"学会学习"这一支柱。所以,尽管作为现代社会特征的快速变化清楚地表明需要新的支柱,但是在把这些支柱加入清单之前,我们必须寻求非常广泛的共识。做不到这一点将会看到这些支柱迅速成为笑柄。

## 十、结语

终身学习是已存在的唯一全面的系统,它有着满足所有学习者需要的广阔视野,并且涉及学习的所有模式与情境。它在以人为中心与以人类权利为基础方面是独一无二的。它关注养成个体在面对日常任务与挑战时所需要的能力,不只是成为好的与多产的工人与雇员,而首先是成为批判性的、创造性的与负责任的公民或者是尊重同类与环境的、非常人道与承担义务的个体。

因此,终身学习所具有的变革生活的潜力是巨大的与深远的。它有助于减轻贫困,战胜不公与极端主义,促进包容与推进世界和平。极其重要的是,在全球化与通常从表面上看来互不连属的时期,它鼓励人们作为理解与尊重他们自身与他人、容忍差异并且总是向对话与新的视角开放的社会存在者一起生活。

总之,目前关键是把终身学习看作是每一社会公民的道德义务。我们现在应当完全承认终身学习具备的价值,并且将其作为一个重要的组成部分纳入我们所有的教育政策。

在一个日益个体主义的世界，我们必须消除顾虑与误解，并在人道主义与终身学习的新时代翻开新的一页。的确，作为发掘、强化与推动跨文化价值与理解的关键，终身学习就是新人道主义。

投资教育就是投资人道，而终身学习就是指路明灯、工具箱与人类发展和增权的新鲜血液。让我们摒弃顾虑与误解，采取行动，一同前行。

## 参考文献

[1] Australian Ministerial Council on Education, Employment, Training and Youth Affairs (MCEETYA). (2008). *National Declaration on Educational Goals for Young Australians-Draft*. www.mceetya.edu.au.

[2] Cross, J. (2009). *Bus Routes and Bike Paths-On Informal Learning*. Presentation at the 15th International Conference on Technology Supported Learning and Training, Berlin, 2-4 December (2009).

[3] Faure, E. (1972). *Learning to Be: The World of Education Today and Tomorrow*. Paris: UNESCO.

[4] Huang Jian and Shi Weiping. (2008). Policies and Practices of Lifelong Learning in China. *International Journal of Lifelong Education*, vol. 27, no. 5.

# 终身学习:对全民教育的超越[①]

罗莎·玛莉亚·托雷斯(Rosa María Torres)[②]

本文是基于在上海2010年世博会期间(2010年5月19—21日)举行的“终身学习国际论坛”上的发言主旨而作。文章受惠于一些论坛上的发言和讨论,以及和同事间的一些非正式谈话。

## 一、导言

在过去的20年中,世界经历着深刻的变革。随着经济和政治权力比过去愈发集中,快速的全球化进程造就了一个联系高度密切的世界。在许多旧的结构化问题进一步恶化,愈加为公众所认识之时,一些新问题又出现了。技术正经历着令人印象深刻的飞跃,在带给我们新的可能性的同时也蕴藏着新的威胁。这些新发展冲击着人们的生活,也影响着教育和学习系统。

然而教育领域还是持续围绕着传统“教育变革”思维方式原地踏步。许多

① 本文为大会发言稿。

② Rosa María Torres (Ecuador)厄瓜多尔原教育部长顾问。

资金和资源基本上都投在相同的事情上。自上而下的政策和措施都意在“提高教育质量”却不是重新审视这一问题。数量支配质量，教育仅限于课堂，入学率、保持率和完成率作为主流（学校）教育的指示器，以考试考查学生消化再吸收信息的手段，学习注意力低下，将考试成绩与学习成就混为一谈，超载的课程一味地追求繁多的内容，种种类似的问题总是无法避免。

所有这些问题明显不仅仅是国家层面的问题，而且是国际层面的问题。诸如与联合国教科文组织合作的全民教育计划（EFA）这样的若干国际平台并未在终身教育问题上达成一致，新出现的范式在才最近几年刚刚被许多北半球国家所接受，特别是在欧洲，并且为许多包括联合国教科文组织在内的国际组织所推动。

我们在这里专注于全民教育与终身教育的关系，并且我们认为支持重新审视全民教育计划是为了更好地调整该计划使之能适应终身教育范式，也是为了适应自 1990 年全民教育计划在世界范围内的发起后随之而来的变化。

## 二、全民教育——远离终身教育

世界全民教育计划（以下简称 EFA）于 1990 年发起（乔木提恩，泰国），并于 2000 年获批（达喀尔，塞内加尔）。基于 EFA 六个未能于 2000（托雷斯，2000）年实现的目标，达喀尔会议重新设定了一个新的期限（2015）。目标尚存六个并有细微修改（表 1）。

**表1　世界全民教育计划目标**

| 乔木提恩:1990—2000 年 | 达喀尔:2000—2015 年 |
| --- | --- |
| 1. 早期儿童关怀和发展活动的扩展,包括家庭和社会干预,特别针对贫穷、弱势和残疾儿童 | 1. 扩展和改进综合的儿童关怀和教育,特别是对脆弱与弱势的儿童 |
| 2. 在 2000 年前完成基础教育的进入和完成(或者是任何被认为是"基础"教育的更高水平的教育) | 2. 在 2015 年前确保所有儿童,特别是女孩,以及在恶劣环境下儿童和少数民族儿童都能够自由地入学和完成学业;并保证高质量的义务教育 |
| 3. 在学习成就上取得进步。例如,相应年龄群体的商定比例(如 14 岁 80%)达到或超过所规定的学习成就 | 3. 确保所有青年和成人的学习需求能够通过公平获得和生活技能培训项目来实现 |
| 4. 至 2000 年将文盲率降低到 1990 年的一半水平(相应年龄群体由不同国家决定),通过对女性识字的充分加强来大幅缩小男性和女性间的识字率差距 | 4. 至 2015 年将成人识字水平提高 50%,特别是对女性,并且向所有成人提供公平的基础教育和继续教育渠道 |
| 5. 通过按照行为转变、健康影响、就业以及生产率来评估的计划成果,增加提供青年和成人所需的基础教育和其他必要技能训练 | 5. 通过强化确保女性充分且公正地入学和高质量的学习成绩,从而在 2015 年前消除初等和中等教育的性别差距 |
| 6. 增加个体与家庭对于知识、技能以及价值的认同,以确保更好地生活以及合理持续地发展。这种改变借助于大众传媒、社会互动以及其他形式的传统或现代沟通手段。而对于其效果的评定则以行为变化为准 | 6. 提高各领域的教育质量并确保优质,以确保在读写、算术以及基本生活技能方面的学习成果显而易见 |

EFA 目标在复制传统的教育思想方法的同时,并没有促进人们对教育和终身学习的理解。这是由以下多方面原因所导致的:

1. EFA 所设的目标是一个列表。每个目标都被区别对待,而缺乏彼此之间的联系(例如,儿童教育与成人教育、学校教育与校外教育间的联系,等等)。

EFA沿袭了其长久以来对第二项目标(儿童初等教育)的关注。该目标的设立没有参考相关领域的著名言论,重蹈了在儿童教育和成人教育间历史性“选择”的错误,也忽略了早期儿童关怀和教育。事实上,设立于2003年的EFA的发展指标(EDI),其作用在于监控EFA在各国的发展中,仅包括了其中的4个目标,不包括目标1(幼儿关怀和教育)和目标3(青年/成年基础教育)。

2. EFA目标是根据年龄来组织的。幼儿(目标1),学龄(目标2),青年和成人(目标3和目标4),这种缺乏关联的划分出现在达喀尔列表中。根据年龄来给学习者进行分段反映了传统教育的思想方法。这种方法落后于教育政策、目标和体系的分段。对于年龄的强调蒙蔽了人们对家庭和社区这样的学习组织的关注,并且错误地使儿童教育与成人教育之间的对立面更加地制度化。结果,儿童不得不与成人们争夺受教育权利,而这在那些需求多样但资源稀缺的发展中国家里显得尤为突出(Torres,2003)。1990年在乔木提恩提出的涉及家庭教育和公共信息的EFA目标6(“增加个体与家庭对于知识、技能以及价值的认同,以确保更好地生活以及合理持续的发展”)在2000年的达喀尔被取消了。

3. EFA目标仍坚持着传统的正规/非正规的二分法,而没有包括伴随着生活中现代信息通讯技术(ICTs)的扩展所涌现出的非正式学习。教育领域中长期使用固定的三层分类(正规教育/非正规教育/非正式教育),而随着其他两种分类都被打上“非”的标签,我们不难看出正规教育的核心地位。事实上,修订后的国际教育标准分类(ISCED,1997)并没有包括非正式教育,而取而代之的则是所谓的“非正式学习”(Informal Learning,偶然或随机的学习),原因在于这种学习缺乏有组织的教育行为(表2)。

**表2　教育:正规教育与非正规教育**

教育:在联合国教科文组织的框架内,教育一词包含着所有经过研讨的和系统的设计而符合学习需求的活动。这包含了在一些国家中涉及文化活动和训练的内容。无论其名称是什么,教育都被理解为用以激发学习的一种具有组织性和持续性的沟通。这一定义中的关键词可以理解如下:

沟通:一种存在于两个或两个以上个体之间涉及信息(包括消息、想法、知识、战略等)迁移的关系。沟通可以是语言的,也可以是非语言的,直接/面对面的或间接/远程的,也可能涉及一些广泛的渠道或媒介。

学习:一切有助于提升行为、信息、知识、理解、态度、价值和技能的活动。

组织性:以显性或隐性的目标按照一种模式或序列进行的计划。它涉及一个供应机构(也可能是个人或实体)。其机构创设了一种学习环境和教学方式,并通过这种方式组织着沟通。这种方式很可能是一位热衷于育人且致力于沟通或发布信息技术的人士,但也能够通过间接、非生命的方式进行。例如,某种计算机软件、电影或磁带,等等。

持续性:旨在说明学习经验拥有长久和持续的特点。持久性的最低标准未作规定,但适当的标准将在操作手册中出现。

正规教育(或称初始教育,或常规学校和大学教育):涵盖学校、学院、大学以及其他教育机构在内的教育系统。通常构成了向儿童和青年开放的全职教育的持续阶梯,一般始于5~7岁并持续到20~25岁。在一些国家,这一“阶梯”的上层部分是由兼职工作和兼职常规学校和大学系统的联合组织构成的,这些组织作为“双轨系统”和“等价制”在一些国家渐渐为人所熟知。

非正规教育:不符合以上各类正规教育定义的,任何有组织的持续性教育活动。因此非正规教育可能在教育制度内或者制度外产生,并且迎合所有年龄段的人。取决于国家背景,它也可涵盖传授成人识字、校外儿童基础教育、生活技能、工作技能以及通用文化在内的各种教育项目。非正规教育规划不一定要尊重“阶梯”系统,并且也可能有不同的持续时间。

为了与国际教育标准分类(ISCED)相一致,联合国教科文组织定义的教育中不包括不以促进学习为目的的沟通活动。同样也不包括各种无组织的学习形式。因此,尽管许多教育都涉及学习,但许多形式的学习却不能被视为教育。作为其他活动的副产品产生的偶然或随机的学习,比如类似在某次会议的讨论过程中所产生的内容,因为缺乏组织而不包括在教育的范畴之内。也就是说这种内容并不出自一种为了造就学习而设计的教学行为。

资料来源:联合国教科文组织,教育的标准分类(ISCED,1997)

4. EFA 的每个目标都孤立地看待识字问题,把它视为独立的领域和目标,而未能承认识字是一种人们的基本学习需求,也是基础教育的一部分。

5. EFA 目标将“基础教育”视为一种主流组织概念,而非终身教育。在乔木提恩会议上提及过一种“基础教育的扩展视角”,一种同时存在于校内外,旨在“迎合人们基本教育需求”的教育。然而,教育的目的不仅仅是为了满足人们的“基本”教育需求,而同时也必须在此过程中扩展和创造新的教育需求(Torres,2003)。

## 三、从教育到学习以及从终身教育到终身学习

从关注教育到关注学习,从关注终身教育到关注终身学习,这一问题至少自1970 年就开始摆上桌面了。然而,尽管随着学习被贴上多重标签,并且被反复使用,人们对高效“学习”的不屑一顾以及长期以来对“教育”和“学习”的混淆却依然继续。通常假定是:“学习”肯定是某种“教学”的结果,并且教学自动导致学习的产生。

1997 年,于汉堡举行的第五次成人教育国际会议呼吁了这样的过渡,这次会议最后以《关于成人教育的汉堡宣言》的推出而告终。然而,很少有人理解和接受这样一种第五和第六次成人教育会议间的 12 年中工作重心的变化(Belém,巴西,2009)(Torres,2009)。

### (一)终身学习以及教育的权利

终身学习在今天作为教育和培训系统的核心组织原则而存在,同时也活跃于“知识性社会”的构建中。

终身学习基本认同两大内在相关的事实：

- 学习是终身的（不受年龄阶段的限制，从摇篮到坟墓）。
- 学习是以生活为宽度的（不受学校的限制而是可以在任何地方进行：家庭、社区、操场、工作场、运动场、大众传媒，可以通过玩、交流、辩论、阅读、写作、教学、解决问题、社会参与、社会服务、旅游、运用信息通讯技术等来完成）。

而"强调学习"涉及两个不同的方面：

- 确保教育导致有效学习（无论正规的还是非正规的）。
- 确保相关的学习机会不限于学校系统之内。

因此，教育的权利可以不再被单纯地理解为进入学校系统的权利（并且最终完成特定若干年的学业）。教育的权利本质上隐含着学习的权利和终身学习的权利。这一陈述含有一种确保全民平等学习机会的责任，既有学校内的也有超出学校的，并且针对各个年龄阶层。

终身学习可能与以下各概念相关：

- 贯穿终生的学习
- 生存学习
- 生活是课程
- 学会学习
- 学习型家庭
- 学习型社区
- 学习社会

神经科学研究的进步可以更好地促进对学习理解，以及面向不同年龄和阶段的终身学习。这样的研究使我们坚定了这样的信念，即：学习能够在任何年龄下发生;同时这样的观点也为另一个看法提供了科学依据,即认为学校年龄不应和学习年龄相混淆。现在我们知道大脑的成熟期是20~30岁,这样成熟的大脑能够更好地专注和胜任更深刻复杂的学习。同时,成人的大脑也能胜任新任务的学习并为新经验所塑造。如果大脑在一个永久的学习状态下保持活动和好奇,那么随着年龄增长而下降的认知能力是可以避免的。

### (二)终身学习的范畴

终身学习不是如同许多人或机构所一直认为的那样,仅仅是针对成人的。终身学习不等同于成人教育或成人学习;它是终身的,“从摇篮到坟墓”,因此包括儿童、青年以及成人,穿越各个时间跨度。奇怪的是,一些拉美和加勒比海地区已经接受终身教育这一概念的国家特地将终身教育在教育部或其他部门内分门别类,好像和其他部门没有关联一样(Torres,2009)。联合国教科文组织自身导演了这种混乱。设于汉堡一直致力于成人教育并负责成人教育(CONFINTEA)国际会议的前“联合国教科文组织的教育研究所”(UIE),后来就被重命名为“联合国教科文组织终身学习研究所(UIL)”。EFA目标3:“确保所有青年和成人的学习需求能够通过公平获得学习和生活技能培训项目来实现。”是在联合国教科文组织的文件和网页里唯一一个被冠以“终身学习”标签的目标。

终身学习范式目前对发展中国家影响甚微。许多国家,特别是非洲和亚洲国家,仍在为儿童基础教育的入学与毕业以及高文盲率奋斗。这些国家中的大多数都在教育系统的各个层面同教学质量问题做斗争。在多数情况下,“教育”总是和“学校教育”混为一谈,学习总是和校内成绩挂钩。校内外共同学习的景象对于许多政府、社会组织和致力于发展中国家教育的国际机构来说仍然是遥远且奢侈的。诸如EFA和千年发展目标(MDGs)这样的国际平台实际上越发加强这种趋势。

在发达国家中也有许多正面临终身教育范式的法律问题，这些国家主要以人力资源开发的战略来采纳并发展终身学习。许多人担心终身学习及其"专注学习"的理念可能会加剧对教学和教师的忽略。而且可能使政府推诿指责，以逃避其维护教育权利的种种承诺。然而，终身学习不需要被缩减为一个经济策略，它没有暗示要抛弃教学，反而强调要加强教学并涉及教育者本身的学习需求。终身学习也不是必须要与个人学习相关，而是在不同的背景与时期下，具备结合社会与个人学习的可能。另外，终身学习没有和教育权利相冲突。相反，教育的权利也得以扩大。它已经超越了入学的范畴并成为一种学习的权利。

确实，终身学习首先被发达国家所提出并采纳。这些国家的背景和国情与那些发展中国家有很大不同。因此，有必要从发展中国家的视角来定义终身学习，同时也要兼顾每个地区和国家的形式和文化特征的多样性。

### （三）终身学习：构建学习型家庭、学习共同体和学习型社会

接受终身学习的范式不仅仅是给教育机构、系统和政策带来一种次要调节。它还孕育着一种对传统教育和学习文化的主要变革：

- 重新审视以学校为中心的教育文化，该文化始终将学校视为唯一的教育和学习系统。
- 承认并结合不同的学习系统，确保在地方和国家层面上的必要的合作与协同。
- 理解教育/培训、面对面/远程、正规/非正规/非正式教育都作为 统一体的一部分而存在。
- 确保在学校系统内的有效学习，超越"学习成绩"的评价手段。

- 将对先前的知识实践知识的认可作为跨部门教育和培训政策里的关键内容。

- 重新思考将年龄视为组织教育/培训系统的核心要素。

- 抛弃对年龄和学习的偏见,开发新的科学依据以证实学习是一项无年龄区别的事业。

- 承认扫盲是一个终身过程,而不只局限于一段学习时期。

- 不再将书本视为唯一的阅读客体。继续诠释"阅读习惯"的定义并且接受今天的阅读世界的广泛多样性。

- 将屏幕视为面向所有年龄层的新的阅读和写作手段。

- 促进和支持同代和跨代的家庭、学校、社区、工作场所等各地的学习。

- 设想超越教室和封闭空间的教育,同时确保户外学习不离自然、人物和真实生活情形。

- 通过多媒体战略,整合各种手段和可用的媒体来开展学习。

- 在承认"现代"技术重要性的同时也认同"传统"技术(包括录音机、电视、黑板、录音磁带等),这些普及性技术虽然极为便捷和成熟但却很少被运用。

- 通过所有可用手段把握远程教育/学习机会,如果能结合面对面学习则效果更好。

- 考虑政策和战略的多样性以适应不同社区、群体和个体的具体需要和需求。

- 不应盲目地以数据为导向孤立地探究教学问题,而应该站在社会层面(包括群体、社区、网络、组织等)重新考量。

- 在特殊政策和战略的协助下,整体加强家庭的文化和教育资本,创建学习型家庭。

• 在城市和乡村建设学习型社区，使包括儿童、年轻人和成年人在内的所有成员都致力于学习活动。并且随着当地社区的发展，所有的学习资源都能得以利用。

• 创建协作型文化，达到资源的集体共享和使用，而不是“每人一个”（每个学校一个图书馆、每个学生一台电脑、每个人一部手机等）。

真正的挑战在于建设一个学习型社会，一个会学习的家庭、社区（社团）和社会。这一目标远远比建设一个信息社会要更加复杂、更具民主和平等。

有效贯彻终身学习的范式，意味着全民教育平台的转变。从总体上说，也标志着教育以及学习文化的变革。

## 参考文献


[1] Commission of the European Communities. 2000. *A Memorandum on Lifelong Learning*. Brussels: Commission Staff Working Paper.

[2] Dave, R. H. (dir.). 1976. *Foundations of Lifelong Education*. Hamburg: UIE-UNESCO.

[3] Delors, J. *et. al.* 1996. *Learning: The Treasure Within*. Report to UNESCO of the International Commission on Education for the Twenty-First Century. Paris: UNESCO.

# 重读经典
## ——当代中国教·学关系研究的必要回归[1]

叶 澜[2]



## 一、教·学关系:一个古老而常新的话题

1. 教·学关系是一对人类社会中始终普遍存在的重要关系

就社会、人类的延续和发展而言,不通过广义的教与学不可能实现,其核心价值是使人类创造的文明在历史的长河中完成代与代、类与个体、个体与个体间的互动转换,并因转换而实现人类知识、社会发展和智慧能量的再生与更新。

就个人而言,每个人的生命在由生至死的演化历程中,不可能没有学与教的伴随。因此就有了教者与学者的区别,有了个体成长过程中的"教"与"学"关系

① 本文为大会发言稿。
② 叶澜,华东师范大学终身教授、博士生导师。

的普遍存在。其核心价值是个人生存能力的提升、成长需要的满足和生命世界的丰盈。

2. 教·学关系在人类社会出现学校后产生了特殊的关系形态

学校是人类社会伴随文字、知识的丰富而生的专门教育机构，但这并不意味着社会实践领域中的“教”与“学”的活动与关系不再存在。因此，我们可以说“教”与“学”的关系作为一个话题，既存在于个人的生存经验与智慧之中，又存在于学校教育的特殊领域之中。正是学校的产生，使人类出现了对教·学关系的有意识思考与研究，使它成为一个问题被凸显。随社会发展而更新变化的历史，使“教”与“学”关系的认识成为一个古老而常新的话题，一个有丰富积累而又不断生成新问题的领域。

教与学的关系随着学校“教”与“学”的产生，从与人类社会实践、个体人生经历的原始合一中分化出来之后，主要沿着以下方向演化：学校教与学在对象上的局限性（包括年龄及其社会身份），内容上的学科知识性（与社会实践的脱离），教对于学的控制支配性（学的被动依赖性），直至学校教学逐渐成为一种不改革就无法适应当今社会对人的要求，不改革就不利于个人全面成长发展的因素。社会也因学校教育体系的封闭与庞大，忽略了原本人类生活中普遍存在的学与教，忽略了个体终身受教育与学习的必要与可能。

3. 当代人类社会发展、终身学习提出了重新认识与建立教·学关系的新话题

新话题是针对近代以来学校教育存在的弊端而言的。它强调在当代社会，人需要终身接受教育以适应社会的迅速发展与变化；强调人终身接受教育与终身学习，不仅是生存与发展的需要，而且是每个人的权利。因此，社会要为每个

人学习权利的实现和学习需要的满足，提供多元、可选择、充分的教育与学习资源，重建社会的教育体系，重建保障终身教育与学习的支持系统。与此同时，还需要对现有的、提供人在不同年龄段接受教育的学校教学进行改造，包括学龄前、学龄期和学龄后的成人教育，使其成为新理念下的社会教育体系，成为个人学习过程的重要有机构成。可见，终身教育与终身学习对于学校教育而言，不是取消，而是再造，是现存学校中教与学的重建。

新话题也可视作对人类社会始终普遍存在的教与学内在不可分割和非对立关系性质的一种回归。但它是在人类对这一关系性质的认识从自在走向自为、从原始统一走向丰富与和谐的超越意义上的回归。因而，为了改变今天，为了创造明天，为了教育改革主体的清醒与自觉，我们需要重回原点，重读经典。

## 二、对当代中国教·学关系研究中偏失的审视

### 1. 缺乏历史和本土视野

当代中国教·学关系研究，首先是从学校教育如何适应当代社会发展的角度提出的，其中最为突出的是教育、教学理念的变化和课程、教学的改革，而后再进一步延伸、发展到在终身教育与终身学习的意义上去认识。然而，上述两种角度的研究，大都从对当代人类社会发展的需求、国际终身教育和终身学习的理论引入着手，忽视中国文化传统和经典中存在着教·学关系的丰富、深刻的积淀与阐述，使终身教育与终身学习的理论与实践又打上了“舶来品”的记号，忽视了本国传统的当代发展研究。

对当代中国社会教育现状、实现终身教育和终身学习的问题之本土特殊性

缺乏深入研究，满足于赶超式的提目标、提方案。

2. 缺乏整体和关联意识

将终身教育与终身学习主要理解为加强成人教育，提出建立“终身教育”和国民教育两大体系的目标。后者的“终身教育”被理解为成人教育和社会教育。因而，基础教育改革与成人教育改革研究之间缺乏沟通，两方面都未达到真正意义上的终身教育视野。

对现有教育体系的改造与新体系建立的基础性关联、转换性关联的研究不足；对教与学在生活意义上和学校教育意义上的内在关联的研究不足，造成批判与重建之间的割裂，难以形成整体、深度、对决策和实践具有支撑价值的理论。

3. 缺乏个体发展需求和生命成长全程的立场

终身教育与终身学习的研究，大多基于社会经济发展需求、社会发展加速与知识更新加剧、国际竞争需要等社会立场，作研究与实践必要性的阐发，缺乏从人的发展需求意义上，提出对当代社会的教育责任与支持的研究。更缺乏社会与人的发展在双向和整合意义上的关系研究。

尚未从个体成长不同阶段即生命成长全程的立场，去研究人生不同阶段的教·学需求和任务的差异性、各阶段的核心问题、阶段间的衔接与关联。对终身教育与终身学习的个体发展过程性认识还处于贫乏状态。

尚未清晰认识终身教育与终身学习的区别首先是承担主体的不同，从而明晰终身学习的主体是个人（终身教育的承担主体是社会）。要实现建设学习型社会的目标，不能只关注社会教育系统和支持系统的再造，更要使个体生命之初与生俱有的探究欲望与学习需求在人生各阶段不被销蚀、磨灭，且要在不断向更高水平发展和创生的意义上，得到加强与提升。

我们正是从当前国内相关研究缺乏的实际出发,提出"重读经典"的诉求。

## 三、从经典重读中获得启示

中国传统文化源远流长,不同历史时期形成不同的经典。在此我们只取先秦经典人物与著作中的孔子及其《论语》为典型作概括性说明,意在获得启示,而非全面论述。作出这一选择不仅因为儒家对中国历史思想与生活的深度影响,以及在当前的国际知晓度,还因为儒家入世的人生价值追求,使其重学、重教。而孔子本人则无论在对教·学及其关系的论述上,还是其一生作为教·学在个体身上的统一,都堪称"经典"。其对我们全面理解当代终身学习的理念和弥补我国相关研究中的缺乏的启示主要有:

1. 人对学习与发展的追求绵延终身且具有重要意义

"吾十有五而志于学,三十而立,四十而不惑,五十而知天命,六十而耳顺,七十而从心所欲,不踰矩。"

孔子用对自己一生成长经历的概述告诉我们:人生是一个不断追求与发展的过程,这种追求自觉的起点是在"志于学"。此言突出地意识到学习的需求并立下志向,对于人生发展从自在到自觉转化的关键性意义,并点明了发生这一转换的大致年龄期;人生不同阶段与自身的学、实践相关联的成长是不相同的,但却是不断的,其可达到的最高境界是"从心所欲,不踰矩"。这是极高的人生智慧表达,也点明了学可以达到的最高境界是在现实世界中获得自由。上述观点显然不同于我们当前强调的终身学习对于人适应职业变化快、满足求职需求的意义追求。

难道这只是孔子可以达到的境界？难道这只是两千多年前的古人可以有的追求？今与古的关联与区别究竟在哪里？值得深思！

2. 学的最高境界是“闻道”、“修己”

孔子认为，人对学的目标追求是不一样的。他认为“学”最重要的是“闻道”，即知外在于自身的存在之大道、大理，是人生做事为人所须遵循之道。他用这样的语言表达自己对道的追求：“朝闻道，夕死可矣。”“闻道”的过程也是“修己”的过程，“闻道”的目的在于“修己”。孔子反复强调“学在己”，指出他所处时代的现人与古人相比，在学习目标上的追求之差异在于：“古之学者为己，今之学者为人”“君子求诸己，小人求诸人”，这是一种通过学习达到自强自立的人生追求。因而学习不能只求利、不求义，只求快、不求达：“欲速则不达，见小利则大事不成”，“人无远虑，必有近忧”。

孔子在有关个人学习与成就人才的教育上，对根本性目标、长时段的强调，对急功近利危害的清醒批判，于今日我们理解终身学习、终身教育的教与学的策划，依然有重要的警示与启发意义。

3. 积极态度的养成与两大转换的实现是学习过程的关键性任务

为己之学需要有积极的态度支持，也能养成积极态度。这是孔子对自己学习的要求与感受，也是他经常教学生的态度。“学而时习之，不亦说乎”，对于学习“知之者不如好之者，好之者不如乐之者”。有这样的积极态度，学习才会成为一个无止境的自励自强过程。

积极的学习态度还表现为主动地向一切可学之人和可学之处学。孔子坚信：“三人行必有我师焉。”此“师”之意，不在其中有人必胜于我，而是我以一种主动选择的态度去看人：“择其善者而从之，其不善者而改之。”他教育学生“见贤思齐焉,见不贤而内自省也",是同一之道。孔子对学习积极性的强调,不仅要达到乐之,还要求达到择善而从之、"见不贤而内自省"。这远远超出了我们当今努力"学习知识、提高本领"的要求,达到了完善人格的境界。

关于学习过程,孔子则关注学习由外而内和由内而外的两个重要转换。由外而内的转换,是通过主动地"问",且"不耻下问"。"知之为知之,不知为不知,是知也"。再通过深入的"思""悟"而后达到"闻一以知十",最终实现"知诸往而知来者"的通达境界。显然,这不是"应试"的要求,而是"内化"的要求。在实现第一个转换后,又要进入第二个转换,即转化成自己的行为。要努力地"践行"仁义之道。人不可避免有错误的行为,但"改之为贵","过而不改"才是真正的过。只有实现了上述两个"转换",仁义之道才能存于心、发于外;学习才会成为一种真实的改变、完善自己和有利于世界、他人之事。这些观点在我看来,是懂得了学习真谛的深刻见解,至今依然熠熠闪光。世界上的事只有靠人的完善才能做好,这一千古存在之理,至今则常被视知识为使用之工具者忘却。

4. 为师之道在于乐学、正己,知新、知人,善诱、诲人

作为师者的孔子,有自己的为师之道。他用八个字作了概括:"学而不厌,诲人不倦。"其精到之处在于,从为师任教的角度,阐述了教与学的关系:只有学而不厌,才能诲人不倦。他又说"温故而知新,可以为师矣"。孔子在两千多年前,已经有了作为教师首先应是一个自觉的终身学习者的自觉。

孔子的为师之道,还强调"正己",即用自己的言行教人,孔子对学生之所言,都是自己信奉、为之努力奋斗而体悟了的道。这也是孔子何以被世人尊重敬仰的原因。"身正"是不教之教,是"令行"之教。我认为,这是教师之尊严和力量的个人内在人格保证。如今我们经常强调的"师德",似还未达到这样的

境界。

孔子的学生对自己老师的评价是“循循然善诱人”。所谓“循循”是对孔子知人的表达,其“循”,是循人之自然、学习之序,从每个人个性出发之“循”;“善诱”正是以如此知人为基础的,《论语》中记载了多处孔子对不同学生提出的同一问题,作不同回答的善诱之事,生动地说明“善诱”是“因材施教”的具体表现。

5. 教与学是师生相互呼应、激励和求道的过程

孔子对“师”有自己的标准,但他并不以为学生一定比老师差,“后生可畏”正是这种认识的概括。尽管他对学生有不少指点和一针见血的批评,但他也经常夸学生之长,我们在《论语》中可以找到许多例子。在“求仁”一事上,孔子则不言“师生”之别,断然而言的是:“当仁,不让于师。”在《论语》中,我们还能在多处读到学生对孔子的评价、赞叹、爱护和帮助,体现出一种求道过程中浓浓的师生情,读来使人动容。这种独特的师生之情,是支持孔子传道、授业、解惑的精神力量,也是教学关系之“大道”。与此相比,常为人所赞言的孔子教学上主张的“不愤不启,不悱不发,举一隅不以三隅反,则不复也”,也被后人称之为“启发式”教学之道,尽管今日之教学实践中还很缺少,但还是教学关系之“小道”。

综上所述,概而言之:无论是终身学习,还是终身教育,我们的研究不能只关注“终身”二字,更要关注对“学习”、“教育”之真谛、内涵的深度认识和当代诠释。现今中国教育的弊端在重功技、轻精神,重实利、轻人文,重识记、轻人格。重读经典,至少会让我们清醒,更甚则可作一帖济当今教学之世的良药。

## 参考文献

[1] [法]保尔·朗格朗著.终身教育引论.周南照,陈树清译.北京:中国翻译出版公

司,1985.

[2] 联合国教科文组织国际教育发展委员会编著.学会生存——教育世界的今天和明天.华东师范大学比较教育研究所译.北京:教育科学出版社,1996.

[3] 联合国教科文组织国际教育发展委员会编著.教育——财富蕴藏其中.联合国教科文组织中文科译.北京:教育科学出版社,1996.

[4] 《论语》.太原:山西古籍出版社,1999.

# 论终身教育的理论创新[1]

孙霄兵[2]



## 一、构建体系完备的终身教育要求教育理论和实践的全面创新

《国家中长期教育改革和发展规划纲要(2010—2020年)》(公开征求意见稿)提出,构建体系完备的终身教育:学历教育和非学历教育协调发展、职业教育和普通教育相互沟通、职前教育和职后教育相互衔接,搭建终身学习立交桥。促进各级各类教育纵向衔接、横向沟通,提供多次选择机会,满足个人多样化的学习和发展需要。具体来说,终身教育还包括了普通教育和职业教育、学校教育与非学校教育、国民教育与非国民教育。同时规划纲要还提出,制定终身学习法。按照这样的要求,终身教育是迄今为止范围最为广泛的教育概念,具有新的视阈、独到的内涵和更为广阔的前景。毫无疑问,这一系列表述必将带来终身教育新的发展和理论上的重大创新。需要说明的是,终身教育与终身学习是两个

① 本文为论坛发言稿。
② 孙霄兵,教育部政策法规司司长。

含义相近、互相关联而又相互区别的概念。它们从不同的侧面体现出了新的教育内涵。深入探讨终身教育的内涵，也就意味着进一步深化对于终身学习的认识。

## 二、终身教育应当是从全体社会成员出发的公共教育

传统的教育理论，不论是什么学派，基本上都是从儿童、少年或者是从青少年的教育和发展为共同点出发的。在此基础上，教育被分成了不同阶段的教育，诸如基础教育、职业教育、高等教育、成人教育，等等。终身教育是从全体社会成员的基点出发的，是以全体社会成员为教育对象的。也就是说，终身教育不仅仅是从学校教育即以青少年为主体的学习者的教育出发的；或者说，即使终身教育把以青少年为主的学习者作为实际上的大多数，但也是把这些受教育者作为全体社会成员中的一个部分或者一个群体而加以认识的，是从总体对局部的角度进行把握的。也就是说，终身教育不仅仅着重某个阶段、某个特定人群的教育，而是注重社会成员整体的教育，注重全体社会成员的集体教育。这样才能真正做到终身教育的标准化、公平和平等。不仅在教育中需要把青少年作为发展总的群体来看待，而且需要一个合适的教育形式和内容把他们作为社会成员来看待，他们是与成年人平等的受教育者。

## 三、终身教育应当是非营利性的公益教育

从全体社会成员出发，终身教育将获得新的经济性质。这就意味着，终身教

育从总体上说是公益性的、非竞争性的和非营利性的，不同于某些教育可以区分为公共产品、准公共产品和非公共产品。无可否认，在教育领域，有的教育是一种公共物品，有的是准公共物品，有的是非公共物品。其形成原因有两点：一是因为教育资源的稀缺特别是优质资源的稀缺；二是因为教育具有明显的个人收益性而使其具有竞争性、排他性。这些教育的稀缺性、竞争性、排他性在某种情况下必然会给予社会成员以一定的压力，在教育领域形成社会关系一定程度的紧张。因此，对于刚刚解决了温饱问题的当下社会，在某种意义上说，最大的社会压力是教育压力。在现实生活中，没有优质的教育就没有优质的生存。然而，终身教育不是也不应当是这种稀缺性、竞争性、排他性的教育。终身教育即使在某些方面、某种程度上、某些场合下、某些部分可能浸入准公共产品和非公共产品中去，但这些浸入部分不应也不能影响和改变终身教育的公共性质。因为一旦要用准公共产品和非公共产品等对终身教育及其某些浸入部分加以区分和衡量，所说的终身教育及其相应部分就可能变成所浸入的一类教育，失去了应当具备的面向所有社会成员的性质，从而变得不是终身教育本身。



## 四、终身教育应当是满足社会成员精神、身体和物质需求的多元教育

既然终身教育不仅仅是从一个特定的人群出发的教育，即不仅仅是学校教育，也就不仅仅是继续教育或者成人教育。继续教育可以是青少年向着成人发展的教育。成人教育可以是中等教育以后的教育。终身教育不过度注重人的年龄、人的发展阶段以及学习程度、知识程度和能力程度，而主要重视人的需求，从人的需求去展开教育，而不是固定地、先验地设置某个特定人群的教育模式。

如，青少年发展的教育模式。实际上往往已有的教育模式，不仅在教育实践中可能被重复为习惯，而且在许多教育学科分支中可以被证明为规律。终身教育不一定需要这些已经给定的习惯和规律。如果要为终身教育确定某些规律，就必须考虑全体社会成员教育需求的多元性，考虑全体社会成员兴趣、个性、气质、性格、禀赋、爱好、品质等各个方面，从而体现为精神、智力、心理、身体发展的各种教育需求。终身教育不排斥功用性、工具性，但本身不仅仅是就业培训上岗的教育，也不仅仅是民生教育，更不仅仅是为了谋生的教育。终身教育最根本的性质是社会成员对于自身发展的主观把握和自由选择，更多是从主体发展方面所提出的要求，最主要的特点是在教育形式、教育手段、教育渠道、教育内容等多方面的灵活性、创造性、开放性、目的性，体现的是全体社会成员精神的自由性、需求的多元性和充分发展中的个性。从整体上来说，终身教育应当是以人的需求为目的的、自由的教育，是以人与人之间的自由交往为目的的教育，最终是促进人的全面的、自由的发展。

## 五、终身教育应当是改变传统的教育教学和学习方法的创新教育

首先，终身教育要求构建新的教育时空关系。传统教育思想认为，教育是以阶梯状态递进的，是在时间序列上单一方向、单一空间中形成的线性关系。终身教育要求构建新的时空关系，要求在同一时间序列上可以展开多个教育空间。一个社会成员可以在一个学校中学习，同时也可以在社会上学习甚至也可以在另一所学校进行学习，获得多方面的学习成果认证。其次，在学习内容和方式上，终身教育不一定按照原有的时间序列循序渐进地展开教育教学，可以在时间

上进行停顿、间隔、接续、跳跃、逆向、非连续的教育，对教育教学内容进行跨越、重组、压缩、精炼、调整，这要求建立学分积累与转换制度等多种制度，实现不同类型学习成果的互认和衔接。在这个意义上，学校特别是高等学校及其相应社会组织开展终身教育活动具有积极的作用。再次，学校教育、国民教育的教育教学内容主要是以学科为主导，而终身教育的教育教学的内容，可以以学科知识为主导，也可以以跨学科知识、学科交叉知识为主导，也可以以能力、技能为重点，甚至可以以特定知识集群、问题集群和成果集群乃至于以产品来设计教育教学内容和体系。终身教育的形式可以是板块状的、组合式的、因素型的，而不一定是纯粹学科式的。由于可以按照社会成员的个人需求安排教育教学，每个人都可以是自己的教育序列中的优胜者，在终身教育中将永远没有人落后。这将从根本上开辟教育新的社会学性质。这是终身教育最为根本、最为积极的社会作用。

## 六、终身教育发展的社会目的是建立以教育为主的社会交往方式，形成学习型社会

终身教育要求的是全体社会成员的全面发展，必将提出一系列新的教育教学内容和形式、新的学习内容和形式。这样，终身教育的意义不再仅仅限于教育，而且成为人类社会的一种新的交往方式。教育也将成为人与人之间、人类社会之间一种主要的交往方式。交往方式这个概念在终身教育的作用下将被赋予新的、更为重要的甚至超越生产关系的含义。在当今人类社会发展的整体意义上，社会的基本交往方式应当是以教育关系为主而不是以利益关系为主。由教

育为主的交往方式出发,道德、法律乃至整个社会发展过程包括生产过程将出现一种新的形态,即注重教育发展、注重教育关系、注重学习成长的新的形态,从而迎来新的社会机制和社会结构。这样,在事业发展上,终身教育将成为一个思想、政策、创新更为富集的重要概念。在学科发展上,终身教育将成为更为重要的教育哲学、教育经济学和教育社会学的高阶范畴。在立法和政策制定领域中,终身教育和终身学习的法律和政策将成为教育法律和政策的主导内容。在人的发展目标上,终身教育理念就会成为一种人生哲学和价值哲学。在社会发展上,终身教育的组织就成为学习性的社会组织,终身教育的社会就成为学习型的社会。

# 终身学习体系中大学教育的价值省察与制度调适[①]

韩延明[②]



《庄子》云:“吾生也有涯,而知也无涯,以有涯随无涯,殆已。”《劝学》道:“君子曰:学不可以已。”这是中国古代先哲对终身学习的朴素理解。当今,人们对终身学习的认知,普遍认同欧洲终身学习促进会提出并被“首届世界终身学习大会”所采纳的定义:“终身学习是通过一个不断的支持过程来发挥人类的潜能,它激励并使人们有权利去获得他们终身所需要的全部知识、价值、技能与理解,并在任何任务、情况和环境中有信心、有创造性和愉快地应用它们。”由此我们可以理解为:终身学习是人的基本权利之一,它纵向地贯穿于人的一生,横向地贯穿于学习的各个层面、各个空间;终身学习不是一个简单的教育或学习概念,而是一种社会行为,是人们的一种生活方式,是提升人们生活质量的重要手段;终身学习要求社会组织建立完善的终身学习体系和机制,解决社会成员终身

① 本文为论坛发言稿。

② 韩延明,高等教育学博士,临沂大学党委副书记、校长、教授。山东师范大学博士生导师。

学习所必需的学习内容、学习手段、学习方式、学习方法等问题。

大学教育作为“现代世界中的‘基础教育’”，以其特有的角色与功能，责无旁贷地承担着为人的终身学习奠定基础的神圣使命。正如克里斯托弗·K.纳普尔与阿瑟·J.克罗普利在其《大学教育与终身学习》中所指出的：我们不仅将大学视作终身学习机会的供方，而且将它视作能够适应其他环境的终身学习的重要准备场所。

## 一、终身学习体系中大学教育的价值省察

“如果教育要继续成为一个生机勃勃的有机体，能够运用智慧和精力去满足个人和社会发展的需要，那么它就必须克服自满和墨守成规的缺点。教育必须经常检查它的目标、内容和方法。”在终身学习到来的学习型社会时代，在大学发展战略中应植入终身学习的理念。为充分发挥大学教育在人的终身学习中的奠基作用，理应对大学教育的价值进行理性定位。

### （一）提升人文素养

人文素养是指做人应具备的基本品质和人生态度，包括按照社会要求正确处理自己与他人、个体与社会，乃至个人与自然的辩证统一关系。简言之，人文素养就是指人们在长期的学习和实践过程中，将人类优秀的文化成果通过知识传授、环境熏陶，使之内化为人格、气质、修养，成为相对稳定的内在品格，其核心是“学会做人”，其灵魂是人文精神。一个人的精神世界有三大支柱：科学、艺术、人文。科学追求的是真，给人以理性，科学使人理智；艺术追求的是美，给人以感性，艺术让人富有激情；人文追求的是善，给人以悟性，人文中的信仰使人虔

诚。人文素养是人在终身学习活动中所表现出来的根本的价值素养，对人的终身学习具有广泛而深远的影响。

大学教育担负着传承和发展文化、促进人类个体和社会进步的神圣使命，它以清新脱俗的气质，为学习者提供一个更加富有理性和人文色彩的文化环境。鉴于此，学生不仅可以学习各种专业知识、练就技能技巧，而且可以在良好的校园文化中学习人文与社会科学知识，促使其应对现实、感悟人生、孕育理想、涵养心灵，从而提高精神境界。因此，大学教育对提升人文素养具有不可替代的价值引领作用。

（二）培养学习兴趣

终身学习把人们的学习空间从学校教育中拓展开来，使教育的外延大大扩展，学校教育并不是教育的终结，恰恰是终身学习的开端。作为知识的“生产者、批发商和零售商”，大学在知识的积累、传递、普及、创造和应用中发挥着不可替代的重要作用，它是构筑终身教育体系、创建学习型社会的重要组成部分和中坚力量。正如克里斯托弗·K.纳普尔与阿瑟·J.克罗普利所言：“大学教育的学生主体仍将是中学毕业后直接进入高等院校的传统全日制大学生。给这些人打下终身学习的基础是大学教育的一项主要任务，这不仅对他们的学习方式具有重要意义，而且对他们的学习内容也具有重要意义。”面对终身教育和学习型社会的要求，大学必须审时度势、应运而动，变革传统的以知识“授—受”为己任的教学目的观，着力培养学生的终身学习能力。联合国教科文组织前助理干事纳伊曼指出：“学会学习的概念意味着受过教育的人将会知道从哪儿能很快和准确地找到他不知道的东西。在各级教育体系里，特别是在大学教育阶段，如果现在的人们估计用80%的时间用来传授知识，用20%的时间来获得学习的方法和研究方法的话,这种比例将来一定要根本改变。"学生只有养成学习的兴趣和动力,并最终获得终身学习的能力,才能适应知识经济时代对人才素质与修养的客观要求,才能在学习型社会中获得可持续发展。

(三)提高创业能力

伴随着科学技术的迅猛发展和社会转型时期人才需求的变化,终身学习的学习型社会对大学教育提出了更高的要求。终身学习时代呼唤大学生创业者。创业是一种进取精神,是一种生存素质,是一种学习提高,是一种价值体验,更是一种成功的展现。创业能力是大学生素质的一个重要方面,有专家称"创业能力"是继文化知识证书、职业技能证书之后的"第三本教育护照"。大学教育在提高青年学生的创业能力中扮演着相当重要的角色:一方面,它是正规教育中的最高层级,通过使青年学生接受良好的教育,培养出一大批具有创业能力和创新精神的高素质人才;另一方面,它也是回流教育中的一个重要环节,对社会中的成人进行教育,为他们提供再学习的机会,使高等学校成为他们接受终身教育的主要基地之一。注目当下,大学教育充分利用知识经济中信息服务、知识应用这些优势,以"知识创造财富、教育服务社会"为目标,以"信息服务、知识创新"为内容,营造良好的创业氛围,为形成创业能力奠定坚实的基础。大学教育是一种过程,创业是一种素质,接受大学教育不是目的,而是通过受教育的过程来培养适应社会、优化人生的素质。

(四)促进人的全面发展

知识经济时代在更高的层次上对人才的培养提出了更为全面的要求。人的全面发展始终是人们关注的中心,也是现代教育的最高理想,是人类对自身发展的终极追求。终身学习的目的,是促进人的全面发展。大学教育是促进人的全面发展的高效途径。“圣贤由学而成，道德由学而进，才能由学而得”。中国著名教育学家叶澜教授认为：“学校教育的指向是促进人的全面发展，为终身学习和终身发展奠定基础，为实现社会价值和幸福人生奠定基础。”联合国教科文组织在《教育——财富蕴藏其中》一书中提出：“接受教育不再是为了升学和谋生，而是为了个人能力的充分发挥以及个人终身学习，是为了社会的和谐发展。”大学教育的本质在于促进人的发展，关心“人性的解放”和“人格的完善”。大学之所以为“大”，也正在于其广博的知识领域与开放的学习空间，能为学生在专业学习之外提供自然科学、生命科学、社会科学等多元的学习通道，拓展学生的学习领域，引导学生融合知识，进而培养出具有人文思维、远大理想、能妥善运用知识并且有追求幸福人生能力的“全面发展的人”。正如联合国教科文组织与世界银行曾在2000年《发展中国家的大学教育：危机与出路》一文中提出：没有更多、更高质量的大学教育，发展中国家将会越来越难以从全球性知识经济中受益。接受大学教育的国民越多、层次越高，国民素养就越好，国际竞争力就越强。

## 二、终身学习体系中大学制度的调适

大学制度是大学管理与运行的规则体系，其主题是促进大学与社会更加密切和稳定的联系。在构建终身学习的学习型社会已经成为当今世界教育改革主流的时代背景下，大学不应成为“看客”，“不再是奢侈品，而是必需品”。但是，面对现实，我们必须坦率地承认，由于制度因素，大学教育在终身学习中的价值尚未得到充分发挥和发掘。有专家认为：“大学教育在为终身学习奠定基础这一问题上，严重存在着制度方面的缺陷。现有的大学制度好像一块僵硬的面包，不适合终身学习需要的弹性大学制度。”因此，省察大学教育的价值，调适大学教育的制度，吻合终身学习的要求，已成为大学发展的必由之路。总体而言，终身学习体系中大学制度的调适主要体现在三个层面，即大学与政府的关系调适、大学与社会的关系调适、大学内部教学制度文化的调适。

### （一）大学与政府的关系调适

终身学习体系中的大学制度建立在依法确定政府和大学关系这个前提之下。政府和大学是两种不同性质的角色。政府负责宏观管理，具体办学的权利则属于大学，这是确立终身学习体系中现代大学制度的一个层面问题。具体说来，政府的职责主要包括以下几个方面。

1. 保证教育公平。为不同学习群体提供接受大学教育的机会，乃大势所趋、民心所向。终身学习的观点认为，学习是一项权利而不是特权。要凸显全民尤其是弱势族群的学习权，其学习机会应受到保障。政府通过宏观调控，确保大学向高中毕业生、成人学习者、在职专业人员、追求丰富文化生活的老年学习者以及其他群体开放，广纳社会成员接受大学教育。要针对其不同的学习需求，提供贯穿终身的优质教育。

2. 规范资历认证和证书制度。政府通过实施“学分银行制度”等方法，规范各种资历认证，颁发各类学业证书。

3. 实施教育资助。政府加大对学习者的经费资助，确保经济困难的学习者也能圆满完成学业。

4. 加强各部门之间的控制与协调。政府要充分利用其职责职能，协调大学与各部门之间的关系，确保大学教育教学活动的顺利开展。

5. 发展多元形态的大学教育机构。各大学教育机构之间要注意相互衔接转移、形成弹性,以满足社会发展与个体多样化学习的实际需求。例如,培植研究型大学,以培养高级学术研究人才;充实教学型大学,以培养社会各行各业所需要的专业及领导人才;推展职业技术大学,以扩充职业技术教育的机会;建立社区大学,以提供社区民众较方便地接受大学教育的机会;设置远距离大学,利用现代科技手段,扩大民众的学习机会等。

(二)大学与社会的关系调适

终身学习要求教育融入整个社会和每个人的一生中,要求学习不仅仅是时间上的连续与延伸,同时也要求空间上的开拓与发展,形成“教育与社会、政治和经济组织(包括家庭单位与公民生活)密切交织的过程”。换言之,教育必须是一个协调的整体。在这个整体内,区域社会的一切部门都要从整体上统一起来,这是教育改革成功的关键。这就要求高等学校改变办学模式,实施开放办学,与区域社会形成相互协调发展的运行机制,使大学教育和区域社会走向学习型社会所要求的“一体化”,形成大学教育区域社会化,区域社会生活教育化。

1. 大学通过“教育回流”等各种办学形式广泛吸纳社会成员走进大学。建立回流教育制度,吸引更多成人回流学习。回流教育是指:一个人接受大学教育不一定在高等学校一次性完成,人们有权利以全时或部分时间的方式,完成其所需要的高等学校教育。高等学校教育应当向全民开放,而且允许分段进行、累积完成。高等学校教育以外的学习成就或工作经验与高等学校教育同等重要,应当得到高等学校平等重视与一定的承认。高等学校以学习者为中心,通过调整学科、专业建设,以灵活透明的学习途径为不同学习群体提供接受各种形式大学教育的机遇。

2. 整合大学与社会的教育资源,做到教育资源的有效、高效利用。大学通过各种有效形式,使社会成员高效利用高等学校在师资、图书、实验设备等教育资源方面的优势,吸纳社会成员深入大学进行知识更新,把高校办成终身学习的“苗圃”。

3. 大学要充分发挥人才培养、发展科学、社会服务的职能。大学要积极参与、支持区域经济社会的改革与发展,为各个阶段和各个层次的学习者提供持续的专业指导、就业咨询和社会福利服务,这种保障支持应该延伸到各年龄段和各种社会文化背景的学生。

4. 加强大学与地方政府、用人单位以及有关机构的合作办学。鼓励大学与地方政府、用人企事业单位以及其他有关机构合作办学。大学与各个机构的合作办学,一是由各个机构与大学合作,委托高等学校开设课程,为每个机构员工提供学习机会;二是各个机构要鼓励员工通过休假兼职等形式自行深入大学接受教育,主动参与大学的科学研究和社会服务。

5. 发挥大学作为文化组织的势能,引领社会文化发展。

### (三)大学内部教学制度文化的调适

加拿大学者哈格里夫斯和迈克尔·富兰指出:“以往的教育改革着力于从外部促使学校成为变革的场所,而更为重要的变革力量应该是产生于学校内部的以人际关系互动为中心的教学文化。”教学文化是教师专业发展中,教师对教学本质、教学价值、教学目的、教学方式,以及师生关系的认识、理解、创造与实践过程,是教学中教师与学生生命意义的建构与存在方式的整体反映,不同的教学文化对师生的生命存在与本真意义的建构则不同。终身学习时代,教学制度文化的变革亦成为必然。

1. 调整课程结构。为增进个人自我导向学习的能力,高校课程应注重各科目之间的统一性和整体性,加强与生活的联系。课程内容宜强调方法的学习,而非知识的灌输。课程设计应改变专家模式,采用民主参与模式,由学科专家、任课教师以及学生共同参与课程的设计。课程安排应增加选择的弹性,以方便学生学习。同时,终身学习的学习型社会的显著特点,就是具有最大的职业流动性。因此,要在大学课程中强化为学生将来投入工作和实际生活作准备的知识元素,使学生能够适应多种多样的职业,跟得上不断改进的生产方法和工作条件,而不是仅仅偏重于专门从事某一项手艺或某一种专业实践。要通过课程的改革与创新,帮助大学毕业生在谋求职业时有最适度的流动性。

2. 创新课堂教学。要以培养学生的批判性思维为教学目的,使课堂教学焕发出生命的活力。转变课堂教学观念,以先进的理念引领教学。要从传授知识型教学向开发智能型教学转变,从固态封闭型教学向动态开放型教学转变,从教师主导型教学向学生主学型教学转变,从培养单一型专才向培养综合型通才转变,从灌输式教学向启发式教学转变,从统一培养向因材施教转变。根据教学内容、教学条件、专业特点等因素,选用讨论式教学、情景式教学、探究式教学、案例式教学等教学模式。

3. 进行教学多元评价。在学习型社会中,学习者的学分、证书等评价方法并不能描述其达到什么水平,而只是反映学习者获得了什么知识与技能。教育评价应妥善地将同伴评价与自我评价结合起来,加强学习目的与学习方法的联系,保证学生参与评价标准的讨论,拓宽评价方法的范围等。除现有的评价方法外,可采用"替代性评价"、"文档评价"和"现实性评价"等方法。学校不应以考试成绩作为评判学生学业成绩的唯一标准,学生在校内外有任何优良的表现,或者在工作上有任何成就,均应得到学校的认可。各种多元的学习成就,可列作毕业条件，也允许成为学生入学条件的一部分。

4. 转变教师角色。终身学习体系中，教师的角色理应成为学生健康人格的塑造者，学生的共同学习者，学生学习与发展的指导者和促进者，文化的研究者。"教师的职责现在已经越来越少地传递知识，而越来越多地激励思考。他必须集中更多的时间和精力去从事那些有效果的和有创造性的活动：相互影响、讨论、激励、了解、鼓舞"，教师"除了他的正式职能以外，他将越来越成为一位顾问，一位交换意见的参加者，一位帮助发现矛盾论点而不是拿出现成真理的人"。

## 参考文献


[1] World Bank: Higher Education in Developing Countries, Behind Cover, 2000.

[2] 郝克明. 跨进学习型社会——建设终身学习体系和学习型社会的研究[M]. 北京：高等教育出版社，2006.

[3] 联合国教科文组织国际教育发展委员会. 学会生存[R]. 上海：上海译文出版社，1979.

[4] 克里斯托弗·K. 纳普尔，阿瑟·J. 克罗普利. 大学教育与终身学习[M]. 徐辉，陈晓菲译. 上海：华东师范大学出版社，2003.

[5] 德拉高尔朱布·纳伊曼. 世界高等教育的探讨[M]. 华东师大外国教育研究所译. 北京：教育科学出版社，1982.

[6] 国际21世纪教育委员会. 教育——财富蕴藏其中[M]. 联合国教科文组织总部中文科译. 北京：教育科学出版社，1996.

[7] Andy Hargreaves. Rethinking Educational Change: Going Deeper and Wider in the Quest for Success. Association for Supervision and Curriculium v1997 p1-26'97.

# 公民社会视野中的终身教育与本土化实践[①]

李　萍[②]　童建军

终身教育与终身学习是教学活动的一体两面。前者强调教育者的主动，后者重视学习者的自觉，二者统一于教学实践中。因此，尽管自21世纪初以来，终身教育的概念呈现出为终身学习所取代的趋势，但是，在讨论终身学习的理念和设计学习化社会的蓝图时，依然有必要从理论上和实践中继续深化对终身教育的不懈探索。

## 一、终身教育的公民社会背景

终身教育自1965年联合国教科文组织成人教育局局长朗格郎提出以来，已经在中国大地上得到广泛流传和立法支持。从历史的短时段来看，终身教育作

① 本文为书面发言稿。

② 李萍，中山大学党委副书记、教授。

为一种教育理念能够在中国传播,得益于改革开放后中西方学术的交流和碰撞;从历史的中时段而言,终身教育作为一种教育体系能够获得制度支撑,归因于科学技术对人类生存方式的挑战与变革。但是,就历史的长时段而论,终身教育能够从一种教育理念和教育思潮,发展成为一种教育制度和教育系统,更得益于中国社会类型由“臣民社会”向“公民社会”的时代转换。

在对公民社会的理解上,人们存在不同的争议。有学者将公民社会的诠释区分为三个维度:公民社会代表着一种自由的理想社会状态,意味着国家权力之外的社会自治领域,支撑着公共事务管理的“第三部门”。但是,无论何种理解维度,公民社会的核心问题是国家权力(政府等公权力机关作为代表)与个人权利之间的冲突与平衡。换言之,公民社会揭示的是个人权利与国家权力之间的新型关系,也就是个人地位的新坐标。由此,公民、公民社会本质地区别于臣民、臣民社会。

“臣民”,亦称“子民”,是与奴隶制、封建等级制度相伴随的产物,如“臣”就是春秋战国时期对男性奴隶的称谓,他具有无主体性、附属性、从属性的特征,故臣民无我,只有对统治者顺从、服从的责任,没有个人的权利。在中国古代臣民社会中,以儒家为主导的古贤对君主有着“民为邦本,本固邦宁”的道德期待;盛世君王也践行着“民本”的治国理想,但是,究其实质而论,“民本”背后折射的恰是“君本”或者“官本”的政治现实。理论上精致构思的“官贵民贱”的美妙理想在社会实践中却是“屈民而伸君”的残酷现实。这种社会结构无法转换出现代意义上的公民。

臣民社会中的教育是“碎片化”的。其教育的价值取向基本是“义务取向”,即教育对象是以学习“义务”为基本内容、履行接受“义务”为基本过程,“义务”

为根本目的，包括道德义务、政治义务、法律义务、人生义务等；教育的合法主体是为专制君主认可的士绅阶层，教育的重点对象是贵族阶层，教育的首要内容是人伦规范，教育的重要目标是驯化忠君孝父的臣子，“君叫臣死，臣不得不死；父要子亡，子不得不亡”。加之臣民社会结构机械式团结的类型特质，社会变异性和流动性很少，因此，它难以发展出健全的终身教育的理念和行动。

关于公民的内涵，虽有不同的概括，但公民内涵最核心的问题是：公民是一个社会人及政治人，他是以社会和国家的一个成员身份而存在的，其处世原则依赖于他与社会的契约而定，即具有相应的公民权利和义务。从历史起源而言，“在西方之外，从来就不存在城市公民的概念”。而西方社会对“公民”的身份认识与政治生活实践肇始于古希腊。经历中世纪的神学遮蔽后，在近代启蒙思潮的诱发下，随着“天赋人权”和“主权在民”等观念的普及，现代意义上的公民概念开始出现。

由于文化传统的预制性，尽管 19 世纪晚期以来，“臣民”的概念和制度安排不断遭受着西学和政治变革的冲击，但是，“公民”的身份意识并未随着专制主义时代的覆灭而深入人心并成为人们改变境遇的理论武器。1912 年颁行的《中华民国临时约法》和其他法规政令中明文规定，中华民国主权在民，全体国民一律平等，依法享有选举、参政、居住、言论、出版、集会、信教等项权利；特别是 1949 年以后，专制时代的“臣民”翻身做主人，公民的地位被进一步以立法的形式确定。但是，这种政治制度与农业文明的经济形态结合后，虽然告别了“臣民社会”，并未迎来真正意义上的“公民社会”，而是形成了一种特殊的“统制社会”。这种社会组织形态在单一的经济模式的基础上，强调统一的思想意识形态，坚持高度集中的政治体制。这种社会的组织形式依然是未经充分分化的机械组合，个人依赖于社会组织或单位，维系并统制社会团聚力量的是以政治目标为导向的价值观念和意识形态。

在“统制社会”中，尽管从法理上而论，任何公民都有着接受终身教育的权利。但是，由于社会资源的有限性，终身教育的理想止步于有限教育，即国家和政党只能保证社会中的大部分人完成扫盲教育，以及承担少部分人的高等教育。因此，在“统制社会”中，教育仍然是一种身份和地位的象征，高等教育必然是精英教育，终身教育很难发展起来并成为国家、政党和社会的普遍性的教育理念和系统性的教育设置。除此而外，由于“统制社会”对统一性和整体性意识形态的诉求，其教育的价值取向是培养遵从、服从阶级、政党要求的接班人，教育作为国家意识形态传播和灌输的功能被强调。由此，对教育价值、内容和功能等的理解就难免陷入偏狭。因此，在“统制社会”中，也无法发展出现代意义上的终身教育。

市场化改革以来，中国的民主政治逐步发展，计划经济和集权政治的合法性被不同程度地消解，引发了社会各领域的深刻改造与创制，中国社会经历着现代化转型。“回顾20年中国社会变革的事实，不能不看到的一个最根本的变化就是市场经济的兴起，以及由此而引发的一系列社会生活方式的深刻变化，人们开始从自然经济、计划经济中走出来，从而也逐步挣脱了由血缘、地缘和由依附群体所联结起来人对人的依赖关系和隶属关系，他们开始可能以一种自由、平等、独立人格的身份参与到市场经济以及其他一切社会活动中来”。

社会转型的相应结果是个人主体意识的自觉，其权利观念和公民身份意识被唤醒，日益摆脱政治权力的控制与束缚，行使公民的正当权利，履行相应的公共义务。个人权利与国家权力之间的关系得到了不同于“臣民社会”中的新的注释,个人的公民身份被不断凸显,中国社会由此朝向“公民社会”迈进。

公民社会的转型使人们意识到教育对于社会生存和发展的内在重要性,并激发出他们对教育权利由法律文本到现实设置的吁求。辅以全球化、信息化、多元化的社会环境,当代中国转型期的教育无论是在教育理念、教育价值和教育功能的理解上,还是在教育主体、教育内容和教育客体的定位上,都获得了全新且更全面的理解。教育的人本性趋势不断向纵深发展,与之相反的“君本性”、“物本性”等逐渐淡出理论的视阈。只有在公民社会中,终身教育才有存在的必要性;才有可能由抽象的教育理念和教育思潮发展成为具体的教育策略、教育制度和教育体系。因此,公民社会催生出终身教育,而终身教育又推动着公民社会的成熟。

## 二、终身教育的本土化实践

1948 年发表的《世界人权宣言》第二十六条规定:“人人都有受教育的权利。”《全民教育九大国累西腓宣言》宣告:“教育是一项基本的人权。”从近代以来社会契约论的观点而言,只要是国家的公民,就有获得教育的普遍权利和基本资格,“既不能有排斥性也不得有歧视”。因此,当教育被理解成公民的权利时,它意味着对政党和政府提供教育服务的职责期待。

教育的理念和实践从整体上受囿于社会组织形态的类型。尽管受教育权作为公民权利体系中非常重要的内容已经得到立法支持,当代中国由臣民社会向公民社会变迁的历史事实和社会场景预示着,教育权的现实性呈现和终身教育的本土化实践有着其特殊的使命担当和主题定位。

就应然层面而言，教育的本真是成就人和发展人，回应并满足受教育者生命成长和人格发展的需要。当然，在不同的社会组织类型中，"人"的构成、"成就"与"发展"的内容和标准存在重大差异。承认这些差异并不意味着接纳某种相对主义的价值取向，而是要表明人类共同性的教育理想与差异化的教育实践之间的冲突。在公民社会中，人的理解不仅突破了臣民时代范围的有限性，而且实现了相互之间形式上的平等性；教育的本真具体化为将生物意义上的单独个体培育为社会生活实践中完整的现代适格公民，使之重理性而不失情感、求自由而不失美德、崇权利而不失责任。这就使得它本质上区别于臣民社会中的教化。因为臣民社会的权力关系与权利结构使人"单向化"，使人成为特定社会阶层所需要的"被肢解"的存在，教育的重点不在"育"而在"化"，其功能被异化为控制人和驯服人的手段。

诚然，任何时代的教育都有着为人和为己的双重使命。但是，在臣民社会和统制社会中，教育为人的维度被凸显，而其为己的面受压缩。在这种教育思维中，教育存在的价值主要不是实现个体"是其所是"的生命成长与人格发展的潜能，而在于驯化为满足特定的权力集团治理社会所需要的便捷工具。尽管市场化的经济体制改革及与之相随的政治生活变迁为教育的回归提供了有利的时空契机，但是，文化传统作为一种强有力的习惯，对当下的教育实践仍有着潜在的、根本的和特殊性的影响，使之成为历史经验的一部分而极有可能被借鉴为跨越时空的现实教育资源，甚至由此沦为社会进步的阻滞性力量。

由此，在朝向公民社会转型的进程中，当代中国终身教育的本土化实践首当其冲的历史使命不是具体制度设置的讨论，而是对终身教育本质形而上的确认和终身教育理念共识性的重叠。公民社会转型中的终身教育不仅要使教育成为个体改善自身物质生活境遇的手段，而且要使教育服务于提升个体的公民意识、公民身份、公民资格和公民行动能力的长远谋略。换言之，终身教育固然需要重视对生命个体生存本领、技能和策略等的技术型培训，但是，它必须以公民型人格为附着体。如果终身教育背离了培养健全公民的主线和基调，那么，它就容易被再次异化，成为训练满足特定阶层所需要的、具有高级技术能力的当代臣民。如果没有对教育理念发生根本性的再理解，那么，终身教育的实效性就难以发生、发展和延续。

所以，面对终身教育的浪潮，一个不可忽视的命题是：它的终极性目标是驯化臣民，还是培养出受教育者健全而完整的公民型人格？终身教育的本土化实践固然“需要以终身教育的思想，在终身教育的框架下，重建具有内在一致性、关联性和持续性的新教育体系”，但更需要明晰终身教育之后的更高理论品格和实践追求，以现代公民的塑造为线索，将基础教育、初等教育、中等教育、高等教育和成人教育或者学历教育与非学历教育、正规教育与非正规教育串联而成有机的教育体系。因此，终身教育不应成为思想的催迫，为终身教育而终身教育，而放弃了内在的精神气质与实践诉求。

有了对终身教育的理念、价值与功能等重新认识与深刻理解的基础后，我们就可以更加顺畅地讨论和不断深化终身教育的具体运作，通过诸政治制度安排，妥善解决整体与部分、平等与差异、他育与自育、集权与赋权等终身教育体系中的重要矛盾。

整体与部分。终身教育是一个整体。它既是人终其一生所接受教育的整体，又是家庭教育、学校教育和社会教育的整体，也是学历教育与非学历教育、正规教育与非正规教育的整体。这些组成部分相互联系，都必须被合理地纳入终身教育的筹划之中。但是,这并不意味着否认它们在终身教育体系中的重要性和优先性的差别。一般而言,学校教育中的基础教育是人的最底线和最基本的教育权利。因为它是“人们为能生存下去、充分发展自己的能力、有尊严地生活和工作、充分参与发展、改善自己的生活质量、作出有见识的决策并能继续学习所需要的”。人们获得基础教育,是为了得到更多的教育;换言之,只有保证人们基础教育权利的满足,他们才可能享受后续的教育设施和教育服务。由此,在终身教育体系中,基础教育就具有了相对而言更加重要和优先的地位。

平等与差异。获得终身教育是现代国家公民的普遍权利和基本资格。在这一点上,公民与公民之间是平等的。但是,不同的民族、国家在不否认普遍性平等权利的同时,也应该坚持对特殊区域、特殊人群的教育实行差别化政策。终身教育权是公民接受教育资格的综合。但是,它可以具体细分为底线的教育权利和高级的教育权利。道德直觉可以证成的终身教育实践必定是:高级的教育权利满足的前提是底线的教育权利的实现。在社会中某些人群和某些地区的底线教育权利没有满足的条件下,而其他社会群体却可以享受高级的教育权利,这种制度安排的伦理性是值得商榷和讨论的。它可能造成新的社会不平等。因此,政党和政府倡导并通过制度与政策推行终身教育的宏伟计划时,必须充分而合理地将弱势群体终身教育底线教育权的实现优先纳入考虑范围之中。

他育与自育。教育的终极理想境界是取消外在的教学形式,使教育由“输血式”的强迫转换为“造血式”的自觉,由他育转向自育;其要旨是在充分尊重公民受教育权的基础上,重视对受教育者学习态度、兴趣和情感的激发,达到“不教而学”的目的,以完成对学习型社会的建构。但是,人生的不同阶段或者教育的不同领域决定着,在终身教育体系中,他育与自育不是彼此冲突的教育手段,而是相互促进的教学过程。在人生的幼年或者学校教育中,他育是主导;在人生的成年以后及社会教育中,自育是关键。这种区分决定了政府配置有限教育资源时向他育阶段倾斜的政策安排。

集权与赋权。终身教育既要强调政府的权力和责任,又要妥帖地教育赋权,使国家之外的社会力量如社区、非政府机构、非营利团体和企业组织等参与终身教育,弥补政府在举办终身教育中人力、物力和信息等方面的不足。因此,终身教育是为了公民的教育,也是源于公民的教育。“除了从事基础教育的正规机构外,我们应该努力寻求更广泛的公民社会带着他们全部的创造性和决心,参与进来。我们强调,教育的目的是提高素质,而提高素质是所有人的事情。”在终身教育集权与赋权的矛盾实践中,需要平衡的难点在于:既要防止政府以集权的名义排斥社会力量的进入,又要避免政府以赋权的名义推卸终身教育的责任;既要防止社会力量以赋权的口号抵制政府合理的引导,又要避免社会力量以集权的理由丧失了参与终身教育的热情。因此,如何处理“集”与“赋”、“收”与“放”,需要艺术化的思维和策略。

终身教育的本土化实践是中国社会组织由“臣民”向公民转型的合理产物。随着中国市场化改革的不断深入和民主政治的逐步完善,公民社会必将更趋理性,这将更有助于终身教育实践形态的不断成熟。无疑,终身教育的硕果必定会反馈于公民社会的建构。

## 参考文献

[1] 顾明远.终身学习与人的全面发展.新华文摘,2009(2).

[2] 李萍,钟明华.公民教育——传统德育的历史性转型.教育研究,2002(10).

[3] [德]马克斯·韦伯.新教伦理与资本主义精神[M].彭强等译.西安:陕西师范大学出版社,2002.

[4] 李萍,童建军.关于文化传统预制性的详细论述.文化传统的预制性与公民教育.中国德育,2009(02).

[5] 李萍、钟明华.公民教育——传统德育的历史性转型.教育研究,2002(10).

[6] 鲁洁.转型期中国道德教育所面临的选择."21世纪价值教育与公民教育国际学术研讨会"交流论文,2000.

[7] 世界教育论坛.达喀尔行动纲领——全民教育:实现我们的集体承诺(塞内加尔,2000).

[8] 王晓辉.全球教育治理——国际教育改革文献汇编.北京:教育科学出版社,2008.

[9] 世界教育论坛起草委员会.达喀尔全民教育:实现我们的集体承诺——对《达喀尔行动纲领》的详细说明(巴黎,2000).

[10] 王晓辉.全球教育治理——国际教育改革文献汇编.北京:教育科学出版社,2008.

[11] 叶澜.终身教育框架下学校功能的变化.上海教育,2005(01B)

[12] 世界全民教育大会.世界全民教育宣言——满足基本学习需要(宗滴恩,1990).

[13] 王晓辉.全球教育治理——国际教育改革文献汇编.北京:教育科学出版社,2008.

[14] 全民教育九大国累西腓宣言(2000).王晓辉.全球教育治理——国际教育改革文献汇编.北京:教育科学出版社,2008.

# 推进终身学习的政策与制度建设

# 中国终身学习的进展与制度建设[1]

郝克明[2]



## 一、近些年来中国终身学习的进展

中国和世界其他国家一道，正在进入人类社会发展的新纪元。以信息技术为主要标志的科学技术的高速发展和知识经济的兴起，正在深刻地改变着人类的经济发展方式和生活状态，知识在经济和社会发展中的作用日益突出，学习、运用和创造知识的能力，越来越成为推动人类文明进步和促进人的全面发展的决定性因素。建设终身学习体系和学习型社会，已经成为世界各国教育改革和社会发展的重大战略和共同趋势。作为世界上人口最多的发展中国家，中国在过去的几十年里，随着经济的快速发展和人民生活水平的提高，在构建终身学习体系和学习型社会方面取得了很大的进展。

---

① 本文为大会发言稿。

② 郝克明，中国教育发展战略学会会长、国家教育发展研究中心专家咨询委员会主任、研究员。

（一）学校教育有了很大发展

培养具有高度的学习自觉性和自主学习能力的新一代学习者，是建成学习型社会最重要的条件。良好的学校教育是学习者终身学习和建立终身学习体系和学习型社会的基础。中国把普及九年义务教育摆在教育事业发展重中之重的位置。2009 年，中国小学教育净入学率达到 99.4%，初中教育毛入学率达到 99.0%，在全国已全面普及了九年义务教育。高中阶段教育和高等教育也发展很快，高中阶段教育的毛入学率提高到 79.2%。高等教育的毛入学率达到 24.2%，在校学生总规模达到 2 979 万人，进入了高等教育大众化国家的行列。在终身学习理念的指导下，学校教育正在进入以进一步深化改革、提高教育质量和促进教育公平为主的发展阶段。

（二）继续教育成为中国教育发展的重要组成部分

终身学习理念，对个人和教育事业发展最根本的启示在于，人们在整个一生中所需要的知识从学校教育中获得的只是一小部分，大部分知识以及各种能力和技能等，都要在社会实践中通过不断的继续学习才能获得。在当今科学技术高速发展形势下，不仅人类社会拥有的知识总量迅速增长，知识更新速度进一步加快，而且大大增加了社会成员职业和岗位转换的流动性。人类生存环境平衡而单一的局面被打破，不确定性和可选择性都在增强。在这种新的形势下，广大社会成员对于不断学习、丰富自己的知识和提高自身能力，越来越有着强烈的要求。继续学习的内容，不仅包括对与自己工作有关的各种领域新的观念、知识和技能等方面的学习，而且包括对提高自身的综合素质、扩展自己的兴趣爱好和丰富精神生活等方面的学习。中国有 7.69 亿从业人员，有 1.2 亿左右农村富余劳动者需要逐年转移到第二、三产业；每年还有数以千万计新增和需要再就业的劳动者；此外还有 1.44 亿的老龄者。这些接受过不同层次学校教育进入社会的成员已接近10亿人，是现有学校人数的3倍。同时，人们对学习的需求，在类别、内容、方式、时间等方面也非常多样化。这就使得我国继续教育的任务尤为复杂和艰巨。

这些年来，由于注意发挥政府、学校、社区和行业、企业等社会各部门的作用以及全社会的积极性，创造了多种发展继续教育的模式和积累了初步的经验，促进了我国继续教育的蓬勃发展。中国所进行的学历继续教育使数千万成人提高了知识和学历水平。例如，成人中等专业学校毕业生累计达到1 877万人，成人高等教育毕业生累计已超过2 300万人。在社会各行各业所进行的各种形式的非学历继续教育和培训，使数以亿计的从业人员提升了职业能力；仅农民中专和农民技校所进行的培训累计就超过11亿人次。全国企业职工培训规模每年都达9 000万人次左右。截至2006年，全国从业人员累计有6 000万人获得了各种职业资格证书。政府和社会各领域管理干部和专业技术人员的继续教育也有了很大的发展。最近中国研究制定的《国家中长期教育改革和发展规划纲要》进一步强调了继续教育在教育发展中的战略地位，明确把继续教育发展列为中国教育事业发展的重要组成部分。继续教育将成为新时期中国教育事业发展新的增长点。

（三）以信息技术为基础的现代远程教育的长足进展，为广大社会成员的终身学习提供了更多的选择和更为便捷的学习方式

信息技术的高速发展对于中国利用后发优势，推动终身学习的发展带来了前所未有的机遇，也是中国作为一个人口大国在教育资源相对短缺的条件下能够构建终身学习体系与学习型社会的重要保证。最近几十年来，中国初步建设了以卫星、电视和互联网为载体的远程教学和教学服务平台，为广大社会成员的终身学习提供了更多的选择、更为方便灵活的学习方式。如广播电视大学已为

国家培养本专科毕业生近700万人。通过互联网进行的各类网络教育也发展很快,普通高校网络学院注册在校生已达110万人。现代远程教育的发展,还为广大农村和各类企业劳动者的实用技术培训,为广大教师和各类专门人才的培训和继续教育,做出了重要贡献。

（四）社区教育和学习型组织建设有了很大发展

学习型组织和学习型社区是学习型社会建设的基石,在形成终身学习的环境以及建设学习型社会的过程中具有重要的作用。近年来,中国各地在这些方面进行了积极探索,取得了重要进展。至2007年,国家级社区教育实验区已达114个,覆盖了30个省、自治区和直辖市。省级社区教育实验区已达400多个。2007年,在全国65个社区教育实验区,参加各种教育培训活动的社区居民2 561万人次,占其总数的50.3%(教育部职业教育和成人教育司,社区教育统计)。

中国在终身学习方面虽然取得了许多进展,但在促进学校的教学改革,在继续教育的管理体制、发展机制以及终身学习的投入和保障机制等方面,还存在很多问题,总的来说,还不适应社会发展和广大社会成员自身发展的需求。

## 二、中国促进终身学习的制度建设

建设全民学习、终身学习的学习型社会,是中国教育发展和改革的重要目标。为了实现这个目标,中国正在从以下几个方面,加强政策措施和制度建设。

（一）在大力发展学校教育的同时,以终身学习的理念为指导改革学校的教育内容、教育方法和教育制度

未来的十年,中国学校教育将会有更大的发展,为全国公民提供更加良好和

公平的教育机会。例如，到 2020 年，学前教育三年毛入学率将从 2009 年的 50.9%，提高到 75%。学前教育一年毛入学率将从 2009 年的 74%，提高到 95%。九年义务教育巩固率将从 2009 年的 90.8%，提高到 95%。高中阶段毛入学率将从 2009 年的 79%，提高到 90%。高等学校在校生规模将从 2009 年的 2 979 万人，增加到 3 550 万人；高等教育毛入学率将从 2009 年的 24%，提高到 40%。

在大力发展学校教育的同时，中国将以终身学习理念为指导，进一步从教和学两方面进一步深化教学内容、教学方法等方面的改革，为学习者的终身学习和发展打下良好的基础。同时进一步改革教育教学制度，增强学校教育体系的开放性、灵活性，充分发挥学校在建立终身学习体系中的功能和作用。例如，鼓励各类职业学校实行学校教育和社会成员职业培训并举，为全体社会成员特别是城乡待就业人员和劳动者的继续学习和培训提供服务。高中阶段学校和高等学校逐步实行弹性学习制度。放宽招生和入学的年龄限制，为社会成员特别是从业人员接受继续学历教育提供比较灵活和方便的机会。大力强化高等学校为社会成员提供多种多样继续教育服务的功能。例如，近些年来中国著名的研究型大学——北京大学，在为各类专门人才提供继续学习服务的同时，还面向农民工举办平民学校就是这方面的一个突出典型。

### （二）加强继续教育的制度建设，促进继续教育的发展

#### 1. 改革继续教育领导管理体制

继续教育的发展涉及社会各个部门、各个领域的所有社会成员。为了改变当前中国继续教育管理上存在的部门分割、资源分散、重复建设等浪费和低效现象，最近中国研究制定的《国家中长期教育改革和发展规划纲要》明确提出，政

府将成立由各个行业部门和社会组织共同参加的跨部门的继续教育协调机构，整合各方面的教育资源，统筹继续教育事业的发展。同时明确把继续教育纳入国家和部门、行业、地区的发展规划；进一步加强学习型社区和学习型组织的建设，广泛调动全社会发展继续教育的积极性。

2．加强继续教育的激励机制

为了调动广大从业人员继续学习的积极性，在进一步健全劳动准入制度和职业资格证书制度的基础上，在重要行业和部门，建立职业资格证书定期更新制度，并把从业人员继续教育的成果作为其职业资格证书更新、岗位聘任、职务职称晋升的重要依据。行业和部门将为从业人员的继续学习提供必要的条件保障。例如，建立以解决从业人员工学矛盾为目的的“带薪继续教育假”制度等。

3．改革继续教育的人才培养模式

继续教育特别是大量的、非学历的教育培训活动，不仅具有周期短、针对性强、传播新知识和新技术较快的特点，而且教育的内容、模式、方法等与传统的学校教育有着很大的不同。特别是在学习主体的广泛性和多样性，学习内容、学习形式的针对性、丰富性和可选择性，学习机会的充分性等方面具有许多不同的特点。坚持以社会和学习者的需求为导向，以职业能力为核心评价标准的模式，进一步加强继续教育内容、方法包括时间安排等方面的针对性、多样性和实效性。

（三）充分利用信息技术手段，搭建国家终身教育公共服务平台，努力为全体社会成员提供不受时间和空间限制的各种高质量的教育和学习服务

大力加强现代信息技术在继续教育中的应用，充分发挥卫星和广播电视及互联网的作用，建设覆盖全国城乡的、开放式的继续教育支持服务系统。中国政

府正在积极准备在中央和地方广播电视大学的基础上组建覆盖全国城乡的开放大学。我认为开放大学应在专业、课程设置和教学方法、教学管理等方面认真研究总结国内外远程教育的经验，并根据自身的比较优势，与国内外有关高等学校合作，在所设立的专业和学科领域，选择最优质的教学资源，采用更为生动、灵活和便利学习者学习的教学方式，努力使开放大学成为新型的、高质量的乃至国内一流水平的巨型大学。根据我国社会成员对继续学习的巨大需求，建议开放大学实行学历教育和非学历教育并重，并探索这二者之间能够相互沟通和衔接的教学制度。

进一步加强国家数字化继续教育资源中心的建设，不仅为各类教育机构提供合作开发、交流共享的平台，而且为广大学习者提供学习资源以及信息查询等服务。

（四）构建通过各种学习渠道成才的“立交桥”

在终身学习理念的指导下，构建通过多种学习渠道成才的“立交桥”的目的，就是要建立能够坚持以人为本、充分尊重学习者的意愿，教育形式灵活多样、不同层次教育能够衔接、不同类型学习能够沟通，形成规则明晰、制度灵活、管理有序的教育体系和制度，进一步调动社会成员终身、持续学习的积极性。

1. 进一步促进普通教育与职业教育的相互沟通和衔接，扩大学习者的教育选择机会

我们将努力探索在高中阶段教育（联合国教科文组织国际教育标准分类中定为第 3 级）和高等教育（国际教育标准分类中定为第 5 级）之间确立第 4 级教育，以便为完成高中阶段教育的学习者在升学和就业之间提供多种多样的学习机会。

2．完善继续学习成果的评价、认证和转换制度

探索建立个人继续教育积分卡制度，记录社会成员继续教育学分或学时，作为对其资助与奖励学习、认定相关专门技能等级、颁发专业资格证书、晋升职务以及进入高一级普通学校进行学习进修等参考依据。逐步推行继续教育学分制度，促进不同类型教育间的学分互认，完善继续学习成果的评价、认证和转换制度，进一步调动学习者继续学习的积极性。

3．建立知识、能力与技能并重、学历资格与职业、技能资格相互沟通的国家资格体系

鉴于这项工作的复杂性，国家将选择具备相应条件的地区和教育机构，就构建通过各种渠道学习成才的"立交桥"进行试点，国家对试点地区和机构给予必要的政策扶持。

（五）建立满足全民终身学习需要的教育培训投入和学习资助体制

建立政府、企业和个人合理分担成本的终身学习经费保障制度。继续优化财政性教育经费在各级各类教育中的分配结构，加大对基础教育的投入力度。建立社会投资教育的激励机制，提高社会各个部门、组织和企业对教育培训的投入水平。公共继续教育资源优先向弱势群体，特别是失业者、低收入者、进城务工人员和贫困地区劳动者、残疾人倾斜。

建设终身学习体系和学习型社会，是一个复杂的社会系统工程和逐渐推进、发展的过程，也是一个在实践中需要不断深入研究和探索的课题，迫切需要加强国际的交流和合作。从21世纪以来，在中国举办的终身学习国际研讨会，这次已经是第3次了。通过这些研讨活动，对增进对终身学习的理解，交流各国在终身学习方面的新鲜经验，促进终身学习体系和学习型社会的建设，已经并将继续

发挥重要的作用。

## 参考文献

[1] Central Radio and TV University(2009). *Thirty Years of Development of the Central and TV University*. Retrieved from http://www.crtvu.edu.cn/on 31 March 2010.

[2] Department of Vocational and Adult Education of Ministry of Education(2009). *Progress on the Establishment of Learning Communities*. Beijing: Ministry of Education.

[3] Ministry of Education(2009). *National Education Statistics Yearbook* 2009. Beijing: People's Education Publication House.

[4] Ministry of Education(2010). *The Outline of National Medium and Long-term Plan of Education Reform and Development*: 2010—2020. Beijing: Ministry of Education.

[5] Ministry of Labour and Social Security(2009). *National Labour and Social Security Statistics Yearbook 2008*. Beijing: China Labour and Social Security Publication House.

[6] State Statistics Bureau(2009). *National Statistics Yearbook 2008*. Beijing: State Statistics Publication House.

[7] UNESCO(1997). *International Standard Classification of Education*(ISCED). Paris: UNESCO.

# 美国终身学习政策的发展[①]

布伦达·丹恩-梅西(Brenda Dann-Messier)[②]



## 一、导言

美国始终支持终身学习,并且为了推进国际终身学习体系的构建,致力于向全世界分享其实践经验的精华。

美国注重推进成人学习的发展,这在国家政策方面体现得尤为突出。我们认为文化程度与经济发展、劳动力目标息息相关。情景化学习、工作竞争力提升以及针对包括外国移民在内低技能人群的教育与培训的结合是我们工作的重中之重。

我们支持通过办学形式灵活的中学后教育机构,如美国社区学院,以及一些提升能力的再培训项目来发展本国经济。这些机构的主要目的在于为当地劳动者提供中学后教育和职业培训,以顺应当地劳动力市场需求并且使其有机会进

① 本文为大会发言稿。

② Brenda Dann-Messier 女士是华盛顿美国教育部职业教育与成人教育司助理秘书。

一步接受高等教育。这种正式的终身学习体系与当地经济发展紧密相连,有助于提升学生就业能力从而胜任高要求工作,最终有利于帮助那些未被充分代表的学生扫除上大学的障碍,填补人生成就上的这一空缺。

美国正在系统地拓展其社区学院,主要基于以下几方面考虑:首先,提高国际社会对美国高等教育中这一独特形式的认识;其次,帮助关键合作国家中的低技能人群获得工作场所必备的技能,使其能更广泛地参与到本国经济发展建设中;再次,顺应美国社区学院的国际化发展战略,帮助美国学生在国际竞争环境中制胜。

我们相信这种以科技为本的学习方式,尤其是开放教育资源对移民和成人进行高质教学是走向未来的必由之路。

本文旨在阐述美国终身学习政策的发展过程。奥巴马总统和教育部长邓肯一致认为,教育政策不能且不应该在真空中发展。教育政策须具有一贯性,正如奥巴马总统在2009年2月所指出:我们将为每一个美国人完成大学学业提供必要的支持并试图达到这样一个新目标:至2020年,美国将重新成为世界上拥有大学学历人口比例最高的国家。

我们所做的一切都是为了确保总统所提目标的实现。

## 二、劳动力投资法案

劳动力投资法案,或简称WIA,于1998年8月7日通过审批以取代1983年出台的职业培训协作法。WIA的出台缘于20世纪90年代始就业环境日益复杂,如"经济全球化、技术进步、人口变化以及随之而来的经济重组"(美国国会,

1998)。该法案的出台获得时任总统比尔·克林顿以及共和党领导人纽特·金瑞齐的共同支持。劳动力投资法案阐述其出台的目的是"在于通过国家或地方的投资体系,开展劳动力投资活动以提高参与者就业率、留用率以及薪资,增强参与者职场技能,进而提高劳动力质量,减轻政府负担,提高国家生产率和竞争力"(美国国会,1988)。

美国1998年失业率达4.5%,近年来失业率一直在10%左右。1998年国家经济发展势头良好,而今全球金融危机的影响迫使国家对这一法案作出修改。

在国会通过的前提下,需要每隔6~8年对法律进行重新修订。然而尽管国会曾多次努力,劳动力投资法案从诞生之日起还从未被修订。当今美国的经济形势与1998年相比有天壤之别,因此奥巴马政权希望修订法案使其更具现代化,从而更能反映当前经济现实以及劳动力需求,同时提高法律效力。

### (一)劳动力投资法案的五个组成部分

1. 劳动力投资体系(主要由美国劳动部监管)

- 州立扶助项目(标题B)

✧ 青少年扶助项目

✧ 成人扶助项目

✧ 失业工人扶助项目

- 就业工作组(标题C)
- 国家扶助项目(标题D)

✧ 美国本国国民扶助项目

✧ 移民和雇农扶助项目

✧ 退伍军人劳动力投资项目

✧ 试点和示范项目

✧ 青少年塑造项目

2. 成人教育和家庭扫盲法案(主要由美国教育部监管)

- 州立扶助项目(标题 A)

3. 劳动力投资相关法案

- 瓦格纳-皮赛尔法案(标题 A)
- 其他相关法案(标题 B)
- 21 世纪劳动力委员会(标题 C)
- 应用民权和劳工管理法规的史密森学会(标题 D)

4. 1998 年复健法修订案

5. 总则

劳动力投资法案的制定是为了鼓励地方公众或私人团体参与劳动力发展服务,使其更具现代化。法案聚焦于弱势青少年群体、未受良好教育群体、失业/未充分就业群体、残疾青年和成人群体以及英语学习者,法案包括法定定义、国家和地方劳动力条款、就业工作组、国家项目以及管理指导方针。

成人教育和家庭扫盲法案(AEFLA)是美国教育部颁布的一项重要法案。该法案致力于支持和推进未受充分教育的成年人群体的教育发展。项目拨款主要由教育部通过成人教育与扫盲司(DAEL)下属的职业教育与成人教育处(OVAE)来进行管理。

在成人教育与扫盲领域中,国家设立专项为其科研、评估和示范项目提供资金。

国家扫盲研究所(NIFL)被赋予了提升、拓展成人教育和扫盲服务传播体系的职责。近年来,国家扫盲研究所逐渐淡出舞台,其原有职能从2010财政年度起将被职业教育与成人教育处所取代。

州立基础扶助项目是联邦政府支持基础技能培训的主要来源。此类项目的目的是为诸如超过16岁未受过高等教育且目前未在校群体,没有中学毕业证书群体,缺乏基础技能难以胜任工作以及日常生活的群体提供受教育机会。

以下三个项目提供指导性服务:

- 成人基础教育(ABE)—低于高中层级的基础技能指导。
- 成人中等教育(ASE)—高中层级的指导。
- 英语语言指导(ELI)—英语语言的指导。

### (二)劳动力投资法案团体访谈

在法案重新修订之前,笔者采取了一系列措施以广泛收集重要参与者的反馈,这些措施包括:

- 全国范围内的20个听证会或关键团体访谈。
- 会见了超过6 000名重要参与者,这些参与者代表了50个州约870 000名成人学习者、雇主和商业领导、成人教育和劳动力发展的从业者与管理者、决策者与决策官员、学院院长与教员、非盈利性组织以及政府组织成员。
- 收到超过20封来自国家组织的意见书。
- 利用电邮反馈:WIAConversations@ ed. gov 征求意见。
- 利用国家扫盲研究所邮件程序,与超过9 000名参与者进行了沟通。
- 利用对于教育部长博客的评论:Ed. gov blog 征求意见。

### (三)重新修订涉及的关键问题

法案的修订主要以以下几个问题为导向:

- 新劳动力投资法案取得成功的关键因素是哪些？
- 当前法案面对的最大挑战是什么？
- 针对这些挑战是否有创造性的解决方案？
- 我们对法案有何期待？

我们在分析所有数据资源、阅读了所有评论的基础上总结出 12 个大主题。因为联邦资金直接划拨到包括州立教育部、州立劳动部以及社区学院在内的州级部门，我们就这些主题以及这些主题的重要性与州级成人教育管理者进行了确认。当前，我们的工作是通过内部协商的方式将这些主题归纳为 6 个主要主题领域以配合劳动力投资法案的重新修订。

在每一次听证会上都能找到成人学习者的身影，当然，学生的呼声是最清晰也是最重要的。每次与成人教育者对话，我都会强调学生想要从终身学习体系中得到什么。法案的修订在以下几方面反映了学生的“希望”：

- 免费的课程；宽敞的教室；更多的课时以及在一天不同时间段开设课程。
- 照顾成人学习者的子女及其他支持性服务。
- 关注学生、为学生着想的教师。
- 更多的教师（最好分组教学）以及教师在课堂内外有充足的时间与学生交流。
- 语法、社会学习、科学以及英语会话课程。
- 新型计算机以及计算机入门；教科书以及学习材料。
- 有助于学生进入或申请大学的相关信息。
- 帮助学生规划职业生涯，提供培训机会以及就业相关服务。
- 移民需要诸如认证审查、重获证书等专门服务以便他们能在该领域工作。

### 三、劳动力投资法案重新修订的优先事项

政策委员会隶属于美国教育部,由资深的教育官员组成。我们向其呈交了希望能够得到优先发展事项的申请许可。一旦通过,我们就可以开发预算的具体细节。

邓肯部长鼓励我们参与法案的重要参与者合作,以此确保我们可以很好地了解客户(学生)的需求以及将聘用我们学生的雇佣者和岗位提供者的需求。部门下设所有办公室都遵循这一程序。

总而言之,团体访谈的反馈使我们在重新修订法案时能聚焦于以下六个主题领域:

首先,我们需要考虑的是在修订中建立激励基金,采取相关激励措施推进成人教育服务的创新。

总统为成人教育发展预算拨款 3 000 万美元作为劳动力改革基金让我们倍感兴奋。

这种用实际激励措施刺激改革的方式是奥巴马政权的重要特征,它确保了改革的继续推进,使我们的学习者得到更多受教育机会。

我们正与劳动部进行合作,合作的目的在于整合相关策略从而有效使用基金,措施是将基金分配为各州和地方的竞争补助金,以此鼓励各州和地方的代理部门排除干扰、精诚合作,分享工作经验,并且支持和执行各种有效措施以推进成人学者项目的发展,共享成果。

其次,我们需要修订的第二个优先事项是我们要运用有效措施保证学生拥有在成人教育领域有所专长的高质量教师,从而提高成人教育领域的专业化程度。为了迎接这一领域的挑战,我们建议:

- 设定教师学历不低于本科的最低标准。
- 补偿教师用于备课的时间。
- 与高校建立合作,发展和增强教师培训项目,尤其是成人教学以及教学技巧方面的培训。
- 推进专业发展体系建设,分析不断增长的创新需求,在研究和有效实践的基础上运用诸如规划职业路径、加速学习等方式推进教师技能提升使其成为改革创新的典范。

第三,劳动力投资法案需加强成人教育与中学后教育之间的联系,增进成人教育与公共劳动力体系的协作。该法案主要涉及从成人教育到中学后教育的职业发展路径模型,并使其在高速发展领域获得认证部门的认可。

第四,我们意识到在劳动力投资法案的影响下,成人教育在教育问责制这一领域取得了令人难以置信的进步。因此,法案的重新修订为继续加强从州级至地区级教育机构的问责提供了种种可能。新法案的设立强调激励政策和奖励制度,并且要求州级政府建立与就业和中学后教育相关的可操作性纵向数据体系。

第五,我们希望将过去10年的工作成效编入法案,以此为非公民身份的英语学习者获得公民身份做准备,并使所有的英语学习者能共享更多的城市资源。英语文化/公民项目更加清晰了为移民提供专业劳动力服务所需具备的能力,同时也明确了英语扫盲项目可以涉及劳动力培训。

第六,也是最后一项优先事项表达了我们对“矫正教育”持续发展的决心,并且使之成为我们顺应成人学习者需求的重要内容。这项修订去除了针对矫正教育的资助上限,恢复了10%的基金搁置。资金的增加有效推进了罪犯改造项目的进行,这些改造项目涵盖了从公共机构到社区服务的各个方面,并已被证实能有效减少再犯罪率。

技术的使用横跨6大优先事项领域,包括通过远程教育提高学生识字水平、加快学生学习以及促进教师的专业化发展,技术的运用也使残疾人能获得受教育机会。

我们的提议有助于增加基金数量,使各州用于发展其领先项目的资金比例从12.5%上升到15%。随着全国范围内环境的变革,我们正请求各州承担起诸如提升教师素质、发展职业规划项目、开发成人教育标准等职责。适应这些新要求必然需要各州财政的支持,此时增加各州灵活解决财政需求的权利很有必要。

所以,这是一个强有力的修订议程,通过这一议程我们希望能与相关合作部门保持紧密联系,为持续改进项目使我们的成人学习者拥有不一样的人生而共同奋斗。

## 四、结语

进程中的另一步是不仅要与教育部门内的关键科室保持合作,还需要通过联邦政府与其他关键代理部门合作。实施劳动力投资法案的很多资金都是通过美国劳动部进行协调的。

我们将继续与政府保持紧密合作,确保我们的优先事项与政府优先发展事项保持一致。我们将继续向国会和参议员提供技术援助,以促进法案修订的顺利进行。

# 城市让生活更美好:加拿大特色的终身学习[①]

罗杰·博什尔(Roger Boshier)[②]



## 一、教育改革的中心概念

20世纪70年代终身学习被视为教育改革的中心概念。然而,由于它要求大规模的改革并挑战人们固有的正规环境学习至高无上的观念,其预言并未实现。没有一个国家能够按照联合国教科文组织提议的方式实现教育改革。大多数国家只是从该中心概念中选己所需而已。

因为未设联邦教育部,加拿大的教育改革情况更为复杂。教育属省级事务,因此,位于加拿大东海岸的新斯科舍省的教育方式并不一定与西岸的英属哥伦比亚(下简称BC省)、魁省、萨省、西北地区或其他省/地区相同。尽管存在这些

① 本文为大会发言稿。
② 罗杰·博什尔(Roger Boshier)加拿大英属哥伦比亚大学教授。

地域差别,加拿大终身教育与学习型社会的理念仍然具有永久的主题。而且,加拿大人在发展终身教育理论与实践的国际活动中贡献卓越。

加拿大幅员辽阔、多姿多彩。形成其终身教育理念的重要因素包括:移民众多、地域辽阔、资源丰富、世界中间势力。

1. 移民众多

移民抵达加拿大之后首要任务就是寻找住处。然后就是了解这个新地方的运作。500 年前,欧洲人就来到了加拿大东岸。1535 年雅克·卡蒂耶航行抵达圣劳伦斯河,1603 年塞缪尔·德·尚普兰来到加拿大。200 多年前最早的欧洲移民来到加拿大西岸。乔治·温哥华,一位脾气急躁的英国船长,在西班牙海军领航员何塞·纳瓦埃兹之后翌年才到达温哥华。

1792 年夏天,温哥华船长看到加利亚诺和瓦尔迪兹在乔治亚海峡导航时使用的纳瓦埃兹 1791 年制作的航海图,感到十分羞怒。

18 世纪 90 年代,只有土著人居住在如今被称为 BC 省的大部分地区。欧洲移民很晚才从东岸来到此地定居,然后才开始修铁路。之后西进书写了加拿大历史上最浓墨重彩的篇章。贫穷的乌克兰和其他欧洲移民从寒冷的大草原或潮湿的森林来到此地谋生,同时也创立了永恒的教育主题。直至今日,教育者们仍然尽力地帮助新移民熟悉了解加拿大的生活方式、政治和文化。学习成为认识包括国家事务、身份、公德和政府机构在内的公民职责和义务不可或缺的部分(Schugurenksy, 2006)。如今的新移民通过上网寻找工作、住房和资源,缓解了融入新生活的压力。

2. 地域辽阔

加拿大三面临海,疆土被高山、大草原和湖泊分割,这样的地貌给出行、生活和学习造成了巨大的困难。大多数人口居住在北纬49°美加边境附近的狭长地带上。由南面的大都市向北行进最终可以到达北极的小型定居点和冰天雪地。城乡生活迥异。繁华热闹的多伦多或蒙特利尔与北极圈内的荒凉寂静的老鸦镇毫无关联。

修建一条穿越落基山脉、横贯加拿大东西两岸的铁路，听起来像疯话，但无畏的加拿大人实现了这一梦想。如今，除了铁路之外，加拿大东西两岸又由全世界最复杂精密的通讯与广播系统所连接。铁路旅行已经衰落，光纤取而代之。

运用信息技术以及由加拿大广播公司、国家电影委员会和加拿大成人教育协会进行的试验，当局更有力地开发新型远程教育系统。然而，人们依然就“数字鸿沟”以及如何让技术越过高山大海进入穷乡僻壤而辩论。每年夏天，作者住在自己没有通电的小岛上，深知替代能源的弱点，也懂得如何保持船只畅行和搜索微弱的互联网信号（Boshier, 2009）。

3. 资源丰富

在加拿大许多地方，单一工业小镇决定了其定居方式、学习和教育。这些单一工业小镇地处偏僻，亟需与伐木、捕鱼、采矿和旅游业相关的技能，这些因素决定了当地学习与教育的特点。

单一工业的崩溃会给当地造成毁灭性的打击。过去，单一工业小镇面临的问题吸引了大学教育普及部门的人员参与。如今，面临经济危机的小村小镇通常会致力于学习。因此，BC省的黑泽屯、班费尔德、利鲁埃特等地纷纷宣布为学习型村庄（Faris, 2002）。

4. 世界中间势力

一位加拿大前总理将与美国比邻比作与大象同居，这既令人激动又让人担忧。心情复杂的加拿大人对美国这位近邻充满了矛盾。不过,BC 省的社区学院采用的是美国模式,配以少量的加拿大内容。每日每夜,大量的美国文化沿着全世界最漫长而不设防的美国与加拿大边界倾泻过来。

作为美国和苏联之间的缓冲国,加拿大因为远离军队和军备竞赛而身处世界中间力量。虽然如今存在着维和的广泛问题(而且大多数军队领导反对参与联合国领导的维和行动),曾经一度,加拿大反对军国主义的坚定立场为其赢得了国际关系中的中立名望。其中间立场也体现在个人关系的处理上。加拿大人崇尚包容、得体、文明,颂扬差异。加拿大没有"主流",也鼓励和敦促新移民保持与母国的纽带。

从 20 世纪 20 年代起,大西洋省份的罗马天主教士发起了成人教育运动,为农民、矿工和渔民组织了如厨房学习俱乐部、合作社以及其他形式的校外学习活动(Alexander, 1997; Lotz & Welton, 1997; Welton, 2001)。BC 大学教育普及部门力促 1959 年的皇家调查委员会采用终身教育的方针。罗比・基德主持了 1960 年在蒙特利尔召开的联合国教科文组织成人教育国际会议,约翰・弗里森也参加了该次会议。与此同时,托马斯详细地设计了学习型社会的蓝图(Thomas, 1961)。

艾伦・塔夫(Tough, 1971)的博士论文主题是非正式环境中的学习。1972 年之后,总部设在多伦多的国际成人教育理事会先后由罗比・基德和巴德・霍尔领导。安大略教育研究所的艾伦・托马斯研究兴趣就是终身学习(Thomas, 1991),这也是他《超越教育》一书的主题。

5. BC 省的风景与意义

温哥华依山傍海地依偎在菲沙河口,该河是世界上最卓越的鲑鱼产卵河流之一。远在欧洲探险家到来之前,第一民族(即土著人)就已经居住在温哥华地区。19 世纪 60 年代淘金热促成了温哥华市的诞生,1887 年温市居民已达 5 000 人。

由于地域差别,在三面临海的加拿大建立一个统一的国家困难可想而知。独立运动也不时挑战联邦政府,人们对渥太华分配不均、厚此薄彼的怨言时有耳闻。

亚洲移民及其定居方式将温哥华与珠三角、上海、中国台北和中国香港紧密联系起来。温哥华的道路、港口、桥梁以及其他基础设施的建设都归为"亚洲门户"项目。温哥华举办了无数的亚洲艺术活动,每年六月初都有游行示威,呼吁真相、平反和人权。BC 大学的亚洲研究所学术活动非常活跃,图书馆的中文藏书量令人注目。

除了早期从中国招募来采矿和修铁路的劳工之外,温哥华市最早的移民大多来自欧洲。20 世纪 60 年代,政府改变了移民政策,大幅度向亚洲倾斜(Li, 2008)。如今,温哥华的天际如上海一样,后现代建筑如雨后春笋般勃然萌发(Delany, 1994)。同样,上海在设计连接浦西与浦东两岸的南浦大桥时,也借鉴了温哥华艾立克斯-菲沙桥。温哥华古老的唐人街旧貌依然,中餐美食以及中国文化却早已遍及大温地区。温哥华市南边的烈志文市,说华语的人超过英语居民。

温哥华正日益亚洲化。不过,加拿大终身教育的大背景却与中国迥然不同(表 1)。

表1　形成加拿大与中国终身教育的因素

| 因素 | 加拿大 | 中国 |
|---|---|---|
| 族裔文化倾向 | 多元文化 | 单一文化 |
| 地理特点 | 幅员辽阔，人口稀少 | 幅员辽阔，人口众多 |
| 人口来源 | 移民 | 土生土长 |
| 国家管理方法 | 多党民主制 | 单一政党制 |
| 道德体系 | 人道主义 | 中国特色的社会主义 |
| 社会责任 | 人类幸福 | 现代化 |
| 师生关系 | 学习者主导 | 教师主导 |
| 学习动力 | 学习本身的乐趣 | 避免痛苦与丢脸 |
| 促进学习之机构 | 非政府组织 | 政府部门 |
| 学习者的角色 | 积极的 | 被动的 |

30%的加拿大成人参加各类有组织的成人教育活动（OECD，2002）。中学毕业后，多数年轻人会去大专或大学继续深造。

温哥华市有研究密集型的公立大学、私立专科大学、社区学院和大专。温哥华市学习的最大特点在于其大量的非政府组织，从事与人权（如国际特赦组织、牛津饥荒救济委员会、无国界医生），环境（如绿色和平组织、塞拉俱乐部、西部荒野委员会），艺术（如温哥华歌剧协会、艺术剧院），兴趣团体（如世界船舶协会、野马车主俱乐部），职业团体（如工程师协会，BC 注册护士协会，BC 教师联盟）或议案说客（如 BC 扫盲组织）相关的事务。最活跃的非政府组织之一是从事中国文化和移民安置工作的中侨互助会。还有田青青女士个人经营的教育基金会，专门资助甘肃省贫困的农村女孩读大学（详情请浏览其中文网站 www.egrc.ca）。

温哥华市培育了无数艺术家、作家、音乐家、教育及文化工作者。世界环保组织的领导者——绿色和平组织,创建于温哥华。加拿大著名歌手布赖恩·爱顿姆斯和摇滚女歌星萨拉·麦克拉奇兰住在温哥华市。还有现场诗歌朗诵和表演艺术演出、温哥华交响乐团、歌剧团以及富有创意的艺术馆。温哥华国际电影节、国际特赦电影节、纪录片电影节吸引了大量热情的观众。温哥华市主办过1986年世博会和2010年冬奥会。激进娱乐公司是世界最大的电子游戏公司之一,设在温市。杜撰"电脑空间"一词的科幻作家威廉·吉布森和"X代"(指的是那些在婴儿潮以后、早到1961年、迟至1983年出生的那一代人)的作家道格拉斯·库普兰德也都在温哥华市工作生活。

温哥华为群山森林环抱,野生动物(如熊或美洲狮)时而会漫步城中。雄鹰翱翔,人们钟爱的海豚和鲸鱼等海洋哺乳动物时而可见。红鲑是温哥华市的标志,曾经一度支撑了繁荣的沿海经济。

BC省始建于荒郊野岭,决定在此定居者绝非等闲之辈,他们颇具冒险精神。BC省是众多道路的起点与终点。由于其亲亚气氛、民主制度、多元文化政策和包容性,BC省一直都是中国移民喜爱之定居地。

人们渴望高度文明以补偿荒蛮寂寞的丛林生活的愿望驱动了BC省初期的教育和学习。自土著人之后,终身教育由欧洲移民所开创,如今,BC省的精彩故事则由亚裔移民所谱写。

## 二、终身教育的架构

经济合作组织成员国往往摈弃成人教育,转而支持终身学习,这一现象令人遗憾。成人教育与终身学习两者常被看成重叠的概念,然而,正如内斯比特所指出的那样，终身学习有其局限性。一般来说，终身学习“由学习者个人主导，脱离社会背景，采纳者坚信教育应该传承而非挑战传统的社会信仰和实践”（Nesbit, 2006）。

（一）终身学习与终身教育

许多人并不了解终身学习与终身教育之间的差别，而将两者交替使用。其实他们的内涵迥然不同。

**终身教育**

教育是一个提供服务的系统性过程。终身教育通常是由政府或机构制定政策，并提供资源，做出周密的选择，以促进各类非正式、非正规及正规环境中的学习与互动。终身教育是名词，是教育改革中最重要的概念。

**终身学习**

终身学习是适用全球经济“需求”的一个意符。信息技术和全球化，加上无政府主义-乌托邦思想认为“正式教育会强化不平等的权利关系”的理念，一起并触发了由教育向学习的转换。

这种倾向令人关注，因为“学习的概念游离于设定的、具体的价值。而且除非公民社会型成人教育者要求并赋予‘学习’以社会根基和背景性价值，否则终身学习这一概念会被新保守主义者所挟持”（Welton,1997）。

终身学习，其内含的解放性关系较终身教育少。终身学习往往让解决社会状况的义务遁于无形。对掠夺成性的资本主义也视而不见。

终身学习大都置身于职业教育主义的意识形态中。学习的目的是为了获得技能，以便学习者工作更努力、更快、更敏捷，以利于他们的雇主和国家在全球经济中更具竞争性。

终身学习的概念以自主型自由浮动的个体学习者为消费对象,并放弃为公众谋利益的责任。它将学习置于自由市场之中,避免了艰难的选择。做为消费者的学习者如果不主动选择利用已有的机会,那是他们自己的错。指责受害者比克服参与学习的结构性或心理与文化性的障碍容易多了。精明的消费者从互联网上如自助餐式地选择课程。学习成了个人行为。因此,终身学习受到了信息经济倡导者的拥护,而他们往往容易将技术支持型的学习荒谬地普遍化。

(二)学习之环境

终身教育的主要目的在于促进各类非正式、非正规及正规环境中的学习与互动。相对于非正式环境,非正规与正规环境的组织更系统。

正规环境:正规学习环境包括中小学、大专和大学。正规环境中的学习者往往以年龄区分,由教育部或相关机构掌控,有组织有系统,这种环境中的学习通常包括一系列的活动。

非正规环境:指的是校外环境中的学习。非正规环境的教与学有时相当正统。"非正规"指的是环境而非其中的活动。

非正规环境(校外)的学习比中小学、大专和大学多得多。非正规环境有社区中心、工作场所、政府部门、军队、教堂、农场和工厂等,非正规环境中的学习者也是有组织有系统的,通常也包括一系列的活动。

非正式环境:学习者从日常生活的环境中获取大量的知识、态度与技能。大多数人早上起床后,如果幸运的话,可接触到无数的知识来源。

非正式环境包括家庭、工作场所和公共场所。在这些地方人们随意地、偶然地或有意地学习。电视、报纸和互联网都有助于促进非正式环境的学习。由于其非系统性,非正式环境的学习不算教育的组成部分。

互联网激发了人们在非正式环境中有意学习的兴趣（Livingstone，2007）。虽然2009年加拿大对抗H1N1流感的行动证明互联网作为非正式学习环境有时可能代价不菲、凌乱不堪，但它仍是促进非正式环境学习的重要途径（Kidd & Hall，1989）。由于人们经历了太多太荒谬的运动，中国的非正式环境中的学习受到"运动疲劳"的阻碍。

但愿所有正规和非正规环境的教育都包括学习。然而并非所有的学习都与教育相关。研究人员对正规和非正规环境中的学习了解最多，而对非正式环境学习了解最少。除了塔夫（Tough，1971）和利文斯顿（Livingston，2007）对学习的研究之外，研究人员对人们如何在非正式环境中学习知之甚少。这是一个亟待研究的领域。

图1中的每个圆圈大小大致表示各个情境中学习的总量。人们在非正式情境中学到最多的东西，非正规情境中则少一点，正规情境中则最少。

图1　非正式、非正规和正规学习环境的相互关系

我们并不了解一种环境中的学习与另一种之间的关系。不过，利文斯顿(Livingston, 2007)在完成了多伦多大学的研究之后，作出以下结论：

1. 加拿大成年人在非正式环境中学习与工作、家务、社区或义务工作以及普遍兴趣相关的东西。

2. 人们更多是在非正式环境中而非参加成人教育课程和项目来学习与工作相关的东西。

3. 过去 25 年，加拿大人在非正式环境中的学习呈上升趋势，平均每人每星期约花 15 个小时。

4. 非正式环境中的学习与正规教育或成人教育课程没有关系。教育程度较低或较少参加成人课程的人与受过良好教育的人一样会花时间在非正式环境中学习。

（三）术语混乱

1972 年富尔报告(Faure, 1972)发表至今年已近 40 年了，然而存在重要概念混淆不清、用法混乱以及所谓的“非正规教育”（Rogers, 2004）复兴的问题。终身教育领域的知名作者使用各种“正式名称”来指各类系统、学习方式和教学法。因此，常常可以看到下列用法：

1.“非正规成人教育”(指系统)。

2.“正规或非正规学习”(指学习方法)。

3.“非正规教育活动”(指非正规环境中的教学法)。

很多地方将学习与教育混为一谈。过去毫无理由被称为远程教育的如今常常被叫做远程学习。有些地方把非正规环境变成了成人教育的同义词。然而，在学习型社会中，将非正规环境吹嘘成“教育”的一个系统已经导致了割据分化的现象,并使得政治家们更无法以整体系统的方式设想终身教育。

最好是将非正式、非正规和正规看做学习的环境。建立在终身教育理念之上的、理想的学习型社会应该具有开放、流畅、动态和民主的特点,各个年龄段的学习者终身都可以轻松地进出各种学习环境。

(四) 国体、市场以及公民社会

公民社会、国体和市场的利益竞争塑造了终身教育(图 2)。接纳移民并确保他们具备所需的知识以加入建设国家行列的需要激励了加拿大早期的终身教育理念。如今,公民社会的职责被市场化所淹没,在某些地方还被保持社会和谐、合法性和政权的国家意志所湮灭。而且,如今的教育者们还受到了技术狂热主义(参阅 Daniels, 1996)以及终身学习和学习型社会个人化自由市场概念的挑战。

图 2 中三角各边的长度代表了每个因素对终身教育和学习型社会特点的影响程度。20 世纪 70 年代(后富尔),国体、市场以及公民社会对终身教育的影响差不多。

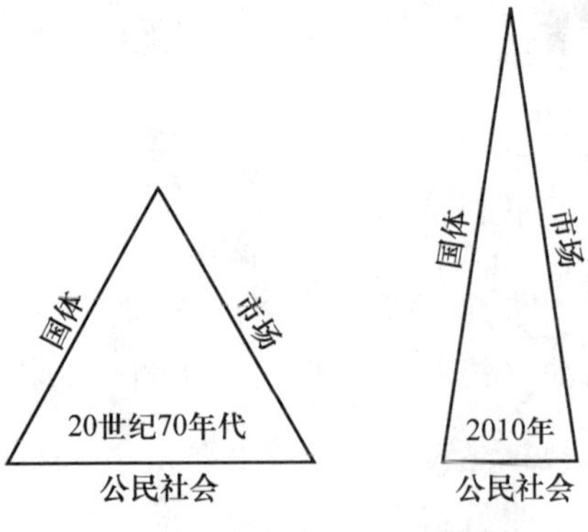


图 2　形成加拿大终身教育的因素

20 世纪 70 年代后期撒切尔夫人上台,新自由主义席卷全球,三角关系开始改变。到 2010 年,公民社会对终身教育的影响萎缩而国体及市场的影响剧增。21 世纪的加拿大,与其他经合组织国家一样,国家与市场的需求对终身教育的理论与实践造成了强烈的影响。

2008 年全球金融危机虽然对加拿大的影响较小,但在教育改革中,这一重创进一步削弱了终身教育中公民社会的影响。

由于 21 世纪终身教育中公民社会的忽略,将三角关系称之为"国体与市场的军事帝国",并惊讶于民众依然接受其命令的支配——"获取技能,找到工作,有收入,消费以及过消费者/客户的生活"(Mojab,2006)。加拿大人在国体与市场的压力之中挣扎。2010 年的加拿大相比三四十年前参加各类俱乐部和聚会的人少了。参加投票的人也少了,人们对政治和政治家缺乏兴趣、冷嘲热讽,种种现象表明作为民主社会根本支柱之一的公民社会已经衰落。

## 三、联合国教科文组织的"富尔报告"

1968 年法国学生运动、伊凡·伊里奇、埃弗雷特·瑞玛、保罗·弗雷勒、保罗·朗格朗、马奇德·拉赫利玛、爱伦·托马斯、罗比·基德、约翰·霍尔特、保罗·古德曼等无政府主义-乌托邦对正规教育的批判、新近独立国家的需求连同新技术带来的希望,这些都给教育改革带来了更多的动力。

《学会生存》(即"富尔报告"Faure, 1972)提议将终身教育作为教育改革的中心概念。这一概念的良好实施将会产生学习型社会,教育将如同净水和住房一样成为不可剥夺的人权。

富尔报告的核心内容可以用图 3 来描述。纵轴代表学习型城市/社会/地区的“终身性”，横轴则是其“全方位性”。在理想的学习型社会里，任何年龄的公民都有机会在广泛的环境中学习。图 3 中的螺线所示，学习型城市或地区中任何年龄的公民都可随其境况的变化而轻松自由地出入于各类正规与非正规学习环境。

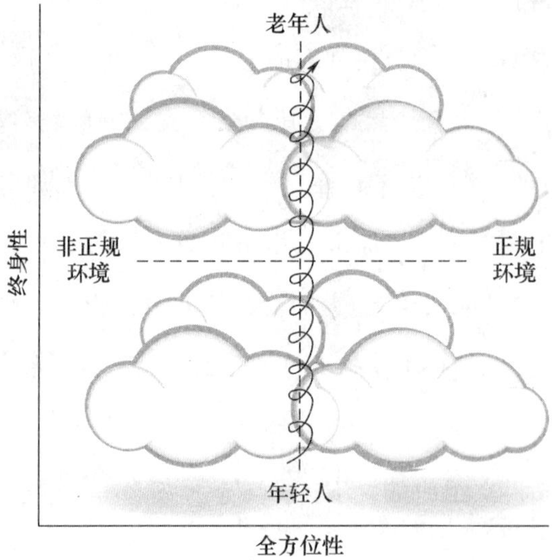


图 3　学习型社会的纵横维度

教育当局往往过分注重正规环境而对非正规环境投入不足。如图 3 所示，理想的学习型社会在各个区域的资源分配大致相等。

正规与非正规环境应高度互动，而非将学习者按年龄分割开来。图 3 中的虚线表示各区域之间是相互渗透的、动态的，云层则代表学习者可以在各类学习环境中自由游动。

在实现学习型社会纵横维度的融合和民主的道路上,还存在着巨大的阻碍人们出入各类学习环境的结构性与心理文化性障碍。结构性障碍虽然难以克服,更令人担忧的是劣势群体面对学习时头脑中自我否定的声音——“我年纪大了,什么也学不进了”,“我家祖辈务农,根本不是读书的料”,“我对电脑一窍不通”,“女人无才便是德!”,“我讨厌学校,才不想回去呢!”。横向维度中也存在巨大的障碍妨碍了正规与非正规学习环境的互动。

联合国教科文组织深知政府报告常被忽略或误读,因此,特意指派其位于德国汉堡的教育研究所协助各成员国实施“学会生存”中提出的各项建议,1972年之后,又相继出版了众多有关终身教育方面的书籍。联合国教科文组织加拿大委员会也分发了富尔报告,呼吁立即行动起来。新西兰及其他成员国也采取了类似的举措。

1972年之后,作者也常要求BC大学的研究生分小组讨论研究“学会生存”中的建议。富尔报告发表之后,加拿大试验了远程教育,开创了学习交流项目,为成人创造了课堂学习空间,引进了先期学习评估系统,竭力破除妨碍人们进出各类学习环境的障碍。加拿大多个省份纷纷就各自终身教育及学习型社会的实施采取了行动。遗憾的是,《学会生存》引起的热忱未能持久。

## 四、撒切尔主义、里根主义以及马尔罗尼主义

20世纪70年代后期英国玛格丽特·撒切尔夫人上台之后,出台了一系列右翼激进主义项目,某些国家也仿效跟随,吞噬了富尔报告蕴含的乌托邦计划。撒切尔夫人于1979年5月至1990年11月之间任英国首相,她坚持维多利亚价

值观念,支持思想狭隘的个人主义、去政府化、自由市场、私有化以及终结劳工运动。与撒切尔主义并驾齐驱的还有美国的里根主义、新西兰的罗杰主义、澳大利亚的经济唯理论以及加拿大的马尔罗尼主义。

全球性的新自由运动得到了芝加哥经济学家密尔顿·弗里德曼的支持(Friedman,1962)。撒切尔主义激发的右翼激进主义侵蚀了富尔报告对公民社会的关注。新自由主义的终身教育观念可概括如下:

1. 教育是私有商品,有需要的顾客应出钱购买。

2. 从本质上说,竞争是好事,它可促进效率。

3. 学习是个人行为。在新技术支持的学习型社会里,人们可以从自由市场挑选。

4. 自由市场的社会有赢家和输家。这只是一个"自然"过程,是消费者"选择"的结果。

新自由主义意味着终身教育的民主概念已逐渐为终身学习的个人性所取代。夸夸其谈的弗里德曼主义日程表详述其有关终身学习的论调。导致了对效率的崇拜、政府资助机构之间以及同私立培训机构的恶性竞争。大学纷纷加入角逐世界一流的竞争。先前对终身学习推崇备至的学术界也为即将到来的知识经济和社会欢呼。

时至今日,政府圈内依然存在着对弗里德曼有关人性与贪婪的思想持续而毫无批判的接受(Friedman's, 1962)。芝加哥经济学家认为,自由市场的底线是个人利益与投资者的利润。机构或公司也应替员工、社区、社会或世界着想的想法被视为离奇古怪的东西,是福利国家的残留思想。

20世纪90年代迄今,富尔报告的标题不无问题。《学会生存》听起来就像加州的心理呓语或是个人心理的劝诫。“存在”“学会生存”与学习电脑、找工作、赚钱或为全球经济做准备有什么关系?

1987年罗杰·博什尔对富尔报告的合著者马奇德·拉赫利玛(Majid Rahnema)进行了一小时的电视采访。拉赫利玛详细叙说了他与埃德加·富尔同行为委员会收集稿件、报告中的核心概念、写作过程中的争辩、将标题由法语译成英语的困难,以及对人们如何理解《学会生存》的担心(Boshier, 1987)。

1990年彼得·圣吉有关学习型组织的著作改变了当时对终身学习的论述(Senge, 1990)。尽管圣吉的著作不无瑕疵(Fenwick, 1998),它却增强了人们对学习型组织、村庄、乡镇、地区或城市的热忱。相比富尔报告中大规模系统改革的核心概念而言,圣吉的提议似乎更易实现。建立学习型组织或村庄比改革整个教育系统要容易得多。

1994年联合国教科文组织将“全民终身学习”作为指导纲领。1996年经合组织促请成员国实现全民终身学习,1996年为欧洲的“终身学习年”。由于经济至上论侵蚀了先前对公民社会的关注,联合国教科文组织经过三年的调查研究之后又出版德洛尔报告《学习:财富蕴藏其中》(Delors, 1996)。该报告强调了理想学习型社会的四大理论支柱,开阔了终身教育的论述。学习型社会的四大观念包括:学会共同生活、学会认知、学会做事、学会生存。对于将终身学习视为全球化、工作场所学习以及提高竞争性意识的人来说,将“学会做事”纳入学习型社会是一种让步。在许多地方,学会做有用的事与学做好公民一样关乎生存。比如,冬天在加拿大乡野道路上,如果不懂如何将车辆从路边的雪堤挖出来,后果可能是致命的。

1996年的德洛尔报告在加拿大反响良好,特别是“学会共同生活”,非常贴切地吻合了拉尔森顿·索罗有关加拿大“连体婴”的比喻——英语与法语、北方与南方、农村与城市、东岸与西岸之间空想与和谐模式的胜利(Ralston-Saul, 1998)。

2005年博什尔与同事汉斯·舒尔茨教授在温哥华组织了一次国际比较教育会议,主题就是“学会共同生活”。加拿大特色的多元文化得到了各界广泛的支持,加拿大在学会共同生活方面走在了世界前列,其经验可供其他国家(比如中国)学习借鉴。尽管如此,没有多少迹象表明渥太华受到了德洛尔报告中四大观念的影响。相反,联邦政府当时正在制定自己的“创新策略”。

21世纪的黎明,渥太华实行的终身教育大多是为了培训技能。两份联邦报告:《知识是关键:加拿大人的技能与学习》(Human Resources and Skills Development Canada, 2002a)和《实现卓越:人力、知识与机遇的投资》(Human Resources and Skills Development Canada, 2002b)都强调学习的目的是经济发展与竞争。社会资本不及人力资本重要。拥抱终身学习是公民的义务,否则加拿大将在全球经济中处于落后地位,其后果不堪设想。现在的终身教育充满了强制与畏惧气氛。走出家门,学习知识成为每位公民的爱国义务,加拿大在全球经济中地位仰仗于此。

既然联邦报告的主调如此,观察家们看到2003年联邦“成人教育与培训”调查表中只有一个问题是关于“为个人兴趣而学习”的,其余全是为工作而学习的选项时(Statistics Canada, 2003),也就没什么可惊讶的了。从前的调查表相当注重非工作性质的学习。但是到了2003年,渥太华更关注的是工作者而非公民。富尔或德洛尔已无踪可循。建设民主学习型社会的乌托邦思想如同纽芬兰的冰山一样分裂、融化。

## 五、两种不同的话语

21世纪对学习型村庄、地区、城镇和城市的热忱令人为之喝彩。不过,新概念并不一定比原来的好。如今21世纪的黎明,将富尔或德洛尔报告视为前朝古物而弃之并非正确。

如今加拿大有两种"终身"话语在相互竞争,以便赢得人们的支持、获得资源以及成为教育改革的范本。

- ***终身教育***:为公民社会的弱化以及无孔不入的商业化态度、语言和实践的影响而担忧的学术界、政治活动家和普通民众依然支持原来的(即富尔或德洛尔式)终身教育观。他们认为终身教育是公民义务的根本,也是积极参与民主社会的必然结果。他们的言语中充满了"参与"、"包容"、"咨询"以及"共同努力"。社会资本与人力资本同等重要。

这一论调深受公民义务以及建设公民社会需求的影响。其核心事务是公民参与、包容、咨询、共识以及社会公正。这一论调的倡导者们坚持终身教育的社会民主性,支持本地化而非全球化,拒绝"别无他法"的原则。面对新自由主义对技术、能力和培训毫无批判性的接受,他们认为其实还有很多办法。

这一论调的主体是喜爱参与型学习活动的人们。他们对所谓的"知识经济"深表怀疑。

- ***终身学习***:终身学习(即经合组织的)作为一种新话语得到了加拿大联邦、省政府以及工商界的支持。他们认为学习是提升加拿大全球经济竞争力的关键,他们把学习看成是个人选择并夸大了技术的作用及其功效。他们的语言中充斥着“巨大”、“最优方法”、“能力”、“技术”、“证据支持”、“结果”。社会资本不及人力资本重要。

这一话语深受市场以及国体的影响。其目的是打造“精明”的技术能手，提升加拿大的竞争力。其核心关注点是工作职位、技能和工作场所。这一话语的倡导者们赞成全球化，毫无批判性地支持“别无他法”的原则。

这一话语的中心思想是(塑造)一个个孤独面对电脑屏幕的学习者，让他们毫无批判性地赞成“知识经济”。

对于这两种不同的话语，典型的加拿大反应就是将它们看成非此即彼的两个极端，并且试图趁乱占据中间位置。某些学术界人士试图脚踏两船，但绝非易事。

目前加拿大国家执政党为少数政府(英国人称之为“悬空的”国会)，任何新提案和项目要获得民众的首肯并非易事。2008—2010 年金融风暴之后，“知识经济”一词少有耳闻，更多的是讨论如何将煤、镍、铜以及其他商品尽快转手国际市场。

阿富汗的军事僵局、主办大型国际项目(如 2010 年政治峰会和冬奥会)的压力以及渥太华的政治阻碍湮没了两种终身教育论点倡导者的呼声。但这只是暂时的沉默，正如托马斯(Thomas ,1961)早就指出的，在人民参与建设未来的民主国家，建设学习型社会别无选择。社会民主性终身教育观的倡导者与新自由主义终身学习观的支持者之间还将继续斗争。

## 六、未解之难题

两种终身教育观从开始就遗留下了无数未解之难题。例如：

**有关学习型社会的政治经济方面:**

- 空洞的口号:很多地方的终身学习沦落成了空洞的口号以及成套的脱离背景而又政治化的教育手段。这些东西成了实施苛刻专制培训形式的最佳借口。

- 新市场:终身学习被塑造成高等(或继续)教育的市场。初等、中等和高等教育之后就是终身教育。

- 自学成才者:我们对优秀的自学成才者不甚了解。他们(如电影导演彼得·杰克逊,微软的比尔·盖茨)没有受过正规教育,通过非正规或非正式环境中的自学,改变了自我生活的方式(Boshier, 2002)。每个国家都有这样的自学成才者,但我们对他们学习的方式及原因却知之甚少。

- 原子化:人们往往没有把终身学习和学习型社会看成一个系统,而是将其肢解成碎片,取己所需。许多人把终身教育当成了成人或非正规教育的代名词。

**有关学习型社会的终身性(纵轴)方面:**

- 不当的家庭教育:加拿大没有全国性的托儿项目。出钱才能得到早期儿童教育。许多家长无法负担孩子外出旅行、参加体育或其他探险活动来培养他们的好奇心和学习热情。家长们也往往推荐子女选择计算机或商业课程而忽视人文科学。

- 没有教育假:终身出入各种学习机会的能力取决于工作假期。工作的繁重、新自由主义的蔓延以及超强的竞争性造成了有薪或无薪假期的锐减。

- 无关的(入学)不切题的要求与先决条件:众多结构性以及机构性障碍阻挠了学习者在各种环境中穿梭学习的能力。从前,教育被视为一个线性分割的过程,导致如今学习者仍然要面对众多不合理的要求与先决条件。即使是大学研究生的录取也受到荒唐的要求与思想狭隘的教职员的阻碍。

- 轻视老年人:很多地方的“老年学习”其实都是些无关痛痒的业余爱好和娱乐消遣课程。老年人完全有能力从事重要的工作,但却常常被拒之门外。

**有关学习型社会的全方位性(横轴)方面:**

- 正规环境仍占主导地位:富尔报告发表近 40 年了,正规环境仍然占据主导地位。新自由主义造成的紧张气氛导致家长们比以往更迫切地将子女送进最好的大、中、小学。正规与非正规环境就如同两条永不相交的平行线。人们预期的、正规与非正规环境的平行整合从未实现。

- 将非正规环境纳入正规环境:正规环境的教育者们试图将非正规环境纳入传统的大、中、小学系统,以压制其势力与潜能。实地考察、服务学习以及实习都是为了巩固正规环境的权威地位。正规与非正规环境之间的交流应基于互惠互敬的原则。

- 地位差异:在很多地方,正规环境中的学习可确保学历与地位的认可,而非正规环境学习却一文不值。过去 30 年,两者地位的巨大差异并未得到任何明显改善。相反,与 20 世纪 70 年代相比,非正规环境如今更是每况愈下。

## 七、前方的路

加拿大宣称 21 世纪“知识经济”的黎明就在前方。人们甚至创造了 KBES (knowledge-based economy and society,“以知识为基础的经济和社会”这样的缩略词。)这个简略词来代表“知识经济与社会”。其论证如是:由于信息技术功能的全球化及密集化,资源经济将很快被即将来临的知识社会撇至一旁。届时,是“知识”,而不是煤、木或矿物等令收银机叮当作响。

2008年美国次贷危机触发了全球经济崩溃,当时的情形与预言的“知识经济”恰恰相反。对惊慌的政客以及惶恐的市民而言,资源经济似乎比知识经济胜算大多了。

2010年渥太华撤销了加拿大学习委员会的资金。加拿大全国头号报刊《全球邮报》在2010年1月11日的社论中称学习委员会“有点污水池的意味,它的存在有何意义?是否值此价码?如果撤销,会令人怀念吗?如果加拿大学习委员会必不可缺,社团或慈善组织或两者应积极拯救”。一些学术人士也就裁减学习委员会提出抗议,不过拯救行动转瞬即逝。联邦政府表示:他们需要一个新的、与劳动力市场更加协调的、定位更加精确的学习理念。

加拿大裁减学习委员会的举动表明新自由主义更加深化,优先考虑的事务更加有限。资金削减令非政府组织处于守势,没有一个省实施了重要的改革以实现富尔、德洛尔或是经合组织描绘的蓝图。即便如此,“终身学习”一词继续出现在无数的政府文件报告中。最近加拿大海岸警卫队也决定成为学习型组织。村庄、地区、城镇依然举办一系列愉快的学习活动。终身教育倡导者灵活机动,不屈不挠。如果甲地公民的学习活动受阻,他们会迅速地转移到乙地。

那些将终身教育视为必不可缺的公民权利的人与将其视为全球经济奠基石的人绝然不同。无论如何,没有人会对终身(在众多环境中)学习的概念心怀敌意。只是当教育领袖们将终身教育与终身学习混为一谈,或是今日如此、明朝那番地颠来倒去,民众就会困惑不解,不知所措。令人欣慰的是加拿大的移民素来热爱学习,常会兴致勃勃地越过篱笆与左邻右舍交谈、学习。

20世纪80年代，要求人们思考全球化、行动本地化。如今，对付加拿大及全球诟病的良策却是：思考、学习、行动全都本地化。

## 参考文献

[1] Alexander, A. (1997). The Antigonish movement: Moses Coady and adult education today. Toronto: Thompson Educational Publishing.

[2] Boshier, R. W. (1987) Learning to be-an interview with Majid Rahnema, former Minister of Education and Sciences in Iran about building an architecture for lifelong education. Vancouver: UBC Access Television.

[3] Boshier, R. W. (2002). Farm-gate intellectuals, excellence and the university problem in Aotearoa/New Zealand. Studies in Continuing Education, 24, 1, 5-24.

[4] Boshier, R. W. (2009). Wet and boisterous: the "romance" of commuting by boat. In Vannini, P. (Ed.) The cultures of alternative mobilities: routes less travelled. Farnham: Ashgate, 195-210.

[5] Daniels, J. (1996). Mega universities and knowledge: technical strategies for higher education. London: Kogan Page.

[6] Dave, R. H. (1976). Fundamentals of lifelong education. Oxford: Pergamon. Delany, P. (1994) (Ed.) Vancouver: the postmodern city. Vancouver: Arsenal Pulp Press.

[7] Delors, J. (1996). Learning: the treasure within. Report of the International Commission on Education for the Twenty-first Century. Paris: UNESCO.

[8] Faris, R. (2002). *Learning community by community: preparing for a knowledge-based society.* Victoria, B. C.: Education Canada. Retrieved 4 November, 2005 from http://members.shaw.ca/rfaris Faure, E. (1972). *Learning to be.* Paris: UNESCO.

[9] Fenwick, T. (1998). *Questioning the concept of the learning organization.* In Scott, S., Spen-

cer, B. and Thomas, A. (Eds.) (1998) *Learning for life: Canadian readings in adult education.* Toronto: Thompson, 140-152.

[10] Friedman, M. (1962). *Capitalism and freedom.* Chicago: University of Chicago Press. Human Resources and Skills Development Canada (2002a). *Knowledge matters: skills and learning for Canadians.* Ottawa: Human Resources and Skills Development Canada.

[11] Human Resources and Skills Development Canada (2002b). *Achieving excellence: investing in people, knowledge and opportunity.* Ottawa: Human Resources and Skills Development Canada.

[12] Kidd, J. R. and Hall, B. (1989) *Campaign: a technique in adult education.* In Titmus, C. (Ed.) *Lifelong education for adults: an international handbook.* Oxford: Pergamon Press, 240-241.

[13] Li, P. (2008). *Immigration from China to Canada in the age of globalization: issues of brain gain and brain loss.* Pacific Affairs, 81(2), 217-240.

[14] Livingstone, D. (2007). *Reexploring the icebergs of adult learning; comparative findings of the 1998 and 2004 Canadian surveys of formal and informal learning practices. Canadian Journal for the Study of Adult Education*, 20(2), 1-24.

[15] Lotz, J. and Welton, M. (1997). *Father Jimmy: life and times of Jimmy Tompkins.* Wreck Cove: Cape Breton Books.

[16] Mojab, S. (2006). *Adult education without borders.* In Fenwick, T., Nesbit, T. and Spencer, B. (Eds.) *Contexts of adult education: Canadian perspectives.* Toronto: Thompson, 347-356.

[17] Nesbit, T. (2006). *Introduction.* In Fenwick, T., Nesbit, T. and Spencer, B. (Eds.). *Contexts of adult education: Canadian perspectives.* Toronto: Thompson, p. 16.

[18] Organisation for Economic Cooperation and Development (1996). *Lifelong learning for all.* Paris: OECD.

[19] Organisation for Economic Cooperation and Development (2002). *Thematic review on adult learning: Canada.* Paris: OECD.

[20] Ralston-Saul, J. (1998). *Reflections of a Siamese twin: Canada at the end of the twentieth century*. Toronto: Penguin.

[21] Rogers, A. (2004). *Non-formal education: flexible schooling or participatory education?* Hong Kong: Comparative Education Research Centre, University of Hong Kong.

[22] Rubenson, K. and Schuetze, H. (2000). *Lifelong learning for the knowledge society: demand, supply, and policy dilemmas.* In Rubenson, K. and Schuetze, H. (Eds.) *Transition to the knowledge society: policies and strategies for individual participation and learning.* Vancouver: UBC Institute for European Studies, 355–376.

[23] Schugurensky, D. (2006). *Adult citizenship education: an overview of the field.* In Fenwick, T., Nesbit, T. and Spencer, B. *Contexts for adult education: Canadian perspectives.* Toronto: Thompson, 68–80.

[24] Senge, P. (1990). *The fifth discipline: the art and practice of the learning organization.* New York: Doubleday.

[25] Statistics Canada (2003). *The adult education and training survey.* Ottawa: Statistics Canada.

[26] Thomas, A. (1961). *The learning society.* In Kidd, J. R. (Ed.) *Learning and society: readings in Canadian adult education.* Toronto: Canadian Association for Adult Education, 405–409.

[27] Tough, A. (1991). *The adult's learning projects: a fresh approach to theory and practice in adult learning.* Toronto: The Ontario Institute for Studies in Education.

[28] Welton, M. (1997). *In defence of civil society: Canadian adult education in neoconservative times.* In Walters, S. (ed.) *Globalization, adult education and training.* London: Zed Books, 27–38.

[29] Welton, M. (2001). *Little Mosie of the Margaree: a biography of Moses Michael Coady.* Toronto: Thompson.

# 欧盟迈向终身学习的政策发展[①]

哈瑞伯特·汉森(Heribert Hinzen)[②]



## 一、引言

在过去几十年,终身学习领域的相关理论、政策和实践都已取得了巨大的发展。该领域的研究者们彼此交流思想、观念和方法的活动非常活跃,他们跨越了国与国的界限,使得在该领域理论视角和实践经验的发展上保持了高度的同步性。

1995年,联合国教科文组织的德洛尔报告宣称,"贯穿生活的学习"是实现更美好未来的关键所在。作为教育工作者,我们应该创造一切可能去满足个体的学习需求,发展他们的能力。学习必须与生活的各个方面相联系,并以生命的长度、广度和深度等各种形式表现出来。而且,请允许我继续列举:它可能发生在任何时间、任何形式和任何层次;可以是正式的,也可以是非正规、非正式的。

在教育的理论和实践领域,终身学习已同时成为一种重要的模式,在它的框

① 本文为大会发言稿。

② Heribert Hinzen 德国成人教育协会理事,国际部驻老挝区域负责人。

架之下,成人教育和相关学习部门已经获得了越来越多的关注与认可,特别是在一些诸如联合国教科文组织(UNESCO)、经济合作与发展组织(OECD)、欧盟(EU)、德国成人教育协会(DVV)等全球性、地区性和国家性质的部门中。在国家、组织和个人三个层次上,相关政策、计划、方法,甚至是经费程序都彼此相互影响。下面这篇文章探讨了成人教育领域迅速增长的交流热潮,并呈现了它的一些成果。

通过借鉴当代终身学习的相关文献和会议,并有选择性地征询成人教育组织和专业的成人教育者和专家的意见,本文涵盖了欧盟的相关政策,特别是由欧盟推动的政策对国家发展所带来的影响,或许也包括相反——欧洲成员国的发展对欧盟政策的影响。



## 二、欧盟《终身学习备忘录》——公民对此的看法

2000 年,欧盟委员会教育和文化总司出版了《关于终身学习的备忘录》。该文件在欧盟广为流传,时至今日依然非常值得一读。在欧盟关于终身学习的争论中,该备忘录通过提出六个要点而成为这场大讨论中的转折点,没有那些要点,创建学习型社会将会变得极为困难。各成员国、民间组织和专业团体对那些要点进行了深度商讨,而今那些理念已经演变为一则《在欧盟地区实现终身学习的共识》的通讯,敦促成员国优先考虑以下几个方面:

- 珍视学习
- 信息、指导与咨询
- 在学习上投入金钱与时间

- 赋予学习者学习机会
- (促进)基本技能
- 创新教学法

此外,终身学习作为教育培训的首要理念,该文件坚信其应该致力于塑造活跃的公民意识、促进个体的成长并捍卫社会的包容性,这些已经远远超越单纯培养就业能力的狭隘目标。

该委员会征询意见的过程引发了数以千计的回应。2001 年,在审核了所有已收到的回复后,委员会发表了一份题为《为使欧洲成为真正的终身学习地区而努力》的报告,报告中专家们达成了进一步的共识。报告扉页引用的一句中国谚语就是"十年树木,百年树人"。

这个意见征询过程对以下这个成人教育重要理念的普及贡献极大,那就是把成人教育视为一个拥有普遍学习机会的分权系统。这些学习机会覆盖了普通教育和公民意识教育,其中前者旨在提高就业能力,而后者意在有组织地通过地方教育中心与百姓进行近距离的沟通。它使我们重新认识我们耳熟能详的,包括在终身学习项目之内的四个教育计划,那就是:

- 夸美纽斯——学校。
- 莱昂纳多——职业培训。
- 伊拉斯谟斯——高等教育。
- 格朗特威格——成人教育。

随着 PISA(国际学生评价项目)评价结果的出炉,人们越来越多地开始关注不同教育部门之间的相互渗透,以及如何促进非正规学习与非正式学习。

然而,这仅仅是政治家和专业人士们所要思考的。那么,欧洲的公民们是如何看待终身学习的呢？欧洲职业训练发展中心(CEDEFOP)通过在欧盟成员国中所做的一个调查为我们提供了一个有价值的研究结果：

- 90%的人认为终身学习是重要的。
- 80%的人支持以多样化的视角看待就业能力、个人发展、有效的公民权利和社会凝聚力。
- 大多数人认为终身学习是面向各年龄段人群的。
- 仅有14%的人认为终身学习仅面向年轻人。
- 45%的人认为终身学习应该面向那些在学校学习中失败的人。
- 大多数人表示在非正式场合下学习效果最好。

毫无疑问，这些欧洲公民们的意见更加突出了在终身学习领域成人教育和培训的重要性。他们重视非正式学习的机会，但是是否他们就因而会对正式的学习环境进行批评？是否会否定他们先前的、在学校中获取的个体经验？无论我们如何解读这些调查结果，有一点可以确定：欧洲公民们认为成人生活中的学习是非常重要的。

## 三、欧洲成人教育协会的报告——《欧洲成人教育趋势及其问题》

政策中的核心表述一般都基于前期的研究发现。对于成人学习政策应如何表述的问题，欧盟委员会通过招标的方式发起了多项相关研究。欧洲成人教育协会(EAEA)对此非常感兴趣，并做了《欧洲成人教育趋势及其问题》的研究。和另外一项研究一样，它们的目标都是为了搜集欧洲各国成人教育提供者的第一手资料。这项研究已被译为多国文字并在国际上广为流传，而且也已取得了广泛的认同。连同其他大量的文本一起,该研究的具体内容可以通过网址 www.eaea.org 来获得。

该研究考察了成人教育的政策、法规和财政等方面的情况,探究了成人未能参与的原因和促进有效参与的策略,讨论了基本技能和核心素质,研究了认证证书的问题,阐明了培训与再培训的质量问题,并提出应将成人教育置于移民问题与人口结构变化的大背景下来看待。除了大量的结论和建议,该研究的最后一章提出了需要得到政府支持与实施的五大关键问题:

- 一个从整体出发,以全局的眼光对成人教育进行综合、系统解读的政策视角。
- 稳固而持续的地方性基础建设和公共保障投入,特别是针对那些处境不利的群体。
- 高质量的教育培训项目供给和高素质的师资。
- 开展正规成人教育的同时,认证和可非正式的、非正规的教育与学习。
- 易于理解的关键指标,并辅以高质量的研究及统计支持。

## 四、从"学习永远都不晚"到"每时每刻都是学习的好时光"

2006 年,欧盟委员会的一篇题为《成人教育:学习永远都不晚》的通讯充分说明了作为终身学习一部分的成人教育的重要性。该通讯强调了在以下五个核心领域实施政策干预的必要性:

- 消除成人参与学习的障碍
- 确保成人学习的质量

- 认可及确认学习的成果
- 投资于老年人群与移民的学习
- (设定)指标与标准。

文件对于终身学习背景下的成人教育的天然属性做了详细说明。接下来2008年的通讯是为了对欧盟委员会及其成员国的教育政策进行概括。该文件题为《成人学习的行动计划:每时每刻都是学习的好时光》,它将那些教育政策转化为一个切实的行动计划。在该文件出台之前所进行的咨询当中强调了以下三个紧密相连的关键因素:

- 为了社会、经济的需要而采取的政策。
- 包括成人学习系统的质量、效率和问责在内的行政管理结构。
- 传递系统——包括学习活动、学习支持与学习结果的认可——应把注意力放在社会、经济需求背景下的学习者的动机和学习需求上。

该通讯发布之后,欧盟委员会邀请各成员国加入到该项行动计划中。该项计划构建了五个战略性的行动路线,敦促各方:

- 在各成员国成人学习与培训的各个方面,分析改革的效果
- 改善成人学习部门的各种供给条件
- 增加成人"更进一步"的机会——力争使资格等级达到比以往至少提升一级。
- 加速对技能和社会交往能力的评估进程,并且使得作为成人的依据学习成果得到确认与认可
- 优化机制以更好地监测成人学习部门

从该通讯的表述中,我们可以得到清晰的信息:"成人学习是终身学习的一

个关键而重要的组成部分。”

## 五、一个金三角:政策—立法—财政支持

也许这听起来让人有些惊讶,但是只要承认成人对于终身学习机会有兴趣与需求,那么我们就需要面对一个简单的事实:总人口中数量最大的是成年人,并且成人教育应该成为教育各部分中最大的一块,那么为什么它没有得到足够的、与其地位相符合的关注?甚至连教育体系中的其他部分都没有超越呢?

几乎所有国家都制定了关于基础教育和高等教育的政策:两者通常会受到相关法规的保障,同时也会得到财政的支持,尽管可能数额上不是很充足。然而对于成人教育而言情况却大不相同,各国政府发觉很难去满足成人教育的发展需要。世界上很多国家甚至都没有相关的成人教育政策或法规,而且可用的资金也是少得可怜。为什么会出现这种状况?产生上述状况可能的原因是什么?我们都清楚成人教育和培训市场是一个复杂的领域,那里有众多的参与方,然而每一方都不想为他人所管理与控制。另外,教师和学校又总无法得到足够的资金支持。

或许我描绘的这幅图景过于悲观。也许这与我的背景有关,我来自拥有16个州(省)的联邦德国,德国对发展教育文化、制度政策与法规的责任,在各州一级而非国家层面。所以我们拥有数十个成人教育法规,不同地区的法规差异很大。仅就财政方面而言:和一些拥有殷实财政基础的地区相比,一些财政相对紧张地区对成人教育的财政支持仅维持在很低的水平上,近些年非但很难有所增加,反而有些减少。但是仍有一些地区发展得很好。一个很好的例子就是欧盟

本身。1992年签定的马斯特里赫特协定使得教育和文化名正言顺地成为欧盟的政策范畴,我们能够注意到许多切实的努力已经付诸发展终身学习,并且在这个过程中,成人教育已经发展成为一个具有持续性的观念与系统。我们没有忘却:在第一个“苏格拉底计划”中成人教育并没有作为一个专门部分被单独地列出;而今天有葛朗特威格计划专门促进成人教育。

期望从政府的公共财政中获取大量的份额并非天方夜谭,产生这种期许不仅仅是因为大多数纳税人都是成年人。但是如果我们以实现教科文提出的“四个支柱”的均衡来向教育部门游说支持成人学习,那么成人教育就成为了一种公共责任。如果允许我再次拿德国为例,我会指出我们的社区成人教育中心(“Volkshochsch-schulen”,VHS)的在地方财政上的支持方式。长期以来我们的费用基本平均来自三部分:三分之一来自州政府的相关法规,三分之一来自自治区当局或民众自治委员会,当然,公民个人的一些缴费也是我们的经费来源之一。要得到更多的细节信息这需要更多的时间,因为不是所有的课程都花费相同:有一些是免费的,也有一些是针对特定人群的补贴。

私营部门和企业的眼光似乎更加长远一些,他们将他们员工的教育与培训作为人力资源的一种投资,有时甚至是作为人力资本的一种平衡。需要再次强调的是,这种投资很可能不会很多,而且更多地见于一些大公司。但是,我们应该清晰地指出成人教育投入的“私有化”已经达到了相当的限度,来自个人和公司的部分一直占据了相当的份额。我们看到,最近在不同的国家,成人教育经费来源正呈现一种相当有趣的多样化态势。在看待供需两个方面时,许多专家仍然坚持:一种基本的(至少的)制度性财政政策是提供有质量保证(成人教育)的先决条件。其他一些人则更倾向通过奖、助学金和建立学习账户等形式支持个人学习。现在,相关的争辩与提议仍不断持续。

在欧盟委员会《2008 年 5 月 22 日关于成人学习所达成的结论》的序言中,委员会对欧盟在过去一段时间旨在发展终身学习背景下的成人教育的意见进行的全面的回顾发展有重大的影响。在开始部分,该宣言援引了欧盟委员会的"里斯本共识",这个共识旨在创造一个高绩效的教育系统以使得欧盟能够成为世界上最现代化(并继而成为最具竞争力)的经济体。在结尾部分,宣言呼吁各方关注最近的欧洲资格框架(EQF)报告,重视制定成人教育统一联合框架的指标与基准的需求,并且强调了在欧洲范围内颁布正式文件以用来辨别、认可非正式或非正规学习成果的重要性。就目前情况而言,在提升低技能工人的技术水准、减少基础教育居高不下的辍失学率并弥补小学教育中的财政缺额等方面,我们仅取得了一点点的进步,这些都是增强社会包容性、拓展公众参与并提高就业能力的先决条件。鉴于此,欧盟委员会的下列要求就显得顺理成章:

"成人教育需要得到更多的重视,并在国家层面上获取更有效的支持,以作为营造终身学习文化诸多努力中的一部分……

具有多样性、复杂性和丰富性的成人教育具有跨部门的特殊性质,它促使各利益相关方——包括地方性的组织、各种社会伙伴和非政府组织等都卷入进来,形成一个综合统一体。"

该宣言的附件明确了各成员国的责任:"在对各个教育部门分配财政资源的时候,一定要确保成人教育能得到充足的支持,以符合终身学习的要求。"

## 六、另一个三角:普通教育—市民教育—职业教育

在看待普通教育与职业、成人继续教育之间的关系上,过去我们乐于坚持两分法,认为它们是截然分开的。现在我们倾向于一种更强大的交互关系:通常大多数普通教育都对未来的职业有直接影响。关于关键能力和核心标准的讨论表明了普通教育对职业教育的重要性——反之亦然。

在这里,最好的例子莫过于语言和计算机技能。20 世纪 90 年代初期,在东欧剧变的影响下,欧洲一体化和欧盟扩大进一步加快,在此之前,具备超出母语的知识最多只能算作是锦上添花。但是今天呢?第二、甚至第三语言已经是我们在欧洲范围内正常工作所必备的先决条件吗。更多更好的语言学习不仅仅在学校成为一种必须,每年超过三百万就读于“人民大学”VHS 的成年人也验证了语言技能学习的重要性。

说起文化技能,我们通常会想到读、写和计算能力。如今我们不得不把所有这些与信息技术所需要的各种层面联系起来。计算机技能已经成为我们日常生活的先决条件,难道有哪间办公室甚至是最小的公司能离开它们吗?它们已经成为了一种包括职业目标在内的普通基本技能。

这促使我们形成一种新的理解:不再把普通教育和职业教育的关系看成是截然分开的二元对立,而是认识到了二者应成为不断发展的连续统一体,并且我们应在两者间架起沟通的桥梁。欧盟又宣布 2005 年为“通过教育养成民主公民年”,以增进民主社会中学习与生活间的联系。成人教育必须建立在孩童和青年时期所取得的成就之上,培养人们成为积极公民的渴望,并通过民主的成人教

育使得人们获得相应的技能。这里我们注意到,2005 年欧洲成人教育协会葛朗特威格奖授予了那些在成人教育领域进行了成人公民教育与学习的最佳案例的实践者,详见 www. eaea. org。

里斯本委员会在其战略中号召欧洲在全球化进程中成为最具竞争力的经济体,竞争力、就业能力和流动性都是其中的关键词。很多因素都在这个执行过程中扮演关键角色,当然也包括终身视角的教育和培训。在没有为青年和成人不断提供高品质的普通教育和职业培训时,我们何以能够提高劳动力的就业能力?如果没有为年轻人和中年人提供语言技能和跨文化沟通技巧的培训,我们如何能提高人们的流动性?

回顾先前欧洲各国和欧盟成员国中关于入学率的指标,我们发现在绝大多数情况下,中学和高等教育中的入学率总是成为调查研究的对象。而今天,开始出现反映成人教育参与率的指标。做到这些很不容易,特别是在我们日渐超越那种正规的、高度制度化的成人教育的今天。但是,开始建设一种在欧洲范围内收集相关数据的系统似乎越来越迫切。我们如何保障成人教育学习者的利益得到重视?事实上,大多数人想要以非正式的方式,在系统运用教材和相关视听设备的情况下学习语言。但是,他们并不想单纯地遵循某种框架性的资格条件而获取一份证书。然而,这种情况可能将会随着欧洲语言认证系统而改变,这个系统涵盖各种不同语言的各个层面;详见 www. telc. net

## 七、德国科研教育部:终身学习的理念及财政资助

2008 年 5 月 6 日,德国科研教育部(BMBF)向德国议会“教育、研究和技术

评估"委员会提交了一份有关终身学习(联邦政府有关生活中的学习的概念)的政府报告,其主题为"教育、研究和技术评估"。该报告是基于由教育部所召开的"创新性继续培训"会上议会委员会所提出的宝贵意见而得出的。在第一段中,报告提到:"终身学习是德国所面临的最重大的政治、社会挑战之一。对于个人、工业的成功和社会的未来而言,终身学习的实现是决定性的因素……全球化和知识社会使人们面临巨大的挑战,伴随着人口统计方面的巨变,那些挑战显得更加严峻。终身学习必须服务于知识的持续改变和扩张,服务于造就运用那些知识所需的相应能力。"

需要指出的是学习能够增强人们的就业能力并培养其公共责任心,并且对于移民人口融入德国社会也是一种关键因素,报告号召不断对继续教育系统进行系统性改善,增加项目、放宽标准以拓宽人们的参与渠道。对于该战略的实施所必需的额外资金,报告也没有做丝毫的掩饰:"这些目标的实现需要参与资助继续教育的各方都付出巨大的努力,他们需要整合资源以超越现有的投入机制。我们需要反复强调企业对其员工进行继续培训的重要性。对于雇主们勇于承诺投入继续教育的行为应予以鼓励。雇员也应该鼓足勇气做出努力以争取继续教育的资金。同样的,那些被称为'社会伙伴'的劳工联盟和雇工组织也应该承担起为雇员争取更多培训的责任。"

一个核心的目标就是,在2015年之前,要将25~64岁的成人参与正规继续教育(课程和研讨班)的比率从目前的43%提高到50%。对于拥有较低技能资格证书的人群,我们应该给予更多的关注,应该考虑到这一群体在继续教育项目中未得到充分代表的事实。

这一概念概述了如何实施上述计划的一系列策略建议。包括改进财政计划在内所被提出的建议都是旨在创造更加多样化的刺激政策和机制，来帮助继续教育和进一步培训的开展。具体方法包括：继续教育券的理念、学习“时间账户”、职业发展导向的奖、助学金以及通过立法来促进培训取得进一步的发展。高质量的教育咨询对于所提出措施的成功贯彻也是一种关键性因素。

2007 年 1 月，德国议会“教育、研究和技术评估”委员会举办了一场议会听证会，其主题为“终身学习——需求和资金”。在该听证会上，采取何种方式资助作为终身学习一部分的成人教育成为了辩论的中心。听证会处理了成人教育促进法草案和继续教育法律意义上的权利问题。听证会的焦点集中在问题清单的第 20 个与第 21 个，最终议会给予了德国成人教育协会（DVV）一个极大的机会去告知大家这样一种事实：成人教育基础性建设的资助需求不仅仅存在于学校系统，而且也存在于德国各个社区成人教育中心。

近些年，在德联邦内部，有关全面终身学习系统实施的政策的争辩在不断加剧。提供各种不同层次的、数量更多且质量更好的教育资源对于成功地应对经济形势所带来的挑战是极为重要的，而这成为 2008 年在德国举办了题为“德国任职资格创新——通过教育来改进”的教育峰会的中心议题。这个峰会汇聚了德国总理和各个州府的首相。德国成人教育协会（DVV）利用这个机会，通过一些与峰会相联系的创新性组织来使得自己的呼声能够被领导者听到。为了配合此次峰会，该协会发表的文件强调在将德国建设成教育共和国的过程中，“继续教育和终身学习必须扮演关键性的角色”。文件提醒人们注意全球化和技术迅速进步的影响，并指出了学习对于增加人们获取职业和参与社会的机会是多么的重要，同时也强调“继续教育对于个人进步和德国的经济社会发展的基础性关键作用具有长期的科学性，是不容置疑的”。

在名为“紧急任务”的章节中，文件提出了一些具体要求。文件呼吁政府要切实加强成人教育部门的力量，以维护学习者的利益，并与欧洲以及国际终身教育的基石保持一致。其中特别强调了如下问题：

“由继续教育带来的‘二次机会’……每一个成年人——无论其收入如何——都有可能得以利用文化措施并能参与小学、中学、大专和在职水平的资格认证计划……将教育财政预算的6%用于成人教育：在欧盟关于促进终身学习的政策（2007年终身学习的行动计划备忘录）框架内，欧盟认识到继续教育是教育领域中一个属于自己权利的重要组成部分。在未来，德国继续教育的财政必须赶上欧洲各国的发展，达到国际通行的标准。这个目标就是继续教育的拨款应该达到整个国家教育预算的6%：包括扫盲教育和一些基础的教育项目……如此数额的投资还将使达到联合国十年扫盲目标并在2015年之前减少一半的文盲数量成为可能……”

## 八、展望

在不久的将来，在成人教育领域内谁将会准备怎样的学习安排？在全球化的时代，我们的社会团体将走向何方？我们需要合格的劳动力，但是面对未来的劳动力市场我们又需要怎样的资格标准？我们对我们的失业成人进行再培训，然而当培训结束时工作的要求也早已发生了改变，这种情况已经出现了很多次。有谁知道一种不仅遵循了市场的力量同时也使受训者能进一步成功地掌握信息技术的、更多更好的成人教育和培训项目？

终身学习的理念是否会使终生上学成为一种“必须”？又或者处于成人教

育与学习中的我们不应该使这种可能性减弱，而是应该用那些我们从教室外、从非正式和非正规学习中，从自我组织和自我导向形式的教育培训中获取的经验来丰富我们学习的生命周期？

本文专注于成人教育领域较短时间内所取得的一系列重大的发展。亟待解决的问题还有很多：终身学习的范式正在以一种什么样的途径来影响我们的社会？在终身学习背景下哪些领域需要成人教育？成人教育体系结构被赋予了怎样的重大意义？在有关政策、立法和财政支持构成的“魔幻三角”模型的思考下，成人教育的策略应该是什么？这些值得进一步关注的方面与质量、职员的基础和继续培训、科研、可及性和目标群体等是有明显区别的。在成人教育的关注点上，本文着眼于欧洲和德国观点及其发展，而联合国教科文组织着眼于全球化的视角，特别是通过像国际成人教育大会（CONFINTEA）这样的一系列国际性会议来表达其对成人教育的关注。

联合国教科文组织在巴西召开了第六届国际成人教育大会，作为会议核心成果的贝伦行动框架的主题是“走向美好未来的学习——成人学习的力量”，我们现在应该着眼于该框架的实施。我们应该努力确保该决定得到实现，以帮助我们在政策、法规和财政等方面打下基础，以捍卫我们成人教育的领域，使我们在不久的将来能更好地发展成人教育部门及成人教育职业。在这个过程中，那些较发达的国家必须与世界发展组织携手帮助那些贫困、落后的国家进行种种尝试，以达到我们的共同目标。对于成人教育工作者之间增进了解、讨论各种在现在或不久的将来推进终身学习的可能对策而言，上海国际终身学习论坛是一次很好的机会。

# 构建学习型社会的政策框架[①]

卡萨玛·瓦拉瓦恩(Kasama Varavarn)[②]



泰国引入终身学习的概念已逾四十年。其中,成人教育工作者们首先采纳了这种观点并开创一些促进终身学习发展的项目。但是,这种观点却花了二十多年的时间才逐渐成为教育的目标。学习型社会的构想出现得非常晚,但却迅速地被政府和公众所普遍接受,并成为国家发展战略的一部分。虽然我们在强化学习型社会建设的过程中取得了卓越的进步,但是,目前泰国的严峻局势也清晰地显示出重要缺陷以及向其他国家学习的必要性。

在这篇论文里,我将从三个关键性的战略层面来限定讨论的范围,并从吸取的教训和未来所面临的挑战两方面,尽力构建一个学习型的社会。

## 一、发展见识广博且自我导向型的学习者

从一开始,建立学习型社会的前提条件就是人口的质量。政府优先考虑的

① 本文为大会发言稿。
② Kasama Varavarn 女士是泰国教育部基础教育委员会的前秘书长。

是为所有人提供基础教育，并利用正式教育和创新型的非正式教育来满足校外人员的需要。与此同时，课程也在逐渐转变，从死记硬背变成更多地强调自我导向性的学习和批判性的思维能力。

Khit-phen 哲学，这种众所周知的著名方法，在四十年前被引入泰国。这种方法的引进将泰国的教育从基本的扫盲功能和对既定答案应试性的强记转变为鼓励学生们自己探索，以寻找最适合自己个人的解决方案。目前，知识的收集和批判性的思维能力已经成为国家课程设置所要达到的关键性的学习目标。

可以自豪地说泰国在全国范围内基本扫除文盲，几近普及初等教育，保持高达 80% 的中学入学率，而且有近 40% 的毕业生继续接受高等教育。但是我们也深刻地认识到我们社会的二元性。我们的成年人口虽然普遍识字率很好，但平均也只接受八年的教育。在这种全球化进程已经渗透到泰国最偏远地区的时代，这种教育现状早已显得捉襟见肘。

现今社会，作为一个 Khit-Phen 学习者，在将本国的优良传统发扬光大的同时，还必须用 21 世纪的技能来武装自己，这些技能包括计算机常识、法律常识、科学常识、媒体常识和多文化技能。

在这些领域有很多创新经验。我们所面临的挑战就是将这些领域上升到一个更高的层次，使全国人民都能够参与到学习型社会中去，并且从中受益。

## 二、提供终身学习的机会

泰国人的村庄报纸中心被广泛认为是最早尝试超越常规教育而进行的学习项目之一。随着该项目的结束，报纸配送网络得以向农村社区延伸，公共图书馆也在全国各地得到了建立。除此之外,其他许多创新性项目的推出为人民提供了更多的学习机会。

泰国本土的学习网络长期以来维持着社区终身学习的生存,如今这些网络作为终身学习的载体得到了加强。人们在传统知识的各个领域都进行了研究,并且通过现代的科学技术丰富了传统知识。如佛教僧侣、民间艺术家和当地工匠们改变他们所信奉的理念和工作内容,使其与现今的社会更加紧密相连,并且通过各种教育活动参与到社会教学中来。

建设制度化的学习型社会已经成为国家总体规划的远景目标。各级教育发展机构广泛发展教学网络以丰富人民的学习机会。例如,乡村健康志愿者们帮助学校提供健康教育,协助教师监测学生的健康并且改善母亲的育儿方法,包括讲故事的技能和怎样制作手工书籍。

为了弥合硬件上的欠缺,政府通过投资给所有学校配置了互联网络和卫星广播,并建立了分区网络中心,以支持在线教育和多种形式的"寓教于乐"项目。

这些努力大大地丰富了学习环境,但却没有充分地连接不同年龄段和教育程度人口之间的知识空白。一项关于网络使用情况的调查发现,只有不到10%的内容与教育相关。随着大众媒体和网络的不道德操作行为愈演愈烈,人们纷纷盲从于各种扭曲的信息,难辨真伪。

最近,在泰国发生的危机揭示了我们在建立学习型社会过程中的不足之处。在政治界,虽然对立两党为了取悦选民,都同时使用包括国际传媒和传统通信在内的所有沟通渠道。但是选民们对于获取信息的来源却带有极大地选择性。比如说"彩衫军"精于利用在线社会网络,而"红衫军"则更加依赖于传统的社区广播和面对面的沟通。不幸的是,正是倾向性导致了两党之间缺乏有效的对话与沟通。

在建立学习型社会的过程中，我们需要确保信息源的多样性，增加对话和分享经验的机会，保障信息质量和道德标准，并且通过建立知识管理机制加强对新老知识的收集、分析、应用、创造和分享。

## 三、承认政府的角色演变

在促进终身学习的开展和学习型社会的建构上，政府的角色长期以来一直是争论的话题。很多政策制定者在某种程度上限定了政府对于正式教育和终身学习的责任。他们认为学习型社会的建立不能通过政府干预，而必须是教育社会自然发展的结果。

我们的经验表明，尽管学习型社会的成功取决于超越政府部门的调动能力，政府在这其中仍然扮演了至关重要的角色。

首先，在全社会还没有充分意识到终身学习的需要性时，政府必须以一种积极的姿态扮演主要组织者的角色，以加强私营部门和社会各界的共同责任和主人翁意识。

其次，随着对学习机会的需求不断增加，人们希望看到更加多元化的学习途径。这时，政府则需要做出相应的职能转变以评估不断发展变化的形势。在这一阶段，政府可能需要做出一些单从商业角度来看意义不大的投资，需要确定新的边缘群体，并且致力于保护弱势群体的学习机会，提供更多的支持和鼓励以扩大参与面。

特别值得一提的三大战略，即立法、权力下放和参与。

立法作为潜在的重要策略，可以确保终身学习获得持续的支持。但是，如果缺少正确解读，法律可能妨碍而不是促进终身学习的发展。

权力下放到实际操作层面包括学校董事会及当地政府的做法，已被证明是有效的，全社会对终身学习的认可是这种权力下放的先决条件。

参与是终身学习型社会可持续性发展的关键，但我们必须采取正式和非正式的双重措施，有引导性地培养、增进人们的参与。并改变先前教育服务提供者和接受者之间的关系。

从泰国的经验教训中可以总结如下：

- 终身学习和学习型社会必须制度化，作为教育和发展政策的目标。
- 见识广博和自我导向型的学习者是学习型社会的前提条件，只能通过正规教育、非正规教育和非正式教育之间的协作而达到。
- 政府不能单独左右学习型社会的建立，但在其中却扮演着重要的角色。精心策划和良好的分阶段调动战略，以及权力下放和参与战略对于学习型社会的有效性和可持续性来说是至关重要的。

最后，不要被终身学习和学习型社会的概念所压倒。大处着眼、小处着手。我们应该顺应学习者的广泛需求并逐步走上规模化。鉴于我们相逢于上海，请让我引用一句流行的泰国谚语："用中国的方式管理你的业务。从小食品摊开始，然后逐步扩大到餐馆，最后拥有自己的连锁餐厅。"

# 终身学习与不同层次、类型教育之间的联结式发展[①]

## ——来自南非的启示

雪莉·沃尔特斯(Shirley Walters)[②]

## 一、引言

终身学习贯穿于人类发展的四个主要阶段(Schuller and Watson,2009),并体现了人们对于综合性、联结性发展方式的需求。我将在后面简短地引用三个联结式的发展方式在实践中应用的案例,它们均来自南非,分别是国家的、地区的以及机构的终身学习方式的案例。它们具体是:国家资格认定体制式、学习型开普式以及西开普大学式。我将首先重点阐述终身学习的社会目的及其社会经济与政治背景,此二者将构成本次的讨论。

① 本文为大会发言稿。

② Shirley Walters 教授是南非西开普大学终身学习部的主任。

## 二、终身学习的目的

为了确保终身学习能从战略层面应用在人类与全球情况的改善上，我们很有必要强调终身学习的主要社会目的。我将不详述所有的例子，而是稍微提及一下我所找到的两份与其相关的材料。第一段引述终身学习的：

"……在地方以及全球的背景下，将个体、团体与社会结构、政治经济活动相联结，并强调无论是女人和男人，还是女孩和男孩，在他们一生的各个方面，创造他们人生历史的原动力正是他们自身"。

这段引述提醒我们：终身学习与贯穿整个生命周期的人类自身行为息息相关，并且渗入于我们个人的、文化的、社会的、政治的以及经济的、生活的各个方面，无论是从地方上来讲，还是从全球范围来看都是如此。

第二段引述来自一个最近的会议：第6次国际成人教育会议。它详述了一种观点，即如果我们想得到一个环境可持续的、社会合理的未来，各种生活方式的相互联系是必不可少的。

"如果想要地球延存下去，那么它就必须成为一个学习型星球"（Paul Bélanger，CONFINTEA VI，2009）。

带着这些远大的社会目的，我们来关注一下我们的居住地——南非的背景。

## 三、南非的背景

我们的历史以及物质条件决定了我们能做什么，因此有必要针对社会、政治以及经济条件给出一条简略的线索供大家参考，因为终身学习正是在这样的背景下发展的。南非是一个拥有 4 800 万人口的国家。它有以下一些特点：

- 中等收入国家（人均收入 3 600 美元）。
- 年轻人比重大（51% 的国民低于 25 岁）。
- 由于受到艾滋病及其相关疾病的影响，2007 年的人均寿命已经降至 50 岁。
- 45% 的国民生活水平低于国家贫困线（每个月 70 美元）。
- 失业率为 25% ~40%。
- 贫富差距两极化。
- 带有强烈的人权热望的民主宪法。
- 强大和活跃的市民社会。
- 种族多元化，足有 11 种国家官方语言。

因此，南非背景下的终身学习必须考虑到一种高度多元化的社会情况，其中包括一部分国民高度发达的经济条件，以及大多数国民之间普遍存在的贫穷状况。

## 四、终身学习与联结式发展

在任何社会中,如何综合协调各部门之间的工作都是社会经济发展所无法逃避的最大课题。社会结构本身必须迎合诸如医疗、农业、教育或环境在内的各方需求,这就从体制上决定了各个社会结构之间的隔阂。从个体或社区的视角来看,个人和团体的发展可能会导致被四分五裂以至支离破碎。因此,社会需要建立各种机制、采取各种方式或策略来重新联结不同的领域,以实现个人和社会经济高效发展的综合目标。这些尝试通过在立法、监管框架、横向项目方案以及体制结构中的调整得以实现,也或多或少取得了些许成功。终身学习的理念和方法有潜力在这次重整过程中起到推波助澜的作用。这使人们自诞生之日起无论身处人生的哪一个阶段都可以得到自始自终的学习支持。我接下来要引用的三个案例将例证这些在实践中的尝试。

### (一)国家资格认定体制式

南非的国家资格认定体制(NQF)是世界上第一代的国家资格认定体制之一,同时也是发展中国家的首次。1994 年,新成立的民主政府所采纳的第一轮教育与培训战略之一就是建立国家资格认定体制,以使过去一直被排斥的大多数黑人也能享有学习机会;另外一个横贯整个教育与培训系统的主题就是对学习者海纳百川的包容性。这些改变纠正了以往教育的不公正性。在国家资格认定体制中,终身学习是一个关键性的目标。

16 年后,得益于后见之明,人们认识到了这个目标是难以实现的。然而,因为资格认定是一种主要的“货币”,有了它个体和集体就能在社会中“交易”他们的地位。因此国家资格认定体制在促进跨系统间的沟通、合作以及协调上起到非常重要的作用。目前该国家资格认定体制已经进入了一个新的阶段，在其所担当的各种社会职责之中，着重为学习者提供跨越整个人生的辅导和协调、先期学习的认可、规范学分累积和学分转换，以及发展以研究为本的学习和工作方法。

该国家资格认定体制正在建立一个贯穿整个国家教育与培训系统的“信任社区”；同时它也正在与国际同行密切合作，以保证大量跨国界的人才交流。为了使终身学习得以成功，那就必须使跨部门、跨国界的资源提供者们相互信任，从地方到全球层面为学习者的成功与进步提供便捷。推进学习者们顺利取得机会和进步。低收入国家和中等收入国家没有富裕国家那样多的制度基础，因此对于南非来说，国家资格认定体制正在扮演一个至关重要的开发角色（更多有关国家资格认定体制的背景和重要的讨论，可参阅 Lugg，2009 等）。

从国家资格认定体制的经验中我们可以得到这些启示。首先，制度的实施必须保持连贯性和系统性。其次，教育转型是一个缓慢的过程，但是如果把国家资格认定体制视为一种沟通、合作和协调的平台，那么这种体制的确立完全可以为教育转型作出贡献。我们认识到贯穿整个系统的辅导和咨询的至关重要性，认识到先期学习在教学上起着桥梁般的重要作用。我们还认识到对待教育应该坚持一种实验性的科学态度，而之前所推行的那种以成果为导向的功利性教育体系显然并未取得成功。

总之，我们最好将各种国家资格认定机制理解为在建工程，将它们理解为从现代社会的竞争中诞生的人工产物，因为它们能以一种适度的方式反映出一个社会是如何通过寻找不同类型的学习与表达方式以及工作和发展实践的一致之处来处理教育、培训、工作以及发展间的关系的。它们对于教育、培训、工作和发展间的沟通、合作和协调来说是很有用的媒介(Walters and Parker,2008)。

(二)学习型开普式

学习型开普试图在省级基础上施行终身学习。虽然最终结果并不是非常成功,不过重要的是我们可以从中认识到创建学习型区域或学习型城市将同时面临的可能性和局限性,而这些都是以联结式发展为目标的终身学习的一部分。

“学习型区域”的优点在于它划定了一块地理的空间,在其中,为了确保终身学习和发展,以更加全面、综合的方式去协调系统政策、指导实践的做法将成为可能。鉴于本文的主题,在此我只想重点阐述一些从学习型开普得到的经验(更详细的描述请参阅 Walters,2007)。

学习型区域的建立需要强大的政治意愿和长远的眼光。它需要一个对教育、培训、工作和发展有一个根本性的思维转变,因为它必须涉及诸如运输、安全、经济、医疗、教育和培训等跨时代、跨部门的领域。让我们来做这样一个假设,如果妇女们由于社会治安问题或是交通不便而无法来课堂学习,那么她们的学业就会停滞不前。又或者,如果孩子们得不到足够的营养补充,他们就很难做到集中精力去学习。因此,全面的发展方式是必需的。学习型区域的成功离不开一些特定的情况,包括机构、社区和部门间的“信任社区”。在教育、政治和组织之间始终都存在着一种相互作用。学习型区域试图使所有年龄段的公民都能得到深度学习,而这是一个极其复杂而又艰巨的任务,同时也是一个非常具有挑战性的宏伟构想。

(三)西开普大学式

为了使终身学习摆脱不切实际的目标而具备类似大学机构那样的系统化功

能,我们就必须确保这些机构的各个方面都同时得到响应。其中包括:战略伙伴关系和战略联结、总体的监管框架、研究工作、教育与学习的过程,管理政策与机制,以及学生支持系统与服务(UWC and UIE,2001)。这再一次体现了终身学习关注机构内部、机构之间及其周遭社区联结式发展的特征。

大学内的终身学习方式同样取决于社会目的,因其被视为一种支持终身学习任务的因素。大学很明显做不到政治中立,同样,终身学习也做不到。

西开普大学已经采纳了终身学习任务,并在过去大约十年里进行了系统的实施。但和所有此类的发展工作一样,结果并不是无可争议的,只能说是成败参半。西开普大学的尝试同样也在其他很多地方得到借鉴(Walters,2005)。

## 五、关键性见解

一般而言,一旦终身学习被严肃地看做一种理念和方法,它便将要挑战从个体和集体身份的角度看待事物的方法。我们每个人对知识都有着不同的理解,社会和经济利益的冲突又会导致权力关系的错位。因此,终身学习始终挑战着人们的身份、对认识论的理解以及权力关系。只要这个社会中还存在竞争性,争论就不可避免。这就决定了为实现终身学习而制定相应总体政策和立法框架的国家协定的重要性——而这正在南非至今尚未实现。

如果终身学习的社会意义是要维护更多的社会正义、保障环境的可持续性以及社会的公平性,那么我们就必须做出一个艰难的抉择,并且必须使这种政治上的努力得到全社会的认可。

我将以引述两段文字作为结尾,它们标示出了看待世界的方式以及终身学习的目的，并要求我们以更综合性的、无等级层次性的方式去深入理解社会经济及个人和全球的发展。

第一段引述来自于一个澳大利亚的女性土著领袖——Lily Walker，她质疑了发展工作的常见理念，即有些人被视为懂得比其他人多。所以她说："如果你来这儿是为了帮我，那你就是在浪费时间。但如果你来这儿是因为你的解放与我密切相关，那就让我们开始吧。"

最后的引述来自2009年12月举办的第6次国际成人教育会议，同时也鉴于世界上许多的人和国家面临(及逐渐承认)的巨大挑战："如果想要地球延存下去，那么它就必须成为一个学习型星球。"

根据以上两段引述以及作者隐含于其中的观点，我们可以认为终身学习并不是一种选择。如果我们关注地球上生命的长期可持续发展，那么以一种联结式的方式工作于机构、城市或国家之间，甚至跨国界都将不再是一种选择，而是一条必由之路。



## 参考文献

[1] Lugg R. (2009) "Making different equal? Rifts and rupture in state and policy: The National Qualifications Framework in South Africa". In Cooper L. and Walters S.

[2] (Ed) (2009) *Learning/Work: Turning Work and Lifelong Learning inside out*. Cape Town: HSRC Press.

[3] Schuller T. and Watson M. (2009) *Learning through life*. United Kingdom: NIACE University of Western Cape (UWC) and UNESCO Institute for Education (UIE) (2001) *Cape Town Statement on Characteristics of Lifelong Learning Higher Education Institutions*. Bellville: Division for Lifelong Learning, UWC.

[4] Walters S. (2005) "Realising a lifelong learning higher education institution". In Sutherland P. and Crowther J. (Ed) *Lifelong Learning: Concepts and Contexts*. UK: Routledge Falmer.

[5] Walters S. (2009) "Learning regions in lifelong learning". In Jarvis P. (Ed) *The Routledge International Handbook of Lifelong Learning*. London and New York: Routledge.

[6] Walters S. and Parker B. (2008) "Competency based training and national qualifications frameworks: insights from South Africa". *Asian Pacific Education Review*. 9(1),70-79.

# 加强正规教育与非正规教育之间的协调性①

阿卜杜勒·拉赫曼·巴巴·穆萨
(Abdel Rahamane Baba-Moussa)②

## 一、引言

国际社会公认,教育的主要作用之一是向每一个体提供掌握自己命运的机会,并根据对事实的充分了解改变社会环境、改善生活条件。这意味着教育与发展之间存在着密不可分的联系。

为此,每一个体必须有平等的机会利用适合的教育项目,而不考虑年龄、性别、社会地位与生活环境。基于这些考虑,教育不再像涂尔干(Durkheim)所说的那样,局限于"成年一代对那些仍然没有为社会生活做好准备的人施加的影响",其目的是向儿童传递"一定数量的生理、智力与道德知识,这些知识既是作

① 本文为大会发言稿。

② Abdel Rahamane Baba-Moussa 先生是教育科学高级讲师,贝宁法语比较教育协会(AFEC)主席。

为整体的政治社会也是他所面临的特殊环境所需要的”(涂尔干,1992)。从此以后,根据面向21世纪联合国教科文组织教育委员会的报告,教育必须被看做贯穿个体整个生命的过程,并使得个体有机会运用学习的四个主要组成范畴或支柱学认知、学做事、学共处、学做人。

第一个范畴同所有基础教育学习形式相关,这些学习形式使得人们能够变革看待周围世界的方式、唤起继续学习的渴望,以便他们能够过上更美好的生活,并且成为世界发展的一部分;第二个范畴同个体获取知识的方式与他们所了解的知识在社会或职业生活中的用途相关。它包含了培养社会和职业技能并使这些技能适应社会的所有学习形式。第三个范畴同有关自我与处在社会、文化、地理、种族等独特情境中对他人知识的学习相关。此类知识是使得个体和平生活、相互尊重与接受的必要条件。第四个范畴包含伦理的维度,因为它正如查尔斯·哈吉(Charles Hadji)在他的伦理教育定义中所写的那样,体现了努力“增强个体判断存在,首先且最重要的是他自身的存在的能力……考虑到超越争议的普世价值”。

被国际社会共享的终身学习概念尤其支撑着《千年发展目标》(MDGs)与2015年将要实现的面向所有人的教育(EFA)的目标,以及《联合国十年扫盲计划》(UNLD),等等。因此,必须为此目的提供一系列适合的教育形式。无疑存在着持续的“世界教育危机”(库姆斯,1989)。同学校模型相符合的教育系统看起来在实现这些目标的过程中举步维艰,因此必须设想其他解决方案。由此,库姆斯(Coombs)早在1980年就建议,在考虑下述三个方面的同时,每个国家都应该评估它的“学习网络”及其强项和弱项以便尽可能顾及目前和未来的需要:

- 正规教育,这是由学校系统提供的教育。
- 非正规教育,它包括“学校系统之外进行的任何组织化的、系统化的教育活动，旨在向特定的次级群体，无论是成人与儿童，提供相应的学习类型”。

• 非正式教育，它是“每一个体从日常经验与同环境（如家庭、朋友、旅行、书籍、无线电、电影……）的接触中获得与积累知识、技能、态度与见识的终身过程”（库姆斯，1989）。

在作者看来，就真正的个体终身学习而言，这三个方面是必要的与互补的。换言之，如果准备建构终身学习的四个范畴，那么教育政策必须整合围绕教育的这三个方面的所有机会。世界教育统计表明，许多非洲国家很难做到这一点，因为它们深受学校教育模型主导的影响。重述盖伊·文森特（Guy Vincent）的话，可以说，教育仍然是“学校模型的俘虏”（文森特，1994）。因此，如果我们准备采纳库姆斯建议的方法，那么必须在每一国家进行研究与调查以便盘点现有的教育机会，并以一致的方式实施教育改革。

我们将以非洲撒哈拉沙漠地区的法语国家贝宁为例进行讨论。首先，分析该国自1960年独立以来实施的教育改革，突出有关教育结构而不是学校系统的困难。其次，根据一项教育现时功能研究与那些阐述教育需要和满足它们的教育结构的人的看法，借以表明只有整合非正规教育结构与学校系统结构才能满足该国对教育的多样化需求。最后，呈现正规教育与非正规教育之间密切结合（进行正式衔接）的一个案例。



## 二、1960年以来的贝宁教育改革：整合非正规教育过程中的真正困难

基于皮埃尔·穆勒（Pierre Muller，1995）提出的公共政策分析表（表1），表1呈现了贝宁获得独立以来所实施的改革。这些改革从四个方面加以呈现：

表 1　1960 年以来的贝宁教育改革概览

| 时间 | 价值 | 标准（参照系统） | 法则（期望的变革） | 形象（理想的人） |
|---|---|---|---|---|
| 1960—1972 年 | 专断，统治权 | 维持殖民地模式专断与自我发展的精英政治 | 法国模式将产生与其在起源地环境一样的效果（库姆斯，1989） | “白领”神话（官僚） |
| 1972—1990 年 | 解放文化认同（社会主义） | 新学校 = 生产单位民族语言，成人扫盲 | 从外来统治与文化疏离中解放出来（教育法案） | 受教育的无产者（自学的个体） |
| 1990—2006 年 | 民主（自由，自主） | 重新考虑新殖民地学校“卓越”学校 | 为个体经营而培训（教育代表会议） | 公民创业者 |
| 2006 年以来 | 趋势（生产力，团结） | 整体取向正规教育 / 非正规教育 | 巩固人力资本的面向所有人的教育 | 自主的公民生产者 |

• 改革的基础性“价值”，即具有驱动性的教育理想或预期的积极变革的性质；它被作为期望的结果加以实现（如在保证两性平等的同时，确保所有人接受高质量的教育）。

• 改革所依据的“标准”或“行动原则”，表现为组织安排与角色、权力和资金的分配。

• 基于方案成功需要的前提通过“法则”来形成，正是“法则”说明了价值与标准之间的因果关系（如“如果我们打算缩小两性之间参与教育的差异，必须更加注意保护女性”）。

- 改革所唤起的"形象",它综合了同公共政策相关的社会观念(在这种情况下,我们应该主要考虑理想人的形象)。

从表1可以发现,在以下两个方面存在着矛盾:一方面,改革的基础性"价值"主张国家主权和文化认同;另一方面,改革所应用的标准几乎不重视内生的教育系统、知识与文化,相反却偏重从殖民地时代继承的学校模型。第一次真正的教育改革以"Ecole Nouvelle"(新学校)而出名,它推行于革命时期(1972—1990年),其基本价值是解放与民族文化认同。学校必须适应社会,并有助于财富的生产,从而带来内源性发展,由此产生了以下口号:"新学校=生产单位"、"让我们首先自力更生和自给自足"。建立"新学校"的法律提出了改革的目标,即"培养新型贝宁公民,他们有政治意识、技术过硬并能够从事生产性工作,由此能够首先靠自身的努力变革环境"(国家教育部,1979)。这个目标在实践中被转变成一系列的举措:

- 通过农业活动、文化工艺品创作或运动建立起基于学校的生产。
- 推动更能应对劳动力市场现实的中等与大学层次上的职业培训。
- 通过成立儿童唤醒与激励中心更加注意使用民族语言,借以提供使用民族语言的学前教育,并实施使用民族语言的大规模群众性成人扫盲项目。

此项改革使得赋予学生管理学校与生产活动的角色成为可能,并赋予了非正规教育(扫盲与成人教育)以重要性,但是在社会主义政权失势后,因为没有恰当的评估而被丢弃。事实上,表1中资料表明,在贝宁,教育寻求从两种外源性模型中获得认同:一是殖民地模型,它在独立后被继承与复制,却毫无成效;二是新学校模型,它在不发达的后殖民地教育系统背景中,受社会主义国家(苏联与德意志民主共和国、古巴等)的启发并在1972至1990年间被采纳。1990年,随着民主政体的出现,需要重新考虑后殖民地模型,而对新学校的恰当评估使得保留它的积极方面成为可能,尤其是赋予非正规教育与内源性文化元素的重要性,以便建立适应国家现实的新模型。

2006 年以来提出的指导纲要旨在通过兼顾正规教育与非正规教育顾及现实问题。紧随2006 年发生的政权更替,2007 年 2 月举行的全国教育论坛提出了倡导教育整体取向的指导纲要,借此,扫盲培训与非正规教育作为组成部分而具有了自身的价值。其目标是培养"新型公民",这样的一个新型公民如果他掌握了贝宁语言和文化,同时擅长外语,这将给予他进入世界的一扇窗口,并使得他能够掌握最先进的技术以及信息和通讯技术。正是在这种背景下,论坛决定把民族语言引入学校系统,并推动适应国家现实的职业培训。

但是,在实施过程中,这些指导纲要不得不屈从于行动者的策略与政策协商的结果。在教育部门设立扫盲与非正规教育机构,尤其是在 2007 年成立扫盲与民族语言推进部之后,这些下属部门于 2008 年再次被并入文化领域,从而违背了对教育整体取向的愿望。此后,教育被分割成四个部门,包括扫盲部。结果,在技术与金融部门为支持《教育部门十年发展计划》(快速启动基金)而批准了将近 1% 预算的情况下,成人教育再次被忽视了。而且,把扫盲与成人教育并入文化部门导致这样一种感觉,即民族语言更少作为基础、社会与内源性知识的工具,更多作为民族文化认同的手段。所有这些都妨碍了非正规教育扮演全国教育论坛所赋予它的重要角色。

## 三、正规教育与非正规教育结构的需要

对贝宁教育领域中的实践者的一项调查,他们对存在于社会中的教育需要

以及满足这些需要的方式的认识。在文件检索与经验观察的支持下，该调查产生了表2中所列的提议（参考巴巴·穆萨，2003）。

**表2　贝宁教育领域中的正规与非正规教育系统的特征与贡献**

| 系统 | 部门 | 目标人群 | 对教育发展的贡献 |
| --- | --- | --- | --- |
| 学校与大学系统 | 负责各种教育形式的部门 | 4~25岁<br>在学校中注册<br>主要是城市的 | 学术与实践培训<br>融入现代文化 |
| 工作场所学习 | 行业部门（对部门的相对控制） | 8~30岁<br>辍学或没有注册的人，城市的与农村的 | 实践培训<br>融入地方文化<br>进入非正规就业 |
| 青年组织 | 青年部门（授权给实践者） | 通常没有年龄限制<br>所有社会背景 | 学术与实践培训<br>进入正规与非正规就业<br>融入地方与现代文化<br>地方发展活动 |
| 扫盲中心 | 文化部门 | 20岁以上<br>没有在学校注册或辍学<br>通常是农村的 | 带有职业倾向的“学术”培训<br>融入地方文化<br>地方发展活动 |
| 农业合作 | 农村发展部门 | 12~30岁<br>没有在学校注册或辍学<br>主要是农村的 | 实践培训<br>进入非正规与混合就业<br>融入地方环境<br>地方发展活动 |

表2显示，一系列的非正规教育结构同学校的正规教育一起，努力去满足由教育实践者识别出来的教育需求，其中每一结构都以特定的方式针对特定的人群做出特定的教育反应。该表尤其凸显了两点：一是数量庞大的部门及其对非正规教育结构的控制程度（例如，学校系统受到负责教育的部门的控制，而行业部门对学习型工作场所几乎没有控制，这是传统的产物）；二是如果真正希望满

足所有的已识别出来的需求，那么就要在所有这些结构之间进行协同合作的需要，而作为首要的学术机构的学校的正规教育无法满足所有的需要。

从这些观察中可以发现，贝宁教育的实际运行方式与其说是一个“系统”，不如说是让人联想到“非常散漫与无目的的集体行动形式”的一种“行动情境”（弗莱伯格，1993），因为一般而言，系统被界定为相互依存的要素的组合，这些要素共同致力于实现一个单独的目标（勒莫依尼，1977）。事实上，它不是一个系统而是一组系统（或结构）与实践者，他们并不一定合作共事，但是却为了一个单一的目标：满足由处在贝宁国家情境中的实践者所提出的教育需要。由此，“教育行动情境”是指全部的正规与非正规教育机制，无论是否协同合作，它们都致力于满足根据每一国家情境中的发展需要而界定的教育需要。这是基于经验与系统研究，以每一国家特有的方式识别出来的。通过识别一定数量的要素，对国家个案研究的比较将有可能设计出地区层面上（例如，非洲撒哈拉沙漠下属地区）的模型。这将为适应非洲国家现实与认同的新颖教育系统的出现奠定基础。

## 四、以民族语言进行的学校系统、行业培训与扫盲培训之间衔接的创建案例

在教育领域识别出行动情境将没有任何意义，除非通过识别出实践者及其目标、行动与结果，从而可以在组成机制之间实现协同合作。这一步在贝宁仍然没有迈出。为了改善职业培训的质量而在近期建立了双元学习系统（结合了实践的工作场所培训与教室里的理论培训），但是它仍然是有选择性的，并处在

"学校模型"的附庸地位(弗莱依与巴巴·穆萨,2009)。不过,一些旨在沟通正规教育与非正规教育的志愿部门举措将对具体部门提供启示。图1显示了非正规教育部门中的扫盲和工作场所行业培训同正规教育部门中的技术和职业培训之间的合作案例。

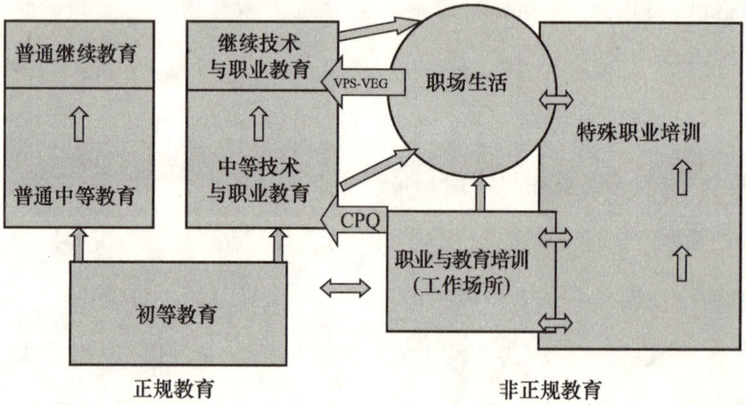


注:VPS(职业技能认证);VEG(所获经验认证);CPQ(职业资格证书)

图1 正规教育与非正规教育之间的衔接案例

在该国北部地区运作的一个国际非政府组织设想的项目包括使得刚被扫盲的人(那些人已经接受了民族语言的初级扫盲培训:写作、阅读、书面计算与基本社会技能)能够学习现场交易,接着进行特别为学习法语准备的扫盲后项目。这就使得他们能够获得一张CQM(职业资格证书),证明他们具有一定的职业(手工艺、农业等)能力和法语知识水平,从而使得他们能够找到工作或获准进入技术与职业教育(正规教育)领域的课程学习。这样一个系统将运行良好,举例来说,如果职业资格证书的拥有者在工作的同时,接受由负责扫盲与成人教育的部门进行的特定技术培训,并且同所追求的职业相关,他们将受惠于使得他们能够进入高层次技术或职业培训并获得一张记录他们所学东西的证书的VAP

（职业技能认证）或 VAE（所获经验认证）（参考巴巴·穆萨，2004）。

这样一个系统将完全同教育的整体取向一致，并将对联合国教科文组织有关非洲基础教育的反思做出贡献（参考《基加利 2008 年行动宣言》）。当然，它的实施需要相关部门的合作：技术与职业教育部、扫盲与成人教育部、行业部。这些合作将受到上述部门的功能分割的妨碍，结果出现领导上的冲突，就需要自愿行动者站在最高层决策者的立场上创建一个完全相互依赖的框架，以确保教育行动情境是有效的。

## 五、结语

目前，许多实践者依据非洲国家所面临的现实，强调教育系统的功能不足以及通过改革做出适应性反应的困难（巴巴·穆萨，2006）。非正规教育通常被作为教育与终身学习过程的一个要素加以引述，但是即使对非正规教育的兴趣日益增强，在非洲仍然存在着许多抵制，特别是要考虑到使用民族语言进行扫盲与成人教育的重要性。第六届成人教育国际会议（CONFINTEA VI，伯利恒，2009 年 12 月）建议把口号化为行动。在这种情况下，公共机构有时努力在创新，正如在贝宁的案例中所显示的。但是我感到，在市民社会组织的互补性工作中存在着选择余地，这些组织可以作为促进者行动。案例中所呈现的机制提供了在正规教育与非正规教育之间创建联结的真正机会，并能够激发相关部门之间的合作。其他此类举措将使得教育的真正整体取向所需要的各部间合作的其他形式成为必需。换言之，教育的整体取向呼唤课程改革实施过程中的范式转换。“教育行动情境”的概念将最终有可能在具体部门之间建立连接，并拆除不同教育组成(托儿所与初等教育、普通中等教育、高等教育与研究、技术与职业培训、扫盲与成人教育等)之间的障碍,由此整体观点能够考虑到不同部门采取的举措之间的协同或者一个部门对其他部门的影响。这将需要由公正的资源分配与管理伴随的真正的政治意志,以及对介入其中的实践者的足够的培训与能力建设,这些实践者处在各种教育领域中:正规的、非正规的与非正式的。

## 参考文献


[1] Baba-Moussa, A. R. (2002). *Éducation et développement au Bénin. Le rôle des dispositifs d'éducation non formelle. Le cas des associations de jeunesse.* Lille: Presses universitaires du Septentrion.

[2] Baba-Moussa, A. R. (2003). Système éducatif ou contexte d'action éducative, quelle organisation de l'éducation pour répondre aux exigences du développement? *Les Sciences de l'Éducation-Pour l'ère nouvelle*, 36(3), 103-130.

[3] Baba-Moussa, A. R. (2004). Les stratégies d'acteurs face à la validation des acquis en Basse-Normandie. *Formation-Emploi*, 88,17-32.

[4] Baba-Moussa, A. R. (2006). *Problématique de la crise de l'éducation en Afrique francophone. Actes des Assises francophones de l'éducation et de la formation*, Paris: Organisation Internationale de la Francophonie, 229-240.

[5] Coombs, P. (1989). *La crise mondiale de l'éducation*, Brussels: De Boeck.

[6] Delors, J. (1997). *L'éducation, un trésor est caché dedans*, Paris: Odile Jacob-UNESCO.

[7] Durkheim, E. (1992). *L'éducation, sa nature son rôle*, Nouveau Dictionnaire de pédagogie, 1911, Paris: Réédition intégrale: P. U. F.

[8] Flénon, A. and Baba-Moussa, A. R. (2009). *L'apprentissage d'un métier dans les ateliers du secteur d'éducation non formelle en milieu urbain. Les déterminants d'une double orientation*

*éducative et professionnelle. Actes du colloque international de l'Association Francophone d'Éducation Comparée*. IREDU-Université de Bourgogne, Dijon, 23-26 June.

[9] Friedberg, E. (1993). *Le pouvoir et la règle*. Paris, Le Seuil.

[10] Lemoigne, J. L. (1977). *Théorie du système général, théorie de la modélisation*, Paris, PUF.

[11] Ministry of National Education (1996). *Table ronde sur le secteur de l'éducation: diagnostic et orientations sectorielles*. Cotonou, MEN.

[12] Ministry of National Education (1979). *Programme national d'édification de l'école nouvelle*. Cotonou, Presses de l'Onépi.

[13] Ministry of National Education (1990). *Actes des états généraux sur l'éducation*, Cotonou MEN.

[14] Muller, P. (1995). Les politiques publiques comme construction d'un rapport au monde, in Faure, Pollet, Warin. *La notion de référentiel dans les politiques publiques*, Paris, L'Harmattan, pp. 153-178.

[15] Vincent, G. (1994). *L'éducation prisonnière de la forme scolaire*, Lyon: PUL.

# 提升坦桑尼亚成人教育、非正规教育和终身学习质量[①]

## ——相关政策、实践、挑战和展望

萨罗姆·拉马汗·蒙加格拉(Salum R. Mnjagila)[②]

### 一、背景

无论是发达国家还是发展中国家的政府都正在努力向其公民提供良好的教育,因为这些政府明白教育不仅对经济增长有重要作用,而且对于社会稳定与民众自由也有至关重要的作用。成人教育、非正规教育以及终身学习首先向我们揭示了改变的可能性,并激发我们实行变革的决心。

在教育领域内外最突出的问题是在其政策、实践和现存挑战的层面,如何改进成人教育、非正规教育和终身学习,使其达到我们预期的发展变化?为了解决这个疑惑,本篇论文将试图解决以下四个子问题:

① 本文为论坛发言稿。

② Salum R. Mnjagila:坦桑尼亚教育和职业培训部成人教育司司长。

• 我们该如何从术语角度及概念上理解本篇论文所引用的措辞？

• 正在发展的成人教育和终身学习项目有何重要性？相关政策内容是怎样的？

• 在坦桑尼亚，正在实施的成人教育与终身学习项目当前处于什么地位？

• 当前所面临的主要挑战是什么？面对挑战，政府正在采取哪些措施？

## 二、对于成人教育、非正规教育和终身学习的术语解释以及概念阐述

首先，澄清一些出现在本篇论文中的关键术语和概念是十分必要的。这其中包括：成人教育、非正规教育、终身学习以及文化程度。尽管这些概念在含义上相互重叠，相互影响，但它们互不等价，特点分明。而我们所面临的挑战之一就是经常会在定义上混淆这些概念（Mushi and Bhalalusesa，2002）。

成人教育是一个宽广的领域，其中包括基础（亦称基本或必要教育）继续教育、职业技术教育、高等教育和专业发展。成人教育通常是通过正规教育、非正规教育和非正式教育的方式进行的，而包括政府、国内社会组织以及市场本身在内的多种机构都在其中扮演着重要的角色。

非正式教育（NFE）是针对那些因为各种原因而无法获得正规学校教育的人而言。它是对正规学校教育的一种延伸，主要面向那些因工作或创业而需要额外培训的群体。它包括以下特点：注重即学即用；灵活设置课程内容以顺应学习和环境需求；弹性结构利于学习者在人生的各个时段加入和退出（即有组织性的弹性结构）。非正式教育的评估以学习者自身成功经验为验证，授课以环境为基础，与社区紧密关联，以学习者个人为中心，并以提供资源为导向。在坦桑

尼亚,非正式教育已经不仅仅只针对青年人和成年人,而是开始应用于儿童。

文化程度是指对书面语言的认知、发展和运用。它超越了基本的读写识字,是种不受限于年龄的概念和进程。因此它不仅涉及(文盲)成年人和校外/非正规教育,还包括受正规学校教育的儿童和青年。读写能力是学习的一项基本要求,包括知识和信息技术技能以及实现个人发展、家庭观念和团体意识的价值观和态度。

终身学习会经常与成年人相关联,其实它是一个复杂且充满远景的概念。它包括正规、非正规和非正式学习,并通过延伸使这些学习贯穿整个人生。借助终身学习,每个人都可以使自己在个人、社会、职业和工作中得到充分的发展。它从整体上将教育场所扩大至家庭、学校、社区和工作的范围中,并且确立了通过大众媒体和其他途径或组织获取知识、增强技能以及完善态度的方式。它不仅是教育和培训系统的关键性组织准则,而且对于构造21世纪的知识社会也有重要作用。终身学习认同两个有内在联系的事实:① 学习是贯穿终生的(不只是针对某一时期);② 终身学习具有广泛性(不局限于学校教学)。这意味着使人们能在不同时期进行学习,而这种方式早已超越了正规教育的范畴。

### 三、成人教育与终身学习的重要性与政策内容

#### (一)成人教育和终身学习的重要性

在1976年达累斯萨拉姆智能计算机辅助工程世界会议上,尼雷尔在他的讲话中谈到:“我记得有句名言是这样说的:有意义的事情都是困难的,而我们坚信成人教育无论何时都是有意义的!因为它是人和社会得以自由发展的关键,

可以帮助人们学会自我思考,自我决定和自我实践”(Hinzen,2006)。尼雷尔设想成人教育对于唤起大众变革意识具有解放性作用,而且还为一些诸如贫穷、无知、疾病、压迫和过度开采等阻碍发展的因素提供了一个可供转化的框架。尼雷尔终其一生都强调应优先发展教育,因为这可以帮助成人们获得生活所需的技能。尼雷尔清楚地明白,如果一个国家大多数人口都是文盲,那么这个国家的社会经济目标将永远无法实现。

毋庸置疑,在高素质人才和终身学习与发展机遇间存在密切联系,对于那些没有读写能力的成人来说,发展机遇将变得更加难求,而低文化水平与失业、疾病、贫穷和犯罪之间的关系也是显而易见的。人们开始逐渐意识到低文化水准的人较差的身体状况,以及他们在医疗系统中所处的不利地位。另外,正是这种较低的文化水准限制了他们的自我思考,阻碍了他们对资源的管理和运用,并最终失去了对整个人生的控制。

一个受过教育的人,即便他获得的只是成人最基本的教育,但对于确保政府所推行的人权措施不被违背也做出了巨大贡献。达累斯萨拉姆大学法律学院教授克里斯·迈纳(Chris Maina)在他的一篇关于坦桑尼亚人权状况论文中指出,人权教育将会在对坦桑尼亚各种反人权行为的斗争中扮演重要作用。

### (二)坦桑尼亚关于成人教育和终身学习发展政策解读

坦桑尼亚为了消除文盲已经进行了长时间的努力,为了完成这个目标,坦桑尼亚经历了大规模的教育变革。在20世纪70年代,坦桑尼亚创建了三个主要成人教育计划:实用扫盲、后续教育(旧课程和新课程)以及扫盲辅助计划(包括广播、电影、乡村报纸、市区图书馆、工人教育和高校民间发展计划)。同时,坦桑尼亚政府普及了小学教育。通过这些举措,坦桑尼亚在入学率和识字率方面取得了重大进步，在20世纪70年代识字率和入学率仅有31%和35.1%，而到了20世纪90年代中期该数字分别增长至90.6%和98%。

规划坦桑尼亚成人教育和终身学习实施的整体框架，尤其在1995年以后，主要是参照《教育和培训方针》(ETP,1995)而确定的。主要推动力包括入学率的增长、教育质量的改善、公平准入原则以及有限资源的充分使用。该政策鼓励政府和其他教育提供者建立一种真正意义上的合作关系，积极设立并管理学校、成人教育中心和其他培训学院等教育机构。成人教育和终身学习计划的发展符合1997年颁布的《教育部发展规划》的总体框架，旨在补充其他子部门计划，如《小学发展规划》(PEDP)和《中等教育发展规划》(SEDP)。

《坦桑尼亚发展展望》旨在普及小学教育，清除文盲，孕育一流高等教育以及培训高素质的人力资源，以便在发展过程中有效应对各种挑战。这将为坦桑尼亚全体国民打造高水平的生活质量。

《国家发展战略与扶贫计划》(NSGRP)注重减少收入不均和改善生活和健康质量。其目标是在2015年前提升至少80%成年人的文化程度，特别是针对乡村地区的妇女。这与当下实行的，在2015年前现有文盲率减半以及杜绝辍学儿童及青年问题的战略保持高度一致。

坦桑尼亚同时还致力于加入国际协定和申报。其中包括《达喀尔教育体系法案》、《千禧年发展目标》、《联合国十年教育》、《联合国十年可持续发展》和先前的CONFINTEA决议。

坦桑尼亚成人教育和终身学习的发展充分考虑到这些决议的制定，并且意识到其在本国的社会经济发展方面所扮演的重要角色。同时，在推进政府职能，完成其从纸上谈兵向实际行动的过渡。也成为坦桑尼亚成人教育和终身学习的首要目标。

1. 当前成就

政府在2003年4月到2007年8月期间实施了一项为期五年的《成人与非正规教育战略》(ANFES),整体目标是在和国内社会文明发展保持同步的情况下,确保辍学儿童、青年和成人获得基本学习机会。政府试图提高20%的受教育率,解决滞留已久的辍学儿童问题,并通过如此方式来致力于建造一个终身学习社会,以改善人民生活水平并且增强人们抵御HIV和AIDS的意识。在该五年计划的体系内,政府正在实行三项主要项目,即"基于整个社区的成人教育"(ICBAE)、"坦桑尼亚补充性基础教育"(COBET)和"开放式远程学习"(ODL)。我们可以从五年计划所涉及的各种内容来对成人教育和终身学习进行评估,这些内容包括:准入公平、质量改善、能力提升与发展、扫盲后续教育以及资金供应的稳定性。

2. 教育的机会和公平

这个概念所指的是入学目标(通过开展公共宣传运动而提升社区意识),即增加成人教育和终身学习中心的入学人数。在COBET中心招收617 131名11~18岁的辍学儿童和年轻人,他们中大多数都是贫穷儿童和孤儿,同时在成人教育中心接收3 800 000成年人,在ODL中心接纳10 000名学生,以实现学校设施的最大化利用。

在2004年到2008年期间,在坦桑尼亚COBET和ICBAE中心注册入学的失学儿童、青年人和成人学习者的人数有显著增长。入学率显著增长要归功于深入的社区意识提升项目,这个项目建立在社区自身加强正规和非正规教育的理念基础之上。在COBET中心注册入学的总人数从2004年的78 060人增长到2008年的109 470人(增长了40%),同一时期在ICBAE中心的入学人数从260 000人增长到1 102 173人(增长了324%)(表1)。

表 1 COBET 和 ICBAE 入学注册人数

| 项目 | | 注册人数/人（2004 年） | | 总量 | 注册人数/人（2008 年）、 | | 总量 | 增长率/% |
|---|---|---|---|---|---|---|---|---|
| | | 男生 | 女生 | | 男生 | 女生 | | |
| 1 | COBET | 35 850 | 42 210 | 78 060 | 61 898 | 47 572 | 109 470 | 40 |
| 2 | ICBAE | 158 706 | 101 294 | 260 000 | 594 380 | 507 793 | 1 102 173 | 324 |
| | TOTAL | 194 556 | 143 504 | 338 060 | 656 278 | 555 365 | 1 211 643 | 258 |

ICBAE 在 2008 年的目标是 1 288 664 人（其中包括 594 380 名男生和 694 684名女生），然而注册学习的人数只有 1 102 173 人（其中包括 594 380 名男生，507 793 名女生）。期间的差距反映出 PEDP 对其经济援助的减弱，而这样做的结果是造成物资短缺以及教师酬金的限制。

3．改善教育质量

成人教育和终身学习计划受益于相关课程的可行性（以教育者的学习需求为基本），充足的教学资源以及有能力的师资队伍。在 2004 年到 2008 年的五年里，国家结合当地政府和社会文化组织重新审视和修改了课程，并为之补充了包括环境问题、人权问题、性别问题以及艾滋病问题在内的重点内容。COBET 一级班和二级班的教学大纲、方针和教科书（交流技巧、一般知识、个性发展、职业技能和数学）已经研发、出版并且在中心内部投入使用。ICBAE 中心的教师准则（健康、社会政治和农业方面等）已经出炉并在中心得到使用。远程开放式学习模块也已经完成开发和印刷。在 ICBAE 和 COBET 中心分别有 35 000 和 13 820名专业和准专业教师完成培训。

参与 COBET 项目的学习者的表现也展现了该项目的非凡成就。如在 2007 年，COBET 项目一级班共有 47 670 名学习者（26 838 名女生和 20 832 名男生）

参加了标准性四级测验,结果共有 34 867 名学习者(男生 21 047 名,女生 13 820 名)通过了考试,被纳入到正规小学教育之中。同年,7 290 名二级班学习者(男生 4 432 名,女生 2 858 名)参加了标准性七级测验,结果 2 363 名学习者通过了考试并被选入一级班。

以开发成人教育和非正规教育课程框架以及建立国家教育认证体系为目的,教育界中的两个主要提议已经被纳入 2009—2010 年"一个联合国"共同教育项目(JP)之中去。这两个提议与 VETA 和 FDCs 的短期授课形式相符,资助 15 名教师攻读成人教育的学位课程。另外在继续教育中心,关于职业技术教育的情境性研究正在进行之中,而位于姆万扎的成人教育出版社(成人教育部总部)和国家文化中心办公室也已经重新开始工作。

成人教育部同国家以及国际非政府组织开展的广泛合作确保了学生们的学习动力,并给他们留下了深刻的积极印象。广播教学的强化性教育同我们的部门相合作,通过广播,MP3 和 MP4 来进行更高质量的教育。赛德尔基金会同样和我部合作,以提供与提高居民收入和小规模信贷计划相关的大众教育。

4. 能力提升、发展和监控

如果没有一个完善的行政管理体系,成人教育和终身学习的质量是无法得到保障的。在 2007 年,一系列构建能力的行动开始付诸实施。这些行动并不只是关注管理体系的效率和效果(URT,2003),而是旨在促进成人教育和终身学习的发展,并评估教学过程与成果的关联性、影响力和持续性。在获得 ANFES 同意后,我们主要致力于加强改善成人教育和终身学习子部门系统的数据收集、数据处理和传播状况。我们这样做的目的是为了加强数据的可信度和透明度,以进一步改善计划和预算。

为提升能力及监控力的行动有:对36名来自当地政府机构的官员(铁买克、伊拉拉、龙博、姆布卢、孔多阿、希尼安加市区、希尼安加农村区、基戈马农村区、马克特、姆沃梅罗、松巴万加和姆特瓦拉米金达尼)做关于终身学习管理信息系统(LL-MIS)试行方案的培训。培训包括LL-MIS的设计和实施发展计划,诊断性学习和分析性报道,以及设计和使用LL-MIS指示系统。除此之外,为了加强坦桑尼亚AE/NFE的发展,252名成人教育负责人和电教负责人也参与到最近的行动中来;56名COBET教师在姆万扎市布科巴地区委员会接受培训;36名学校督学接受了关于COBET实施质量保证的培训;36名教师经过训练后成为培训者,负责在10个成员地区的诊断教学工作,其中有铁买克、姆沃梅罗、莫罗戈罗农村区、伊林加农村区、松盖阿农村区、松巴万加农村区、多多马市区、巴加莫约、海伊和伊贡加。

在构建成人教育和终身学习资格框架的过程中,为了实施教育部管理信息系统(ESMIS),终身学习技术小组(LLTT)已经建立起来,这个小组在AE/NFE部门的调度下,致力于推广教育部管理信息系统以及“一个联合国”共同教育项目。终身学习技术小组隶属于ESMIS国家技术小组,主要通过质量技术工作组下的教育部管理信息系统分委员会来开展工作。

政府部门已经在开发适用于成人教育和终身学习分部门的信息基础指标。六个关键权益机构(AE/NFE部门——职业教育和培训部;公民发展学院;成人教育学会;教育管理信息系统部;EMIS部门和坦桑尼亚教育网/ Mtandao wa Elimu;TENMET)已经为终身学习草拟了一份战略体系,通过由公民发展学院提供的非正规职业培训和短期课程来增强ICBAE和COBET的作用。终身学习管理信息系统试行计划以及在教育部管理信息系统框架下其他活动已经开始实施,这其中包括:终身学习概念框架的制定,它描绘出了在 MKUKUTA 和 ESDP 内这个重要领域的界限。一个针对终身学习管理信息系统范围和潜能的国家级定位。另外,在 12 个试行区执行诊断式学习,以明确特定地区的信息需求并且根据当地具体情况调整概念体系。此外,活动还包括开发终身学习管理信息系统指示器,以着重测量 ICBAE/COBET 的目标完成度。

为了准备"我可以!"成人教育发展计划,一个带有诊断性的研究已经在四个区域展开(姆万扎、鲁伍马河、多多马、达累斯萨拉姆)。在包括伊勒梅拉(姆万扎)、宋吉亚城(鲁伍马河)、多多玛城区(多多马)、特梅克、基农多尼以及伊拉拉(达累斯萨拉姆)在内的六个区域也开始实行试点计划。这个计划向我们展现了这些地区成人和非正规的教育状况。试行区域的宣传感化项目也在实行。一个由湖区 AE/NFE 供应者实行的人权教育战略计划已经在湖区的四个地带(姆万扎、希尼安加、玛拉、喀格拉)进行。

5. 制度管理

良好管理是发展成人教育和终身学习、经济增长和减少贫困的关键。在通过权力下放实现分权的过程中,职责和资源(财力、设备和人力)从中央政府转移到地方政府,并由地方政府延伸到乡村(区级以下)及街道(市级以下)。在区一级,地区成人教育官员在四个协调员的协助下,在视听、家政学、技术教育和农业等领域内协调成人教育和终身教育的课程。在行政区一级和村一级由地区教育联络员和校长协调成人教育和终身教育的课程。

ICBAE 和 COBET 项目利用了现有的机构设置,以确保该专项活动的高效实施。在中心、村落、小区、市区、大区以及整个国家中的角色职责已经被重新定义,以配合新设立的成人和非正规教育部,并满足其监管国家内成人和非正规教育发展情况的目标。

6. 成人教育和终身学习评估、学习成果及对社会经济发展的影响

成人教育和终身学习评估、学习成果及对社会经济发展的影响可以通过观察学习者在实践中运用所学知识的能力来衡量。评估的方法有很多,既可以由教师也可以由学习者自己来进行评估并判断自己当前所取得的成就。在坦桑尼亚,学习者基础文化技能的应用水平是一项重要的衡量标准。例如,通过观察、采访、讨论和非正式会议,教师或评估人员可以根据学习者所掌握的基础文化技能对其日常生活的影响来进行评估。这项工作有时可以依靠一份观察记录表(表 2)来检测学习者阅读、写作和计算的技能。

表 2　基础文化技能应用的观察记录表

| 阅读技能 | 写作技能 | 计算技能 |
| --- | --- | --- |
| • 能够阅读:<br>报纸<br>书籍<br>期刊<br>信件<br>邀请函<br>• 能够理解银行表格和健康报告<br>• 有兴趣读各种文章<br>• 孩子们养成读学校课本和练习作业的习惯<br>• 读书的习惯 | • 能够做到填写银行信贷表格<br>• 能够记录收入和开销<br>• 能够做短时间会议记录如,班级会议 | • 能够做到<br>商业或工程上简单计算<br>在超市或者商店买卖时做简单运算<br>简单的清点货物 |

Source: Review and Revision of Learning Assessment System/Tools for ICBAE programme Final Report-2001.

其他外部的评估手段还有年度部门审核。从 2003 年起开始每年都进行的教育部审查显示出,ICBAE 已经提高了学习者建立创收项目的能力,并且帮助他

们设立符合自身条件的管理信贷项目。这些项目包括:家禽饲养、环境保护、鱼塘技术、木工手艺、养猪业、现代房屋建造技术、牛群饲养、石工技术、蜜蜂养殖和裁缝技术。通过他们的创收,妇女已经可以增加她们的购买能力并弥补其他花费,如为她们的孩子购买校服、钢笔以及铅笔盒、练习本等。接下来的汇报显示在 ICBAE 中心的学习者已经成功改善营养健康和卫生状况,营养不良和儿童死亡率也已降低。

值得注意的是,ICBAE 及其所采取的 REFLECT 教学法坚持鼓励学习者参与制定和影响他们自己的决定。通过这一套方法,参与者可以在一个更加民主的方式下学习,因此得以使自己的耐心宽容,以及果断自信的气质得到培养和提升。在这个学习的过程中,他们积极讨论影响社会生活的各种事情。这些课程中的一些内容涉及:性别、人权、平等、减贫、食品安全和可用性、领导风格、土地法和艾滋病。所有学生都很乐于去履行自己的学习责任,并且为社区发展规划提供自己的帮助。

## 四、挑战与建议

成人教育和终身学习分部门已经面临了许多重大挑战。其中一些挑战仍然未被解决,另一些已经使该部门的未来走向初现端倪。

### (一) 完整政策和整体行动方案的缺失

成人教育和终身学习的发展是在 1995 年《教育与培训政策》的整体框架内,更准确地说是在该政策第九章指导下进行的。随着该政策的发展,重心主要被放在了功能型文化教育上,而后续的延伸教育却得到很少关注。它的主要目的是补充正规教育体系，而一个足以引起我们注意的问题是公共舆论对于成年学习者的看法。在他们眼里，成人学习只不过是对基础文化技能培养的一种简单补充。关于终身学习的美好构想过去只是停留在理论阶段，没有上升到实践层面。尽管现在的政策已经以理性的态度正视变革的需要，它同时也恪守过时的方法，而且对待评估和绩效标准的态度模棱两可。这些标准包括以往学习的评价、培训责任、课程发展、项目监控和评估。新建立部门的职责及其行政管理结构在 ETP 中并没有被详细说明。

从 2003 年起，同联合国教科文组织合作的终身学习管理信息系统试行计划在坦桑尼亚开始实行。该计划显示社会向成年人提供了大量的学习机会，使其参与到范围广阔的学习活动中。活动在内容、方法、参与者、等级和项目等方面极富多样性。这些项目并不仅限于基础教育，还包括这种通过远程学习、职业培训、乡村发展延伸项目和广播等形式进行的继续资质教育。成人教育可以发生在教育和培训机构，同样也可以在家、社区和工作场所进行。事实上，成年人可以选择多种形式的学习机会，这些学习机会由政府部门、公立和私人机构、非政府组织、社区组织和教堂提供。在这点上，坦桑尼亚需要在当下，而不是今后构想出一个政策及其指导方针，以发展国家综合行动计划，并适应各类供应方的需求形成一个对成人教育和终身学习崭新的概念理解。政策和行动方案必须考虑到成人教育和终身学习包含了整个正规、非正规和非正式学习行为。而成年人和辍学青年通过这种学习，最终可以获得新知识、技能和提升生活质量的态度。

（二）教育机会与权利受限

对于弱势群体和边缘群体（辍学儿童、青年文盲、来自贫困地区的成人、孤儿、来自流动/游牧群体的儿童以及残疾儿童、青年和成人）来说，教育机会受限意味着将会有总数估计为400万的成人和150万的儿童和青年无法接受基础教育。尽管事实上成人教育和终身学习已经被纳入坦桑尼亚《国家发展战略和扶贫计划》和农村、分区和行政区计划中，但是国家教育部预算长时间以来总是优先考虑小学和中学教育。资金短缺已经限制了进一步发展和现有项目延伸至目标人群。因此，我们认为有必要加强政治意志和公众承诺从财政上支持成人教育和终身学习的发展，从而改善人们接受平等和优质的成人教育和终身学习的状况。

(三) 对于成人教育和终身学习缺乏重要性意识

迄今为止，坦桑尼亚政府对于成人教育和终身学习项目的支持，从教育与学习所扮演的角色来看，与公与私都代表了国家和国际战略实施的伟大进步。然而，这些都是从法律层面上说的。如果国家能对成人教育和终身学习有更积极的介入，如在国家或地方成人教育周和全民教育周(分别是每年的九月份第一个星期和四月最后一个星期)举办期间参加活动，或者通过媒体公开宣传，派政府要人、专业人士或学者发布公开声明，抑或者根据他们在这两项活动中参与的程度提供相应的经济和技术支持，那么成人教育和终身学习的提供者则会更加欣慰。因为更多的领域都直接或者间接和学习相关，我们建议所有的利益相关者都能参与这些活动，从而提升他们对于学习在个人发展、家庭生活、工作和整个社会中的重要性、必要性以及普遍性的认识。与此同时，EFA 的构架和成人教育活动可以巩固四根学习的支柱："学知识、学做事、学共存、学做人。"

(四) 庆祝活动的规划过程缺乏透明度

成人教育和终身学习庆祝周包括了国内几乎所有地区的数以百计的学习提供者举办的活动。这些活动包括开放日、参观成人教育和终身学习中心、颁奖晚会,以及巡游演出。教育部和区政府也会通过管理组织活动来为庆祝周活动添色。这些活动包括颁奖盛典、与嘉宾共度午餐以及开展游戏。他们还会利用媒体从整体上来支持和宣传现有的成人教育和终身学习周以及相关的延伸服务。我们的经验表明,如果过程足够透明而且从一开始就有相关利益者的加入,那么在开始计划或者实施活动时,他们就有机会作为参与者而不是外人去评论。鉴于庆祝活动的重要性,我们建议活动应该对所有关键提供者保持透明,这样做不仅仅是为了同他们保持长期关系,而且也给社区相关人员一个机会,让他们了解活动幕后的工作。

(五)胜任教师缺乏

因为成人教学并不是一个被认可的职业,所以几乎很少有有资质的教师志愿加入。少部分愿意做的一旦有机会获得更稳定的工作便离开了岗位,如果是女性教师,那么她们就会因为嫁到了城里或者其他地方而离开。在坦桑尼亚,成人教育和终身学习教师的人员调整率估计达到了42%。对于中心来说教师的离职意味着失败。还值得注意的是因为教师不认可教成人学习是种职业,他们不乐于为任务而奉献,所以旷课率极高。教师旷课造成学习者很难获取知识,而这通常也是他们气馁的原因。我们应当注意到不称职的教师无法有效使用实用和参与教学法,因此无法识别学习者先前的知识经验,无法根据他们对学习的理解和预期帮助其学习。这已经是成人教育和终身学习中心低出勤率的原因之一。另外,我们已经发现特别是在ICBAE中心,创收项目和信贷计划的建立正在呈现增长趋势。大多数教师是不具备类似REFLECT技术那样的能力来向学生传授阅读、写作和算术的技巧。成人教育和终身学习项目需要教师和学习者双方的共同参与。弗莱雷(1972)指出人们越积极地钻研自身的工作,他们的现实感就会越深刻。通过解析可以加强人们对于问题的掌控。因此,为了有效履行帮助学生改善学习技巧的职责,教师需要进行初步训练和在职培训。

（六）教学软硬件供应短缺

现有证据显示因为教学软硬件短缺,成人教育和终身学习中心的发展正受到限制。LGAs 的经济能力十分有限,无法保障向成人教育和非正规教育项目的实施提供足够的资源。同样处于中心水平的后续成人教育和非正规教育活动中心的发展甚至还受到交通设施的限制。因此,我们建议把成人教育和终身学习计划及预算纳入区域计划及预算中,目的是为了确保有充足的教学材料和设备供应。

（七）社会资源中心和信息中心数量不足

20 世纪 70 年代为了支持教育发展,满足成人学习者的需求和维持他们已获得的教育技能,国内建立了一批图书馆和信息中心。在这个全球信息互换的时代,图书馆(特别是那些设在农村地区的)可以通过乡级、县级、区级和国家级图书馆之间的信息互换而获益。

信息和交流技术(ICTs)已经使得信息、交流、教育和学习领域发生了巨变。在坦桑尼亚,将电脑和网络引入学校教育体系已经成为当下人们热议的话题。然而,在落后学生(成年文盲者)的问题面前,这一话题显得有些无关紧要。信息和交流技术正在快速进入成人继续教育和提升教育培训领域中。尽管在坦桑尼亚的六个试行县区,我们因为在“我可以”工程中采纳信息和交流技术而付出了诸多努力,仍然需要政府与公众的继续大力支持以解决资源上的缺失。

然而,因为技术可以提供解决方法,所以政府在成人教育和终身学习中心的建设中很有推行信息和交流技术的诚意。一旦可行,政府会提供新的互动交流模式,以开放空前庞大的信息资源。因此,当前十分有必要重新建立并发展网络、图书馆和资源中心以缩短信息差距，共享资源和知识，并为成人学习者提供可以打破地理界线的广阔知识。

（八）协调和监控政策实施的能力受到限制

如同之前解释的那样，坦桑尼亚的成人教育和终身学习根据内容、方法、参与者、水平和提供者不同而各具特色。他们由多种机构构成，包括各种政府部门、私人机构、非政府组织和社会团体。因此成人教育和终身学习的进一步发展向我们提出了一个关于协调、实施和监控政策的挑战。为了迎接这个挑战，政府重建了成人教育和非正规教育分部。然而，为了能使分部有效行使它的职责和功用，国家成人和终身学习委员会也应考虑重建，以提升和协调成人学习、政策发展，并且向成人学习提供标准化的运作和维护。在其他职责中，委员会应特别建议教育部长关注成人教育和终身学习认证体系（包括注册、鉴定和主流工作），以及目标、指导和监控人们平等接受成人教育机会的过程。

## 参考文献

[1] Freire, P. (1972) *Pedagogy of the Oppressed.* Harmondsworth: Penguin.

[2] Hinzen, H. (ed) (2006): *Adult Education and Development*; DVV International.

[3] MoEVT(2008) National Report of Tanzania for CONFINTEA VI: The Development and State of the Art of Adult Learning and Education. Retrieved from http://www.unesco.org/en/confinteavi/national-reports/africa/on 9 September 2010.

[4] Mushi, P. A. K. and Bhalalusesa, E(2002): *Non-Formal Education Status Report*, Ecoprint Limited, Dar-es-Salaam.

[5] URT(2003): *Adult and Non-Formal Education Sub-Sector Medium-Tem Strategy*, 2003/04–2007/08, MOEVT, Dar-es-Salaam

# 分享资助终身学习的创新性实践[①]

玛·埃罗萨·拉米拉兹(Ma. Eloisa M. Ramirez)[②]

## 一、引言

经济合作发展组织(OECD)对于终身学习的界定是“教育是正规教育、非正规教育和非正式教育整合的结果,目的是为了获得使生活质量能够得到持续终生发展的一种能力”。因此,终身学习是“生活的一部分,发生在任何时间、任何地方,它是一个终生的持续过程,起于生命之始,终于生命之终,可以从任何地方开始,如家庭、社区、学校、宗教组织和工作场所”。

2008 年 11 月 12 日,关于可持续发展教育(Education for Sustainable Development,简称 ESD)的《哥德堡备忘录》获得通过,该备忘录提到“为了使所有的人在终身学习的过程中都有进入教育的机会,儿童早期是实现 ESD 的一个自然起点”。

① 本文为论坛发言稿。

② 玛·埃罗萨·拉米拉兹 Ma. Eloisa M. Ramirez,菲律宾面向东南亚可持续发展终身学习中心副主任。

20世纪80年代，经济合作发展组织发表了《布伦特兰报告》，可持续发展作为一个关键的全球性问题在该报告中得到介绍，自此以来，教育对于全球生存的作用被反复加以讨论和探讨，有关气候变化、自然资源保护方面的材料和问题人们做出了许多努力。然而，却很少有人关注儿童早期在ESD中的作用。Hagglund and Samuelson认为"实际上，儿童早期教育属于更大的教育系统的一部分，这意味着，当我们在幼儿园计划和实施可持续性教育时，也要涉及全球政治和经济方面的问题，这个阶段所牵涉的这些问题与我们在教育系统的其他阶段所牵涉到的问题一样多"。

本着协作的精神，位于菲律宾的可持续发展终身学习东南亚中心（SEA-CLLSD，联合国教科文组织在东南亚次区域地区实施其项目的积极合作伙伴之一）已经申请并得到承认作为联合国教科文组织的二级中心。作为一个能建设、研发与ESD倡导中心，SEA-CLLSD希望有助于增强联合国教科文组织在终身学习和ESD方面的全球领导力。

本文将呈现资助可持续发展终身学习（LLSD）方面的创新性实践，这些举措由菲律宾的二级中心得到开展。

## 二、教育背景和挑战

### （一）终身学习的宪法准备

1987年，菲律宾共和国宪法奠定了终身学习政策的基础（Chan Robles and Associates，1998），宪法第一章第十四条认为，国家"应该保障和促进所有公民在各种层次上都能够获得优质教育的权利，国家应该采取合适的步骤使所有人都可以接受教育”。

此外,第二章认为,国家应该建立、维护和支持一个完整的、充足的、统合的教育系统,这个教育系统和人及社会的需求相关,同时,应在初等和中等教育阶段实施免费公共教育。初等教育对所有学龄阶段的孩子都是义务性的,这并没有限制父母对其孩子培养的自然权利。国家应该建立和维护关于学术性奖学金、学生贷款项目、补助及其他激励性措施的体系,使得公立和私立学校中的那些理应获得的学生都能够从中受益(尤其是那些在特权之下的阶层)。国家应该鼓励非正规的、非正式的和本土化的学习系统以及自我学习、独立学习及校外学习项目,尤其是那些满足社会需求的项目,而且国家还应该为成人、残疾人和校外青年提供其他方面技能的培训。

尽管有这些宪法规定,然而菲律宾并没有明确的法律能够促成综合性的终身学习政策,也没有统一的政府部门或是政策和项目协调机构负责终身学习。因此,SEA-CLLSD 希望自身成为一个部门之间的协调机构,这不仅对菲律宾政府有益,而且对东南亚次区域地区的所有国家在制定 LLSD 与教育方面的策略、项目和政策时都有所帮助。

### (二)协调三方管理的教育系统

在缺乏清晰的终身学习管理结构的情况下,政策和实施策略被分解为一个三方管理的教育系统(UNESCO National Commission of the Philippines,2009a)。《1982 年教育法》创立了教育、文化和体育部,后来该部门在 1987 年第 117 号行政命令下,又变成了教育、文化和体育局。

教育联合代表大会委员会报告为 1994 年 7722 法案和 7796 法案的通过提供了动力,这些法案建立了高等教育委员会(CHED)和技术教育与技能发展局

(TESDA)。这种三方管理的教育体系使得DECS的任务集中在基础教育,包括小学教育、中等教育和非正规教育(含文化和体育)。TESDA管理中等教育后、中等水平的人力培训和发展,而CHED负责高等学历教育。

2001年8月,9155法案(也叫基础教育管理法案)获准通过,把DECS更名为教育部,并且重新界定了办公室的职责。教育被分权为这三个主要的政府机构,这一政策促进了终身学习政策框架的多样化但缺乏一致性,它貌似有理仅体现在:初等教育局和中等教育局负责基础教育;替代性学习系统局(BALS)的功能是负责扫盲项目;TESDA负责技术职业教育和培训;CHED负责高等教育。

根据总统阿罗约(Gloria Macapagal-Arroyo)要加强教育在促进国家发展和提高全球竞争力方面作用的目标,2007年8月21日,发布了652号行政令,成立了总统教育工作特派组(PTFE)来评估、计划和监管整个教育系统。这个工作特派组由来自私人部门的Fr. Bienvenido Nebres担任主席,成员10位,包括教育部秘书、CHED的主席、TESDA的总干事、职业规范委员会(PRC)主席、总统的教育助手及4位私营机构人员。

总统教育工作特派组设立了以下目标:在菲律宾的每个家庭,每个孩子都有机会获得高质量的教育,使他们成为一个全面的人(whole person),一个成功的企业家,一个多产的和负责任的公民。这个目标是“教育高速公路主干道”(Main Education Highway)框架的基础,这个框架的目的是使菲律宾人成为具备工作技能,可以控制自己情感、培育人际关系、解决难题并可以应对变化的人。此框架还建议建立和谐的技术职业和高等教育系统,加强高等教育和PRC之间的联系以满足产业需要,而且更为重要的是实现这三个教育部门之间的管理、规范和合作事项方面的一致和协调。

(三) 资助教育系统

1. 地方和中央政府

中央政府尽力为公共教育机构提供财政支持，尤其是幼儿园、小学、中学、职业与技术学校、特许与非特许的高等教育机构。允许政府教育机构接受资助、遗产及法律所详细规定的目的捐赠。这些收入的管理和使用应该遵守政府的会计和审计原则及规定。

ECE 从公共和私人部门得到资助。政府通过费用共担的方式给 ECE 项目提供支持，这种分担式安排包括地方政府部门资助和来自中央政府机构用于技术援助和支持的相应资助。教育部与父母-教师-社区协会(PTCAs)合作，承担着公立学校的学前教育项目费用，在合适的情况下，提供教师培训、材料与设备，包括对服务人员的报酬。

公共基础教育的最大资金来源是中央政府，经常性费用由教育部管理。基础教育仍旧是政府的最优先事项，据说，2004—2007 年，教育部的政府预算平均每年的涨幅是 7.9%，已经达到整个教育预算的 85.8%。中央政府对于基础教育的资助还有来自地方政府(市级的、省级)的补充。即使基础教育名义上是免费的，私人家庭对公立学校的其他费用提供了显著支持，如学校供给、旅行、津贴、校服、PTCAs 支持、其他临时性的教育开支。但私人家庭在教育方面的支出份额还不能被全部计算到。

由私立部门所提供的技术职业教育与培训(TVET)占到整个提供系统的 62%，他们有责任资助和实施他们各自的项目。政府资助余下的 38% 的活动，这些活动由公立培训机构提供，主要涉及 TESCD、教育部的中职学校、国立大学及学院(SUCs)、高等教育机构和地方政府部门。在 1994 年 TESCD 法案下，建立了一项TESCD发展基金，由TESCD进行管理。来自这个基金的收入专门用于奖励性资金以及为培训机构、产业部门提供援助，还包括为地方政府部门的能力提升和发展与实施技术-职业教育与培训项目提供资助。

高等教育也从私人和公共部门获得资助。公共性资助包括CHED完成其任务的要求、SUCs和地方的资助性项目的运作。私立学院和大学通过以下途径来资助自己的运作：资本投资、权益出资、学费和其他收费、补助金、贷款和其他收入来源。

地方政府部门被鼓励对非全国性公立学校承担责任。地方政府的参与，尤其是资金的支持在实现基础教育目的和目标方面非常关键。5447号法案纳入了“特殊教育基金的创建(Creation of Special Education Fund ,SEF)”，这为基础教育建立了比较稳固的收入(对不动产征收1%的税)来源。第7160号法案(菲律宾地方政府法典)通过要求地方政府部门的参与(尤其在资助基础教育方面)强化了第5447号法案的条款。地方政府法典(LGC)明确地阐述了地方学校委员会(LSB)的建立，该组织将具体负责每一个地区的特殊教育基金，并且LGC还指派教育部门在地方政府部门中的代表。LSB为特殊教育基金设置了实际的优先使用项目。每一个地方学校委员会由地方主要行政人员和地区主要负责人(或者是地区监察)共同领导。地方学校委员会的其他成员包括：地方教育立法委员会主席、地方财政官员、地方青年理事联合会代表、PTCAs地方联合会主席、一个地方教师组织代表以及一个地方司法系统中公立学校非学术性部门的代表。

来自特殊教育基金的收益通常被分配给公立学校用于运作和维持、学校建筑物和设施的建设和修缮、设备的购买、教育研究、书籍和期刊的购买以及体育发展等。在一些地方，地方政府部门的相当大数量的支出给了教师工资和其他非人事方面的投入，对于那些新建立的学校来说，更是如此。在许多地区，公立基础学校和中等学校依赖特殊教育基金资源来扩大他们有限的资金以保障使用和维护费用。

作为地方基础设施转移到地方政府部门的一部分，公立小学和中学的建筑物的建设和维护在原则上被分配给市级政府。然而，中央政府通过公共市政和公路建设部仍旧负责学校建筑项目建设方面的监督工作。

私立学校从以下方面获得资助：资本投资、权益出资、学费、学校的其他收费、津贴及其他收入来源。国家、地区、省、市等各级政府也可以通过贷款、补助、奖学金等为学校项目提供援助，以此来强化政府和私立学校的在教育系统中的补充性作用。

2. 议会的支持

援助基础教育的另外一种形式是优先发展援助基金，这主要来自众议院议员拨付的财政预算。PDAF 通常和来自私立志愿机构（如，菲律宾中国商业联合会）的资金匹配使用，尤其在教室建设方面更是如此。

3. 海外发展援助

根据投资贡献来说，积极的捐助者通常是多边性机构，如世界银行、亚洲发展银行和日本国际合作银行。资金援助也来自于一些发达国家，如澳大利亚、日本、西班牙和比利时。

4. 私营部门的支持

为了激励来自私营部门和非政府部门的支持，政府发布了第 8525 法案或者叫采纳 A 级学校项目，该项目作为国家政府扩大对公共教育援助的工具。2003

年3月税收政策得到通过,该政策授予捐赠者有150%的税收鼓励。参与的公司也被鼓励可以向学校提供一定的项目包,内容包括教师培训、基础建设、教学设备及材料的提供。来自私营和非政府部门的潜在捐助者帮助公立学校的方式取决于这些捐助者所能够提供的捐助资金的数量。

5. 父母和社区的贡献

在地方层面上, PTCAs 提供了坚强有力的和广泛的支持,它为学校提供了必要的支持,主要体现在使学校基础设施得到合适的维护,保持学校环境的安宁和有序。在 SBM 之下,许多家校社区联合会已经改为学校管理委员会,联合会的角色和功能也得到进一步拓展。

基础教育的另外一个资金来源是 Brigada Eskwela 或者被称为学校维护周,在被"人类栖息地"模仿之后,这个项目利用菲律宾人之中的互助精神增加学校维护资源,为班级的开放做好准备。社区中的人们,包括地方政府部门、地方商业和有关的居民/部门,帮助学校进行修理、维护、美化和翻修。在维护周期间,捐赠大量涌入,形式包括人工、现金和建筑材料。

## 三、菲律宾终身学习的背景

### (一) 东南亚可持续发展终身学习中心(SEA-CLLSD)在菲律宾的成立

教育和可持续发展的集合是一种思维模式的转换,很多地方政府对此还没有做好准备。尽管这些政府支持这样一种转换,但是它们既没有资源也没有组织和机构来合适地重新定位终身学习和教育目标的指向,以及可持续发展的具体目标。

SEA-CLLSD 建立后与联合国教科文组织(UNESCO)合作,以保证终身学习和 ESD 十年(DESD)的目标实现,主要通过:帮助东南亚次区域的国家在千年发展目标(MDGs)方面获得进步;为这些国家提供新的机会,使 ESD 整合到它们的终身教育改革努力当中,包括正规教育、非正规教育和非正式教育;鼓励对终身学习的发展和 ESD 进行研究;通过利益相关者之间的联网、连接、交流和互动在各种层面上强化终身学习和 ESD 的合作。

（二）法律基础

为了支持 DESD 和终身学习行动,总统阿罗约在 2005 年 12 月签署了 483 号行政令,成立菲律宾可持续发展终身学习中心(LLCSD),以解决建立知识社会所需要的生活技能的教育要求。

在实现所有这些需求之后,UNESCO 第 35 届大会批准了 SEA-CLLSD 的成立,同时被 UNESCO 执行委员会第 182 次会议推荐作为 UNESCO 主办下的二级中心。

在 UNESCO 授予 SEA-CLLSD 二级中心地位时,阿罗约总统于 2010 年 3 月批准第 874 号行政令,此行政令主要是对 2005 年第 483 号行政令的修正,把 LLSCD 改建成 SEA-CLLSCD,作为 LLSD 的一个内部协调机构,同时提供必要的经费支持。

（三）SEA-CLLSD 的工作

SEA-CLLSD 的目标是“新人类(new man),这种人获得了优质教育和可持续性终身学习,使他们可以在地球上生存。该中心的任务是在东南亚次区域地区成为 LLSD 的服务提供者、标准制定者、研究和资源管理中心。

通过与 UNESCO 主要部门行动的合作，重新定位教育在可持续性发展中的作用，SEA-CLLSD 的目标是通过以下方式来弥补差距：

1. 帮助东南亚次区域国家制定 LLSD 战略、项目和政策。重点放在以下方面的研究：人力资源和自然资源的可持续性管理，ESD 课程材料的开发，组织能力建设方面的培训项目，妇女、青年、农村/冲突地区居民及其他边缘性群体的赋权。

2. 作为东南亚次区域地区 LLSD 领域中的相关经验、知识和最佳实践的交流中心。

3. 组织倡议性的研讨会促进终身学习和 ESD，主要通过以下活动：向本土居民灌输责任意识和奉献意识以及他们的文化对于东南亚次区域地区环境的保护作用。

（四）功能性定义

终身学习是从摇篮到坟墓的教育。SEA-CLLSD 认为 100 年的生命历程可以划分为 4 个阶段。第一个阶段是从出生到 25 岁，是一个形成性阶段，与 UNESCO 所提出的 21 世纪的 4 个支柱相对应，SEA-CLLSD 把它们分别重塑为：支柱 1："学会生存"，从出生到 6 岁这个阶段儿童学习讲话和独立行走；支柱 2："学会学习"，随着 6～12 岁推理能力的巨大发展，儿童理解学校中的所有学术性课程变得容易；支柱 3："学会工作"，12～18 岁是自然创造性能力的发展期，儿童逐渐获得经济上的独立；支柱 4："学会与人和谐相处"，18～25 岁开始作为成人，自信心成熟，开始职业和家庭生活。第二个阶段是 26～50 岁，这个阶段，一个人掌握自己的职业生涯。第三个阶段是 51～75 岁，主要是辅导别人。第四个阶段是 76～100 岁，为后人留下一笔遗产。

LLSD就像母亲的子宫，是出生前生命的“备用环境”，一个好的家庭，好的学校和好的社会也支撑着每一个发展阶段，从而带来行为的转变。终身学习包括所有的教育形式：正规的、非正规的和非正式的教育系统，应用几种不同的形式从传统的、创造性的转到技术使用和无边界的学习系统。因此，每一个阶段标志着4种不同的人类自给自足形式。

可持续发展教育（SEA-CLLSD把可持续发展界定为“使发展和支持发展的环境保护之间保持平衡”）这个观念在1992年《里约热内卢宣言》和《21议程》中有所体现并得到完善。作为UNESCO的合作伙伴（已经任命为十年计划的工作主管），SEA-CLLSD分享UNESCO的以下观点，即ESD是为了每一个人，在他生命的所有阶段以及在各种可能的学习环境之中。它“阐述了可持续性发展的全部3个领域——社会、环境和经济”，而文化是一个基本的支撑性的维度。

## 四、菲律宾资助终身学习促进可持续发展方面的良好实践

### （一）OB蒙台梭利儿童和社区基金组织的实践

OB蒙台梭利儿童和社区基金组织（OBMCCFI）是一个具有44年历史的一个独特的LLSD培训实验室的执行部门。它的Pagsasarili（Pagsasarili是一个菲律宾单词，意思是自给自足和独立的能力。）育儿项目和针对母亲和儿童的ESD扫盲项目优秀案例相结合，就像UNESCO所说“教一个母亲，就是在教一个国家”。1993年在印度新德里，OB蒙台梭利Pagsasarili育儿和扫盲这个双生性项目获得了UNESCO国际扫盲奖章。

Pagsasarili育儿项目有25年的教育经验，受教育的小孩为3～6岁，来自边

缘群体。这些学生在设施良好的课堂能够培养自力更生工作的性格，这种课堂有实际生活、感觉艺术、语言、数学、文化艺术材料，在这里他们可以学习热爱家庭和学校中的工作。这个项目完全符合UNESCO的关于21世纪教育的4个支柱，尤其是从出生到6岁阶段的“学会生存”。

育儿和扫盲这个结对子项目为乡村母亲提供了两周的关于以下方面的课程：个人美容和保健、家政料理、儿童看护、烹饪和营养、一门语言课程、数学和文化艺术。所有的这些课程应用蒙台梭利Pagsasarili的材料，这些材料是由蒙台梭利系统的创始人Dottorressa Maria Montessori所发明的，他本人也是UNESCO终身学习研究所的成员之一。

OBMCCFI在吕宋岛(Luzon)已经建立了近150所Pagsasarili幼儿园：7所学校在大马尼拉市和塔吉格市的一个穆斯林社区。同时OBMCCFI也在吕宋岛的25所公立学校设立了Pagsasarili幼儿园，并且改建了日托中心：8所学校在世界文化遗址伊富高水稻梯田，98所在八打雁(Batangas，吕宋岛西南岸港市)。

与社区利益相关者的合作关系

Pagsasarili幼儿园有3种类型：① 由OBMCCFI组织和管理的；② 通过协议备忘录和教育部建立的；③ 由日托中心改建而来的。

为了建立第一种类型的幼儿园，OBMCCFI与国家住房局(NHA)和地方社区进行了合作。作为政府机构的国家住房局为这个项目提供校舍和社会支持。该基金组织则提供教师培训和全套的蒙台梭利Pagsasarili设施，包括：实际生活、感觉艺术、语言、数学和文化艺术，以及学术、行政和资金方面的监管。

而第二种类型，公立学校中的Pagsasarili幼儿园主要是通过与教育部签订协议备忘录而成立。第三种类型的幼儿园主要是通过和地方及社会福利和发展部门的合作。就后两种类型来说,教育部和地方都提供资金支持教师的培训,包括在职训练课程,并且为每一个学校提供全套的 Pagsasarili 设施。这些利益相关者的贡献总结如下:

- 国家住房局——在项目早期提供校舍和社会支持。
- 非政府组织和地方政府组织——提供教室、家具设备和教学材料。
- 地方和国外资助机构——为教室、教学材料和教师培训费用提供资金支持。
- 家长——通过学校志愿者工作,帮助维护学校正常的运转环境,每个月提供最少的费用支持项目的运作,尤其是教师的工资和杂项费用。
- 学生——是该项目的直接接受者。这个学术性项目包括 5 个领域:实际生活、感觉艺术、数学、语言和文化艺术,即教学生尽早独立。学生获得了统一的成果:热爱工作、服从、秩序、关注、友爱、热爱科学、具有创造性和有乐趣。

所有的这 150 所 Pagsasarili 幼儿园都是社区自给自足的:幼儿的家长平均每月支付他们所能承受的 5~17.5 美元的费用。这些父母也认识到他们的孩子获得了优质教育,因此也非常愿意每月支付参与费用。他们的费用主要用于校舍的维护,包括给教师的额外津贴。由此,这个项目是可持续性的。与此同时,家长也逐渐习惯这种少量捐助的体系。

OBMCCFI 提到,为了使与政府部门的合作关系得以实现,在相关机构预算安排表的时间之内需要给出及时的项目建议,否则资助无法按时发放到相关项目。

有一点遗憾的是,政府把过多的资金投入到了早期儿童教育的其他系统,而没有利用这个经过试验和测试、具有百年历史科学体系的 Pagsasarili 幼儿园制度，而这种模式已经被成功地复制。

（二）Notre Dame 慈善活动基金组织

Notre Dame 慈善活动基金组织成立于1984年，是作为圣母大学商学院社区延展部门。今天，这个组织已经扩大了它的运营，而且现处在圣母慈善活动基金组织的支持下。尽管它是一个有天主教背景的机构，但这个基金组织寻求服务穆斯林、基督教、本土居民、Lumads 及其他少数民族群体（这些人居住在处于南菲律宾和平与发展委员会之下的和平与发展的特区）。该基金组织尤其关注失业、妇女和老人、女孩和未婚妈妈、失学青年及其他弱势群体。

NDFCAI-WED 是一个受到高度尊敬，值得信赖和完全被认为是参与扫盲和职业发展工作的 NGO 组织。它被菲律宾教育部的替代性学习系统局（BALS）认为是扫盲项目的一个“楷模”，一直以来获得了无数奖励和认同，包括国内和国外的，也包括1997年 UNESCO 授予的世宗国王国际扫盲奖章。

1. 主要项目

这个基金组织拥有广泛的项目，这些项目提供以下活动：功能性扫盲和成人教育、企业和技能培训、信用支持项目、营销支持、合作编制支持、技术支持/咨询，以及研究和倡议推广。目前，主要集中在有机农业，尤其是蔬菜农业，以及家庭扫盲，主要是通过食物安全项目提供母亲-儿童健康护理方面的教育。与地方政府及巴朗加领导者的合作也给这个组织提供了利用社区设施建设的机会。

这个基金组织的项目包括经济房、农舍产业的改善、合作的发展、农民-渔民-城市贫民之间的信用联盟。经济房项目已经帮助了许多因为法律和秩序问题而没有地方居住的家庭和被从居住地逐出的蓝领工人和教师。四个经济房项目已经完成，居住了901户家庭。

Notre Dame 手工艺项目为该地区农村的失业居民提供藤艺方面的技能培训。1985 年,该项目因其高质量的产品认同获得了商务部的金贝壳奖章。1992 年,该基金组织接手了美国国际开发署(USAID)资助的妇女事业发展项目,该项目来自于圣母大学监管之下的教育学会。这个项目转让包括整个项目的成员。

2. 项目的可持续性

NDFCAI-WED 于 1984 年开始,当时仅有两个中心和 30 位学习者。这些成人学习中心的建立是由社区捐助而实现的,这种捐助以土地和免费劳动力的形式体现的。学习者提供他们空置的房间或者是后院作为免费的学习中心。他们也帮助寻找并协商社区中其他的免费空间,如巴朗加礼堂和马德拉沙。

通过 NDFCAI-WED 和菲律宾社会进步事业组织(在马里兰成立的一个非政府组织,它从 Angelo 国王建设基金中获得资助)的资助,十个社区语言中心得以建立。这些中心分别建在以下地方:南兰佬、马吉丹奥、哥打巴托市、巴西兰、三宝颜、苏禄、塔威-塔威和苏丹库达拉。

同时也建立了 个日本-菲律宾资源培训中心,该中心可以容纳 60 个人生活,功能房间有 150 个座位。这个中心向公众出租,收益用于维护和修缮以及扩大项目。

来自捐赠机构的资金援助包括地方性的和国际性的,主要是供实地项目使用。这些捐助机构是:UNESCO-世界教育组织、美国国际开发署、联合国教科文组织亚洲文化中心、亚洲开发银行、加拿大国际开发署、阿博伊蒂兹集团公司基金会哥打巴托市地方政府、马吉丹奥省政府。

基金组织的服务需求有很大的增加,但是基金组织认为有必要限制和减小运行规模,原因是 2006 年针对欺诈活动的全面详实审计查出基金会有资金违法情况。

（三）教育部-替代性学习体系局

教育部-替代性学习体系局（BALS）是教育部下面的一个部门，主要负责各种被剥夺了基础教育机会的边缘学习者的学习需求，这些学习者通过不同的ALS项目完成学习，如：

（1）针对文盲的ALS项目：目的是通过发展基础技能（读、写、算），消除失学儿童、青年和成人中的文盲。在409 000美元的预算支持下该项目已经在10个月当中为18 800名学习者提供了服务。

（2）针对正规基础教育的辍学者的ALS项目：包括针对失学青年和成人（有基本的识字能力但并没有完成10年基础教育）提供的认同和平等项目。在过去的10个月当中服务了28 200名学习者，每150名学习者的预算是2 200美元，分配给17个地区的资金数量是409 000美元，BP-OSA项目针对第二层次的失学者，由中学教师作为教学经理在59所公立高中实施；220名高中教师/教学经理为11 949名学习者提供服务，而学校的领导作为总的协调者。

（3）针对单身家长、产业工人、失学青年和成人劳动力的家庭基础扫盲项目：利用有文化的家庭成员帮助没有文化的家庭成员提高识字技能，改善这些受压迫的贫困家庭的教育机会。青少年友好识字强化项目为10～24岁提供基础的识字教育，内容包括早婚、为人父母、家庭规划、预防毒品、生活规划、健康教育和环境教育。ALS Parent Education作为一个三个月的短期生存技能培训课程提供了一个机会来提升父母亲道德品质，提高工作自豪感，以及自我作为家庭和社会成员的责任感。

（4）针对听力损伤者的ALS项目：该项目目的是通过与基础教育局特殊教

育部门的合作为残障人士提供基础的识字教育,这些人没有好好利用或者没有机会接受正规学校教育系统提供的手语教育。

(5)针对本土居民的ALS项目:该项目是一个研究和发展项目,在北伊罗戈、奎松城、三描礼士首次实施。为每一个试点地区提供的学习支持资金是650美元。在菲律宾翻译者协会、菲律宾语言委员会、教育部Region IV-B和教育部Region XI的帮助下,基础语言材料并翻译成八种语言。本土居民的材料也被翻译成八种民族方言。

(6)ALS项目中阿拉伯语言和伊斯兰价值教育是对教育部全民教育2005—2015目标的一个及时回应,目的是在2015年完成对穆斯林移民学习者功能性扫盲。对穆斯林失学青年来说,ALS附带的ALIVE项目也是可以利用的。

BALS通过以下实施机制支持各种扫盲项目:① 教育部实施的移动教师项目,为偏远的地区提供学习干预。教学援助资金每年是110美元,交通补助是每位移动教师每月2 000比索。② ALS协作区的ASL地区协作者是地方安排的一部分,在这个地方,正规学校教师被指派协调ALS在本地区的实施,并且为没有文化的失学青年、成人和离校者提供学习指导。对于全职的ALS协作者来说,每年的教学援助资金是2 500比索,而业余的协作者每年的教学援助资金加上交通补助是1 250比索。③ 教育部获得ALS联合合同计划使得政府和非政府组织的合法参与最大化,这些参与主要为失学青年和成人提供了优质教育。分配至17个地区的188个学习群体817 000美元的资金。

从教育部–BALS所得到的预算有限,因此教育部秘书建议,需和其他教育相关部门进行更好地合作,以便建立一个有效的机制来整合BALS项目和以下部门:技术教育与技能发展局(TESDA)、高等教育委员会(CHED)、社会福利与发展部门(DSWD)。他建议在优先项目单中要包括各种 ALS 整体计划和潜在捐赠者,并且建议开发更加有利于节约成本的学习机会。秘书希望,ALS 的标准通过提供相关的培训和福利整体计划而不断得以升级。

## 五、资助 LLSD 项目和行动的经验和建议

SEAMEO-INNOTECH 组织和实施了一项调查研究,叫"东南亚国家可持续性发展终身学习项目中教育资助的地位",该研究由 UNESCO 资助,他们邀请了来自 11 个国家(即文莱、柬埔寨、印度尼西亚、老挝、马来西亚、缅甸、菲律宾、新加坡、泰国、东帝汶、越南)的研究人员从事该研究工作,调查研究的结果在 2009 年 7 月的地区工作研讨会上公布。

### (一) 学到的经验

从主要的限制来看,主要是资金方面的,可以得到几个观点和经验。几乎所有的部门、组织和机构在资助 LLSD 项目方面都有共同的困难。对于 LLSD 项目的成功来说预算是非常必需的,为 LLSD 需求做出足够预算的创新性策略必须要加以尝试。这种创新性策略的例子有:

- 不仅应该为各种 LLSD 项目、方案和活动提供足够的资助,而且还应该为设备设施的预算提供足够的资助。
- 把教学材料的费用整合到 LLSD 项目的预算中。
- 预算建议必须根据所需要提供的服务规模和所需要接触的相关部门的范围进行调整。
- 和政府部门的伙伴关系也必须在预算计划中一致性地提出来。

• 按目标成果分阶段实施每一个活动时应考虑到预算限制，以便每一个阶段都得到实际性的资助和有意义的结果。

• 项目和服务必须有效地传递给目标群体。

• 参与者必须支付最少量的资金，以便他们可以体验到他们所获得的新知识的好处。

• 父母需要每月提供参与费用，支付教师/协助者的工资。

• 在初步的培训之后，辅导/更新课程是必需的，以便进一步应用所学到的知识。

• LLSD 项目必须总是和全部的项目组成部分整合起来。

• LLSD 项目利益必须和受益人的数量相称。

（二）建议

从这个调查研究的结果来看，同时作为对所学习到的经验的反馈，以下建议是可行的：

• 和 LLSD 的利益相关者进行更好地合作，尤其是在政策和项目开发方面。

• 寻求和发展与私人部门、地方政府的伙伴合作关系。

• 通过利用各种不同的技术，如广播、电视、电子学习及其他形式的多媒体技术降低人力要求，这样可以提供成本更为低价的可替代性学习机会来支持 LLSD。

• 寻找愿意帮助提升 LLSD 提供者的个人和职业福利的合作伙伴。

• 评估和选择好的 LLSD 服务提供者。

• 为了 LLSD 项目、方案和活动的实施，集合所需要的各种财政和其他资源。

- 采用既经济又有效的 LLSD 社会流动与发展模式。
- 为所有的 LLSD 项目建立一个监督和评估体系，确保合适资助的持续性。
- 激发 SACLLSD 成为一个部门间合作机构，任务是政策制定、规划和整合 LLSD 项目，不仅为了菲律宾，也为了东南亚次区域的其他国家。

（三）结论

在一个知识已经成为国家繁荣和保持竞争力的关键因素的世界中，首要的任务应放置在优质和可获得的终身学习方面，从早期儿童发展到基础教育、中等教育和高等教育。SAC-LLSD 作为 UNESCO 的二级机构，正在全力实现其目标的进程当中。因此，我们号召每一个人，尤其是东南亚国家的人，应该紧密工作并与我们中心合作，以便我们可以达到终身学习与 ESD 的目标。

致谢

我把我诚挚的感谢献给所有那些帮助我准备这篇文章的人，尤其是 Ms. Marinette Reyes（UNESCO 菲律宾国家委员会发展管理官员）和 Ms. Miriam Coprado（教育部规划官员），他们无私地与我分享各自的知识和各部门在前面所提到的与本主题有关的颇具价值的文本。

## 参考文献

[1] Chan Robles and Associates. (1998). *1987 Constitution of the Republic of the Philippines.* Retrieved 5 May 2010, from Chan Robles Virtual Law Library: http://www.chanrobles.com/article14.htm

[2] Delors, J. (1996). *Learning: The Treasure Within - Report to UNESCO of the International Commission.* Paris, France: UNESCO.

[3] Office of the Presidential Assistant for Education. (2007, October). "7 Industry Sectors to

Generate 4 Million Jobs until 2010". *Education Quality and Relevance Updates*(EQR), p. 6.

[4] Ramirez, M. E. (2009). "The Status of Education Financing of Lifelong Learning Programmes in the Philippines". *Sub-Regional Workshop on the Status of Education Financing of Lifelong Learning Programmes for Sustainable Development in Southeast Asian Countries* (p. 50). Quezon City, Philippines: unpublished.

[5] Sheehy, G. (1996). *New Passages: Mapping your life across time.* United States of America: First Ballantine Books.

[6] Soliven, P. S. and Reyes, M. A. (2008, April 28). *The Development and State of the Art of Adult Learning and Education (ALE).* Retrieved May 5, 2010, from UNESCO Institute of Lifelong Learning (UIL): http://www.unesco.org/uil/en/UILPDF/nesico/confintea/Philippines.pdf.

[7] UNESCO (2009a). *35th General Conference Document 35 C/20.* Retrieved 3 November 2009, from UNESCO: http://www.unesco.org/en/general-conference-35session/documents/

[8] UNESCO (2009b). *Document 182 EX/20 Part II.* Retrieved 3 November 2009, from UNESCO http://unesdoc.unesco.org

[9] UNESCO Education Sector (2005). *United Nations Decade of Education for Sustainable.* Paris, France: UNESCO.

[10] UNESCO National Commission of the Philippines. (2009a). *UNESCO National Education Support Strategy.* Retrieved 5 May 2010, from UNESCO National Commission of the Philippines: http://www.unesconatcom.ph

[11] UNESCO National Commission of the Philippines. (2009b). *Southeast Asian Center for Lifelong Learning for Sustainable Development (SEA-CLLSD).* Retrieved 5 May 2010, from UNESCO National Commission of the Philippines: http://www.unesconatcom.ph/cllsd

# 运用政策框架来指导学习型社会建设的实证研究[1]

朱迪斯·安·阿莱姆伯瑞斯(Judith A. Alamprese)[2]

## 一、引言

公共政策丰富了正规教育体系,对于学习型社会的建设有着十分重要的作用。一个国家的法律或法规能够促进相关政策的发展,能降低成人教育的门槛,提高教学的质量和效果。在立法缺失的情况下,通常会采用非正式政策或指南,常常用来鼓励实施一些针对教育问题的新措施。

第六届国际成人教育会议(CONFINTEA Ⅵ)于2009年12月召开,会议期间就"利用政策鼓励学习型社会建设的可能性"这一问题展开过讨论。与会者指出,拥有一个收集和分析数据的系统非常重要,这些数据记录了一国的教育服务需求和服务供给的进展情况,以及这些服务在成人教育发展方面的成效。"成

① 本文为大会发言稿。

② Judith A. Alamprese,美国ABT理事会执行理事。

人教育教学质量在推进成人学习过程中的关键作用”是此次会议的重要议题。与会者还认为，加强对教师资格的要求，提高教师专业发展参与度，能够提高教学质量。另外，与会者认为有需要建立一个支持终身学习的协调服务系统，并肯定了发展伙伴关系和培养协调服务的作用。

尽管政策可以用于促进成人教育服务和提高服务质量，然而这些政策的实施往往充满了挑战。第六届国际成人教育会议的与会者指出了在联邦、州和当地各级“推广”这些政策的难处。因此，政府部门、服务提供者和参与者都要理解并支持政策的相关要求。政策的成功实施有时还需要技术的支援，与会者还表示目前还缺乏能提供此类帮助的资源、技术和专家。

美国就是一个通过政策来加强成人教育的案例，其中美国教育部已有一套正规的政策、指导方针以及技术支援来加强并支持该国的成人教育服务体系。在州一级，由美国教育部拨款的各个机构，不但要管理联邦成人基础教育资金，还制定了一系列指导当地成人教育服务体系运作的政策。其中，联邦和州立机构还为解决 ABE（成人基础教育）服务提供相关技术支持，通过研究已经成为这些进程的重要组成部分。

成人教育政策制定者通过研究成果来获得有关成人教育服务实施的各方面情况，并且可以通过政策和技术支持进行改进。例如，有数据表明参加并完成中学后教育的成人基础教育学习者的数量非常有限，这能够促使美国教育部审视现行政策，以跟踪当前学习者对中学后学习的参与情况。当前正在考虑的是，是否要修改现行的 ABE 学习者人数的追踪调查政策，以便获得更为精确的中学后学习的参与人数数据（美国教育部，2010a）。有限的中学后 ABE 学习者入学率促进美国教育部资助技术支持项目的发展，在此项目中，当地的 ABE 项目对这些新服务进行测试，以帮助 ABE 学习者实现到大专教育的过渡（MPR 协会，Inc.，2007）。

评估性研究也是判断那些用以支持政策实施的技术支持是否有效的信息来源。美国 STAR 部门首先提出：在 ABE 项目中，鼓励使用得以证实的阅读方法已经成为一项重要的技术支持，这些技术支持包括提供教师培训和 ABE 项目实施援助（Curtis et al.，2007）。对 STAR 培养 ABE 学员阅读技能有效性评估的研究已经启动，其中一项研究结果将用于进一步加强正在提供的技术支持（Alamprese and Price，2008）。

关于研究如何告知政策进展的作用以及如何为政策提供的便利进行技术支持设计，限于篇幅，不做介绍。本文要进行讨论的是美国成人教育政策及用于开发有效成人教育服务和提供政策指导研究的三个研究领域：教师的素质和教学质量、各系统之间的合作、作为教学重点的就业途径。

## 二、美国成人教育政策

成人教育有关政策的制定由美国联邦政府和各州政府共同负责。1998 年实行的劳动力投资法案（公共法 105 号至 220 号）是关于资助成人基础教育的基础性联邦法规。在劳动力投资法案的第二章，即成人教育和家庭扫盲项目，美国教育部职业教育和成人教育办公室针对成人教育绩效问责制出台了相关政策，如果各州机构接受了成人教育和家庭扫盲项目的资金支持则必须服从该政策（劳动力投资法案，第二章，第 212 节）。

劳动力投资法案第二章中除了学习者评估和数据信度是主要政策内容之

外，还有12项条款，约束各州机构必须资助当地成人基础教育（劳动力投资法案，第二章，第231节）。这些条款规定了当地ABE项目应提供的教育服务类型、质量和特点，也是暗示州政府可能会制定指导或政策以支持其资助项目的发展。这12条事项中，有些较详细可以直接转为政策，如关于使用包括音素意识、系统发音、流利程度和阅读理解，研究已经证明了这些在有效阅读中的重要性。其他的事项较普通，要求各州在制定指导和政策之前要先限定条件。如要求项目具有充分的强度和时间，以便学习者有实质性的收获。尽管劳动力投资法案第二章无法全部适用于各州的正式条款，但在12项条款中法律确实提供了部分实质性的指导，各州可用以制定州政策来支持当地成人教育服务。

劳动力投资法案第二章还提出美国教育部可以在联邦领导活动的账户下支配资金，用于研究、评估、专业发证、实证和宣传，以加强成人基本教育以及支持扫盲服务（第243节）。在施行法案第二章绩效问责制的众多花费项目中，教育部职业和成人教育办公室使用这些资金来为州立成人教育从业人员提供技术支持。

随着在联邦政府层面出现新的政策趋向，如帮助低技能的成人获取中学后教育和培训的需求，职业教育和成人教育办公室已经着手为示范项目研发服务模型提供资金的款项。这些项目提醒各州政府关注新政策方向的同时，还要注意在实施新服务的过程中，要向各州和当地成人教育服务供应者提供技术支持，以便达到新政策的要求。劳动力投资法案第二章也给予各州使用其领导活动基金的权利（第223节），用以支持专业化发展、技术支持和评估的顺利进行。各州的专业化发展活动包括建立新政策，如提高成人基础教育的满意标准以促进当地工商管理协会所要求的教学质量的向前发展。按照各州所实行的绩效问责制，各州的领导基金也可用于继续培训。

劳动力投资法案已经成为一种机制，保证联邦成人教育部门督促正式政策的实施，为各州提供资源和专家，从而促进政策、指导和实践的发展。以下讨论的是一些运用政策和技术支援来建立强大成人基础教育系统的途径。

## 三、教师的素质及教学质量

在美国，对于成人教育教师素质的研究通常关注于教学质量的方面，尤其专注阅读的能力。从低阅读技能的成人教学研究结果表明，阅读教学的结构化顺序与成年人解码能力的发展呈正相关的关系（Kruidenier，2002；Alamprese，2009a）。这项研究结果还得到儿童阅读教学研究者的支持，并通过结构化的课程体系证实了基于要素的阅读教学方法的有效性（国家阅读委员会，2000）。

STAR 方法通过美国教育部一个基于阅读研究的技术辅助项目得到了普及，这个项目还同时向成人阅读教育的教师分发了以基本内容为主的指导方法的材料（Curtis et al.，2007）。美国各州级政府已经采纳并实施了 STAR 法，用以支持国内专业开发队伍推动、辅助 ABE 阅读指导者对 STAR 法的利用。

如今，成人教育课程结构框架和内容标准的开发得到了美国教育部支持，也是各州成人教育部门正在实行的相关政策方向。教育部在以上问题的发展和实施过程中，已经投入了一系列的项目技术支援。这些由联邦政府发起的活动保证了各州建立起与内容标准相关的政策和指导。试想，如果没有联邦政府的支持，这些活动将很难得以顺利实施。

教师素质的优劣还可以从所持相关证书上得以体现。一项关于 ABE 项目的全国性调查研究表示，仅有不到四分之一（19%）的教师持有 K-12 的证书，许多教师甚至都没有基础教育和中等教育所要求的资格证书（Tamassia et al., 2007）。这个数据间接地表明，美国大多数成人基础教育的教师在教学方法上没有接受过正规培训。而今，已有一部分州级政府正在考虑用政策的手段来完善成人教育资格证书的相关制度。

美国教育部通过项目基金的投入来支持基于证书的专业发展的提升，如成人英语语言学习网络中心。在这个项目中，有关成人英语语言学习所需的研究重点、培训产品以及技术支援已经为各州成人教育机构和当地成人教育方案提供了支持（应用语言研究中心，2007）。成人英语语言学习网络中心（CAELA）网络的一个关键内容是指导各州收集和利用各种数据来确定职业发展的优先性，并且为教学质量的提升提供服务。这些数据包括移居的趋势、学员的绩效成果以及教师的背景特征。项目“针对与成人英语学习者共同工作的实践者专业化发展质量的框架”为州级政府提供了设计和选择专业化发展活动的指导方针。某些州已经把这个框架作为非正式的政策来指导当地 ABE 授权项目，如为项目教师选择专业化发展的途径。

## 四、各系统之间的协作

合作关系对于联系各项服务，建立学习者追踪数据，方便学习者灵活地参与教育活动起着非常关键的作用。研究显示，服务系统和媒介间的合作有助于成年教育活动参与者向中学后教育或者就业顺利过渡。此外，研究还提供了一些个体间相互合作从而发现共同研究领域的途径。

尽管劳动力投资法案(WIA)要求协调一站式中心和其他服务提供者,但是就业服务和成人教育服务的提供者之间的协调度千差万别,这就导致就业和教育服务之间的转接无法一致。

为了解决机构间协调的困难,美国教育部筹资成立了成人教育协调和规划示范工程(以下简称 AECAP)来检测那些基于研究的模型,希望用以促进战略的规划和机构间的协调。在参与了此项目的六个州和12个地方试点中,有四个州及其试点关注的是加强成人教育和劳动力发展之间的协调。

在成人教育和劳动力发展之间建立"客户交互参照"的方案已经得以筹划和运行,整合了基本技能和专业技术的综合课程也得以开发和测试。"客户交互参照"方案包括改变当地成人教育和劳动力开发项目政策,这些政策涉及项目数据库客户信息的录入及用于数据库权限的员工。这些改变使得跨项目的数据分享变得更加及时,反过来也有助于提高客户服务质量。成人教育、劳动力开发和中学后教育职员共同合作提供的完整指导和就业安排服务,使得试点成为如何协调服务为客户谋求良好效果的典范。

与社区学院合作的试点 ABE 项目,在护理培训中提供了一门整合了英语作为第二语言的课程。完成所有课程和实习工作并且通过了护理师资格考试的学员有资格可以通过当地的劳动力发展部门得到工作安排。三方员工的合作让学员快速有效地实现教育、资格审核、安排就业这一过程。AECAP 项目,研发并且传播了一些为州和地方提供合作的程序和服务,从而支持从事成人教育的州及地方的员工和其他部门的合作,进而帮助成人学员。

劳动力投资法案要求每州级政府汇报中学后教育在册的 ABE 学员和就业情况,备份 ABE 服务的参与情况,这项要求促使各州建立跨机构实现数据共享,以及用于纵向追踪数据的综合数据系统(美国教育部,2007)。这项政策为参加ABE服务项目长期研究的学者提供了有效的数据,以便他们得出正确的研究结论。

### 五、作为教学重点的就业途径

驱动美国大力支持和发展就业途径以便低技能成人能够胜任中学后学习和培训,对高技能劳动力的需求是一个关键性的因素。美国教育部、各州政府、各私人基金会对项目、实践和政策给予了资金支持,这有利于促进低技能成人参与到社区学院的中学后教育项目当中去(美国教育部,2010b)。

在对低技能者提供的就业途径服务中,对于接受ABE的人士和ELS人士(英语非母语)来说,职业技能作为综合技能是不可或缺的部分。虽然这在成人教育实践中已经不是一项新的研究,包括ABE和ELS在内的综合教学已经在教学单元设计、就业服务或基于工作的学习方面成为一种普遍趋势,由ABE/ELS教师与中学后教育者、劳动力发展供给方和雇主共同设计。

美国各州采用了多种措施以开发成人教育就业系统和政策。华盛顿州立职业技术学院理事会(以下简称SBCTC)对接受过高中或高中以下教育的适龄工作者进行了研究,他们其中甚至包括非英语人士。该研究旨在了解他们的需求,帮助他们进行再教育和培训,使其不仅从经济意义上了解高技能劳动力的重要性,还从州政府的层面上阐释政策对改善学生和雇主结果发展战略的影响。而这一热点研究的对象是华盛顿职业技术学院的35 000名工作适龄的成人学员,并对他们进行了追踪调查。

研究结果显示,学生接受一年学院教育所获得的学分以及证书是使得他们年收入大幅增加的关键(SBCTC, 2005)。SBCTC 决定,为了使更多的成人能够享有这一成果,需要对面向高中毕业或非英语人士的政策和教育项目进行创新和机制改革,尤其需要在以下三个方面进行实施:① 鼓励发展低水平成人的就业途径,帮助他们提高其教育程度以获得更高技术的工作。② 改进工作年龄的成人获得经济援助的条件。③ 为他们提供快速有效的教育项目。

为了满足这些需要,SBCTC 开发了 I-BEST 作为一个综合的方法来帮助低技能成人。I-BEST 为学员开发了一种结合学习成果及评估的教育与就业途径,并与当地的劳动力市场相关联。在 I-BEST 的课程体系中,一个班级里同时配有基本技能和职业技能的两个教师。这种方式使得学习者在提高理论知识的同时,学到了更多的工作技巧,为获得一个有较好收入的职业铺平了道路。相比于先教授基本技能后指导职业技能的教学方式,这样一种改革是为了帮助学习者以更快的速度获得更直接有效的工作技能。在 I-BEST 中基本技能课程的设置正是基于学员将来在职业道路上或者某一工作中取得成功所必备的职业技能(Mendoza, 2009)。I-BEST 在示范阶段的成果显示,参与 I-BEST 培训的 ABE 学员比只接受 ABE 培训而非 I-BEST 培训的学员更能获得职业技能方面的提升。

在俄勒冈州,社区学院和劳动力发展部(以下简称 CCWD)开展了俄勒冈州成人基本技能途径项目(以下简称 OPABS),其两个目标分别是:① 使更多的 ABE 者具有职业目标和接受中学后教育的意愿。② 提高 ABE 课程的质量,使得 ABE 学员向中学后教育以及职业工作的过渡更加系统化。从 2007 年开始,来自九所社区学院的 ABE 教员和学生参加了 OPABS 课程的试点学习;而今,

OPABS 又扩展到了该州另外八所社区学院。

OPABS 包括五部分内容。第一部分是集合俄勒冈州高需求行业的职业应用,教学环节设置了五个 ABE 提速课程,涉及阅读、数学和写作。ABE 课程基于理论标准和职业信息,主要对高需求行业领域进行了调查,并把这些行业领域所涉及的职业信息纳入到课程的设置当中。每门课程都有一个标准预测分数以激励学员的进步,同时还会有一个标准化的课程模式来保障教学质量的顺利实施。课程设置为两种技能等级,分别是 Pre-Bridge(相当于 6 ~8 年级)和 Bridge(相当于 9 ~12 年级),每门课程有 60 学时。

第二个部分是学院和职业认知。学院和职业认知课程提供了一些当地劳动力市场的各种工作的信息,主要是工作特点及对教育程度的要求,在校期间相关的课程,学习者的技能、兴趣、教育和雇佣背景。这门课程还包括学员对自身职业生涯的规划。有三个咨询模式可以为学生申请学校、参加入学考试和获得经济补助几方面提供帮助。

第三个部分是 ABE 服务课程,在课程中涵盖了对学员的选拔、定位、评估和引荐四个内容。

第四个部分是职业发展,包括了培训教授 OPABS 课程和咨询模式的 ABE 教员。职业发展工作坊正在进行改进,以便将 OPABS 的范围扩大到其他八所社区学院。

最后一个部分是数据系统和评估。从参与课程的学员身上收集数据来评估课程的实用性,并且测评他们通过培训后基本技能是否得到提高。在 2008 至 2009 年间,在九个学院中,开设了 47 个 OPABS 班级,学员达到 450 人,学员对于课程的全方面评估是非常有益的。服务提供者还对学员接受基本技能岗前培训所获得的收益进行数据分析,以完善整套服务系统,促进培训的有效进行。此外,数据系统也将得到改进,用以对 ABE 学员参与和完成中学后教育进行纵向跟踪(Alamprese,2009)。

华盛顿和俄勒冈州大力发展、实施就业途径系统的行为正是州政府以研究的方法来指导政策的实例。特别是在提供综合 ABE 技能和职业技能课程方面,应该提供能够教授综合型课程的教员,以培训那些低技能和各种有专业发展需求的成年人。这两个州在指导服务、部门协调、系统规范方面都使用了技术支持,运用数据的收集来评估以上几方面的进展,很好地证明了研究是如何使课程的改革得到进一步提升的。



### 六、总结



美国联邦和各州利用研究来宣传成人教育政策和实施的做法正在成为一种方法趋势,这种方法有助于良好基础政策的发展,也将为学习型社会建设所需的有效措施提供支持。联邦政府资助的研究有助于确定教师质量与各级部门之间有效协作的障碍所在。联邦政府和各州的技术协助是支持联邦法律政策实施的工具,也是筹备当地服务提供者新计划改善措施的工具。研究导向、政策出台以及技术支持是联邦政府和各州行动计划中的三个核心力量。正是通过这些手段实现了种种系统性措施,以帮助低技能成人把中学后教育中所获得的知识、证书以及学历真正转化成能够养家糊口的工作。而上述三方面与各级成人教育服务质量系统的完善是否有关联,还亟需进一步的研究来证实。

## 参考文献

[1] Alamprese, J. A. and Price, C. (2008). Strengthening adult reading instructional practices: Final data collection plan. Bethesda, MD: JBL Associates, Inc.

[2] Alamprese, J. A. (2009a). Developing learners' reading skills in adult basic education programmes. In. S. Reder and J. Bynner (eds.), Tracking adult literacy and numeracy skills: Findings from longitudinal research (pp. 107-131). New York, NY: Routledge.

[3] Alamprese, J. A. (2009b). Shared goals, common ground: State and local coordination and planning to strengthen adult basic education services. Bethesda, MD: Abt Associates Inc.

[4] Alamprese, J. A. (December 2009). Oregon's community college career pathways system. Presentation prepared for the 6th International Conference on Adult Education (CONFINTEA VI). Belém, Brazil.

[5] Alamprese, J. A. and Gwaltney, M. A. (May 2010). *AECAP guide for state leaders.* Bethesda, MD: Abt Associates Inc.

[6] Center for Applied Linguistics. (2007). *The CAELA guide for adult ESL trainers.* Washington, DC: Author.

[7] Center for Applied Linguistics. (2010). *Framework for quality professional development for practitioners working with adult English language learners.* Washington, DC: Author.

[8] Curtis, M. B., Bercovitz, L., Martin, L. and Meyer, J. (2007). *Student Achievement in Reading (STAR) tool kit.* Fairfax, VA: DTI Associates.

[9] Jenkins, D., Zeidenberg, M. and Kienzl, G. (2009). *Educational outcomes of I-BEST Washington State Community and Technical College System's Integrated Basic Education and Skills Training Program: Findings from a multivariate analysis.* CCRC Working Paper No. 16. New York, NY: Community College Research Center, Teachers College, Columbia Uni-

versity.

[10] Kruidenier, J. (2002). *Research-based principles for adult basic education: Reading instruction.* Washington, DC: National Institute for Literacy.

[11] Mendoza, I. (December 2009). *The tipping point research and integrated basic education and skills training (I-BEST).* Presentation prepared for the 6th International Conference on Adult Education (CONFINTEA VI). Belém, Brazil.

[12] MPR Associates, Inc. (2007). *Adult basic education to community college transitions symposium: Proceedings report.* Washington, DC: US Department of Education.

[13] National Reading Panel. (2000). *Report of the National Reading Panel: Teaching Children to Read - Reports of the subgroups.* Washington, DC: National Institute of Child Health and Human Development.

[14] Pindus, N., Luadan, A., Cowan, J., Hatry, H., Hernandez, S., Winkler, M., Koralek, R., Trutko, J., and Barnow, B. (November 2005). *Study to assess funding, accountability, and one-stop delivery systems in adult education, volume I: Final synthesis report.* Washington, DC: The Urban Institute.

[15] Tamassia, C, Lennon, L., Yamamoto, K. and Kirsch, I. (2007). *Adult education in America: A first look at results from the adult education program and learner surveys.* Princeton, NJ: Educational Testing Service.

[16] US Department of Education, Division of Adult Education and Literacy. (2007). *Implementation guidelines: Measures and methods for the National Reporting System for Adult Education.* Washington, DC: Author.

[17] US Department of Education, Division of Adult Education and Literacy. (2010a). *Identifying learner cohorts for post-secondary follow up.* Washington, DC: Author.

[18] US Department of Education, Division of Adult Education and Literacy. (2010b). *Post-secondary education transition: A summary of the findings from two literature reviews.* Wash-

ington, DC: Author.

[19] Washington State Board for Community and Technical Colleges. (2005). *Building pathways to success for low-skill adult students: Lessons for community college policy and practice from a longitudinal student tracking study (the "tipping point" research)*. Research Report 06-2. Olympia, WA: Author.

# 墨西哥终身学习模式述评[①]

胡恩·迪奥斯·卡斯特罗(Juan de Dios Castro[②])

摘要:墨西哥拥有一套制度化水平较高的终身学习模式,这套模式被称作是终身学习和工作技能教育模式(MEVyT)。近三十年来,该模式通过国家成人教育学院(INEA)进行实施,成功地满足了来自不同群体和地域人们的迫切需求,同时确保了土著人民在与本族文化相关的母语学习方面站在了一个全新的起点上。

关键词:终身学习和工作技能教育模式;国家成人教育学院;扫盲

墨西哥拥有近200万平方千米的领土面积以及1.033亿的人口规模。同时,墨西哥拥有3座大型城市(居住人口占总人口的26%)、300座大中城市(居住人口占总人口的37%)以及175 000座小城镇和村庄(居住人口占总人口的37%)。在墨西哥总人口中,有3 340万成年人(15岁及以上)没有接受过基础教育。这其中未完成九年制教育的成年人口有1 760万人,未完成六年制教育

① 本文为论坛发言稿。

② Mr Juan de Dios Castro ,墨西哥国家成人教育学院(INEA)院长。

的成年人口有1 000万人，属于文盲的成年人口有590万人。

墨西哥是一个具有多元文化的国家，拥有至少62个少数民族，68个语言派别以及364种方言，很多方言无法用作大众交流的基本工具。根据2000年第42次人口和住房普查显示，这些少数民族代表了目前总人口10%（760万居民），而2005年人口和住房普查显示有6 011 202人口使用土著语言（简称为HLI）。各种土著语言使用情况的差异是非常明显的：有1 448 936的人口使用土著语言（占使用本土语言的人口总数的24%），而使用土著语言的人口仅有23人。值得一提的是，经过300年殖民地统治过程（译者注：1521—1821年），虽然各民族都拥有相似的世界观和文化特色，但各民族内部却有较大的文化和语言的差异。

墨西哥拥有一套制度化水平较高的扫盲和基础教育模式。近30年来，该模式通过国家成人教育学院（下文简称INEA）进行实施。INEA成立于1981年，是针对青年和成人基础教育而设立的非官方教育机构。国家成人教育学院基于一个开放的系统，提供模块化的和灵活性的服务，课程不受具体时间限制，并且聚焦于生活和工作中的“实际”内容。同时，在全国各地都使用同一套与国家数据库相联系的、以电脑网络为依托的学习评价体系。

INEA在一定程度上起到了规范性、技术性和政治性的作用，掌控着教育部0.86%的财政预算，并且通过终身学习和工作技能教育模式（MEVyT）在国家、州、地方三个层面开展教育活动，旨在为青年人和成人提供扫盲与基础教育，并鼓励墨西哥公共和私营部门提供这类教育。这种教育所关注的话题和学习的范围以社区的需求和兴趣为基础，这样一来，这种教育就能够为改善个人、家庭和社会的生活提供必备的知识和能力储备。总的来说，MEVyT的目标服务群体是：

- 识别和整合已有经验和知识的人。

• 通过学习实用而又有效的知识来扩充原有知识体系最终实现个体发展的人。

• 为了能够不断学习而改善信息获取和管理能力的人。

• 提升阅读、写作、口语表达以及加深对自然、社会现象的了解这类基本技能的人。

• 用本族语言来解释自然和社会现象的人。

• 追求更好的生活而且能够负责任地参加国家民主生活的人。

• 通过提升技能、行为以及价值观来改善个体在法律框架内所应享有的自尊的生活和社区生活的人。

• 想要成为创造性的学习者，而且在决策中以及制定决策时能够保持自觉和负责任态度的人。

MEVyT 的表现形式是：

模块化的：它建立在模块化的学习结构基础之上，这种学习结构是由独立而又综合的单元所构成，而这些单元又是由针对目标群体所设计的不同的话题、情景、问题、学习目的和具体信息所组成。

多样化的：它提供针对不同人口群体的一系列可供选择的话题，这些话题囊括了不同背景下以不同的理解和学习方式所展开的情景和学习活动。

灵活和开放的：人们可以根据自己的进度、计划和可能性来决定学习哪个模块的知识以及何时得到认证。

及时更新的：这种模式一直处于发展的、及时修订的和不断改善的过程当中，这样以来，模块内容不仅可以满足青年和成年人的需求，也可以推动培训师的专业发展，甚至构建几个不同版本的模块也是很有可能的。

综合的：该模式涵盖了从个体到群体再到社会范围内不同领域的生活技能，它有效地将基础教育的不同层次、学习工具的获取、基本能力的发展、沟通、推理、问题的解决与实践相衔接。

作为MEVyT综合模式中基础教育的一部分，继续教育促进了扫盲和初等教育的发展，使进入高中继续学习成为可能。在初始阶段，学生通过不断有效地运用阅读、写作和基本的运算技能来弥补学习差距、减少知识的遗忘和误解。墨西哥文盲主要存在于土著群体，因此，提供给他们的教育与提供给使用西班牙语交流的人群或通晓本族语而且能够使用西班牙语的人群的教育显著不同。对于土著群体中的文盲来说，学习过程中会同时使用他们的本族语和西班牙语，这样就可以加快他们对知识理解的过程以及加快对常识、习惯表达和学习的理解，同时可以促进在日常生活情境中理解和运用西班牙语的能力。一般而言，由于统计的原因，在墨西哥，当一个人完成了土著语言和双语技能的初始水平的测试，就可以认为他/她已经不再是文盲了。而在小学、中学和高中进行学习的主要目的在于鼓励青年人和成年人学习、获取知识以及培养终身学习和工作的技能。这样就会借助教育水平的认证和认可来提高人们日常工作的效率和促进个体终身学习的能力。这种学习是通过模块化的方式习得的，同时这种方式允许由导师指导的个体或是群体习得和发展学习技能。导师将通过面授的方式来指导学生，直到学生达到学习目标、获得学习证书。



## 一、模块类型

基本模块涵盖了语言和沟通、数学、科学和自然和社会科学这些与核心课程相关的、能够满足个体基本需求和学习工具使用的课程。模块依据获取的途径、方式和个体水平的不同而相应变化。多元化的模块包括符合不同阶层人口兴趣和需求的主题,模块内容符合学科课程,旨在促进个体基本技能的发展,同时这些主题可能会涉及国家、地区或州的相关问题。

MEVyT 允许学生在培训和终身学习的过程中进行学习,这种学习会得到卓越教育机构的认可和质量保证。这种模块学习的认证可以促使学生获得小学或中学的相关证书。

网络课程是免费的,可以通过登陆 INEA (www. inea. gob. mx)和 Conevyt (www. conevyt. org. mx)的门户网站进行学习。这些电子版本的材料通过利用网络科技使出版的模块内容可以作为交互性的资源加以使用,来协助个体获取不同的技能。同时,这些资源无需注册即可使用,但令人遗憾的是,这些资源的使用情况无法跟踪以及接受反馈,因为它们无法保存电脑上的学习活动进程。网上 MEVyT 可以在远程导师的指导下以及在 INEA 的社区广场 Plazas Comunitarias 中进行学习,但它不能提供完整的学习内容,目前这项功能正在逐渐得到整合。虚拟 MEVyT 意味着可以自由获取以光盘为储存形式的课程,同时可以在社区广场 Plazas Comunitarias 中进行学习。

基础的 MEVyT 盲文模块是为视力低下或视力障碍的人准备的,这些模块通过调整更加突出了音频和相关特色,但目前这还是一个实验项目。

MEVyT 强调使用以人们的日常生活作为基本学习情境的方法,突出知识在其他情境中的有效迁移。另外,在培训师的指导下,学生通过参与课程活动以及相关模块学习小组的活动而不断取得进步。MEVyT 的方法论促使学生去思考话题的重要性并且促进了学生解决问题的能力。话题是学习方法论中的核心部分，这与传统“课堂”中的从定义开始的学习方法有所不同。MEVyT 开发了一个循环模式，在这个循环模式中四个阶段是相互影响和相互联系的（图 1）。

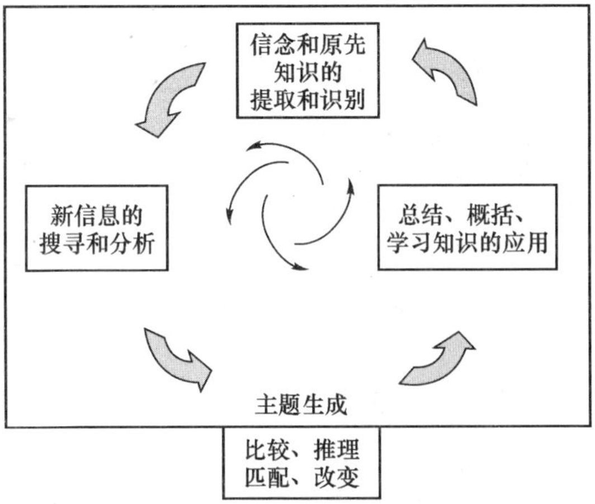


图 1　MEVyT 循环模式

对学习的评价是由导师和学生共同开展的一个连续性过程，自我评价和学习活动正在逐步发展。培训师和技术人员必须对学习成就进行认证，这样学生才能参加适合自己水平的考试。由于 INEA 是一个开放的教育系统，对学习的评估与认可和认证的目的是一致的。

## 二、突破土著人的双语障碍：MIB 教育模式

人口的多样性，尤其是土著人口的多样性要求 INEA 开发不同的教育模式来满足这种具体而又复杂的需求。因此，除了西班牙语版本的 MEVyT 教育模式之外，还有一种教育模式被称作是 MIB（在西班牙语中简称 HLI）。这种模式专门针对墨西哥土著人而设计，可以通过两种途径得以实施：MIBI 和 MIBES。这两种途

径强调根据每个学生的学习水平和西班牙语言技能水平来实施教育模式。单一语言人口的技能和双语人口的技能显著不同,也与西班牙语的人口技能有所不同。

两种 MEVyT 双语途径分别是:① 针对 HLI 的 MIBI 途径,即相互协调的双语框架,这要求个体同时对西班牙语和土著语言进行的熟练表达。② 以西班牙语为第二语言的双语途径(西班牙语中简称 MIBS),这种途径必须在单一语言的人口、使用土著语言的人口以及很少使用西班牙语的人口中大力推广应用,因为这种途径需要付出大量努力以及得到大量教育关注才能学好西班牙语以及发展相应的识字能力。

在实施 MIB 这种教育模式的两种途径中,要求双语教师从扫盲阶段到中学阶段都必须给予学生充分的教育关注。对于中高级水平来说(部分小学阶段和中学阶段),下列做法得到了推广:

1. 对内容和相关教材进行了跨文化和双语调整,并且根据个体所处不同水平和阶段对教育内容结构进行了相关调整。而应用于这些学习水平的 MEVyT 基本模块则没有根据文化和土著语言做任何的修改和调整。

2. 在某些情况下,某些语言和种族群体根据语言标准开发出了独特的词汇表,这些词汇表中的词汇被翻译成他们所熟悉的单词和表达方式,作为学习教育资料的基础知识。调整意味着对世界观、少数民族文化、主题、问题、活动、经历、内容、图片、交流情景改善等相关问题的思考过程。

## 三、相关策略

MIB 教育模式的视觉和语言策略特别需要得到关注,这就需要根据不同的语言去调整材料，这样才能使材料的内容适应于不同地区、不同种族或语言群体。这种方式暗示了需要进行相关分析以及在标准化的书面语言方面达成共识的内在要求。然而，MIB 的教育模块由双语技术团队负责开发，他们和社区联系紧密，能够对不同的兴趣、生活状况以及语言特点进行反应和回应，进而进行相应地调整活动、教材、培训和学术后续活动。

模块中一个重要方面是跟学生进行面谈，借此机会可以获取关于他们学校背景、读写技能、单语或双语技能的相关信息，这一步骤十分重要，因为它能够指出对于学习者来说最合适的教育途径。

拥有与少数民族有所联系并且能够使用土著语言的双语教师至关重要，这样才能促进交流、模块知识的传递以及促进相关学习。在这种背景下，教师和双语教师接受如何传递知识、运用材料、评估学习成果方面的指导以及提升读写技能也都显得非常重要。

## 四、实施条件

在针对土著人口的教育经费方面和资源分配方面，教育公平作为一个重要的话题已经达成了一些积极的共识。目标人口的地域分散性要求更多的资源分配和相关的教育经费组织。自 2005 年以来，在志愿者和土著居民之间的合作方面逐渐取得了一些进展，从而提高了该项目的效率。另外，文化和语言的多样性需求更多的资源来开发情景教材，这也构成了该项目的最大成本。

## 五、模式评价

在构建和升级终身学习和工作技能教育模式的过程中,对质量的评价和解释建立在实施机制和用来检查学习资料、操作模块、教师的培训教材的工具基础之上。对每一个个案而言,教育客体所取得的成就都会受到监督,这包括:青年人和成年人是怎样学习的,他们对于学习的感受,他们的家庭关系和家庭行为的特色,他们对于学习资料、教师表现和教育过程组织情况的看法。

对于教材的跟进和评价可以从广义上的课程角度来理解,因为一整套的系统性活动是教育过程的一部分。应当用动态的视野来看待教育模式,受多种因素的影响,而这些不同的因素和维度又与教育的特征紧密联系。评估的内容包括对教育内容和教材、教学过程和教师表现、学习在家庭生活和社会生活当中的意义以及其他因素的评价。当然,在课程设计和发展的不同阶段,也存在着其他的机制和策略开展评价。

对教材、模式和培训的用途评价会使决策者通过制定相关决策来促进教育质量的持续改进和教育经费情况的改善。这也有助于加强青年人和成年人的参与和发展,进而巩固教师和专业机构人员的教育实践,同时加强他们对终身教育影响力的理解。

对教材、模式和培训的评价机制建立在下列条件基础之上:① 对新创造的教材进行试点实验;② 学院或学术工作坊;③ 在制度和实施领域内与员工培训程序相关的会议;④ 对模式发展及其状况的数据分析。⑤ 用来评价教材的指标:⑥ 针对性:教材对受众的需求和兴趣的反应方式。⑦ 相关性:教材内容和相关学习对青年人和成年人在生活、家庭、工作和社会环境等方面的意义。⑧ 功能性：这与教材的组织和呈现方式有关，主要从准确性、逻辑性、格式、处理、图案和字体的使用、指导语的明确程度、语言和结构几个维度来考量。⑨ 教学方式：这项指标旨在涵盖 MEVyT 的学习情境。它涉及对教材内容的管理以及如何在设计好的活动中应用，包括评估和反馈以及如何有助于实现教育目标。

## 六、挑战及经验总结

由于开发了大量的模块和教材，加之较高的师资流动率，造成了财政拮据的状况。而项目本身对学习者又是免费的，只有接收了有限的资金援助，这就进一步加剧了财政方面的挑战。同时，学习材料的集中发放制造了人为的教材短缺，使某些地区的学习模块的选择受到了限制。加之对师资的培训费用以及由于报酬较低导致的较高的师资流动率使项目花费情况更是雪上加霜。另外，较高的师资流动率还逐渐削弱了学习的连贯性，降低了学习者的通过率。

因此，需要通过进一步加强和改进项目监控和评估的方式来确保既定目标的实现。有时需要不断修订、更新和升级教材来满足学习者的需求和周围不断变化的环境以及他们对国家环境不断变化的需求。另外，需要进一步加强研究、协商、获取政府支持、追加财政资金和师资队伍的有效培训，以此来支撑针对土著人口而开发的适当学习模式和模块。另外，如果扫盲相关项目能够有效满足学习者的主要需求，那么这些项目将会更加成功。区域性模块的成功便有效阐明了这一点，因为它符合了学习者的社会及地理环境以及独特的情景和志向抱负。最后，在师资队伍培训和待遇方面必须加大资源投资力度，因为项目的成败在很大程度上依靠他们的技术能力和工作动机。

## 七、结论

MEVyT 项目成功地将基础扫盲学习和囊括学习和工作相关问题的非正式教育综合系统融合在一起。这种模式也成功地满足了来自不同群体和地域的人们的紧迫而又必要的需求,同时确保了土著人民在与其文化相关的母语学习方面站在了一个全新的起点上。

# 服务终身学习:中国终身教育体系建设中的高等继续教育[①]

张大良[②]

高等教育承担着培养高级专门人才、发展科学技术文化、促进现代化建设的重大任务。新中国成立以来,特别是改革开放以来,我国高等教育事业取得了巨大的历史性成就,建立了比较完备的高等教育体系。目前,毛入学率达到24.2%,有高等学校2 305所,高等教育在学总规模达到2 979万人,居世界首位;全国研究生培养机构796个,高等学校占60%,研究生在校生达140万人,位居世界第二;总人口中大学文化程度的超过8 900万人,位居世界第二;教学改革取得了明显进展,质量不断提升,对现代化建设的贡献率不断提高,我国已经成为世界高等教育大国。

在我国,高等继续教育是面向成人的高中后和大学后各种形式和类型的学历和非学历继续教育,也是高等教育的重要组成部分(目前,各类成人本专科教

① 本文为论坛发言稿。
② 张大良:教育部高等教育司司长。

育已占高等教育总规模的30%)。高等学校既是发展普通高等教育的主体,也是发展高等继续教育的主力,高等学校已经成为建设现代国民教育体系和终身教育体系、推进学习型社会的重要支撑。

## 一、我国高等学校继续教育的发展现状与特点



高等学校继续教育主要包括普通高校、独立成人高校和广播电视大学等体系的研究生层次的继续教育、成人本专科教育(包括函授、业余/夜大、脱产班)、现代远程教育(包括网络本专科教育、远程开放本专科教育)、高等教育自学考试、各类岗位培训和证书培训等。

普通高校是高等继续教育的骨干力量。2009年,已有1 500多所普通高校开展了成人本专科教育,在读学生人数487万,其中夜大学187万人,函授教育275万人,脱产班25万人;68所现代远程教育试点普通高校开展了网络本专科教育,在册学习人数达151万,占现代远程教育总规模的36%。在校内各类非学历高等继续教育289万人。独立成人高校有384所。主要包括职工高校、农民高校、管理干部学院、教育学院、独立函授学院等,成人本专科教育人数达54万人。

我国的广播电视大学系统是世界上规模最大的远程开放教育系统,包括中央电大、44所省级电大、933所地市级电大、1 829所县级电大,目前已由以广播、电视为载体的广播电视教育,转变为基于计算机、卫星、多媒体和互联网为载体的远程开放教育。2009年,电视大学系统的远程开放教育人数达266万人,非学历教育培训每年结业生超过150万人。

我国的高等教育自学考试制度是个人自学、社会助学和国家考试相结合的高等教育形式。截止2009年,全国累计共有2.1亿人次参加自学考试,毕业学生920万人,约1 000万人获得各种非学历证书。

我国高等学校继续教育已经成为在职人员改善知识结构、提高能力和素质、提升学历水平的重要途径,促进了教育公平,推进了高等教育大众化,为经济社会发展和中国特色社会主义现代化建设做出了重大贡献。近年来,在终身学习需求日益高涨的背景下,高等学校继续教育发展呈现出一些新特点:一是在对象上已由主要面向高考落榜生转变为主要面向继续教育和终身学习的从业人员;二是在类型上已由学历教育为主转变为学历教育和非学历教育的多样化发展;三是在学习方式上已由以脱产面授为主转变为以业余学习、远程学习为主;四是在教学重点上已由单一关注教学转变为同时关注教学支持服务。服务终身学习已经成为高等学校继续教育的新使命。

## 二、我国高等学校继续教育在终身教育体系建设中的作用

近年来,围绕终身教育体系和学习型社会建设的要求,高等学校继续教育进行了一系列创新性实践探索。

1. 创新发展模式,充分利用现代远程教育方式,推进高等学校将优质资源向农村、西部、社区、行业、企业和部队输送。

1999年以来,教育部为落实《面向21世纪教育振兴行动计划》,实施了“现代远程教育工程”,批准68所普通高校和中央电大开展现代远程教育试点工作,在全国城乡设立上万个学习中心和教学站,将高等继续教育资源向农村、西部、

社区、行业、企业和部队输送。截止2009年,累计招收网络高等本专科教育学生约1 000万人,毕业学生约500万人,开展非学历教育培训上千万人次;部分试点高校和公共服务体系积极参与或帮助地方、行业、企业、部队等部门建立现代远程教育平台,开展非学历的现代远程教育;许多省级电大和普通试点高校积极参与当地学习型城市建设,构建开放、便捷、高效的终身学习服务平台及体系。试点工作推进了中国远程教育由第一代的函授教育、第二代的广播电视教育向基于计算机、卫星、多媒体和互联网的现代远程教育转化,初步探索并建立了适合在职人员随时随地远程自主学习和终身学习的教学及支持服务系统。

2. 创新服务模式,搭建资源共享和服务平台,积极推进数字化学习资源共享和现代远程教育公共服务体系建设。

为了推进优质资源的建设与共享,教育部实施"新世纪网络课程建设工程"和"网络教育精品课程建设",建设了320门网络课程及资源库和209门国家级网络教育精品课程;实施了"网络教育数字化学习资源中心建设"项目,整合社会优质数字化学习资源,建设资源整合及公共服务平台。今年,我们还将实施普通高校部分数字化学习资源免费向社会开放。

为了探索现代远程教育校外学习支持服务模式,一方面普通高校自建校外学习中心,另一方面教育部批准中央电大主要依托全国电大系统建设现代远程教育公共服务体系建立校外学习中心,并通过实施"数字化学习港与终身学习社会的建设与示范"和"数字化学习示范中心"两个项目,在全国建设一批基于终身学习的数字化学习型乡镇、社区和企业等典型应用示范学习中心,探索建立适合中国国情的不同区域、不同类型、不同对象和不同需求的数字化学习中心的典型应用模式。

今年即将启动实施“终身学习公共服务平台模式研究及示范应用”项目，引导广播电视大学研究并实行面向学习型城市建设的终身学习公共服务平台的建设模式、管理体制机制，搭建多网合一的数字化学习系统平台及服务体系，面向社会成员开展各类继续教育及终身学习服务。

3. 创新培训模式，深化继续教育教学改革，积极推进普通高校面向高层次专门人才开展基于终身学习的继续教育。

教育部积极推进普通高校特别是现代远程教育试点普通高校配合人力资源和社会保障部实施“专业技术人才知识更新工程”，发挥高等学校学科、师资和资源等优势，与行业企业紧密结合，面向专业技术人员、企业经营人员、党政管理人员等高层次专门人才开展各种形式和类型的非学历继续教育。今年，教育部还将启动实施“高等学校继续教育示范基地建设”项目，通过建设高等学校继续教育示范基地的方式，面向行业企业或区域发展继续教育。

4. 创新管理模式，搭建信息化管理平台，加强高等学校网络本专科学历教育的质量监管。

近年来，教育部建立了“高等学校网络教育质量监管系统”，实现了高等学校网络教育年报年检、统考、评估、新生注册及日常工作的信息化管理；实施了600多万人次网络教育全国统考，全面实现了的跨省市的网上报名、网上交费、网上机考、网上预约考试、混编考场、机考及考场实时网络视频监控的全程信息化的考试及管理；为了加强对社会公众的信息服务和政策宣传，建设了“中国远程与继续教育网”和“网络教育阳光招生服务平台”，向社会全面公开远程和继续教育的办学和管理信息。

## 三、我国高等学校继续教育改革发展面临的机遇与挑战

党的十七大报告提出了“发展远程教育和继续教育，建设全民学习、终身学习的学习型社会”的战略任务，即将颁布的《国家中长期教育改革和发展规划纲要》也提出了“到 2020 年，基本实现教育现代化，基本形成学习型社会，进入人力资源强国行列”、“现代国民教育体系更加完善，终身教育体系基本形成，促进全体人民学有所教、学有所成、学有所用”的战略目标和一系列加快推进继续教育发展、建立健全继续教育体制机制和构建灵活开放的终身教育体系的战略任务，这为高等学校继续教育的改革与发展赋予了新的历史使命。

从现在起到 2020 年是我国全面建设小康社会、加快推进社会主义现代化的关键时期，我国经济、政治、文化、社会以及生态文明建设全面推进，工业化、信息化、城镇化、市场化、国际化深入发展，人口、资源、环境压力日益加大，知识更新速度空前加快，科技进步日新月异，调整经济结构、转变发展方式和不断提高国民素质的要求更加紧迫。

但是，总体上讲，我国高等继续教育还不能完全适应我国经济社会发展、构建终身教育体系、加快推进学习型社会建设和广大社会成员的多样化学习需求。高等继续教育的整体规划和统筹管理比较薄弱，终身学习的体制机制尚未形成，人才培养模式针对性不强，教学内容和方法比较陈旧，优质资源不足且共享程度较低，质量保障体系与机制还不健全，高等继续教育参与率不高，城乡、区域、行业、各类群体间开展继续教育不平衡，经费保障制度和机制不健全，相关法律法规和政策制度不完善等困难和问题亟待解决。

## 四、推进我国高等学校继续教育改革发展的对策措施

根据《国家中长期教育改革和发展规划纲要》精神,我们提出今后一段时期高等学校继续教育改革与发展的五项对策措施:

1. 科学定位,大力发展高等继续教育。

积极推进高等学校稳步发展学历、学位继续教育,大力发展各种形式的非学历继续教育,积极发展现代远程教育,推动广播电视大学积极参与城乡社区教育和学习型组织建设。

2. 开放资源,积极推进高等继续教育优质教学资源的共享与服务。

引导并鼓励高等学校进一步向社会开放优质数字化学习资源;加强高等学校继续教育示范基地建设;搭建优质继续教育资源共享及服务平台;引导建设覆盖全国城乡的天网地网互联互通的多样化、多层次、开放式的高等继续教育支持服务网络和体系;加强高等继续教育信息公共服务平台建设;加强国际交流合作,引进国外优质数字化学习资源。

3. 提高质量,建立健全高等继续教育质量保障体系。

创新高等继续教育人才培养模式,深化课程体系、教学内容、教学方法和教学管理改革,引导高等学校探索并建立高等继续教育课程教学的学分标准、质量内涵和学分转移制度;加强高等继续教育教师和管理队伍建设;完善质量保障和监管体系。

4. 统筹协调,逐步完善高等继续教育和终身学习的管理体制机制和法规体系。

统筹协调区域高等继续教育发展规划，完善管理体制和激励机制，完善经费投入保障机制；加快高等继续教育和终身学习的法制建设；全面推进依法行政、依法治教，加强规范管理和社会监管。

5. 加强研究，搭建终身学习"立交桥"。

加强高等继续教育理论和实践研究，建立灵活、开放的高等继续教育制度，引导高等学校建立各类继续教育之间、继续教育与其他不同类型教育之间沟通、衔接的机制；探索建立高等继续教育成果认证、积累和转换制度，搭建终身学习"立交桥"。

# 21 世纪以来中国扩大高等教育参与的政策分析[①]

## ——终身学习的视角

卢海弘[②]

21 世纪是知识经济的世纪，也是学习的世纪，随着高等教育精英化向大众化的转变，高等教育在终身学习中的作用日益凸显。因此，从终身学习的视角扩大高等教育的参与不仅日益成为中国关注的教育改革主题，而且成为中国经济社会发展的重要政策选择。

### 一、中国扩大高等教育参与的政策背景

中国之所以采取扩大高等教育参与的政策选择，有其深刻的政策背景，表现在：

#### （一）时代背景

当今世界，经济全球化深入发展，科技进步日新月异，知识经济方兴未艾，终

① 本文为论坛发言稿。

② 卢海弘，国家教育发展研究中心终身教育研究室副主任。

身学习在提高国民素质、持续开发人力资源、造就各类专门人才以及提高群众生活质量等方面的重要作用日益显现。终身学习具有对象广泛、周期灵活、渠道多元、方式多样的特点，对人力资源开发具有其他类型教育不可替代的重要作用，尤其是随着传统的精英型高等教育日益成为大众的基本需求，发挥高等教育在终身学习中的作用、扩大高等教育的参与度越来越成为中国从人力资源大国转变为人力资源强国、形成适应时代要求的高素质的劳动者大军、造就具有国际竞争力的人才队伍以及建设和谐社会的必然战略选择。

（二）教育背景

新世纪的到来，面临经济加速转型、社会发生深刻变革的新形势和新挑战，中国的高等教育还不能完全适应经济社会发展及广大社会成员在终身学习方面的需求，人们接受高等教育的机会仍然有限，高等教育的形式不够灵活，高等教育的质量和效益有待提高，人才培养的针对性不强。因此，以终身学习为理念改革高等教育制度，扩大高等教育参与也是中国促进高等教育发展以便契合终身学习的时代要求所做出的理性抉择。

## 二、中国扩大高等教育参与的基本政策及其实践

21 世纪以来，以原有的高等教育为基础，中国扩大高等教育参与的政策逐步发展，并在实践中稳步推行，使我国高等教育初步形成以终身学习为导向的体系。概括而言，中国扩大高等教育参与的政策及其实践的过程就是高等教育以终身学习为方向逐步变革的过程，体现在以下几方面：

（一）普通高等学校加强办学多元化

全日制普通高校是中国扩大高等教育参与的重要依托机构，许多大学都设

有成人教育学院或继续教育学院，且不少大学的成人高等教育规模已经与普通高等教育部分持平，甚至还超出普通高等教育规模。① 这是因为普通高校可以凭借雄厚的师资力量、先进的学科、齐全的专业设置等在扩大高等教育参与方面发挥独特优势，从而满足社会成员多样的教育需求。就学历教育（为分析方便，普通高校从事的非学历教育放在后文）而言，普通高校扩大高等教育参与表现在普通高校通过函授、夜大学、网络教育和成人脱产班等形式提供多样化的学历教育机会（以本、专科层次为主）。根据中国教育部发展规划司《中国教育事业发展统计简报 2007》的统计，2007 年中国有 1 200 多所普通高校提供学历继续教育，在读学生 608 万人，占全国高等教育本专科生的 22%、成人高等教育本专科生的 73%。学生除脱产班外主要为在职从业人员。普通高校成人高等学历教育（函授、业余、脱产）在读学生 4 610 889 人，普通高校网络教育 1 118 500 人（图 1），为终身教育的发展作出了积极的贡献，以下从高校的办学形式分述：

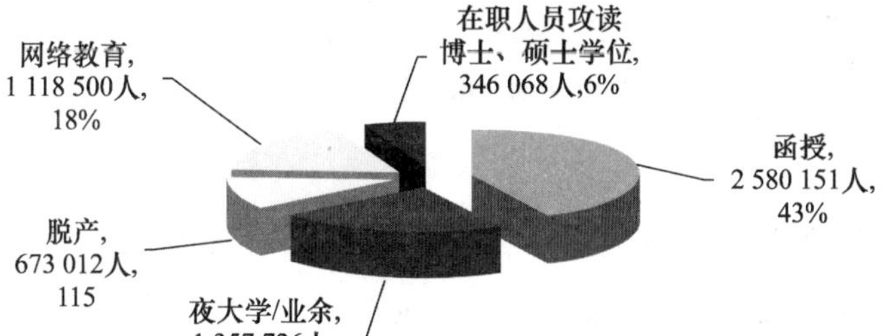


图 1　普通高校学历继续教育形式构成情况

资料来源：教育部发展规划司《中国教育事业发展统计简报 2007》。

① 选自“终身教育体系的建构——全面小康社会的呼唤和回应”. 王洪才. 厦门：厦门大学出版社，2008.

(二) 广播电视大学逐步走向开放化

广播电视大学运用广播电视、网络手段和多媒体教育资源开展远程开放教育。自1978年成立以来,为满足社会的高等继续教育需求作出了重要贡献。我国目前有中央广播电视大学1所,地方广播电视大学(省级和计划单列市级)44所。自1999年进行开放教育试点以来,其办学规模迅速扩大,专业类型不断增加。2007年,电大学历教育规模达到235.5万人,占全国高等教育本专科在校生总数的8%,为我国高等教育毛入学率提高了2个百分点。

广播电视大学(简称电大)开放教育实行开放入学,具备一定文化知识基础者在通过学力认定后均可免试入学。教学管理采取"完全学分制",没有固定的修业年限,在8年内完成规定课程学分就可毕业,获得相应电大学历文凭。学生通过网上教学资源和教学服务平台获取学习支持,以自主学习为主。其学业评价实行中央电大组织的全国统一课程考核和省级电大组织的课程考核相结合。2007年,中央电大开放教育试点注册学生数达198.6万人,开放教育已成为目前电大办学的主要形式。电大发展的总体趋势是,国家计划内高等学历教育规模逐渐缩小,开放教育渐成主流。面对开放教育的新形势和要求,完善电大的办学模式、质量保障和管理体制是当前电大面临的主要课题。

(三) 高等教育自学考试趋向多样化

高等教育自学考试是个人自学、社会助学和国家考试相结合的独特的高等教育形式,学习者通过考试并达到规定专业的课程学分后获得高等自学考试学历文凭。该制度自1981年开始试点以来逐渐完善,考务由国家自学考试办公室和省级高等教育自学考试委员会及办公室分工负责。

高等教育自学考试为没有机会进入高等院校的广大社会成员提供了取得

本、专科文凭的机会，成为中国高等教育中非常重要的终身教育形式（图2）。截至2007年年底，自学考试学历教育参加者累计近5 049万人（不计重复）、1.87亿人次，累计报考科次约4.38亿人次，获得本、专科毕业证书者累计近800万人。2007年，全年报考人次为956万，其中，在职人员占52%，25岁以下、26～35岁和35岁以上的考生分别占66%、29%和5%。全国共开考796个专业（专科层次347个，本科层次449个）。

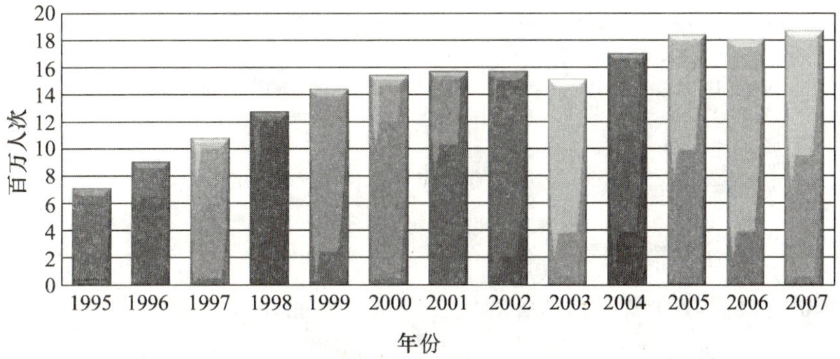


图2　高等教育自学考试总规模变化

2001年以来，报考学历教育自学考试人数呈下降趋势，与此同时，非学历教育规模持续增长，参加职业资格和技能证书考试等的人数明显上升（图3）。2007年，自学考试非学历教育规模比2006年增加了47万人，增长5.4%，基本形成了学历教育与非学历教育并举的局面，进一步满足了广大社会成员在终身学习方面的需求。面对高等教育的大众化和终身学习的多样化发展，特别是远程开放教育的发展，高等教育自学考试正在进行进一步利用现代信息手段以及高等教育自学考试本身的优势发挥其在扩大高等教育参与方面的探索。

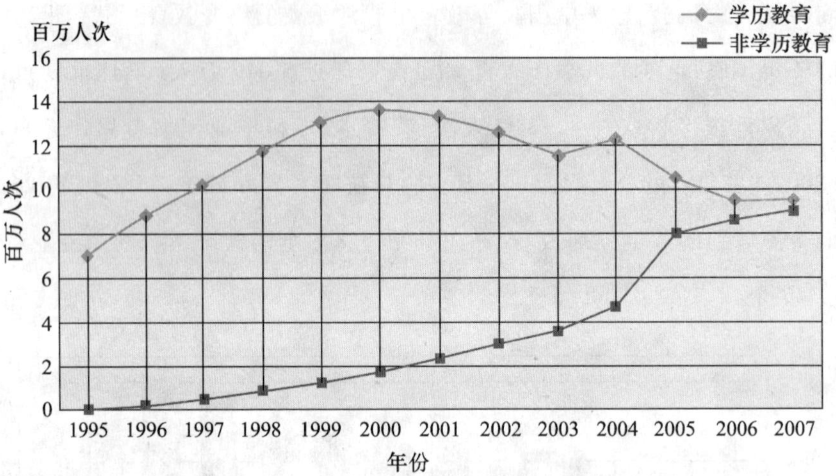


图3　学历教育与非学历教育规模变化

（四）非学历继续教育发展迅速

非学历继续教育主要包括各类职业资格和技能证书培训、岗位培训、自考助学服务以及以知识更新培训或研修等。近年来，随着知识社会背景下终身学习需求的增大，各类非学历教育和培训发展很快，而且日益呈现出多样化、市场化的态势。在市场需求驱动下，除以上各类高等教育机构都参与提供非学历教育之外，各类社会培训机构提供的市场化非学历教育和培训也越来越多。新东方的外语培训、北大青鸟的信息技术培训等就是例证。作为大学后继续教育的普通高校研究生课程进修班（以在职人员的脱产或半脱产修读为主）也曾达到较大规模（但近年因工学矛盾、证书效力下降等因素其办学规模逐年萎缩）。

（五）各种终身学习形式之间逐步沟通

扩大高等教育参与的政策还表现在促进各种终身学习形式之间的沟通，即构建终身学习的“立交桥”。

1. 不同教育机构之间的学分转换试验

北京、上海等发达地区在探索构建“立交桥”方面进行了一些尝试。如上海尝试以社区学院为依托整合高职、成人专科、电大和自考等各种教育资源，电大认可从其他教育机构获得的相应学分；一些地区的电大探索承认学生从其他学校或机构获得的学分，有的电大通过校企合作，承认企业培训的学分；以课程认证为基础、链接不同层次、类型之间的学习，允许中专、大专、本科等多层次的学分互换，等等。

2. 探索学历教育与非学历教育的沟通

一些院校允许学生以国家资格证书、技能等级证书（如计算机、英语等级证书等）替代部分学分，免修免考相应学历教育课程；院校与行业企业合作联合，在共同设计的前提下允许将非学历培训折合为学历教育学分，有的院校与企业联合开办大专班，将职工以往学习经历通过认证折合为学分、免修部分课程等。自学考试中允许以非学历证书替代部分学分，或者与行业部门合作，共同制订培养计划，自考办制定专业标准和考试大纲、组织考试和认证，使岗位培训与学历教育对接。

综上所述，近年我国扩大高等教育参与政策的基本特点是高等学历继续教育中的全日制教育、脱产学习方式逐渐呈萎缩状态，在校生急剧减少；而网络教育和电大开放教育逐渐成为高等学历继续教育的主要途径；高等教育自学考试中学历教育参考规模虽有所下降但仍然发挥着重要的作用，与此同时，岗位资格、职业资格、技能资格培训等各类非学历教育的需求逐渐增大，高等教育自学考试呈现学历教育与非学历教育并举的局面。我国高等教育已初步形成了学历教育与非学历教育并行、全日制教育与业余学习、远程教育并存、正规学校与其他社会培训机构共同参与的多样化终身教育体系，为我国构建终身学习体系奠定了重要的基础。

## 三、中国扩大高等教育参与的政策困境

要扩大高等教育的参与，在政策上不仅需要进一步开发全日制普通高校在终身学习中的潜力，而且还要进一步促进各类教育形式（正规教育、非正规教育、非正式教育）在高等教育阶段的沟通，建立开放、多样、灵活的高等教育体系。从这些方面来看，目前中国扩大高等教育参与政策还面临着不少困境，主要是：

1. 不同层次、类型教育之间沟通和衔接的"立交桥"尚未建立。

中国的高等教育体系相对比较封闭，弹性、选择性和开放性不强，招生和教学还不能适应终身学习的需求，学习管理制度缺乏灵活性和弹性，不适应成人学习者的业余学习、灵活学习、工学交替学习的需求。

2. 终身教育的管理体制不完善，法制不健全，终身教育质量保障体系不完善。

终身教育的提供者和管理涉及众多部门，在教育行政管理上缺乏必要的制度规范与政策协调。终身教育法制建设滞后，终身教育管理者、提供者和受教育者的责任、权利和义务缺乏法律保障。此外，终身教育的质量标准不统一，质量监控机制不完善，质量管理责任不明确，这些成为终身教育市场不规范、教育质量参差不齐、不同机构间学习成果难以互认和转换的重要原因。

3. 社会上对正规教育以外的非正规、非正式教育存在偏见，在学习成果评

价上，偏重正规教育，轻视非正规教育、非正式学习，偏重学历资格，轻视职业和技能资格。

由于中国尚未建立规范的非正规、非正式学习成果认证制度，社会成员通过非正规教育或非正式学习途径进行的学习成果得不到社会认可，大大影响了社会成员参与终身教育的积极性。

## 四、中国扩大高等教育参与的未来政策走向

根据上述政策困境，中国扩大高等教育参与的未来政策走向是：

1. 在现有学历资格、职业资格和技能等级体系的基础上，建立知识、能力与技能有机结合并可转换的整合的资格体系，制定符合中国国情的资格框架和能力标准，制定各级各类课程标准和行业职业能力标准；成立由行业管理人员、企事业用人单位代表、资深专业技术人员和有关专业团体代表参与的行业资格委员会，参考资格框架和能力标准制定行业职业能力标准。教育和培训机构可根据标准设计合适的培训课程。

2. 探索建立学分认证与转换制度。建立高等教育不同教育机构间的学分互认制度。以课程和学分标准为依据，建立普通学分和标准学分的换算制度。建立非正规教育学习成果认证制度，对非正规学习成果进行认证。经认可的学习成果可以转换为一定的高等教育学分或者高等教育入学资格。确立一种国家考试、学校考试、学分认定、能力认定有机结合的机制。

3. 建设国家数字化终身教育服务中心，通过现代信息技术等手段提升终身教育信息咨询、学习成果测试、学分记录和积累（建立个人终身学习积分卡），构

建促进终身教育优质资源共享和终身学习管理的服务平台。

4. 以广播电视大学和高等教育自学考试改革为突破口。在广播电视大学基础上组建国家覆盖全国城乡的远程开放大学。完善高等教育自学考试制度，开展职业教育自学考试。进一步促进开放大学和自学考试体系内各级、各类高等教育课程的衔接与转换。

5. 在地区层次尽快开展构建“立交桥”试点工作。北京市和上海市等具备相应条件的地区，就构建“立交桥”进行政策试点工作，国家对试点地区和机构给予必要的政策扶持。

【注】

几十年来，改革高等教育致力于满足更多的人接受教育的需求一直是中国政府所追求的目标，如中国的广播电视大学、高等教育自学考试制度以及正规大学举办的函授大学、夜大学和成人脱产班等为广大社会成员提供了大量的接受高等教育的机会，但以终身学习为理念扩大高等教育参与为时不长，真正的政策实践则主要发生于21世纪。本文终身学习视角下的“中国扩大高等教育参与的政策”主要是指：中国在改革高等教育方面所做的系列政策选择，以便发挥高等教育在终身学习中的重要作用，为更多的人提供接受高等教育的机会。“参与”的对象是接受完初始连续学校教育后的成人（因此本文成人教育与终身教育、终身学习、继续教育为同义语）；“参与”的方式包括既可以是全日制、也可以是非全日制，既可以在校学习，也可以通过网络、函授等形式的学习，还可以是自学；“参与”的内容既可以是职业导向的课程，也可以是非职业导向的课程，既可以是学历教育课程（以获取学历为目的），也可以是非学历教育课程（不以获取学历为目的）。

# 教育信息化与终身学习的发展

# 现代远程教育的目标、方法、机遇和挑战①

约翰·丹尼尔(John·Daniel)②

摘要:人们曾经把远程教育作为一种二流的教学模式,而如今,远程教育却成为教育改革中的一个关键,它能够扩大录取规模,提高教学质量,同时减少成本。本文在介绍远程教育的基本技术原理及基本方法之后,将探索远程教育运用新媒体带来的机遇,同时警示随之产生的高成本威胁。

## 一、远程教育:目标

为什么过去排在二流的远程教育,如今却得到了广泛的关注呢?人们之所以对它感兴趣,是因为它包含了改革的火种——这股改革之火能扫除人类历史上教育面临的最大障碍。

---

① 本文为大会发言稿。

② 约翰·丹尼尔(John Daniel)爵士是英国开放大学前副校长、联合国教科文前任副总干事。

教育面临的挑战

教育部长们会告诉你他们面临的挑战是需要同时追求三个目标，一是，扩大录取以便所有有需求的公民都能接受教育和培训。二是，要有好的教育质量。扩大录取只有在帮助人们提升能力的情况下才有意义。三是，成本费用必须尽可能低。政府和个人的钱永远不够用，因此在教育上投入除必需外额外的费用是不道义的做法，因为低费用帮助更多人受益。

但是，当我们将这三个目标绘制成一个三角形后，要同时达到这三个目标所面临的挑战便显而易见了。使用传统面对面的教学形式，这个三角形便是铁三角(A)。当你想要拉伸这个三角形(B)，从而使录取规模和质量分别变大和变高，而成本费用降低，实际上并不可能(图1)。

在教育扩张的历史长河中一直隐藏着这个铁三角。它已经在公众的心目中，甚至在你自己的心中，建立起了质量和独特性之间一种潜在联系。这一联系到现在依然驱使着许多大学的录取政策，这些大学通过限规模来保证它们的质量。

但是如今有一个好消息。由于全球化，复合波技术在世界上得到了传播，同时科技也能够让铁三角转化成灵活柔韧的三角形。

技术革命

通过使用远程教育技术，能够同时实现更广泛的录取、更高的质量以及更低的成本费用。这是一次以前从未有过的革命。如果能够恰当地使用教育技术，就能够实现这个目标。

什么是技术？我把它定义为由人和机器组成的组织在实践工作中对科学和其他系统知识的应用，因此它是借鉴了应用科学和非科学的知识。与技术相关的是实际工作而非理论，并通常涉及人类和他们的社会体系。扩大和提升教育

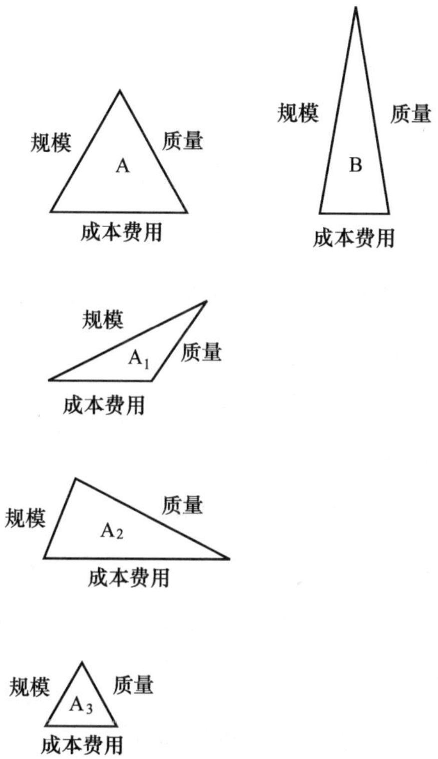


图 1　远程教育目标中规模、质量、成本费用三者关系

尝试扩大录取，将使每个课堂容纳更多的学生，但质量会受到影响（$A_1$）。试着提供更多更好的资源来提高质量，那么成本费用也会跟着上去（$A_2$）。削减成本，将会同时危及录取规模和质量（$A_3$）。

是一项实践性工作，人类和他们的社会体系是这一工作的核心。

但是如何使用技术呢？两个世纪以前，经济学家亚当·史密斯（1776 年）总结出了技术的基本原理，包括劳动分工、专业化、规模经济，以及机器和通讯媒体的使用。

案例:英国开放大学

我现在将通过展示一个真实的案例,来说明如何在高等教育中应用技术以获得显著成功。这个案例就是英国开放大学。

英国开放大学,目前有220 000名学生就读学位课程,在录取规模上有了明显的扩大。另外,仅在英国开放大学就读的学生中就有60 000名留学生,并且通过将英国开放大学的课程植入到当地的教育活动中,目前全世界范围内有100万名学生正在学习这些课程。

这些课程,许多都是来自于英国开放大学开放学习网站上的开放教育资源。现在我们回到开放教育资源的话题上。

毫无疑问,人们会更加惊讶,让英国其他一些一流高校感到尴尬的是:在教学质量国家比较评估中的表现是英国开放大学的排名在牛津大学之上。更者,目前政府在全国范围内抽取了非常大的样本,对学生的满意度进行调查,开放大学已经连续三年摘取桂冠。

表1为英国排名前九的高校教育质量排名。

**表1　英国排名前九的高校教学质量排名**

| | | |
|---|---|---|
| 1 | 剑桥大学 | 96% |
| 2 | 拉夫堡大学 | 95% |
| 3 | 伦敦经济学院 | 88% |
| 4 | 约克大学 | 88% |
| 5 | 开放大学 | 87% |
| 6 | 牛津大学 | 86% |
| 7 | 伦敦大学皇家理工学院 | 82% |
| 8 | 伦敦大学学院 | 77% |
| 9 | 埃塞克斯大学 | 77% |

基于所有学科的评估1995—2004年(《星期日泰晤士报》高教周刊2004)

最后是关于费用的比较。根据科目的不同,在每一学分上的费用,英国开放大学是传统大学的60% ~80%。

所以,开放大学已经实现了高录取、高质量和低费用的技术变革。它已经延展了传统的铁三角。它是如何实现的呢?开发大学完成了对亚当·史密斯的技术原理的整合。在“机器和信息传播技术”方面,该大学为学生的多媒体系统的远程学习提供了强有力的支持。

该多媒体系统包括了世界上最大的电子学习设备,但是主要问题并不在于电子学习或其他任何媒体,关键在于劳动分工、专业化和规模经济。英国开放大学将教与学的过程分成了各个要素分部,不同的人在各个分部都尽量做到专业化,然后再将这些分部回笼到一起整合成一个综合的系统。

## 二、远程教育:方法

这一部分是关于如何实施远程教育的。我刚才在谈到远程教育的目的时,使用了三角形来进行比喻说明。在方法部分,我将方法比喻为一个三角凳。

远程学习和远程课堂教学

我将先对两种远程教育的实施方式进行区分。

第一种称之为远程课堂教学,在美国比较流行。这个方式是通过音频或视频的电子通讯方式将一个教师和一些远程教室里的学生联系起来。这种方式使得一个教师能够在广泛的区域内接触到大量的学生。如果设备设计得好,并且教学者训练有素的话,学生与教师之间就能进行有效的交互沟通。

然而,我不会对这一方式进行深入的探讨,主要原因有:

第一,这个方式费用比较高,因为它是通过电子通讯设备进行联系的。

第二,它能够应用的远程教室数量有限,因此无法拉伸这个铁三角。

第三,它依然要求学生在规定的时间内待在教室里,因此不够灵活。

第四,随着连接技术的发展,大部分的远程教育工作者已经开始转向使用异步传送的方式。

因此,我将关注第二种远程教育方式,我称之为远程学习。它面对的是个别的学习者,在家、工作时或是旅行中,无论什么时候需要,都能够进行有效而愉快的学习。

远程学习中有三种成分,因此可以将远程学习看成是学生坐在三脚凳上(图2)。

图2　远程学习模式图

第一条腿指的是优秀的学习材料。如今人们可以利用很多媒体来做好材料,如音频、视频、印刷、网络、CD和DVD、移动硬盘、因特网,等等。

第二条腿指的是对学生的有力支持。大部分的学生都无法独立自主地进行学习,他们需要从老师或辅导者那边得到支持。这些支持可以从电话、邮箱或信件等途径得到。

第三条腿是优质的后勤。学习材料只有为学生所用才是有用的。必须对考试进行管理、监督和评分。通常这些操作都需要大规模地进行,15年前,我为拥有10万名学生的开放大学创造了这个词汇——巨型大学。

在这种大规模的范围内进行操作,即使一个管理上的错误只影响了1%的学生,也意味着会使超过1 000个学生受到影响。事实上,在目前这些巨型大学中至少有三家大学已经拥有超过100万个学生,因此这些错误就会影响到

10 000个学生——这相当于牛津大学在20世纪60年代总的学生人数。

## 三、远程教育:机遇

好消息是每一代技术革新都会改善远程教育的基本费用结构。稍后我会谈到随之而来的威胁,也就是新的可能性,比如电子学习能够引导我们将视线从铁三角移开,重新陷入山寨产业模式的高成本。

我们必须牢记,远程教育之所以具有竞争力的成本结构,最基本的原因在于生产和分发学习材料方面随之而生的规模经济。书本已经从巨大的规模经济中获益,然而广播媒体和因特网能够使批量生产和分发更加便宜。但是,在制作第一个样板时需要投入的脑力成本却并不便宜。

这就是创造一个开放的教育资源库成为一个机遇的原因。它意味着每个教师不需要另起炉灶,但也不意味着每个教师必须使用标准的产品,因为开放教育资源所蕴含的核心思想是让每个人都能够有机会接触到这个资源。

开放教育资源作为一种数字形式的学习资源,能够让任何人免费获得及使用。我认为,全球知识共享这样一个想法是非常令人兴奋的,前提是它没有被扭曲成是在搞新殖民主义。开放教育资源是一种新的机遇,它能够把全世界的资源都吸引过来,而不需要请求富人将他们拥有的资源赐给穷人们。

在学习共同体中,我们正越来越多地参与到开放教育资源中,因为开放教育资源能够帮助我们实现三个目标,即以最低的成本费用扩大规模并提高学习质量。

比如说,我的同事 Abdurrahman Umar 便深入地参与到了 TESSA(撒哈拉以南非洲的教师教育)项目中。由18所非洲大学和英国开放大学组成的联盟已经用阿拉伯语、英语、法语和斯瓦希里语四种语言制作了大量的开放教育资源,为小学水平的在职教师教育提供课堂学习材料。目前有50万的非洲教师正在使用这些资源。

与开放教育资源紧密联系的、作为电子学习的第二种应用的便是维基,我们认为它是非常有用的,也促使我们努力去思考开放内容的本质。

几年前,我们英联邦学习共同体的同事 Wayne Mackintosh 创建了 WikiEducator,它的出现立即就吸引了成千上万的参与者。在 Hewlett 基金的支持下,他使用一种非常原始的方法通过面对面和在线研讨的方式培训了数以千计的人。该协议要求教师在免费学习维基技能后,通过使用这些技能将他们的课程贡献到开放教育资源库中。

目前学习共同体正在做一个叫做虚拟大学的项目,对象是英联邦的一些小国家,这不是一个新的机构,而是一个合作机制,目的在于帮助世界各地的小国家能够共同协作创建开放教育资源。2006年,十几个国家聚集在毛里求斯共同开发旅游课程。2010年,来自18个小国家的专家汇集在马尔代夫,为小国家开发可持续农业的学历课程而共同努力。等他们回到各自的国家后,他们将通过在线协作完成剩下的课程开发。

最后,我要说的是,尽管此次论坛是关于终身学习的,但是在中等教育领域里也有大量的机遇,这些也可以列在远程教育的机遇里面。目前,有400万年龄在12~17周岁儿童没有接受中等教育,在接下来至少十年的时间里,他们可能成为世界上最大的教育挑战。

由于这个原因,我在继20世纪90年代出版了关于举行巨型大学的书后,又出版了一本新书，名字叫做《巨型学校、技术和教师：实现全民教育》（Daniel, 2010）。书中的观点是，只有借助于远程教育的大量资源，我们才能普及中等教育，才能培训必需的教师以完成普及小学教育活动。

## 四、远程教育：威胁

最后，我要讲的是远程教育面临的威胁。未来是美好的，但也有风险。为了能够在一个低成本下大规模地运行，并保持一贯的质量，所有的远程教育业务，与使用的学习媒体无关，是因为坚持了劳动分工和专业化的原则。人们总是可以找到有关管理、后勤、课程开发和学生支持方面的三个组织子系统，当然，还有每个子系统下更加精细的劳动分工和专业化原则。这就是潜在的威胁。我相信，如果想好好地进行电子学习，那么必须利用劳动分工和专业化的原则。但是在高等教育领域，人们却并不这么做。事实上，有人说电子学习的一大亮点就是它并不要求教师采取不同的方式进行操作。

可以继续采用山寨产业的做法，每个学者都做着他们自己的事情，然后关注教学过程的每一个阶段。我的同伴 Vancouverite 和 Tony Bates 教授将这个方法称之为电子学习的“独行侠”。

先前我引用了亚当·史密斯关于技术原理的研究，你们中的不少人可能已经从他对图钉厂的描述中认识到这个原理。对于图钉厂的描述，是经济学中的一个经典，你们很容易就能够从网上找到。我建议你们都去读一下。他的基本观点是，当你在工厂里制作图钉时，如果大家协作生产的话，相比较一个工匠独立完成，要更便宜，质量也会更加稳定。我确信，现在没有人还会想着要去独立完成一枚图钉的制作，但是像这种低效率、低质量的做法却一直存在于高等教育领域里面。更糟的是，还常常将电子学习嵌入到这种方式中，使得高等教育的成本效益比以前更差，因为人们往往只是简单地将电子学习附加到现存的一些做法中。

在一些像北美这样物质丰富的国家里，他们可能并不会太在意成本效益。并且至少直到目前，这些机构在提高学费的速度方面要比通货膨胀快许多，而没有考虑如何使学生在投入金钱后获得更多价值的回报。我希望我的观点能够被证明是错误的。在许多次演讲中，当我提出自己的观点后，我都会请求人们能够给我一些研究证据，用于证明电子学习已经提高了高等教育机构的整体成本效益。

有一点我要说清楚，我谈论的不是那些显示电子学习与课堂教学在学习效果方面并无显著差异的毫无意义的研究。我想要知道的是，目前大学或学院的整体效率是否得到了提高，课堂是否已经退役了，同时一些资本（如技术）是否已经真正代替了劳动力。至少到目前为止，还没有一个例子来证明。

正如我所说的，在一些物质丰富的区域，这可能并不会造成问题，但是在一些资源稀缺、教育机会有限的地方，比如说我所在的区域，那么它就显得非常重要了。在这些地方，质量、成本和独特性之间存在的潜在联系是紧密的，电子学习应该是一种开放的力量，而不是倒退到过去。

我们的目标是利用远程教育技术，拉伸铁三角，以相对合理的成本实现素质教育。

## 参考文献

[1] Daniel, J. S. (2010). *Mega-Schools, Technology and Teachers: Achieving Education for All*, Routledge

[2] Smith, A. (1776). *The Wealth of Nations*, *Book* 1, *Chapter* 1 *para I. 1. 3*. Retrieved from http://www.econlib.org/library/Smith/smWN.html

# 终身学习新范式与新媒体学习超市建设[1]

康　宁[2]

纵观国内外技术在教育系统应用的发展历史，特别是从函授电化教育、网络广播教育、远程开放教育、数字网络教育的几个阶段特征发现，从集体、正式、正规化、统一性趋于个体、非正式、非正规、多选择，恰好是从国民教育需求特征过渡为终身教育需求特征相一致的方向。

远程教育在经历了前面重要发展阶段后基本完成了作为终身教育早期阶段相互替代技术的使命，其原有功能已经远远不能适应成千上万甚至上亿终身教育学习者的技术需求。应运而生的新媒体技术平台将成为影响我国终身教育发展并带来战略增长拐点的根本因素。技术促使学习环境变得泛在趋势越来越明显，学习与生活已深深融合，相互依存，并会加速变革，从这个角度上来理解，我们认为那种将终身教育正规化、学校化的远程教育即将完成它的历史使命，进入

① 本文为论坛发言稿。

② 康宁，中国教育电视台台长。

到历史性的拐点，真正意义上的终身教育、全民教育以及全时教育时代来临。

## 一、新媒体技术革新和终身学习新范式

经典学习的基本观点是将外部知识被动内化到自己的认知结构中，基本模式是将个人一生二分之一或三分之一的时间用于学习训练以获得只能短暂适应社会化与职业化的技能与能力，其学习过程是线性化的“老师教、学生学”，个人成长过程也是线性化的“上学、工作、生活”。

我们从不怀疑原有的这种学习范式，因为它确实适应了过去一百多年来的工业化社会教育需求。但我们已经进入到一个信息和知识爆炸的世界，在一个快速变化和变革的时代，一个人在一生中，能够内化的知识是有限的，而外界的知识和信息是无穷的，以有涯之身，对无涯知识之洋，如何应对？

终身教育依托现代信息技术而开展，它的进化与发展必然受到计算机技术的影响。当前，深刻影响教育活动的新一代新技术，以新媒体技术为代表，包括普适计算、移动通信技术、统一通信网络、智能终端技术等，为开展新形式的教学和学习活动提供了技术基础。

新媒体技术在教育领域的深远影响就是使得教育泛在化，学习的发生、学习的需求以及学习资源无处不在，学习与生活、工作是融合在一起的，学习者遇到任何实际问题需求，可以得到普适计算环境随时、随地的支持，学习融合于生活之中以至于我们无法觉察，生活就是学习。

从这个意义上来理解，终身学习的新范式就是在无所不在的学习情境空间中，在自然的生活场景中，学习者透过情境感知设备与情境相关群体或智能知识

主体以自然的方式交互、共享和构建个体认知网络和社会认知网络的过程，其核心特征是：一是泛在性：学习是无时、无处不在的，融合在工作与生活当中。二是非正式、非正规性：未来的终身学习是在工作、生活或社交等非正式学习时间和地点连接或内化知识的学习形式，这种非正式学习广泛存在，并占据个体工作中学习需要的绝大部分。三是社会性：学习是共享和构建个体认知网络和社会认知网络的过程。四是情境性：学习受到具体的情境特征的影响，学习者只有在有意义的情境中学习，才能真正掌握知识。五是分布式高级认知性：认知分布存在，广泛存在于参与建构的各个成员的大脑中，通过学习共同体逐步生成一个“分布式的专业知识网络”，学会学习、分享智慧。

在新技术环境下，终身学习新范式成为可能，新技术的推动是实现更为美好的理想和制度的基础和前提。在新的终身学习范式下，原有的大工业早期产生的课堂、班级、校园等固有学习环境可能将被超越，学习伴随一生，无所不在，学习过程不再只是从老师到学生，人人都可能是学生，人人都可以成为老师。在多对多的网络化环境中，成长过程不再是线性化的，学习、工作与生活深深融合，相互依存，相互伴随，形成环状结构。

在新的终身学习范式下，没有人再为如此之长的十二年的学习而遗憾，没有人会为年轻时上不了四年大学而汗颜，更没有人会对文凭这一工业化制度下的设计感兴趣。人们只需考虑“什么时候学、学什么”，人们只对优质的学习资源、崭新的学习交互感兴趣，人们会更多关注学习投资与学习收益，学习变得更为经济，更为实用，更为享受。

在新的终身学习范式下，由于新媒体技术降低了学习门槛，减轻了学习难度，缩短了人与人之间获得知识的能力差异化，使得人们在一生时间里持续地主动内化学习成为可能。

## 二、教育新媒体学习超市建设——面向全民的非正式、非正规学习平台

新的技术映合新的学习理念的转变，这种理念转变深刻影响了学习平台的开发与构建，使终身教育平台从功能到架构上都发生着革命性的变革。

中国教育电视台正在建设的“学习超市”教育新媒体平台就是在技术促进终身学习范式变革的背景下，所建立一个融合多种网络、多种终端、多种传输路径的新媒体教育服务平台和终身学习系统，是我国首个天地网相结合的、兼顾发达和欠发达地区的、更适合非正式、非正规教育的新媒体教育服务平台。

新媒体学习超市与其他学习平台本质的差别是支持非正式的、终身学习的平台，它不是传统课堂一个教师对多个学生的模式翻版，而是一对一的学习，更是多对一的学习。

学习超市平台已创新性提出多项新媒体教育理论，并实现应用开发，基于终身学习新范式，更适合非正式、非正规学习。一是“超子”学习体系：学习超市创新提出了“超子”体系，是新媒体教育的核心和基础，是一个创新的学习机制，旨在使任何人都可能既是学习者，又是教学者，学习的内容可以不断更新，学习机制着眼于知识建构方案的不断创新。二是“知识关系网络”（KNS）学习体系：学习超市创新提出了“知识关联网络”体系，KNS 是在社会关系网络（SNS）基础上，除了实现人际关系关联外，还实现了知识点的关联，将知识点和用户、用户和用户、知识点和知识点关联在一起，形成知识语义网络。三是新媒体教育资源规范：学习超市创新提出了新媒体教育资源规范，尽可能兼容现有的各种资源标

准，特别针对非正式、非正规学习资源特点，增加实现碎片化资源、知识点标注等的规范管理，使资源标准化，使各方开发的信息资源可以上传共享，形成海量教育信息资源库，并支撑终身学习新范式应用开展。四是创新关系网络(CNS)，提供创新研究平台：不同知识背景的人，面对各种各样的“为什么”，协同研讨，汇聚知识，共享智慧，交叉融合，产生新的知识体系。

学习超市平台已创新性地搭建了可支撑全民终身学习的网络体系。一是以宽带卫星为核心的四网融合架构：学习超市融合卫星双向网、互联网、数字电视网和移动通信网，其最终目标是发展成为基于教育双向宽带学习卫星的多网融合的新媒体教育平台，真正实现全民覆盖、支撑全民终身学习。二是以四网融合为基础的教育云计算服务架构：学习超市提出“让每一个人都拥有一个伴随终生的学习账号”的愿景，基于云计算教育服务平台，大部分学习软件功能和存储转移到网络上，用户只需要简单的终端(如廉价 PC、手机、数字电视终端、PDA 等)和简单的软件(操作系统核心组件、浏览器)就能享受“教育云”中提供的各种学习服务。三是基于四屏融合架构的移动学习平台：学习超市融合“四屏”终端：电脑屏、电视屏、手机屏和虚拟屏，支持移动学习，方便灵活地满足学习者需求。四是建立产、学、研一体化的创新、创业、创意开发平台(高校创意总部基地)，全方面、全过程服务、指导每个个体的创意研发，使个体参与创意的成本大大减少，使创意成功的可能性大大增大。

学习超市已形成了社区、服务、工具相结合的完善的新媒体学习桌面服务体系，更适合非正式、非正规学习。一是总体形成三大社区：学习培训社区、视频新闻社区、创意(3D)虚拟社区。学习培训社区基于超子、KNS 等新媒体教育理论，提供异步和同步相结合的各种学习应用服务，建立了新媒体在线学习管理系统，建立多元、智能、多维度的教育网评评价体系，特别是建立了3D和2.5D相结合的虚拟学习环境，提供最接近现实感受的视觉体验并实现情景式教育、交互式教育等多种在线教育模式，可满足个人和企业等广泛的终身学习和职业培训需求。视频新闻社区基于碎片化的视频处理技术和新颖别致的富媒体展现形式，实现深度的视频资源整合，提供网络电视直播、电视点播、直播新闻、新闻互动等服务。创意(3D)虚拟社区可充分自由地想象、创意空间，突破空间与时间局限，所有人带着“为什么”、“如果…会怎样”而来，在这个空间里，可以探索未来世界，可以探索世界的本原，可以搭建现实中无法实现的城市，可以进行现实中无法实现的实验。二是提供新媒体学习相关服务，包括师资培训、企业培训、早期教育、网络课堂、高清课堂、移动课堂、探索实验，等等。为各种教育应用提供全方面的服务。三是提供新媒体学习相关工具，包括超子制作、超子上载、超子管理、超子网信，等等。为各种教育应用提供有力支持。

## 三、小结

在新媒体技术发展驱动下，产生了新的终身学习范式和学习理念，学习将无所不在。新范式、新理念反过来又极大地影响了终身学习平台的建设。从发展的眼光看，我们曾经为之迷惑但向往的新技术彼岸就在眼前，我们需要选择的是要不要运用这一新媒体学习平台。事实上，十年前的理念选择、五年前的政策选择、三年前的技术选择决定了我们今天的生活；同样，今天的选择将决定我们三年以至于十年后的生活。新技术的发展使新生一代的生存方式成为新媒体一代，终身学习平台与新媒体如此紧密地联系起来，使人人应该享用并能够享用的学习成为现实。

【注】

【1】新媒体技术平台能够替代原有远程教育技术成为终身教育增长点的支持系统，基于四个方面的基本优势。一是它符合现代信息技术的发展趋势，性能越来强，但价格会越来越低、体积越来越小，各种新形态信息终端在生活中出现得越来越多，技术在生活中的泛在化趋势越来越明显，最好的技术是消失在生活中的技术，同样，最好的学习是消失在生活的学习。二是它符合终身教育理念。终身教育理念是面对所有人群。三是它符合终身教育的学习方式。它是面对个人化、便携的终端的自主学习方式，是随时随地在线学习，并不因为我占有而使你有所损失，相反是一种共享资源空间的“帕累托优化”模式。四是它符合公共教育能够支付并受益最大化的原则。节选自《转型期新技术服务终身教育的制度选择》，康宁，《北京大学教育评论》2007年7月。

【2】“超子”是一个具有元数据编码的可由使用者自己建构、共享的学习对象。它可以独立存在，为学习者选用；它有一定的结构与功能，学习者通过它能够获得一定的知识、技能，或建构知识。“超子”本身可以修改，变化，还可以与其他“超子”连接形成个人的知识网络。

## 参考文献


[1] 康宁. 转型期新技术服务终身教育的制度选择.[J]北京大学教育评论 2007(7).

[2] 姚梅林. 从认知到情境：学习范式的变革[J]. 教育研究，2003(2)：8-12.

[3] 康宁，王涛. 国家教育新媒体学习超市平台建设构想.[J]江苏教育学院学报，2008(3).

[4] 余胜泉，程罡，董京峰. e-Learning 新解：网络教学范式的转换. 远程教育杂志，2009(3).

# 中国网络继续教育发展中的第三服务[1]

王珠珠[2] 郑大伟

十年来，伴随着正规学校和教育机构利用信息技术促进继续教育发展的历程，一批平台开发、教育服务、通讯网络等方面的企业应运而生，并在改革和探索中得以壮大，已经成为我国信息技术促进继续教育事业发展的一支生力军。早期的网络学院与电信或广电部门在网络传输中进行合作，后来一些公司直接承担了网络学院的技术开发、网络运营等任务，现在"奥鹏"等企业已经发展成为具有相当规模和影响力的数学化学习港运营商。

## 一、第三方进入网络继续教育领域的历史必然性

第三方承接学校任务，协助或直接为学习者提供数学化学习服务的出现有

① 本文为书面发言稿。

② 王珠珠，中央电化教育馆馆长。

其必然性。在直接的人际交流环境中，知识传播距离短，不需要专门的中介。在网络环境下学习，出现了一系列新的问题。学习内容的多样性与对学习者个体的针对性如何统一？学习灵活性如何体现为学习者个体在任何时间和地点获得学习资源的良好体验？学习机会的开放性与学习质量标准保障的有效性如何统一？在把握和解决这些问题时，正规学校和教育机构的资金投入、人力资源、技术支持、运行机制和效率等方面均显得力不从心，而一些企业正在这时发挥了自身优势，乘势而上。



## 二、第三方网络继续教育成功的原因

十年来的实践已经说明，一些企业提供的第三方网络继续教育服务取得了成功，为我国网络继续教育做出了贡献。分析其成功的原因，具有以下共性。

第一，这些企业面对了效益的挑战。理论上说，使用新的信息技术可以实现包括降低教育服务的单位成本在内的目标。但是这一优势，只有当使用新技术的最初开发成本被若干年以后的大量学习者分摊时才能获得。同时考虑到数字化学习的学习者和提供者的设备、软件以及维护、更新等因素，数字化继续教育在今后相当长一段时间内，成本可能不会像上一代广播电视教育那样低（占面授教育成本的1/2～1/3）。一方面学习者需要找到更有针对性的学习内容，另一方面学校和教育机构需要找到更多的学习者合理解决开发学习内容和所有学习内容上网运营成本的分摊。对于正规学校来说，在校学习与网络教育学生要求不一，无法通过扩大常规教学能力，实现有针对性的继续教育服务，特别是在职业培训方面的服务。1998 年就开始与中国人民大学合作建立网络学院的弘成教育集团却认为:"与学校合作是一个长期而稳定的事情,企业不能寻求短期回报,首先要在诚信的基础上双方达到一个很好的认同。把工作做到位,质量保证了,规模上去后,效益自然就有了。"他们在无人知道课件应该怎么做,网络学习模式无经验可借鉴的情况下,与中国人民大学网络学院一起,在远程教育的战略、策略、方向及实现手段上反复论证,夜以继日地工作,两年内只有投入没有产出,他们与中国人民大学网络学院一起走了过来。如今他们已经成为教育部批准的开展现代远程教育公共服务体系建设的试点项目单位,在2007年底成为国内首个成功在纳斯达克上市的网络教育服务企业。

第二,这些企业不放松质量控制。研究表明:网络远程教育质量保证体系共同的基本要素为:资源设计、开发与发送及其评估,学生学习支持服务,双向通信交互,宽进严出政策及其落实(课程考核与学生学业评价),教育管理,教师的专业发展与培训,教育研究,基础设施建设,财政支持和经费保证。今天的弘成科技对网络教学全过程及各环节的了解,已经在业界形成优势。这种优势体现在细微之处,比如,标准化建设、教学支持服务、学习支持服务、组织学生业余活动,等等。他们的员工可以从早上8:00时一直到晚上22:00时守在电话旁边,给学生解答问题,提供学习服务,包括周末。他们的目标就是要把学习服务做到位。

第三,这些企业重视创新发展。信息技术为以学习者为中心的资源开发和以项目为主的教学方式,提供了丰富的学习者调查、统计、分析和资源开发精准化过程管理的工具。数字化的版本管理可以大大提高课题开发的效率,降低成本。丰富的多媒体教学资源可成为比教师面授或书本自学更好的学习"支架"。日益发展的网络,使学习者不仅能够随时随地学习,而且可以实现反复学、有针对性地学。双向互动的、实时或非实时的视音频技术、WEB2.0技术为学习支持提供了身临其境和向同伴学习的良好环境。信息技术环境下的教育质量保障,不再只依赖于教育服务提供者,而必须在与学习者的网络互动中有效实现。如,数字化继续教育需要学习者的自律。信息技术提供的数字化学习平台,可以实现学习过程的个性化管理。它不仅方便了教育者,也方便了学习者的自我检测,有利于学习者自我管理和自我激励。从更长远的观点看,也将有利于积累学习经历,养成学习者持续学习的习惯。然而,这些信息技术优势转变为继续教育产品和服务的优势,必须创新。新东方在线分析自己创办之初发展缓慢时指出,最大的问题在于比较简单地模仿了线下培训的方式,即老师讲、学生听。近两年发展之路逐步清晰了,因为找到了一条与线下语言培训市场完全不同的发展之路。新东方在线的任课教师们反映,他们发现课程要求在不断变化。现在需要了解学生的特点、课程应该如何讲甚至应不应该直接讲出来都必须认真考虑。



## 三、对第三方网络继续教育服务的政府导向

以合作运营商和承运商方式出现的第三方,正是带着资金、技术和用人制度等灵活机制、企业文化等要素,进入了信息技术环境下的继续教育产品和服务提供者的行列,带来了一系列新解决方案和新的气象。教育提供者、学习者和第三方的合作,扩大了中国继续教育产品和服务规模,提供了优质的资源集约化服务,提高服务的专业化水平,增强了效益,降低了投资风险,探索了不断开发新的学习需求,以变革的学习方式适应继续教育的新要求。对于这一新

生事物政府应该积极引导，促进其健康发展。作者建议在以下方面加强政府的导向作用。

1. 在建设继续教育公共服务体系中发挥企业的作用。为促进网络教育（包括继续教育）的发展，政府已经在未来十年内构建先进的、基于信息网络的、遍布城乡和面向社会大众各种不同需求的继续教育公共服务平台。这一平台应该既提供政府公共服务又能够提供市场化的个性化服务，形成免费享用与有偿使用相结合的网络平台运营机制。促进资源需要者与资源提供者通过各种方便的、有质量保证的中介服务获得各自的学习需求满足，逐步形成覆盖全社会的、可持续发展的数字化学习网络。政府应鼓励企业第三方成为分成式平台的运营商或内容提供商，以优质的服务满足日益增长的多样化学习需求。

2. 把信息技术促进继续教育发展作为教育服务业发展的重要组成部分，鼓励各级各类学校与事业单位、科研院所和社会团体开展合作，积极开办多种形式的数字化继续教育（包括非正式教育），提供丰富的优质资源，优势互补，合作共赢，把继续教育产品和服务继续做大做强。

3. 明晰合作性质，保证合作持续健康发展。在总结十年来校企合作的基础上，对合作的性质进行明确而又实事求是的划分。作者认为，第一类是服务外包性质的。对于办学主体而言，企业承担其网络运营和内容开发、学习支持服务的任务，学校按照其服务合同支付相关费用。第二类可归为民办教育或培训。这类教育或培训的教与学全方位服务由企业或相关非正规学校提供，它们是网络继续教育的办学主体。应该在赋予它们相应权力的同时，通过管理形成制约机制，由这些机构承担相应的风险，防止因责权不清而影响办学声誉。同时也促进高水平教育机构形成自我发展和自我约束机制。

## 参考文献

[1] 吕瑶,李桂云. 企业推动力——远教十年典型企业发展剖析. [J] 中国远程教育,2009(5).

[2] 郝克明,周满生. 终身教育经典文献. 北京:高等教育出版社,2006.

[3] 丁兴富. 远程教育质量保证国际比较研究及其结论. [J]远程教育杂志,2004(3).

[4] www. moe. edu. cn ,国家中长期教育发展规划(征求意见稿)。

# 北京广播电视大学在首都终身教育体系中的作用[①]

胡晓松[②]



2007年，北京市委、市政府出台了《关于大力推进首都学习型城市建设的决定》，其中提到："构建各类教育相互沟通和相互衔接的终身教育体系"、"积极发展各类数字化远程教育，建立市民终身学习网络平台，加快推进开放大学建设"。在《国家中长期教育改革和发展规划纲要》（征求意见稿）中，也再次提到要构建灵活开放的终身教育体系，健全宽进严出的学习制度，办好开放大学。可见，开放大学建设已经成为推进终身教育体系构建的重要举措，这与开放大学本身的理念和特点是密不可分的。

## 一、建设开放大学是构建终身教育体系的重要举措

开放大学的兴起同终身教育的思潮密不可分。自20世纪六七十年代起，科

① 本文为书面发言稿。

② 胡晓松，北京广播电视大学校长。

技的进步和发展使得就业和职业越来越不稳定；而信息和知识社会的悄然走近又使得知识更新速度加快，人们必须不断学习才能适应时代的要求。面对这种形式，僵化封闭的传统教育体系无论在数量和办学形式上都已越来越难以满足人们不断增长的、多样化的、终生的教育需求；教育民主化、教育机会均等成为广大民众的诉求；开放大学的理念和实践也应运而生（王一兵，2002）。世界各国开放大学的发展状况差异很大，然而，各国的开放大学都将终身、开放或“有教无类”作为其办学理念，即通过新技术的应用，向任何社会阶层、性别、年龄、地域的人，尤其是社会处境不利群体开放教育机会，开设合适的专业项目，提供高质量的课程资源和教育服务。开放大学通常具有开放性、灵活性、技术依赖性，合作化办学、国际化发展等特点。

1．开放性

开放是开放大学的根本特征和属性，是其作为一种独立教育形态与传统院校的最本质区别。开放意味着开放教育机会，保障教育权利和机会均等，但并不意味着降低教育标准和教育质量。

2．灵活性

灵活体现了开放大学以学生为中心的价值理念，是开放远程教育在满足人类从工业社会向全球化的知识经济社会转型中越来越多样化和个性化的教育需求的必备品质。灵活性体现在学习时间和地点的灵活、学习内容和学习方式的灵活、课程结构和专业体系的灵活等方面。

3．技术丰富性

开放大学的开放性和灵活性，离不开教学组织模式的创新，而远程教学的实施离不开信息技术的支撑。从印刷媒体、广播电视到互联网、虚拟现实、人工智能等，开放大学一直是应用技术改革教育教学过程的先行者。

4．合作化办学

通过与企业、行业、普通高校，以及国际院校等的合作，汇聚最优质的教育资源，是开放大学的基本发展模式。

5．国际化发展

开放大学的基本教学模式就是超越时空的远程教学，因此可以实现无国界的教育，促进不同文化之间的沟通和交流。同时，国际化进程也是开放大学提升办学水平、建立国际影响力的必由之路。

开放大学对新技术的应用使其能够为学习者提供时时、处处可学的环境；合作化办学和国际化发展能够充分利用最优质的教育资源，举办多层次、多种类的学历教育和非学历教育；开放性能够为最广大的社会成员提供受教育机会；灵活性能够为社会成员提供个性化的教育服务，使其可以突破僵化的学制限制，在任何时间、任何地点学习自己需要的任何阶段的教育；灵活性也让开放大学成为正规教育、非正规教育、非正式学习的最佳结合点。开放大学的这些理念和特点，以及在各国的实践都证明开放大学在终身教育体系的构建中发挥着重要作用。

## 二、北京广播电视大学在首都终身教育体系中发挥的作用

北京广播电视大学创建于1960年，是全国建立最早的电视大学。第一任校长为原北京市副市长、著名历史学家吴晗。从建校伊始，北京电大就具备开放大学的属性。北京广播电视大学在过去50年的发展中发挥了人才培养、知识创新以及社会服务的大学职能，始终践行着“有教无类”的理念和使命，探索不同形

式“宽进严出”的开放入学制度，坚持利用有效的信息技术手段，遵循远程教育的办学规律，整合首都最优质的教育资源，加强国际交流，走出了一条既不同于普通高校、又不同于一般成人高校的特色发展之路。虽无开放大学之名，但是北京广播电视大学的办学理念和办学特点都印证着其开放大学的属性。

同世界上其他开放大学一样，北京广播电视大学在首都终身教育体系的构建中发挥着重要作用，为首都市民提供了多层次的学历教育，多种类的非学历培训，以及多途径的非正式学习资源。

1. 提供多层次的学历教育

北京广播电视大学面向各类社会在职人员已经开展了研究生、大学本科、专科和中等专业的学历教育。现开设本科专业 15 个、专科专业 26 个，中等教育专业 11 个。本、专科注册学习学生 7.3 万人，在籍学生 11.3 万人，约占北京各级各类高等教育在校生总数的 1/11，占全市各类成人高等教育、网络高等教育各约 1/3。电大教育在首都 55% 的高等教育毛入学率中贡献了 2.4 个百分点，为首都的经济建设和社会发展作出了独特贡献。

2. 提供多种类的非学历培训

北京广播电视大学目前还承担着多种类的非学历教育任务。积极参与北京市职工素质教育工程，培训职工 9 万余人次；开展小学教师英语口语培训 2.3 万余人，开展奥运宣传教育、来京务工人员教育、老年广播电视教育，等等。已累计开展非学历培训近 100 万人次。

3. 提供多途径的非正式学习资源

北京广播电视大学一直以来都在综合利用各种媒体开展远程教育。从印刷媒体，到广播电视，以及互联网，都是人们非正式学习的重要途径。北京广播电视大学通过向市民赠书，在电视台播出教育电视节目，承担“北京学习型城市网”等途径为广大市民提供了多途径的非正式学习机会。目前“北京学习型城市网”已经开发了95个系列1 538集视频课程，220G的学习资源供市民学习，网站点击率突破300万人次，为首都市民的自主学习作出了应有的贡献。

## 三、北京广播电视大学将会进一步服务于首都终身教育

北京广播电视大学在未来的发展过程中，会进一步巩固已有的成果，改革创新，把为首都终身教育服务作为自己的历史使命和发展动力。

1. 继续提供多层次、多种类、多途径的终身学习机会

北京广播电视大学在学历教育上将完善宽进严出的学习制度，以课程为核心建设循序渐进的阶梯型课程体系和灵活的认证体系。设置入门课程、短期课程、本科课程、研究性课程等不同层次的模块化课程体系，建立资格证书、学历证书，以及各类学位证书的认证和转换机制，推动开放大学的建设。随着北京市经济社会的快速发展，各行各业接受在职培训的需求也越来越旺盛，北京广播电视大学将在北京市继续开展多种类型的非学历教育和培训，满足人们追求职业发展和幸福生活的需求。北京广播电视大学将研究建设互联网、卫星、数字互动电视和移动网络等多网合一的数字化学习系统平台，开发移动学习、泛在学习的环境以及其中的学习资源，为学习者提供更为灵活和方便的学习机会。

2. 实现各类教育/学习的互通、互认

终身教育的一个重要方面是必须使持久的学习得到社会的承认（联合国教科文，2005）。北京广播电视大学拥有学历教育、非学历培训的基础，以及丰富的

学习资源，为实现各类教育/学习的互通、互认奠定了基础。北京广播电视大学将建设学分认证中心，以课程和相应的认证和转换机制为核心，利用信息技术实现各类教育/学习的互通和互认，搭建终身学习的公共服务平台，如图1所示。

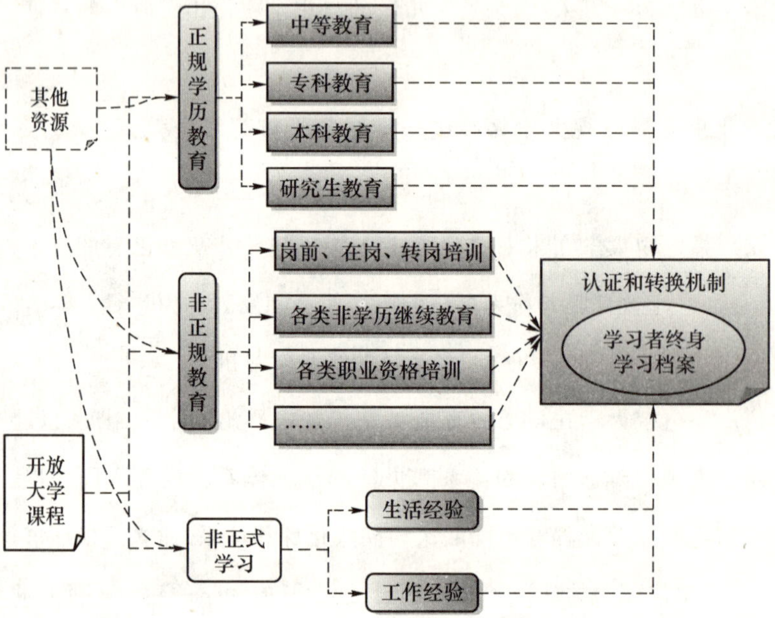


图1　正规教育、非正规教育和非正式学习之间的互通互认

利用信息技术，可以为每个北京市民建立终身学习档案，记录和追踪其学习历程，在逐步完善的认证和转换机制支持下，实现各级各类教育的相互沟通和衔接，让学习者能够在正规教育、非正规教育，以及非正式学习之间进行选择和转换，充分满足学习者的个性需求，促进终身学习的社会化、个性化。

3．共创共享优质的数字化学习资源

由于各种原因，中国的公共教育文化设施和资源的开放程度很低，造成了有限教育资源的浪费(郝克明, 2006)。学习资源不是消耗品,相反,学习资源会由于彼此的共享而产生更有价值的知识。托马斯·杰弗逊早在1813年就形象地写到,"从我这里获得思想的人,增长了教益而无损于我;就像借用我的蜡烛点亮自己蜡烛的人,获得了光明而我光亮如初"。

北京广播电视大学将依托自身的资源和技术优势,整合散落在社会中的各类优质教育资源,秉承共创共享的精神,调动社会中一切积极的力量,共同创建、共同享用优质的数字化学习资源,建设首都终身教育数字化学习资源中心,并依托其开展各级各类的教育和培训活动。

4. 建设社区学习中心,形成网络学习社区

为将学习资源和学习服务直接辐射到基层,北京广播电视大学将努力在北京市每个基层社区、每个行政村建立数字化社区学习中心,将课堂送到市民身边,为广大市民的终身学习提供社区环境、设施和资源。

学习除了依靠学习者的自我意义建构之外,更需要进行沟通和协作。因此,终身学习还需要通过网络学习社区的建设让学习者建立同他人的社会关系网络,形成互帮互助、共同进步的学习氛围。北京广播电视大学将通过各类网络学习和社会交往活动,促成以学习兴趣和学习需求为主要线索进行组织的网络学习社区。

## 结语

首都终身教育体系的构建是个系统工程,必须在经济社会不断发展的基础上,依靠政策、技术和全社会所有力量的共同努力才能逐步实现和完善。北京广

播电视大学将抓住建设开放大学的契机,进一步为首都终身教育体系作出自己应有的贡献。

## 参考文献

[1] 王一兵.高等教育大众化、国际化、网络化和法人化[M].昆明:云南大学出版社.2002.

[2] 联合国教科文组织.从信息社会迈向知识社会.(2005) http://www.un.org/chinese/esa/education/knowledgesociety/doc/141843c.pdf

[3] 郝克明.迈进学习社会——建设终身学习体系和学习型社会的研究[M].北京:高等教育出版社,2006.

# 学习型社区、学习型组织与终身学习

# 学习型城市构建的思考[①]

韩崇熙(Han，SoongHee)[②]

摘要:构建学习型城市是将学习型社会理念付诸实践的重要步骤之一。本文首先简要介绍了学习型城市的三种模式,进而引发对构建学习型社会的相关思考,最后对韩国构建终身学习型城市的进程进行了回顾和反思,并进行了相关经验总结。

关键词:学习型城市;终身学习型城市;学习型社会

## 一、学习型城市:多元化的模式

构建学习型城市是将学习型社会的理念付诸实践的重要步骤之一。同时,它也是一座城市中物质文明与精神文明相匹配的标志。越来越多的国家开始依靠学习型城市的建设来推动学习型社会的实现。学习型城市具有多元化的社会功能,与不同社会功能相对应的是不同的利益群体。在现实中,没有一座城市是

① 本文为论坛发言稿。

② 韩崇熙(Han,SoongHee),国立首尔大学大众教育学院教授。

和其他城市完全相同的，而每所城市所独有的面貌都是由各自所处的不同环境混杂而成。从这个角度来看，学习型城市就像是一件综合起来的艺术品，由多门学科、社会的多个层面以及多种理论和实践所构成。

尽管学习型城市有其独有的复杂性，但是这场“学习型城市运动”大概可以归类成三种不同的重点类型。第一种学习型城市类型建立在1990年在巴塞罗那举办的第一届国际教育城市大会的基础之上，以教育型城市为代表。在那次会议中，一些城市依据会议所通过的教育型城市宪章，欲通过积极地开发和利用来实现改善当地居民生活质量的目标，这些城市所要实现的目标同时也代表了当地政府的相同意愿。1994年，教育型城市学派在博洛尼亚举行的第三次会议上成立了正式的国际教育型城市协会，并且在官方网站上陈述如下：“城市系统，由于与公民息息相关，应该是开放和透明的。其各项决定和其行政部门是最明显在外的，而这些都很容易塑造公众的观点，因此，城市系统可以被称之为一所公民学校。”

第二种学习型城市类型几乎和第一种以“城市行政部门”为主要单位和界限的教育型城市出现在同一时期。不同的是，第二种学习型城市类型以工业和企业为主要单位。由于“城市”不再是基本单位，它被称作是“学习型区域”，这个名称也是由 Schumpeterian 的学习经济理论和区域创新系统理论启发而来。这里所谓的“地区”，通过研究邻近地区的机构、人群、组织之间并不活跃的学习交流来寻求创新系统的优化升级。根据此理论，公司、大学、研究院区可以创造一种普遍或经常的学习氛围，这种学习氛围可以使知识的传递畅通无阻。经合组织相关文章表述如下：“创新系统起初被定义为国家层面的系统，从组织框架特点和机构职能上反映了国家层面的系统的显著不同之处。如国家的法律系统，道德准则和价值观系统国与国之间都有很大差别。尽管如此，近年来，越来越多的人开始关注地区层面的创新系统，并对相关研究十分感兴趣。显而易见的是，发生在组织范围内的互动学习在一定程度上也依赖于空间上的接近性。它促进了公司和其他组织间的合作交流。空间上的接近性是组织范围内学习发生的重要因素。更加明显的是，空间上的接近性可能会通过互动机制促进组织范围内的学习。”

与前两种类型相比，兴起于东亚地区尤其是日本和韩国地区的第三种学习型城市类型与欧洲地区颇有几分相似，但更多的是不同之处。可以说，这种学习型城市既融合相似之处又有自己独特的经验。它更加强调为边缘化的人群和残疾人群体增加学习的机会，更加关注非职业课程，以及利用当地的学习中心来促进本地网络和资源的交流。一系列的原因促使了这种趋势的发生：老龄化社会是原因之一；人口数量减少则是另外一个原因。成人学校将管理者和居民融为一个交流的整体；学习过程鼓励更多的社区公民参与，教育的对象是没有特权和教育程度低的人，从而促使城市决策的制定更加民主化。总而言之，学习型城市的东亚模式更关注文化学习经验和成人通识教育，尤其是面向老年人群、经济困难人群、低教育水平人群而非全职工人和专家。

在这个领域中，学习型城市项目倾向于被当做是社会福利机会的一部分。虽然它与提升职业能力并不直接相关，但是它为上述人群在城市定居提供了条件。新的教育项目尤其是成人基础教育开展形式丰富多样，包括艺术、文学、音乐、绘画、体育、休闲文化和探险，等等。这些都受到了老一代人的欢迎。例如，日本的 Kominkan（成人教育中心）和韩国的终身学习中心，它们都在课程和项目方面发挥了重要的宣传作用。在这些地区，虽然学习型城市相关政策从来没有成功地吸引大公司的参与，但是却在焕发当地经济活力和提升劳动力人口方面发挥了巨大作用。

## 二、从学习型城市到学习型社会：理论的再思考

除了增加学习机会的理念之外，理论界一直追求通过积极的努力来构建“学习型社会”的结构化概念。学习型社会的理念强调社会需要按照以下方式进行重新设计和构建：人类学习应放在首位、应最大限度地满足个人的想法。这里，笔者将以学习型社会的理念为基础简要地介绍学习型城市项目的本质所在。

学习型社会作为一种理念主要建立在如下的假设之上，社会是一个复杂的系统，这个系统在自我组织的过程中不断发展，而人类学习是这种发展和变化的核心动力。该理念所假设的学习和社会发展间的关系有别于几十年前全球所盛行的“发展性教育”的简单模式。再如，先前的社区发展模式与学习型城市的理念也有些相似之处，但是后者却将教育仅仅当成是社区重建的一种工具。因此，学习型城市的理念应该与教育的工具性模式有所区别。

教育不是一夜之间就可以发明出来并且可以用于外在目的的工具。相比之下，教育更像是“一个复杂的适应性系统”，它随时间的推移而进化，由于内在原因而实现自我组织。学习型城市介绍了一种组织教育机构和相关资源的网络化模式。在东亚地区，传统的等级模式处于教育监督模式中的主导地位。在这种模式中，教育部管辖省教育厅和地方教育局，学校出于这种等级监督模式的最底层，这是一种典型的自上而下的管理模式。教育型城市与这种模式恰恰相反，它将分散的教育资源进行组织并使其形成一个网络化沟通渠道。通过这个渠道，

信息、专家、教育项目这些等级因素都可以在学习型城市这个舞台上自由联通。

笔者相信与学习型社会相伴随的将是一个有机的学习生态系统。学习环境很难被发明出来却可以随着时间的推移慢慢塑造出来。教育系统是这个“复杂适应性系统”中的一部分，并不能简单地将其分成多个独立的元素或部分。比如说将其分成初等教育、中等教育、成人教育或是职业教育、学校、教师、教科书，等等。所有的一切元素都相互密切联系，他们共同组成了一个人类学习的复杂生态系统。这就像是一个人的身体一样，我们不能把它的每个零件都拆下来，如果拆下来，人就会死亡。同理可得，如果把教育也肢解成各个不同的部分，教育也会走向终结。终身学习基于这样一种理念，人类学习的各个要素需要为了发挥其整体作用而正确地相互联系、沟通交流以及发挥作用。这就如同是身体的各个部分赋予了整个生命有机体活力一样，同样的，学习型城市是一个生机勃勃的环境，在这种环境中终身学习才能培育发展、枝繁叶茂。

从上述角度来看，“学习型社会”的理念包含了一种新的理解教育和社会本质的方式。换言之，在学习型社会中，学习将会作为一种核心属性而发挥作用并能够决定社会的面貌；学习系统将会作为一种主要装置来促进社会的生产和再生产；任何学习模式都将会成为社会组织的核心动力；学习系统就像是一个棱镜通过折射现实来帮助我们更好地理解社会的本质。总之，学习型社会是一种自我组织的社会，它伴随着新的社会系统的出现和发展而诞生。笔者的观点如下：学习型城市并不是一个过时的经济工程，而是一种全新的理念。在这种理念的指导下，新的学习系统将会诞生、进化、成长，进而全面促进经济、社会和政治的发展。

学习型城市的构建就像是培育一片森林，这需要足够的耐心、系统的思考以及集体的智慧。如果将学习型城市模式当做是为了下一代的城市发展战略，“系统的思考”显得尤为重要。学习型城市是一种多目的、多维度的战略，要求将教育和学习系统作为一个主要方面。这其中，学习被看做是培育作为一个复杂适应性系统的后现代社会的真正核心动力。这样一来，系统的思考是规划和实施这种战略的主要方式，过时的线性思考模式难以再统领具有复杂性特征的学习型城市和学习型社会。



## 三、韩国经验回顾

本文将简要介绍一下过去十年来韩国构建学习型城市的经验。自从 1999 年终身教育法案实施以来，韩国政府立即着手准备将相关理念付诸实践。在基础工作开展阶段，第一批“官方”学习型城市被选取和公布。自那时起，精心策划的政策开始统领整个过程，启示如下：

### （一）终身学习型城市的内涵和法律基础

终身学习型城市（Lifelong Learning City，下文简称 LLC）是韩国政府自 2001 年以来为了推广学习型城市而建立的长期项目。韩国国家终身教育研究所（National Institute of Lifelong Education，下文简称 NILE）认为，终身学习型城市是一个社会重组项目，旨在构建一个学习化社区。在这个社区里，人们可以通过个人支持性发展、社会融合以及提升经济竞争力的方式随时随地地学习任何知识，最终实现个人的幸福和社会竞争力的提升（图 1）。

终身学习型城市的政策受终身教育法案第十五款的约束。法案规定：“政府有权指定和支持所选定的自治区、地区以及郡县作为终身学习城市，并且成立

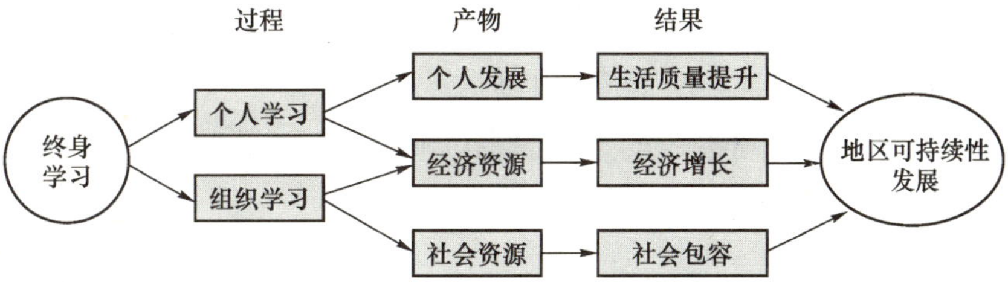


图 1　终身学习城市的过程、产物和结果(NILE)

韩国国家终身学习城市委员会来促进和提升终身学习城市之间的合作。”

LLC 有两种法律基础:第一种是中央法规及其附属措施,如终身教育法案和长期计划以及 NILE 政策。另外一种是“城市”条例。一般来说,韩国终身学习政策都是由中央负责规划,地方负责实施。NILE 在地方拥有分支行政机构,它根据终身学习提升的五年整体规划制定大多数的政策以及对 LLC 相关政策的制定、实施和评价等细节进行修订。再具体一点,“城市”条例也可以被称作是地区条例及相关法规。然而,从本质上讲,LLC 是属于地区城市的工作,NILE 只起到一个磋商、指导以及评估的作用。在这种背景下,LLC 可以称得上是在成人学习和教育领域沟通中央和地方的桥梁。

现将 LLC 的一些主要政策列举如下:

1. 建立管理和实施系统,包括制定条例、设立主要负责部门、雇用专家、建立信息共享系统以及制订财政计划。

2. 多方位扩展和延伸教育项目条款,使其达到终身阶段。

3. 针对边缘化群体和残疾人群体、社会容纳和社会资本、尤其是为老年人和失业者设立相应特别项目。

4. 在机构、组织、专家和其他资源之间建立联系。

5. 使学习成果像正式教育成果那样被证实和认可。

6. 建立跨部门合作组织框架，尤其是以当地需求为基础，在社会福利、雇佣关系以及学习之间建立组织框架。

7. 推进学习文化建设、学习节日建设和奖励制度建设。

（二）终身学习型城市的实施过程

终身学习型城市自 2001 年从第一批选取的三所城市开始推广以来，截至 2008 年年底，总共有 76 所当地政府（自治区、城市地区、郡县地区）被指定为终身学习型城市，占了韩国共 234 地方行政机构约 1/3 的数目。这些城市从地理位置上看分布均衡，当然也有些城市主要分布在首尔和釜山周围，这些城市主要是上述两座大都市的卫星城。

虽然选用了“城市”这个术语，但这个属于却涉及不同区域单位的一级行政机构，包括城市地区、大城市的自治区和某个省份的偏远郡县地区，这些都代表了整个行政等级机构的基层社会地区。这里有必要就当地政府的组织结构稍加解释。韩国的地方行政机构可以分为三层：国家政府、省级政府以及地方政府。在 1995 年以前，当地政府有省级政府直接管理，同时也由国家政府任命和管理。然而，自 1995 年开始，一定程度上的地区自治开始复苏，省级和地方一级的政府官员由民众选举产生。自 2001 年开始实施的 LLC 项目时期恰好和当地政府及民主社会寻求新的政策框架与范例的时期相重合。韩国拥有 16 个省一级的政府（1 个特别城市，6 个大城市和 9 个省份），它们管理 232 个地方一级的政府，当中包括自治区、行政区以及郡县。自治区是较小的城市，行政区是拥有自治行政权力机关的大城市的行政部门，而郡县是省份中代表偏远地区的部分。LLC 是根据三种类型的地方政府而设计。

城市选取过程如下。第一,教育部每年邀请新的城市参与并评估上交材料。通过实地考察,最终获胜的城市将被选作 LLC(选择过程参见图 2)。第二,获胜城市将获得 20 亿的资金,同时城市还要再配套相同数目的资金。第三,通过举办诸如优秀终身学习项目、识字教育项目、周末教育项目、弱势群体支持项目等活动来发放额外的项目预算资金。第四,为了保证质量还将定期实施全国范围内的评估程序和政策磋商程序。

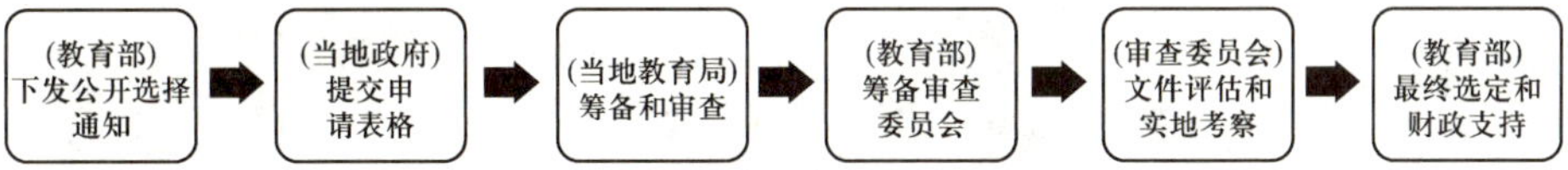


图 2 LLC 的选择程序

(三) 终身学习型城市的实施进展

LLC 根据 NILE 所制定的规划蓝图逐步实施。第一个五年计划(2001—2006)以基础设施建设、地区条款制定、地区终身学习理念推广、行政机构建立、专家招聘委员会建立等成果为标志。第二个五年计划(2007—2012)旨在筹划适合当地条件和需求的有效教育项目和学习支撑网络,目前这个计划正在开展当中。2013 年之后的规划将主要致力于发展和稳定本土化人才竞争力发展系统,这个系统将产出 LLC 的总体成果。自始至终,教育部对成果实施管理,如建立在居民学习满意度和系统是否成功建立基础之上的监督和成果评估。

然而,LLC 的最主要理念并不是最终它由中央政府来控制,而应该更加依附于当地政府的具体情况和任务。中央政府在项目的成功推广上面及关键性的作用,而地方政府则应该根据当地的实际情况起主导作用。由于学习问题以前并不是地方政府主要管理事务,一个重要的障碍将会是地方行政官员缺乏相应的学习型城市的管理经验。因此，在第一个五年计划里，很多当地政府不得不依赖中央政府和外部专家来进行学习型城市的管理（图 3）。

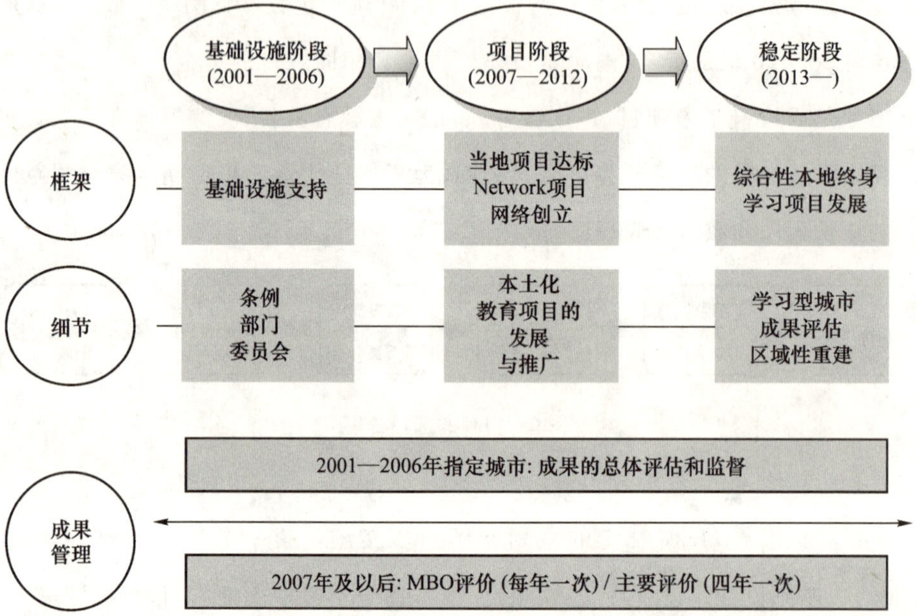


图 3　LLC 的长期规划

LLC 的最初成果体现在逐渐增加的教育项目的数量上，这可以归因为一个范围广泛的网络结构正在逐步建立。这个网络结构可以充分利用分散于城市辖区内学习资源并且可以使之成为一个松散且相互联系的虚拟校园，这其中包括终身学习中心、当地图书馆、文化中心和剧院、社会福利中心以及职业培训中心，等等。然而，分散学习资源的逐步巩固会促使 LLC 体系进一步优化：从简单的为成人提供教育到使社区变成一个学习型社会。城市管理者逐渐知晓学习型城市不仅能够提供更多的教育和学习，而且可以促进城市居民之间的交流，使整座城市更加富有智慧(参见[案例展示])。

**[案例展示]以下两个案例在第六届国际成人教育大会上作为国家报告公布**

**〈案例一〉海云台-盘松行政区**

海云台-盘松行政区是釜山市最贫穷的地区之一。在这种贫穷的情形下，一些社区成员成立了名为“热爱盘松的人们”的组织，并且为了建立一个适宜居住的社区而开展相关的活动。这些活动随后扩展到与政府领导的“终身学习城市项目”相关活动有所交叉。这样以来，了解盘松社区项目和公民自发成立的学校开始运转。另外，参与社区建设活动的居民成立了一个名为“了解我们的故乡盘松”的学习组织，通过相关活动的参与来提升社区成员的地区荣誉感。这个学习组织还提供教授中小学课程的社区志愿服务。最近一段时期，为了使这个学习组织能够正常运转，该组织的参与者又成立了“为分享幸福而储存”的项目，在这个项目中，捐赠的物品被循环利用，人们还将他们的收入用到支持孩子的项目上。他们还发起了一场为当地孩子建立图书馆而筹备资金的专项活动，最终在2007年末建成了一所“希望图书馆”。这些成就的取得是当地居民亲心协力，数十年如一日的参与社区活动的结果。

**〈案例二〉慶尚北省漆古县：终身教育学院**

自2004年被选为学习化城市以来，慶尚北省漆古县创办了由中央政府主管的“学分银行系统”课程。该县与邻近的庆北国立大学合作共同开设了“漆古妇女农学院”，并且创办了韩国妇女农业管理的第一门课程。在2004年，40名务农妇女参与了这项课程。到2005年，12门独立的课程被“学分银行系统”所认可，这样该学院可以开办两门专业。上述情况说明，非常有毕业开设与传统学院相似的学位课程。由此，世界上第一所终身学习学院"漆古终身学习学院"成立了，该学院拥有注册学生360名，开设12门课程。在2006年，14名学生获得了大专学位，有5人完成了全部课程的学习。14名毕业生中的4人转到了四年制的学院，剩下的10人通过参加学院考试而被录取。截至2008年，"学分银行系统"批准了36门课程的开设，所有开设的课程均为学历证书项目课程。

众多数据表明了财政预算在数量和投资规模上的增长（表1，图4）。例如，8年的财政预算（国家层次）总量已经达到了270亿韩元（约为2 300万美元）。当地政府也配套了等额或更多的资金，这样以来，国家和地方的财政预算总额至少达到了5 000万美元。这个数额并不太大，但是绝对也不是一笔小数目，这笔资金的有效运用应该会起到积极的作用。

**表1　LLC财政预算（中央政府教育部）**　单位：100万韩元

| 分类 \ 年份/年 | 2001 | 2002 | 2003 | 2004 | 2005 | 2006 | 2007 | 2008 | 总计 |
|---|---|---|---|---|---|---|---|---|---|
| 总数 | 600 | 690 | 1 300 | 2 350 | 3 610 | 4 254 | 6 370 | 8 120 | 27 294 |
| 新城市补贴 | 600 | 600 | 1 000 | 1 600 | 2 800 | 3 000 | 3 800 | — | 13 400 |
| 追加补贴 | — | — | — | — | — | — | — | 3 800 | 3 800 |
| 达标教育项目支持 | — | 90 | 300 | 750 | 750 | 644 | 1 435 | 2 287 | 6 256 |
| LLC磋商项目 | — | — | — | — | 60 | 300 | 200 | 150 | 710 |
| 学习成果标准化 | — | — | — | — | — | 280 | 280 | 500 | 1 060 |
| 网络构建 | — | — | — | — | — | — | 625 | 1 153 | 1 778 |
| 行政管理 | — | — | — | — | — | 30 | 30 | 230 | 290 |

就成果而言，想要证明LLC的成效绝非易事。虽然投入因素比较容易去衡量，但是成果因素却很难量化。学习者的满意度通常会被作为衡量成果的指标之一，但却难以代替可以量化的客观标准。有人采用基础设施建设的指标来反映越来越多

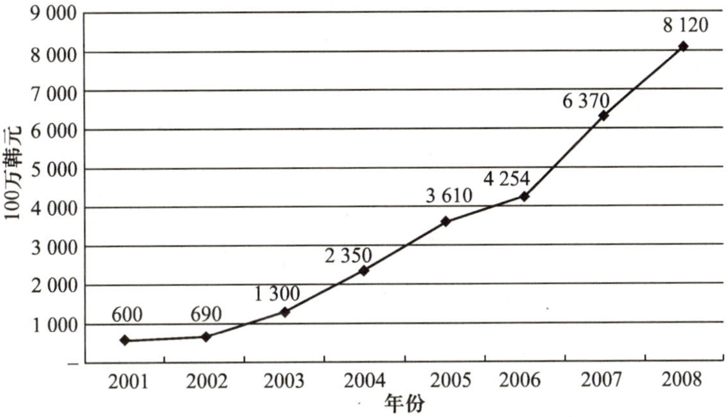


图 4 LLC 项目上政府资助地方总额(单位:100 万韩元)

的城市正在进行规章制度、专业技能以及信息系统建设(表 2)。参与城市数量的不断增长在某种意义上也显示了 LLC 项目产生了持续的能量和良好的效果,这一点在当地大选时的选举誓言中也可以得到印证。

**表 2 2004 年所选的 19 所城市的基础设施建设增长情况**

| | | 2004 年<br>(A) | 2007 年<br>(B) | 增长率/%<br>(A−B)/A×100 |
|---|---|---|---|---|
| 政府专职指导机构 | 拥有专职机构的城市 | 52.6% | 89.5% | 70.2 |
| | 拥有专职部门的城市数目 | 5 | 7 | 40.0 |
| | 拥有专职团队的城市数目 | 5 | 10 | 100.0 |
| 专职官员数目(总数) | | 89 | 164 | 84.3 |
| 终身学习中心促进者数目(总数) | | 83 | 94 | 13.3 |
| 拥有 LLC 宪章或条例的城市数目/% | | 89.5% | 100.0% | 11.8 |
| 建有 LLC 官方网站的城市数目/% | | 94.7% | 100.0% | 5.6 |
| LLC 会议召开数目 | | 16 | 31 | 93.8 |

注:抽样调查,以 2004 年算选的 19 所城市为例。

（四）终身学习型城市的反思："教育的新模式，城市的新变化"

从广义上讲，韩国社会的"教育系统"的划分超越了地方行政系统的界限。虽然当地政府管理大多数的社会机构，但学校却不属于其管辖范围。这是因为当地的教育局直属于省教育厅最终又隶属于国家教育部，所以脱离了当地政府的管理。从这个角度来讲，LLC 的最主要贡献在于它帮助人重新思考教育的本质。原先的成人教育虽然没有太大变化，但是现在的成人教育却成了当地政府管理的一部分。LLC 的最大价值就体现在这里，政府深入地参与到了教育项目和服务的设计、管理以及筹备的工作当中，尤其是当地政府为了满足居民学习的愿望，跨越劳动、福利、文化、教育多个部门进行合作。这是在追求"学习型网络模式"进而构建"学习型社会"的征途上迈出的一小步，同时也是意义及其深远的一步。

另外，在城市管理层面上也发生了其他一些卓有成效的变化。

第一，城市行政管理的中心开始由基础设施等物质文明建设逐渐转向为人民谋福利的精神文明建设。这是伴随着 1995 年各省份、行政区、自治区的自我管理体制的实施而展开的，当地政府努力为当地居民创造独特的环境和条件，这其中不仅是水泥公路，而且还包括集体的参与和思想的丰富以及新的理念的产生，等等。

第二，基本社会福利系统扩展到了文化和精神的层面。自 1980 年以来的十几年间，社会福利系统主要的关怀对象是生活在最低工资水平之下或没有收入的人们，为他们提供最低的生活保障条件。文化学习现在被认为是对他们进行福利支持的下一步措施，因为人们开始慢慢意识到尊严不仅能够使人们回到工作场所，而且还意识到除了饮食和住所之外，文化学习也是他们生活的支撑。

第三,公民开始逐渐体悟到一种变化的氛围,教育不再是教育项目的简单提供,而是整个城市范围内的学习生态系统各组成要素之间的密切联系和参与支持。这时,城市管理者就会将教育和学习放在各项工作的首要位置。

第四,综合考虑到多样性的机构,如图书馆、文化学习组织、当地学院、终身学习中心、社会福利中心,等等。当地政府认识到最有效的管理方式是统筹各种资源,建立一个学习和沟通的网络。这样就可以避免设施的重复建设,并且最大限度地满足需求。为了更好地整合分散的机构,长期的总体规划和协调显得非常必要。

最后,财政预算的来源分散于政府的各个机关。比如说,文化部为文化项目提供资金,而社会福利部为老年人教育等提供资金。当地政府需要建立相应的政策机制和框架,这样以来,各种财政预算的使用之间就能相互配合并能根据当地实际需求情况重新制定财政规划。另外,政府财政预算还需要得到有效监督和相应的使用情况反馈。地方层面的一个中心系统亟待建立,而这个系统恰恰就是 LLC 模式。

## 参考文献

[1] Longworth, N. (2006). Learning cities, learning regions, learning communities: lifelong learning and local government. London, Routledge.

[2] OECD (2001). Cities and Regions in the New Learning Economy: Education and Skills. Paris, OECD.

# 终身学习创造美好生活[①]

## ——上海建设学习型城市的实践与探索

李骏修[②]



### 一、上海建设学习型城市的背景和条件

1999年，上海率先在全国提出建设学习型城市的构想。这一构想的提出，一方面是得益于国际终身学习思潮的深刻影响；另一方面，更是对上海翻天覆地的经济社会变革及迅速增长的市民学习需求的回应，以及对学校教育局限性的重要突破。

第一，上海经济的快速发展与急剧转型，对人力资源供给类型、劳动力职业素质与能力等提出了新要求。1999—2009年，上海人均GDP增长160%，从业人口增加200万，产业结构发生重要变化，信息化步伐迅捷，需要大量技能型、国

① 本文为大会发言稿

② 李骏修，上海市教育委员会副主任。

际化的专业人才。所有这些，都要求政府通过推进学习型城市建设，大力促进从业人员的在职学习，不断提升职业能力、信息化素养、创新力和适应力。

第二，由于现代化进程的加速，外来迁移人口急剧增长，占到全市总人口的1/3。他们急需改善职业技能，快速融入城市生活。

第三，上海人口老龄化趋势加速，65岁以上老年人口已高达220多万。他们在健康保健、生活技艺、法律、文化等方面体现了日益增长的个性化、多样化学习需求。

第四，随着生活水平的提高，上海家庭消费支出结构发生了显著变化。80%以上的市民将文化教育消费作为今后的首要消费。

以上情况，都对整个城市的终身学习服务能力提出了全新挑战。

## 二、上海建设学习型城市的实践与探索

上海建设学习型城市的目标是为市民提供丰富的学习机会，让所有市民能拥有公平竞争的基础，满足上海经济增长、社会和谐发展和市民终身发展的需要，初步建成“人人皆学、时时能学、处处可学”的学习型城市框架。围绕上述目标，上海重点进行了如下探索：

### （一）建立多元化的终身教育体系，为市民创造丰富的终身学习机会

上海采取以“政府为主导、社会各界广泛参与”的合力模式，利用上海丰富的教育培训资源，构建上海终身教育服务体系，主要表现在以下几方面。

一是为市民提供各种学历或职业培训机会的成人学校教育机构，主要满足青年成人接受本科、专科或中等层次的学历教育以及职业培训的需求。

二是遍布全市各区县、街镇和村居委的三级社区教育机构，即社区学院、社区学校和社区学习站点。对于这些社区教育培训场所，区县和镇乡政府按常住人口规模予以拨款，开展形式多样的文化知识教育、职业技能培训、公民素养培育、休闲与健身等学习活动。

三是工作场所员工培训学习体系。目前上海各大行业和大中型企业普遍建立了培训中心，负责员工的培训学习和岗位技能的提升，同时也成为各单位建设学习型组织的主要基础。

四是由非公机构及个人投资举办的教育培训机构迅速崛起，越来越成为上海终身教育体系中不断壮大的组成部分。它们提供的学习课程涉及各类职业技能、计算机、外语、琴棋书画、休闲娱乐等内容，充分满足市民个性化学习的需求。

（二）建立推进学习型社会建设的协调管理机制，实现学习资源的有效整合与利用

对于政府而言，建设学习型社会的难题之一是如何建立一种跨部门的协调管理机制，以统合全社会各类教育学习资源，实现对全社会终身教育活动的规划、指导与管理。经过多年探索，上海开创了一种以政府主导、多力推动、统合协调的学习型社会建设协调管理机制。首先，在市政府层面成立了“推进学习型社会建设指导委员会”，承担全面规划、指导、协调工作，委员会下设“办公室”，设在上海市教育委员会终身教育处，负责实施工作。同时还依托上海远程教育集团，成立了“学习型社会建设服务指导中心”，协助“办公室”开展终身教育活动和学习型社会建设工作的指导、组织、监督、检查、评比等服务，各区县和街道、镇乡都形成了相应的协调管理和工作服务机制，有效克服了条块分割的弊端。

（三）形成大众性学习活动品牌，建构浓郁的市民终身学习文化

学习生活化、社会学习化的社会共识，使广大市民树立终身学习的理念，把

学习作为一种生活方式。基于本地丰富的学习与文化资源，我们组织了一系列深受市民喜爱、市民广泛参与的学习活动；如读书节与书展、终身学习周、社区文化艺术展演、网络学习交流、专家学者讲坛、手工技艺比赛等活动。这些特色鲜明的市民终身学习活动成为上海的学习"品牌"，打破了"学习就是学校教育"，"学习就是取得证书文凭"、"学习就是老师教、学生学"等传统学习观，逐步形成"人人皆可为师"、"处处是课堂"、"学习即发展"、"学习即生活"等新理念，营造了浓郁的学习文化氛围。

（四）初步建成终身教育信息化平台，便捷服务全民终身学习

上海大力推动终身教育信息化平台的建设，重点取得了三方面成果：一是建设终身教育卫星网络发布系统，每天通过八小时教学直播节目，将优质教学视频资源传送到街道、社区和乡村。二是建设"上海市民终身学习网"，初步实现了市、区县、街镇、居（村）委四级网络互联互通。三是建立网络资源合作研发机制，推动各方面力量共同开发终身学习网络资源，实现各级网站学习资源的共建共享。同时还建设网上学习交流和互动体验平台，开展学习成果展示、读书交流、讲座论坛、学习之星评选等活动，努力营造自主学习、灵活学习、快乐学习的氛围。

（五）关注社会特殊群体需要，建构全纳性终身教育制度

终身教育的本质就是惠及全体人民。上海针对不同特殊人群，如下岗失业人员、外来务工人员、残疾人、老年人、低收入人员等人群，通过政府购买服务、经费补贴等政策，以社区院校为主体，建立各种公共教育培训机制，帮助薄弱群体自主学习。如农村劳动力转移培训、失业者转岗技能培训，以及通过老年大学、终身学习网等为老年人组织学习活动。

## 三、反思与前瞻:上海今后的构想

上海在终身教育和学习型社会建设方面主要存在以下三个问题:一是立法问题;二是在各类教育资源和学习成果沟通衔接问题;三是发挥社会合力问题。为此,今后我们将重点推进以下三方面工作:

(一)制定《上海市终身教育促进条例》,形成相关法律依据

上海正在研究制定促进终身教育的地方性法规,进一步明确政府、企事业单位、社会和个人的权利、义务和责任,更好地整合市政府的教育、科技、经济、人力资源与社会保障等部门力量及全社会教育资源,明确终身教育的经费、机构、教师及其他从业人员、学习成果认定和奖励等方面的法律依据。

(二)建设上海开放大学,搭建各类教育与学习资源"立交桥"

上海正在筹建"上海开放大学",充分整合所有终身教育资源。启动阶段,上海开放大学以上海电视大学为主体,以各区县业余大学、社区学院、企业职工大学为主要组成部分,建立以学分认定、累积和转换为主要机制的"学分银行"体系,为市民提供开放、便捷、多样性、可选择、衔接融通的终身学习"立交桥"通道,从而除了正规的普通学校学历教育以外,增加一个既相互连接又灵活开放的,满足"人人能学、时时能学、终身能学"的终身教育和终身学习的大系统与大平台。

(三)培育各类社会力量,促进发挥更大的合力作用

终身教育和学习型社会建设,是当代社会一项基础性、系统性和复杂性的变革,不仅需要高明的行政决策、有力的政府推动,更需要社会各种力量形成合力,特别是要发挥高校、学术机构、企业、社团和私人的积极性,扶持高校设立终身教

育专业，推动理论研究和前沿性探索，支持非公办学实体为终身教育和学习提高服务，形成由政府、产业界、专业组织及社会团体共同构成的合力推动模式。

城市进步不仅体现在物质层面和经济发展速度上，更体现在城市的精神风貌、生活方式的改进与创新活力上。我们深深体会到，推进上海终身教育和学习型城市建设，提倡学习融入生活，生活追求学习，有利于让市民的精神生活更加充实、人格更加健全，有利于实现本届世博会所倡导的“美好城市、美好生活”的进步理念。

# 构建终身学习体系 把天津建成学习型城市[①]

张武升[②]



构建终身教育体系是世界教育改革与发展的客观趋势，是中国教育改革与发展的必然选择。由终身教育发展到终身学习对于教育有着划时代的意义。那么，如何顺应教育发展的大趋势，着力构建终身学习体系，把天津建成学习型城市呢？这是摆在天津教育科研人员面前的一项迫切的研究任务。

## 一、从终身教育走向终身学习：一场深刻的变革

终身学习与终身教育有着直接的、密切的联系。从一定意义上说，终身学习是终身教育在新的时代条件下的逻辑发展。因此，要了解终身学习，就需要先了解一下终身教育。

---

① 本文为论坛发言稿。

② 张武升，天津市教育科学研究院院长，研究员。

“终身教育”一词首次出现在英文文献中大约是1920年，但其内涵和意义到20世纪60年代才引起重视。这一点要归功于法国著名教育家保罗·朗格朗。1965年12月，在联合国“第三届促进成人教育国际委员会”上，他做了《论终身教育》的报告，引起强烈反响。朗格朗指出，“教育并非终止于儿童期和青年期，它应当伴随人的一生而持续地进行。教育应当借助这种方式，满足个人及社会的永恒的要求”。之后，终身教育很快在全世界流行，成为各国教育改革与发展的重要目标和内容。

然而，20世纪70年代以来，随着科学技术革命浪潮的兴起，特别是电子技术在教育、生活和工作中的普及应用，教育的途径、形式、方法和手段发生了根本变革，因此终身教育逐渐发展为终身学习。1972年联合国教科文组织出版发行了《学会生存》一书，书中用终身学习作为未来社会形态的概念，引起广泛关注。英国卡内基高等教育委员会发表《走向学习化社会》报告书，引发美国教育的新变革。国际教育发展委员会实现学习社会的二十条原理中的第一条强调“每一个人必须终身继续地学习”。对终身学习，日本较早地做出了反应。日本中央教育审议会1981年提出咨询报告，指出：“在今日急剧变化的社会中，人们为了自我的充实、启发和生活的提高，而寻求适当而丰富的学习机会。这些学习的一个基本点是个人根据各自的意愿进行，是由自己根据需要选择适合于自己的手段和方法展开的，并且贯穿一生。在这个意义上，最好把它叫做‘终身学习’。”在20世纪90年代，以至特别是近年来，终身学习日益受到重视，成为世界各国社会发展的一个重要目标和基础。

什么是“终身学习”？1994年11月在意大利罗马举行的首届世界终身学习会议上，采纳的定义是：“终身学习是21世纪的生存概念，是通过一个不断的支持过程来发挥人类的潜能,它激励并使人们有权利去获得他们终身所需要的全部知识、价值、技能与理解,并在任何任务、情况和环境中有信心、有创造性地愉快地应用它们。"而日本关于终身学习的定义则是:"人们在自己的一生中的任何时候都能自由地选择学习机会进行学习,并且学习成果能得到恰当的承认和评价。"综合来认识,我们认为终身学习是社会中个人根据社会发展和个人发展的需要,利用现代学习技术和手段,灵活地选择安排学习机会、时间、空间以及进程的学习制度。从终身教育走向终身学习,这标志着教育乃至社会领域发生了新的深刻的变革,是人类文明的一大进步。

## 二、终身学习意味着什么

从终身教育走向终身学习,这意味着什么呢?具体地说,大体有如下几个方面:第一,意味着由学历社会走向学习社会。学历社会是反映追求高学历的社会现象,这是社会发展到一定阶段所不可避免的现象。但是,到了知识经济社会,仅仅学历已经满足不了社会的需求,人一生需要不断地学习来适应社会进步,而这些学习很难纳入学历教育的框架中,所以,终身学习、学习社会应运而生。从学历社会走向学习社会意味着教育的普及转变为学习普及,而学习的普及是实现全民教育目标的最佳途径,是成本低、效益高的普及。第二,意味着教育的概念更加扩展,由学校教育扩展为学校教育与社会教育、家庭教育与单位教育四位一体的大教育。这种大教育实质上就是学习化社会。随之,"受教育"的概念也发生变化。过去说"受教育"就是指学校教育,现在说"受教育"则包括了在社会、在工作单位、在家庭中进行的自我学习的教育。而且这些教育也同学校教育一样得到承认。第三，意味着“教育组织”变为“学习组织”。“教育组织”是现行教育的基本细胞，如学校、系、班级等，但不适应于“终身学习”。终身学习需要的是“学习组织”。“学习组织”是由公司企业中移植来的概念，其主要内涵是指把个人所生活、工作其中的单位变成一个使个人既生活或工作其中、又学习其内的组织。这种组织包括家庭、学校，也包括任何工作单位和社会团体。用美国学者鲍尔·沃纳的话来说：“学习组织就是把学习者与工作系统地、持续地结合起来，以支持组织在个人、工作团队及整个组织系统这三个不同层次上的发展。”第四，意味着教育制度、学习制度更加具有弹性，包括目标、组织、内容、形式、时间、空间等，这些都可以灵活地、弹性地安排，使学习与生活、工作结合得更紧密，从而使教育与学习更合乎人的兴趣、爱好、特长和个性特点。第五，意味着实践主体的转换。终身教育的实践主体是专门的教育工作者，而终身学习的实践主体则是学习者个人。实践主体的这一转换标志着学习化社会的来临。所谓学习化社会就是每个社会个人都积极主动地投身于学习之中，学习成为社会风尚，成为每个人的自觉习惯，社会生活与劳动更加依赖于人的学习质量与水平，任何社会的组织都成为适合于学习的组织，任何社会公共场所都成为人们学习的空间。

## 三、构建终身学习体系　把天津建成学习型城市

顺应教育改革与发展的大趋势，世界各国纷纷从自己的实际出发，逐步构建终身学习的体系。以日本为例，在建立终身学习体系方面采取了如下举措：一是教育立法。日本于 1990 年 7 月颁布了世界上第一个《终身学习振兴法》，就终身学习事业的基本构想、基本标准、设置终身学习审议会以及相应的财政措施等事

项,分别做出了相应的法律规定。二是设置相应的机构。文部省早在1988年就成立了终身学习局,1990年文部省又设立了终身学习审议会,其职责是就振兴终身学习的方针政策和充实区域性终身学习机会,先后向文部省大臣提供咨询建议。三是落实有关的经费。主要措施是:充实文部省终身学习局所管预算,1990年,其预算额为428.6亿日元,占整个国家教育经费的0.89%,到1993年,增至519.4日元,比例上升到0.96%;对终身学习事业采取税制上的优惠,对作为公共法人的终身学习团体及有关设施,实行所得税减免等;另外,还设立了用于终身学习事业的国库补助金等。四是举办终身学习文化节,大力宣传、普及终身学习知识,启发国民终身学习意识。五是以都道府县为单位,建立终身学习信息提供系统。六是利用各种教育设施,充分提供学习机会和条件,如高等学校开办网上大学,举办虚拟大学等。七是积极进行终身学习成果评价认可。对终身学习成果进行适当的评价认可是持续开展终身学习的生命力所在。为此,日本采取的措施有:建立了文部省认定技能审查制度,学校对有关学习成果承认其学分,对学有成就者颁发学位和"专门士"称号,授予社会上各种相应的资格证书等。这些举措,有力地推动了日本终身学习体系的发展。

从日本的经验中,我们可以看到构建终身学习体系是政府的重要职责,必然对涉及终身学习的各种因素统筹协调,综合解决,这样才能构建起科学有效、富有活力和竞争力的终身学习体系。

天津市是有着优良的教育与学习传统的城市,是中国近代教育的发祥地之一。市委、市政府一直非常重视教育,全市教育发展取得了新的巨大的成绩。因此,建立终身教育体系,把天津市建成学习化城市,不仅是必要的,而且也是可行的,需要采取的举措和行动是:

（一）加强领导，科学规划

市委、市政府结合建设人力资源强市的战略目标，专门制定构筑终身学习体系的规划方案，把终身学习纳入政府重要议事日程。通过加强领导，科学规划以及相应的法规和行政手段，来推动终身学习体系的建立。

（二）实现由“教育组织”向“学习组织”的转变

构建起以学校教育为主体的、由个人所在生活、工作单位共同参与的“学习组织体系”，使学校教育与社会教育、家庭教育、单位教育相互沟通、衔接，融为一体，使学历教育与非学历教育相结合，集中学习与分散学习相结合，为个人的学习提供尽可能多的机会和条件。尤其是打通学校教育与社会教育、普通教育与职业教育之间的沟通、衔接渠道，建立起以终身学习为目标的立体的体系。

（三）构建终身学习的课程体系

适应终身学习的需要，现行课程体系需要做相应的改革与调整。终身学习导向的课程可以通过地方课程与学校课程来解决，大致分为学校终身学习课程、社会终身学习课程、家庭终身学习课程和单位终身学习课程四类。四类课程学习形式灵活多样，以个人自学为主，运用现代学习技术和手段，达到学习的标准要求。四类课程在内容和目标上可以各有侧重，从日本的经验来看，适宜家庭终身学习课程以启蒙、养成为主，学校终身学习课程以固本、强根为主（即为全面发展打好学习基础），社会终身学习课程以应用、拓展为主，单位终身学习课程以提高、创新为主。

（四）建立终身学习成果评价认可制度

主要措施有：第一，对个人通过各种途径所学习的知识和技能，经中介机构的权威部门进行考评、鉴定，达到一定标准，颁发相应的等级或类别证书；第二，学校对个人在校外所学知识,经过考评合格,承认其成绩,纳入连续的学分,达到一定的要求,颁发相应的学历或学位证书,使学历教育走出学校,经由个人学习可以达到。这样不仅有助于个人自主学习的促进,而且有助于形成全社会大兴学习的风尚。

(五)通过媒体机构来宣传、普及终身学习的知识和方法

通过电视、广播、报刊等媒体广泛宣传,增强全民终身学习的意识,使每个人掌握终身学习的本领,养成终身学习的习惯。尤其是宣传终身学习对解决就业的意义和方法,使终身学习更为实际、有效。

# 以发展终身教育为抓手 推进学习型城市建设[①]

居丽琴[②]

学习型城市应该是一个有终身学习理念的城市，是全民有学习需求并将学习作为自觉行为的城市，而要引导和满足大众多元的终身学习需求，必须建立起终身教育体系。从这个意义上说，发展终身教育，构建终身教育体系是推进学习型城市建设的重要抓手。

常州，又名龙城，是一座具有 2 500 多年历史的文化名城，也是改革开放以来得到科学、协调发展、取得明显进步的长三角区域中心城市。

常州市早在 2001 年就在全国较早提出建设学习型城市，近年来，常州市逐步确立了素质教育与终身学习紧密结合，教育主导与社会参与紧密结合，终身教育与社会发展共生共荣的大教育理念，发展终身教育在推进学习型城市建设中逐渐成为教育的中心。

① 本文为分论坛发言稿。

② 居丽琴，江苏省常州市副市长。

## 一、政府推进机制是发展终身教育的先导

《中华人民共和国教育法》规定:“国家适应社会主义市场经济发展和社会进步的需要,推进教育改革,促进各级各类教育协调发展,建立和完善终身教育体系。”教育法明确了在我国建立和完善终身教育体系的主体是国家。目前,我们还只有相应的研究社团组织,国家尚无这样的专门机构,绝大多数省、市也无此专门机构来推进终身教育体系建设,这应该是一个亟待解决的问题。构建终身教育体系,是一项庞大的社会系统工程,涉及各类人群,必须有相应的专门机构依据有关法规、条例进行统一规划、管理、整合和统筹。常州从2008年起尝试建起了由教育、人力资源与社会保障、民政等14个单位部门组成的“终身教育联席会议”制度,成为围绕终身教育进行体系研究、机制创建、理念宣传、早教开发、老年教育等方面协同推进的有效机制。然而涉及学习行为的持续激励、学分认定、学历教育、非学历教育的通道搭建等更具实质性的推进机制尚需进一步构建。

## 二、社区教育品质是发展终身教育的关键

社区教育作为终身教育的基础和依托,已被世界各国视为推进终身教育体系构建过程中的一个重要途径和迈向学习型社会的桥梁。发展社区教育,提升社区教育水平,一方面有助于增强社区居民参与学习和活动的吸引力,另一方面也可以使社区教育始终跟上时代的步伐,满足社区居民日益增长的学习需求,由

此可知，它既是一项基础性工程也是一项持久性工程。

当前，社区教育实体建设是提升社区教育品质的重中之重。有关资料显示，我国有些省市建立了社区学院、社区教育中心等实体机构，但由于其队伍素质专业化程度不高、运行保障机制缺乏、影响力不大等因素影响，其在引导和满足社区居民多元化、个性化学习需求上还有相当的欠缺。针对这些情况，常州市探索在电视大学的基础上成立了社区大学，并初步形成直至居民小组的四级社区教育实体网络，即市有社区大学、区有社区学院、乡镇（街道）有社区教育中心、村（社区）有社区学校，不仅明确社区大学在引领社区教育发展的龙头地位，而且由其承载“终身教育研究中心”、“终身学习指导中心”和“终身教育信息中心”三大职能。实践显示，社区大学通过统筹协调，指导服务，积极挖掘开发课程资源，为社区教育课程建设、队伍培训等内涵提升奠定了基础。由于社区大学的介入牵头，加强了各社区横向之间的联系交流，立交桥式的社区教育网络使居民纵向可享受各级教育资源，横向可跨区选择所需教育课程，社区教育水平不断提升，社区居民学习热情空前高涨。

## 三、发展社会办学是发展终身教育的基础

终身教育不但要依靠政府部门的协调推进、发展社区教育实现学有所教，还要努力实现学有优教。社会办学以其兼具教育性、培训性和市场性的特点，成为满足学习者多类型、多层次、多形式学习需求的重要阵地。但是社会办学，关键是要培植好、管理好、发展好。常州市通过成立专家咨询团，规范审批，出台《常州市非学历教育机构办学水平分等定级评估指标体系》，科学评价，以此来规范

教育培训机构的办学行为，提高其整体办学水平，同时逐步培植办学实力强、教育质量高、社会信誉好的优质品牌教育机构，为市民提供更为优质的教育培训服务。

## 四、变革学校教育是发展终身教育的前提

法国教育思想家埃德加·富尔在《学会生存》序言中指出："学校，即向年轻一代有条不紊地施行教育所设计的机关，在培养对社会发展有贡献并在生活中起着积极主动作用的人方面以及在训练人们适当地准备从事工作等方面，现在是，将来仍然是具有决定性的因素。"终身教育理念需要在学校教育尤其是基础教育阶段就奠定和养成，使这个时期的教育成为终身教育的基础。而当前学校教育特别是基础教育学校还或多或少存在着应试倾向等情况，学生学业负担过重、学习兴趣不高、学习能力不强等现象还存在，与养成持续学习的愿望与习惯要求并不匹配。要解决好这些问题，我们认为：学校教育要进行努力变革，要以努力培养学生成为终身学习者为目标，为其日后持续不断地学习打下坚实的基础。近年来，常州市基础教育领域，围绕提升学生自主学习能力，转变教师教学方式，扎实推进课程改革，在加强对学生学习习惯、学习兴趣、学习方法的培养等方面作了认真探索，学校教育为人的一生打基础、为终身教育打基础正在蔚成风气。

## 五、打造学习品牌是发展终身教育的举措

就社会的学习需求而言，人们的学习需求是多类型的，有休闲娱乐需求、技

能需求、刺激需求、信息需求、知识需求、审美需求等，呈现出明显的层次性和倾向性；就市民的学习状况而言，成人的学习不像学校教育那样有持续的目标和动力。因此，如何引导市民保持持久不衰的学习积极性？许多地区有自身独特的做法，如上海、深圳的读书节、如常州市的"龙城讲坛"等都是影响广泛的社会学习品牌活动。"龙城讲坛"自创办6年来，如今已经内化为常州人生活中不可或缺的精神大餐。讲坛的讲座预告一经公布，咨询电话接连不断，上门取票者络绎不绝，常常是千余张座位的会场一票难求。还有针对企业举办的"巾帼SYB创业培训"，针对农村举办的"科普大篷车"，针对社区举办的"道德讲堂"以及每年举办的"全民终身学习活动周"等学习品牌的创建和培育，在常州市不断营造出激励学习、有效学习的良好氛围。

21世纪是知识创新的时代，知识正深刻地改变着整个经济和社会生活乃至个人的命运。无数实践揭示出这样一条发展规律：一个城市，发展的动力来自于知识，发展的优势来源于创新，保持发展的生机和活力来自于全体市民知识结构的快速更新。让我们把终身教育的体系、机制、氛围创设好，为建设"人人皆学、时时能学、处处可学"的学习型社会贡献力量。

# 探索终身学习成本分担 推进学习型城区建设[①]

周秀芬[②]

促进全面终身学习，建设学习型社会，是一项宏大而复杂的系统工程，需要巨大的、持久的资源投入，一个必要的前提是构建一个所有利益相关者合理分担成本的、可持续的终身学习投入机制，努力增加全社会的教育投入。

## 一、终身学习成本由政府、组织、个人合理分担

终身学习概念的提出是在社会条件变革和国际环境变化大背景下，国家、组织、个人成功适应变迁，顺利完成改革的重要抉择。无论是宏观层面的社会系统、中观层面的社会组织，还是微观层面的个人都是终身学习体系构建的受益方，按照“谁受益，谁承担”的成本分担原则，终身学习需要依靠政府、组织、个人

① 本文为分论坛发言稿。

② 周秀芬，上海市徐汇区副区长。

合理分担学习成本。只有这样,终身学习体系和学习型社会才能可持续发展。

1. 对国家而言,建立终身学习体系,是促进经济持续增长的发动机,是实现经济战略性结构调整的驱动器,是保障社会和谐与全面进步的基础。政府在终身学习体系中扮演极其重要的角色,对于终身教育的成本分担,“政府应该为处境不利者支付足够的资金,并为其他各方分担成本创造条件”。即在具有公共服务性质的教育培训领域,特别是义务教育、特殊教育、再就业培训、农村劳动力转移培训等方面,政府应当承担起主要责任。在具有非公共服务性质的教育培训领域,政府要调动全社会和各类教育机构的积极性,并通过法律、政策、规章、金融等各种手段推进监督、规范和管理,保护学习者的权益。《上海市终身教育促进条例(草案)》明确在上海市建立和完善多渠道筹集终身教育资金的机制。市和区县人民政府应当将终身教育经费列入本级政府财政预算,并保证终身教育经费增长不低于教育财政拨款的增长。

2. 对社会组织而言,学习不仅是学习者促进自身发展的重要途径,也是提高组织工作效率、提升组织文化品质和增强组织竞争力的重要途径。机关、企事业单位等社会组织提供的培训和学习的内容与其从事的业务活动、组织的生活和发展有着密切的联系,作为学习成果的最大受益方,社会组织理应成为学习成本的重要承担主体。我国《劳动法》、《职业教育法》等法律规定了用人单位对职工和准备录用的人员具有实施职业教育的责任。《国务院关于大力推进职业教育改革与发展的决定》明确了企业用于职工培训的经费规定,各类企业应将其职工工资总额的1.5% ~2.5%用于职工培训。

3. 对个人而言,学习是提高自身文化、道德素质,促进人的全面发展的基本方法;是增加个人人力资本积累,增强就业能力、提升工作能级的主要途径;是提高生活质量、丰富精神生活的重要渠道。终身学习的理念是要每个人拥有知识和能力并且能够不断地学习和提高,适应以知识为基础的社会发展和自身发展的要求。学习者作为直接受益方,应承担相应的学习经费。

## 二、上海市徐汇区终身学习成本分担机制的实践和探索



上海市徐汇区在推进学习型城区的建设过程中,基本构建了以学前教育、义务教育、高中教育、高等教育、职业教育、特殊教育、继续教育为主体的终身学习体系,充分发挥政府的引导、管理职能,加大全民学习的教育机构、学习场所和学习资源的建设,坚持"谁受益,谁承担"的成本分担原则,不断完善以政府投入为主、多渠道筹措经费的终身教育投入体制。区政府的教育财政拨款逐年稳步增加(图1),支出结构日趋合理,为建设"人人皆学、处处可学、时时能学"的学习型社会提供保障。

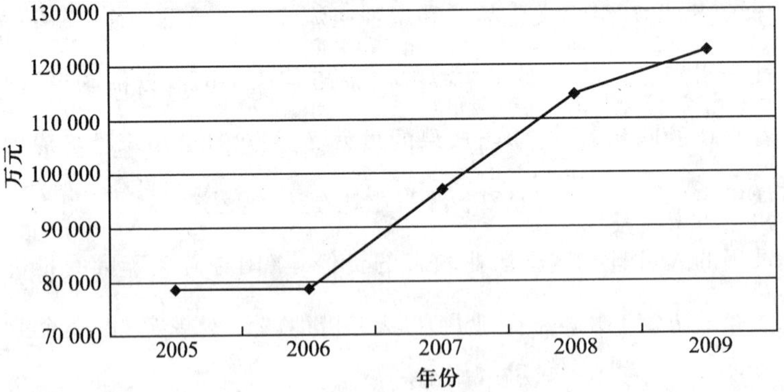


图1 上海市徐汇区2005—2009年教育财政拨款趋势图

由于义务教育、特殊教育由政府财政直接支出，学前教育、高中教育和职业教育的成本分担机制相对明确，以下我们着重探讨徐汇区以社区教育、职业培训、成人学历教育为主开展的非正规教育和非正式学习的成本分担机制。

（一）社区教育

上海市徐汇区作为全国社区教育示范区，大力推进学习型社区建设工作，将社区内分散的学习资源联系和整合起来，为社区内有不同学习需求的居民提供各种不同的学习机会，促进社区居民的主动学习、自主学习和互动学习，创造浓厚的学习氛围和环境，并在制度、体制、机制、经费、物质和学习资源等方面为社区居民的学习提供保障。

区政府从实际出发，加强领导，制定相关政策和规章制度，初步形成政府统筹和领导、社会力量支持和社区群众自主参与的运行机制和管理体制。目前，徐汇区设立了区和街镇两级社区教育专项经费，社区教育的经费来源主要依靠政府投入。区政府按照全区常住人口人均每年2元的标准设立社区教育专项经费，列入预算；各街镇按常住人口人均每年不少于5元的标准设立社区教育经费，有的街道社区教育投入已达到人均每年10元，参见上海市徐汇区2009年社区教育专项经费统计（图2）。此外，徐家汇街道向“徐汇区教育基金会”捐赠供给人民币100万元，设立徐汇区社区教育“奉献奖”专项奖励基金。

徐汇区居民参与社区教育课程班学习所支付的学费为10元至80元不等，基本集中在10元至30元的区间，据家汇街道2009年的统计数据显示，居民参与社区教育所分担的成本仅为教育成本的3.31%，学习者对成本分担机制表示认同。随着社区教育课程质量的提高，越来越广泛的居民愿意参与社区学习。

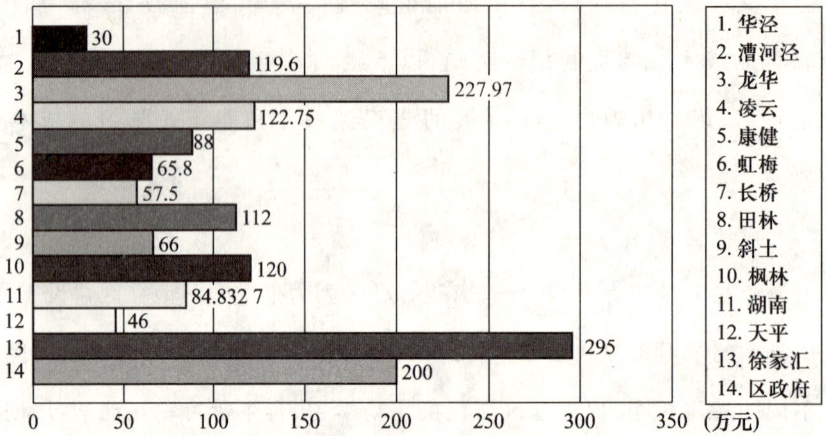


图 2　上海市徐汇区 2009 年社会教育专项经费统计

徐汇区还大力发展社区教育信息化。2009 年区政府、各街镇额外投入 188.25 万元建设远程学习平台,学习资源免费向全体居民开放,并采用物质奖励的政策激励居民网络学习。

（二）职业培训

职业培训包括岗前、在岗、转岗和下岗再就业等与掌握岗位职能、拓展业务知识、提升技能有关的学习、培训活动。根据培训性质以及学习者参与的动因不同,学习成本由政府、单位、个人按不同比例分担。

1. 对于在岗人员的培训,机关、企事业单位具有法律责任,一般以奖励员工参加岗前培训、组织企业内部培训和鼓励员工参与其他技能培训为主要形式展开,单位承担培训费用。近年来,随着学习型组织创建工作的深入开展,企业充分重视对员工的岗位培训,经费的投入也逐年增长,2007—2008 年徐汇区共有 7 家单位被授予“上海市推进学习型社会建设先进单位”,两家单位被评为“上海市学习型企事业单位先进集体”。区政府积极鼓励在职人员参与职业技能培训，大力扶持高技能人才培训，2008 年共 31 465 人次参与职业技能培训，完成上海市政府下达指标的 116.54%，其中，中高级及以上层次培训 19 495 人次，占培训总人数的 61.96%。

2. 对于社会弱势群体的职业培训，政府较大程度地分担了学习成本。根据上海市的相关规定：本市失业、协保人员、农村富余劳动力自主选择培训机构，自费参加补贴培训目录范围内的培训项目，经鉴定合格，自发证之日起一年内被用人单位录用并签订一年及一年以上劳动合同的，可持“培训账户卡”到区县职业介绍所按补贴标准核销培训费用。从 2010 年开始，上海市将外来就业人员等群体也纳入职业技能培训补贴范围之内。徐汇区积极落实促进就业政策，2009 年，区财政从中央就业补助资金中核拨相关培训方面费用（含外来农民工补贴培训经费）共计 605.07 万元（图 3），全年享受政府补贴培训 17 422 人，占培训总人数的 45.63%。

此外，徐汇区大力开展残疾人岗位技能培训，建立“心身康复就业援助基地”，通过定向培训上岗为精神残疾人创造就业机会；在克莉斯汀饼屋、棒·约翰餐厅等连锁店中吸收残疾人就业，并实行残疾人与健康人同工同酬；区内还建起由企业出订单、出报酬，街道出场地、出管理的“阳光工场”，开创了困难残疾人就业、培训的新模式。

3. 对于潜在劳动力的就业培训，徐汇区全力推进“青年就业创业见习基地”工作，为应届大学毕业生就业创造条件。目前已建立团中央见习基地 6 家，团市委见习基地 6 家，并探索实践“定向培训小班模式”，坚持职业培训与职业介绍相结合，2009 年共组织职业见习 3 739 人次，就业率达到 93.1%。

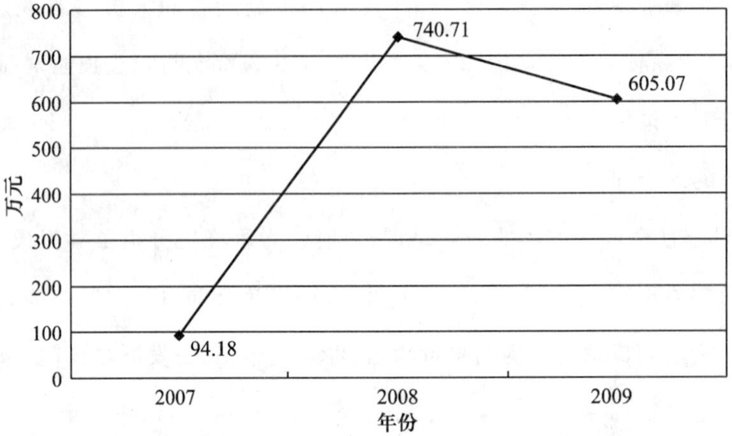


图 3　上海市徐汇区财政从中央就业补助资金中核拨相关培训费用统计



此外,区政府积极响应上海市“灰领培训”政策,对最后 1 年在读的大学生参加各项职业培训者,采用 50% 学费以政府“埋单”的形式进行补贴。

(三) 成人学历教育

成人学历教育的参与主体为在职人员,通过继续教育,能完善知识结构,扩展专业技能,提升学历等级。一般情况下,学历和收入成正比关系,所以学历教育是一种人们相对乐于的学习方式。学习成本以个人承担为主,各单位根据具体情况采用学费报销、工资提升等形式补贴为辅。徐汇区政府大力支持机关干部的文化学习,并以相关政策扶持,文化学习的费用,个人负担 1/3,其余部分由所在单位报销。出于对政府公务员高一层次学历培训的支持,以每人 20 000 元学费报销的形式予以奖励。徐汇区教育局为鼓励中小学、幼儿园教师完成高一层次学历培训,出台相关的奖励措施,教师参加对口的专业学习,所需学费按“3、3、4”原则分担,即:区教育局奖励 30%,所在学校奖励 30%(学校也可自行酌定)，个人承担 40%。

## 三、徐汇区终身学习成本分担机制的经验总结

建立和完善终身学习成本分担机制，树立政府、组织和个人的学习投资理念，是构建终身学习体系、建设学习型社会的基础条件和重要保障。

徐汇区的实践经验表明：

只有明确终身学习的意义，才能引发政府、组织、个人对学习投资的重视；

只有健全终身学习的法制，才能明确政府、组织、个人对学习投资的责任；

只有坚持成本分担的原则，才能激发政府、组织、个人对学习投资的积极性；

只有提高终身学习的品质，才能增强政府、组织、个人对学习投资的意愿；

只有加大学习活动的监管，才能确保政府、组织、个人对学习投资的执行；

只有加强终身学习的激励，才能维持政府、组织、个人对学习投资的热情。

## 参考文献

[1] 郝克明. 跨进学习社会——建设终身学习体系和学习型社会的研究. 北京：高等教育出版社，2006.

[2] 卡尔·达尔曼等. 终身学习与中国竞争力. 窦现金译. 北京：高等教育出版社，2007.

[3] 经济合作与发展组织. 教育政策分析 2003. 北京：人民教育出版社，2006.

[4] 徐汇年鉴 2009. 上海：上海辞书出版社，2009.

[5] 徐汇年鉴 2008. 上海：上海辞书出版社，2008.

[6] 吴遵民，谢海燕. 当代终身学习概念的本质特征及其理论发展的国际动向. 继续教育研

究,2004(3).

[7] 胡鞍钢.政府在构建终身学习社会中的角色与作用.国情报告,2004(23).

[8] 教育政策分析2003.经济合作与发展组织.北京:人民教育出版社,2006.

# 以学习型组织建设提升企业的系统创新能力[1]

康易成[2]

江淮汽车(简称JAC),自1990年以来,依靠自我滚动积累,从一个净资产为负、年产销汽车不足千辆的小企业不断发展壮大,公司主要经营指标连续十多年保持年均50%以上的增幅,实现了协调平衡基础上的超常规发展,成为产品覆盖全系列商用车和乘用车、关键零部件、汽车制造装备及工程机械的综合性企业集团,走出了一条有鲜明特色的民族汽车企业的成长之路。

毋庸置疑,江淮汽车在从小到大、由弱胜强的发展历程中蕴藏着它持续发展的内在逻辑。江淮汽车高层认为:如果说有什么秘诀的话,那就是公司领导团队一直保持独立思考的风格,没有跟风经营,所以孕育了独特的江淮汽车文化。其中最核心的一条就是长期以来,坚持不懈地抓了学习型组织的创建,让有限的资源发挥出尽可能大的作用。

① 本文为论坛发言稿。

② 康易成:江淮汽车集团培训学院(JAC大学)名誉校长。

自1996年邂逅“五项修炼”，到初识、相知、深入实践，江淮汽车在创建学习型组织的过程中有过困惑，有过迷茫，但从未有过怀疑。近十余年来，江淮汽车始终把创建学习型组织作为企业文化建设和培育核心竞争力的载体，作为保证企业健康发展的长效机制，把她与中国传统文化、公司本身的发展状况相结合，探索出了创建学习型组织的独特模式，并认真踏实地实践、反思、总结，丰富了学习型组织的理论内涵和实践方式。

## 一、创建学习型组织是企业持续健康发展的内在需要

1996年，江淮汽车与学习型组织因彼得·圣吉的《第五项修炼》一书结缘，当时书中提出了一连串发人深省的思考：为什么20世纪70年代世界500强企业到80年代会有1/3从排行榜上销声匿迹？为什么美国国内名噪一时的企业会昙花一现？怎样使企业适应瞬息万变的外部环境？怎样使企业突破成长上限、不断超越？诸如此类的问题让江淮汽车的高层感触很深，回归做企业的本原去思考，干企业到底是为了什么呢？创利润？那挣钱以后又干什么呢？不外乎就是让员工过得更好一些，让社会变得更好一些！《第五项修炼》中彼得·圣吉所创导的学习型组织正是这样一种更适合人性和谐、完善与发展的组织模式。江淮汽车学习型组织创建的序幕由此拉开。

通过不断实践，江淮汽车提炼出了“系统思考、团队学习、协调平衡、追求卓越”的核心理念，并始终把其蕴含的智慧内化到企业的发展战略之中，融合在企业的制度设计和管理变革之中：从进军汽车底盘实现解困，到独辟蹊径上马轻卡，到重卡，到MPV、SRV、轿车，每一次产品线升级，每一次产品战略转型，有了

“系统思考”的决策思维，总是能够“在正确的时间做正确的事”。例如，20 世纪 90 年代初，江淮汽车忍痛砍掉了发动机项目，当时一是没钱，二是不具备做好的能力，于是“下马发动机”把钱换出来上底盘。但当 2002 年上“瑞风”时，没有自己的发动机规模就上不去，而此时已具备了做发动机的条件，技术、人才储备有了，配套环境改善了，国内外可利用的资源也丰富了，所以就重新“上马发动机”，今年自产发动机可达到 16 万台的规模。“一下一上”就是江淮汽车的“系统思考”。

走过十多年的创建历程，江淮汽车深刻地体会到：创建学习型组织是企业发展的内在需求，只有学习型企业才能敏锐地感知环境变化，才能扣准产业发展的脉搏。现在，创建学习型组织已经载入《JAC 宪章》，成为 JAC 的长期路线之一。

## 二、构筑系统的学习平台，把企业变成一所大学

企业发展如“逆水行舟，不进则退”，要创建学习型组织，实现企业的永续经营，从哪里入手？答案当然是学习。1998 年，公司正式提出 JAC 的学习观：倡导向一切可以学习的人和事学习；学习是大福利；学习是一项回报颇丰的投资；学习的最重要任务之一是学会学习。在这一学习观的指导下，JAC 创新出了各种具有针对性的培训模式，形成了江淮汽车无法模仿和复制的竞争优势。

说起江淮汽车的培训体系就不得不提到“40+4”模式。1998 年“40+4”学习工程正式启动，千万不要以为“40+4”是一道小学生的算术题，其实它是江淮汽车的一种团队学习模式，简单的解释就是全体员工每周工作 40 小时，利用业余时间或节假日集中学习 4 个小时。

在“40+4”启动之初，推动的阻力是非常大的，不少员工宁愿去工厂出力，也不愿静下心学习，坐在教室里听上4个小时，那真叫如坐针毡。后来公司领导提出来“把期望值调低，先把板凳坐住”，可以说最初的“40+4”是要培养员工学习的习惯，形成重视学习的文化。从20世纪90年代开始，江淮汽车实行的全员培训就是雷打不动的，生产忙的时候要不要培训？销售任务重的时候要不要培训？在JAC，答案都是肯定的。江淮人就是凭着一股百折不挠的韧劲，将“40+4”做彻底了，不仅造就了鲜明的培训特色，更给企业带来了生生不息的向上活力。

江淮汽车的培训模式富有新意，在培训课堂上，排排坐变成了讨论小组的“圆桌会议”，演讲式教学变成了案例研讨、角色演练、各种游戏和野外训练，讲台上的老师变成了“节目主持人”和“导演”。学习的过程是开放的、互动的，这种开放式的培训让学员在轻松交流的气氛中会不断地体会到学习的快感并生创意；江淮汽车巧妙地将工作场所演变成学习的课堂或教室，正如哈佛大学的波特教授所预测的那样，“在未来，公司将比过去更像大学”；江淮汽车将培训和学习贯穿员工的一生。江淮汽车的领导不仅是动员和组织员工创造财富，同时也给予每位员工培训和学习的经历，更加注重培养人、尊重人；江淮汽车拥有一级培训和二级培训的层级培训网络，形成了数百名包括公司领导和中层干部在内的兼职培训师队伍。他们以身示范、言传身教，实现了管理者既是领导者又是教师的双重身份的融合，形成了教学相长的独特培训模式。

除外，江淮汽车还定期组织中高层干部全封闭培训、采取“走出去、请进来”的办法培养公司高级管理人才和学科带头人、建立全员自主学习机制等。江淮汽车始终将培训作为创建学习型组织的重要载体和抓手，通过构建系统的培训体系，以学习孕育观念，观念引导变革。

### 三、以反思反馈共享系统打造组织肌体健康的长效机制

江淮汽车人并没有照搬学习型组织的理论，而是将其与中国企业的实际情况紧密结合，将"五项修炼"理论中国化和本土化，形成以"一个定义、两个特征、三个系统"来创建学习型组织。具体来讲，就是打造一个不断学习和创新的组织，让每位成员在工作中活出生命的意义；这样的组织具备的特征为：有清晰的、与时俱进的、被全体员工认同的价值观体系，具有自我批判的精神；实现的机制为完善反思、反馈、共享三大系统，形成全向沟通的机制和顺畅的沟通氛围。

真正意义上的学习型组织，必定能够迅速感知环境并做出快捷灵活反应，组织的学习力就体现在灵活应对环境变化的能力上。如果把组织看成生生不息的生命体，那顺畅的反馈一定是它敏感的神经系统，体现组织的反应速度；反思是免疫系统，体现组织的纠错能力；共享是记忆系统，体现组织的创新活力。

JAC 很早就有意识地开始推进各种类型的反思、反馈、共享系统的建立，目的是搭建沟通平台，变过去的"归罪于外"为"寻找自己的差距"，变过去的"着眼于微观和局部"为"站在系统上看问题"。

反思就是将"镜子照向自己"，改善心智模式，从自身查找问题。在 JAC，反思不仅局限于个人层面的自我反省，更注重组织层面的反思。企业通过定期召开案例分析会、质量反思会和深度会谈会，审视问题，寻找差距，在全员中逐渐培养反思的习惯。

反馈就是建立组织的信息渠道，使最坏的消息以最快的速度准确地到达应

该到达的地方。公司在价值链的各个环节上都建立了比较完善的信息反馈系统，及时从上下游、顾客以及供应商等方面获取信息；在公司内部，通过内部局域网、蓝色托盘、沟通酒会、书友会、顾客链走访、各种恳谈会、内部员工满意度调查、领导接待日等活动，打破上下级之间、员工之间的心里藩篱。

共享就是让个人与团队学习的好经验能迅速在组织内传播，成为共同的经验，形成组织记忆力。公司建立了丰富的知识共享机制，定期组织企业文化研修班、各种成果发布会和经验分享会，分享的情境随时呈现。

## 四、以学习创新引领系统创新

学习的目的就是将学习能力转化为创新能力。JAC 在发展中构建了系统创新模型——“江汽大厦”，即以企业文化建设统揽全局，以技术创新、管理创新、机制创新和营销创新为支柱，以全员的教育和培训作为厦基。这个模型涵盖了企业发展、系统创新等六大要素，要素之间动态平衡、整体提升。每个要素都有一套成熟的体系、做法和相应的内涵。

在技术创新方面，遵循“整合全球资源造世界车”和“以我为主、兼收并蓄、自成一体、实现超越”的指导思想，以市场需求为出发点，牢牢抓住“生产一代、储备一代、研制一代、构思一代”的产品研发思想，不断拓展平台和推出创新型产品，形成强大的自主研发能力。

在管理创新方面，以客户为导向，以提高流程效率、运作绩效为目的，坚持学习实践丰田生产方式，积极推进基于 IT 的现代化管理，不断树立有挑战性的标竿，通过管理体系的达标，提高管理水平。

在机制创新方面，公司坚持以绩效为导向，强化优胜劣汰的用人、用工机制，积极推进组合式分配方式、员工三条成长路径、宽带薪酬和全向绩效管理制度，保持公平与效率、发展与稳定的协调互动。

在营销创新方面，公司始终坚持“客户第一、经销商第二、制造商第三”的经营理念，以创建学习型营销体系为手段，不断进行营销模式和营销要素的组合创新，通过建设体系来提升能力。

江淮汽车的系统创新就是把最现代的技术、管理、文化等成果与自身优势相结合，形成充满活力的企业管理制度、先进的技术、一流的产品体系和完善的营销体系，不断突破成长的瓶颈，使公司逐步发展成为在国内外具有重要影响和较强竞争力的大型企业。

## 五、感悟

### （一）创建学习型组织关键是要塑造企业共同愿景和价值观

企业的发展不再仅仅受制于员工的技能，而是受制于员工做事的动机，这种动机无法靠制度来规范，如果员工对组织的价值观和目标不认同的话就不可能产生正向的绩效。

公司努力构建企业的共同愿景、价值观体系、核心理念、企业精神，形成了《JAC 宪章》、《员工手册》、《JAC 员工行为规范》、《学习型组织研习手册》、《品格第一》、《JAC 文化典藏》等系列文化载体，并进行全员宣贯，深化全体员工对共同愿景和价值观的认知和认同。通过将共同愿景层层分解，激发员工深层次的热望；通过对共同价值观的宣传引导，使全体员工在处理较为复杂的经营管理问题时,有了明确的判断标准,规范了组织及个人行为。

(二)创建学习型组织是在集聚一种精神

学习型组织的本质是一种精神和能量,组织中的成员需要共同来发展这种精神和能量。在夹缝中求生存、在逆境中谋发展,江淮汽车始终把红军精神作为企业发展生生不息的动力,用愿景凝聚人心,用文化形成组织合力,在学习、实践、创新的过程中,从理念到行动,从尊重人、发展人到人人体现自我价值,江淮汽车不断积聚这种生生不息的能量,从而演绎从小到大的成长故事。

2006年5月27日,《JAC宪章》发布现场,一万多名JAC员工庄严宣誓:"我们是新时代的红军,肩负着新时代的使命,我们不畏艰难,敢于挑战……"多年来推进学习型组织实践,JAC建设了一支坚持求真务实、勇于开拓创新的经营管理团队,还打造了一支有坚定信念、有战斗力的员工队伍。正是有了这样一支具有共同的精神内核和思想基础,具备较好的学习能力和创新能力的高素质队伍,才使得江淮汽车得以持续健康的发展。

(三)创建学习型组织是在积累两种竞争力

产品力、营销力、技术研发等是企业超越竞争对手的硬实力,可以通过培训和组织学习获得;而以创建学习型组织为核心的文化建设是在累积企业的软实力。优秀的企业文化能使企业的各种生产要素得到最佳组合,创造最佳效益。历经数年积淀,江淮汽车的企业文化在公司的战略决策能力、系统创新能力、资源整合能力等方面发挥了不可替代的作用,将"创新发展自主品牌,振兴民族汽车工业,成为世界一流汽车厂商"使命融入骨髓的江淮汽车一直在随需而动、不断突破;在"系统思考,团队学习,协调平衡,追求卓越"核心理念的指引下,企业的研发能力不断得到锻炼提升,产品架构持续优化调整,新的增长点不断被培育；而贯穿于设计、供应、制造价值链条上的“整合全球资源造世界车”的理念与实践则是组织学习与系统创新的最佳诠释。基于长期实践形成的JAC企业文化正不断为打造JAC综合经济实力和市场竞争能力提供源源动力。

（四）员工与企业共成长，国家利益得保障

JAC从根本上关心、爱护和尊重员工，积极培育员工与企业共同成长的文化。首先体现在JAC为每一位员工设计职业生涯规划，并匹配明确的成长路径，使每个岗位的员工都有成长的机会，获得广阔而富有吸引力的事业平台。同时在企业规模不断扩大，经营业绩稳健增长的同时，公司采用“现金分配+大福利+股权激励”为主体的组合式分配模式，使每一位员工能够共享企业发展的丰硕成果。

JAC倡导爱国从爱企业开始，爱企业从爱岗位做起，提倡将爱国的感情具体化。只有企业的利益得到保证，我们才有能力为国家、为社会承担更多的责任及义务；才有能力通过不断地创新为客户创造价值；才有能力予以投资者应有的回报；才有能力为广大员工带来美好的生活和成长的机会；才有能力带动产业链上下游伙伴的共同进步。

随着JAC创建学习型组织的不断深入，系统思考的能力也在逐步提升，公司还创造性地提出了把学习型组织的理念、工具、方法向产业链的上下游延伸，打造学习型生态链。构建和谐共赢的大协同体系是江淮汽车创建工作的又一重心。

缔造学习型组织没有尽头，我们永远不能说我们已经是学习型组织了，就像彼得·圣吉博士所言：培养一个组织持续学习的能力耗时久远，永无止境，就像做人，要终生锤炼。

找到路，就不怕路远。

# 上海市学习型社区评估指标的研究和实践[①]

帅良余[②]

近年来，上海市把创建学习型社区作为建设学习型社会的重要支撑，作为上海市形成全民学习、终身学习的重要路径。2007 年上海市推进学习型社会建设指导委员会办公室（以下简称“市学习办”）在深入调研各街镇学习型社区建设情况，以及研究学习型社区基本特征的基础上，制定和颁发《上海市创建学习型社区评估指标体系》（以下简称“评估指标”）。之后，市学习办以“评估指标”为参照依据，于 2008 年组织 12 个街道率先开展试点，2009 年通过各单位申报，专家评审，遴选出 55 个街镇开展创建活动，2010 年还将组织 70 个街镇进行创建活动。目前创建学习型社区活动正在上海市蓬勃掀起，方兴未艾。

① 本文为书面发言稿。

② 帅良余：上海市推进学习型社会建设指导委员会办公室副主任，上海市教育委员会终身教育处副处长。

## 一、“评估指标”概述

市学习办通过基层调研，理论研究之后，认为学习型社区旨在使社区的所有学习资源，包括人力资源、物力资源等，都能充分发挥作用，产生实效，使学习成为个人的生存方式，成为社区管理和发展的方式，营造文明进步的新型社区。学习型社区既要组织协调、指导推进社区内各类学习团队的健康发展，又要保障和满足社区居民学习的基本权利和终身学习的需求，通过构建和完善学习型组织，提高社区居民素质，全面建设和谐社区。学习型社区的评估指标应当是一个具引导性、规范性和可操作性的指标体系，是以终身教育、终身学习、全民学习作为核心理念，把社区学习教育的组织管理、学习团队建设作为考量的主要内容，以此建立一个适用于上海地区的学习型社区评判标准。所以，“评估指标”把“人人皆学、时时能学、处处可学”的学习型社会框架，多数市民树立终身学习理念，基本形成多模式、广覆盖的学习型组织创建格局作为总体目标，由市学习办联合有关单位和专家作为实施主体，以街道乡镇党政组织及其开展的相关工作作为创建评估的客体。

“评估指标”中一级指标体现组织管理、载体建设、学习活动、创建成效、创建特点等五个方面。二级指标包含管理制度、队伍建设、社区学校建设、群众性学习活动、社区居民参与率、实践探索成果等 18 个项目。三级指标则进一步细化，共有 50 项具体测评条目，总计 110 分，80 分为测评合格。“评估指标”参考有关社区教育的国家标准，吸取人力资源和劳动保障、民政等部门有关学习教育的要素。具体测评条目设置体现创建过程和创建成果并重的理念。评估方式采用工作汇报、现场访谈、实地考察、查看资料和互动交流等，同时，结合被评街镇提供的材料，由评估工作组作出综合评定，评定结论以书面形式反馈给街镇的党政领导班子。经过两年多的评估实践，上海市 67 个街镇都基本达到了“评估指标”所设定的要求，各街镇的终身学习、终身教育工作基础更加扎实，终身学习的理念更加普及，社区学习团队更加科学健康地发展，居民的学习权利和学习需求得到进一步保障。

## 二、“评估指标”强调街镇在终身学习、终身教育中的管理职能

学习型社区是学习型组织理论与终身学习、终身教育理念相结合的产物，通过对社区学习和教育载体的变革，进而实现社区管理方式的创新和发展，所以“评估指标”有近 50% 的分值直接测评街镇党政班子在社区内组织居民开展学习的实施能力和管理能力，其目的是要引导街镇领导积极承担创建工作的主体责任，确实做好学习型社区建设的组织、发动、指导和服务工作。“评估指标”主要考察街镇党政职能部门的三种管理能力。

一是统筹规划和综合协调的能力。由于社区的学习项目和学习内容分别针对不同对象，分布在街镇的各个部门，这就要求各街镇对原有的管理模式进行调整，系统思考，总体布局，统筹兼顾，形成有效的管理机制，科学制订创建计划，形成既明确分工，又加强合作的工作格局，有步骤、分阶段地落实创建任务。

创建情况的测评表明各街镇的综合管理能力得到普遍提高。比如，上海市闸北区天目西路街道建立四项长效创建机制：① 舆论导向机制。通过社区的各种宣传载体，积极传播终身学习、终身教育的理念；② 工作联动机制。以“整体

推进，分头实施，联动增效”为协调原则，形成合力，有效推进；③ 经费保障机制。街道把创建学习型社区和社区教育经费纳入年度预算计划，并且逐年增加，同时，还多渠道筹措资金，为创建活动提供保障；④ 考核激励机制。创建工作的各项任务纳入街道的日常考核内容和目标，街道文教科实施考核制度，组织检查评比。徐汇区田林街道在学习型社区创建中，将老年学校、人口学校、亲子学校等8所学校进行整体规划，完善“三统一”的社区教育管理模式，即“统一招生、统一调配资源、统一教学管理”，实现“纵向衔接、横向贯通”的社区学习教育管理方式的创新，提高综合投入效益；建立“创建队伍素质逐年提高，投入力度逐年提高，服务质量逐年提高”的创建保障机制，建立常规管理、评价激励等工作流程和相关制度，促进学习型社区建设持续发展。

二是学习资源的整合能力。创建学习型社区的主要矛盾之一是社区的学习和教育资源难以满足居民多样化的学习需求。社区居民的学习具有多样性、差异性和不确定性等特点，这就要求街镇职能部门要与辖区内的各种公共文化教育单位建立互利互补的机制，整合资源，将大中小学校、文化馆、图书馆、科技馆等公益性设施有序地向社区居民开放，为居民提供较为充裕的学习资源。

通过创建活动，上海市已经形成一批学习教育资源共享的先进典型。杨浦区五角场街道充分发挥辖区内高校多、部队多、企事业单位多、智力资源丰富的区域优势，形成“三区融合，联动发展”的创建模式，成立复旦大学“博士生讲师团”，与高校合作建立专家志愿者工作室，与7所高校合办“阳光同伴俱乐部”等，使社区居民的学习教育与大学师生、部队和单位的科研人员互动，提升社区学习的文化品位。闵行区梅陇镇将全镇9所公办中小学校的图书馆、计算机房、体育设施等，通过“社校一卡通”，在规定的时间内免费向社区居民开放。年终社区学校根据电子卡的记录，评选社区学习先进个人。据统计，近年来梅陇镇居民参加此类学习活动已达400多万人次，每所学校平均每天有400多社区居民参与学习和体育锻炼。

三是发动居民参与社区学习的组织能力。社区居民的学习参与率是评判创建成效的重要依据，也是创建工作的主要目的之一。“评估指标”主要从分人群，按学习需求等方面进行引导。在三级指标中对五类人员的学习教育提出要求。即青少年的校外素质教育活动；老年人的休闲娱乐学习活动；失业人员的技能培训；外来人员的法制和健康卫生教育；残障人员健康生活辅导等。

从创建情况来看，各单位都能针对不同人群，形成不同的组织学习模式，取得实际成效。静安区静安寺街道面向全体居民组织社区学习活动。实施再就业培训项目，下岗失业人员的培训率达95%，再就业率达76%；组织在职职工教育，街道对辖区内120多家企业骨干普遍进行《劳动法》、《合同法》和《公司法》等法律知识培训辅导；依托社区学校，针对社区妇女、未成年人、外来人员组织不同内容、不同方式的培训教育；社区的学习活动还向公园广场、白领楼宇辐射。浦东新区洋泾街道在组织动员居民学习的机制方面努力探索，拓展居民学习渠道，构建“政府主导，社区主体，市民参与，持续有效”的创建方式，形成“一体两翼”的组织动员模式，即以社区教育委员会作为创建主体，38个成员委员单位承担社区学习项目，提供学习资源为“一翼”，另“一翼”则是社区学校实体化运作。街道加强与辖区单位合作，在社区单位内建立6所社区分校，8个特色学校，8个德育教育基地，在社区单位招募183名登记在册的教师志愿者，辖区单位每年约有20个社区合作项目。社区学校以“有教无类，积学悦人”为校训，每年办课程班100个以上，开设课程34门，社区群众参与社区学习率逐年提高。

在测评中参与社区学习活动的居民年龄主要集中在老年人和青少年，中等以上文化程度的居民参与率较高，文化程度低的居民参与率偏低。社区学习中的“老面孔现象”十分普遍，产生这些问题的原因涉及许多方面，需要在学习型社区建设中不断探索和研究。

## 三、社区教育是“评估指标”的基本要素

社区教育和学习型社区建设是两个不同的概念，两者有各自的范畴。但是在社区范围内，终身教育、终身学习的基本元素将两者联系在一起，相互作用，相互促进。因此，在“评估指标”中直接反映社区教育的分值占20%以上，主要从三方面引导创建。

第一，学习型社区创建为社区教育发展提供新的目标。社区教育是学习型社区建设的基础，是满足居民多样化学习需要的主要渠道，是创建学习型社区的方法和手段。而学习型社区建设则是社区教育新的发展方向。在创建学习型社区的背景下，社区教育不仅是满足居民的学习教育需求，还涉及提高居民的生活质量，提高居民素质，促进社区和谐，加强社区管理，加快社区发展等诸多方面。所以，社区教育的功能和外延得到进一步的拓展。

嘉定工业区海伦小区把社区教育的方法运用到推进城乡一体化的管理中，对“离土农民”变“现代市民”进行学习管理。他们通过培育“百姓学习中心户”，扶植先进典型，组织形式多样、群众喜闻乐见的学习活动，比如“百姓书场”、“道德讲坛”等，使传统农民逐渐养成现代市民的文明生活习惯，改掉了不少生活陋习，提高了文化素养。长宁区华阳街道以社区教育为载体，关心帮助弱势群体，

促进教育公平，促进社区和谐。他们把社区教育拓展到弱势群体的家庭中，把社区内127名特困儿童、96名特困学生、306名下岗特困妇女、323个单亲家庭、426名外来嫂，以及刑释解教、帮教的吸毒人员等都纳入学习发动对象。通过引导特困群体转变学习观念，树立学习信心，提供学习机会，培育学习氛围，开展就业培训等，为困难家庭提供教育服务，体现党和政府的关心。他们把科普、文体、法律、健康、读书和绿化等"六进"家庭活动，推广到弱势群体中，组织大学生志愿者为弱势家庭子女在学习方法方面进行启发和引导，拓宽弱势家庭的学习渠道，成为街道管理弱势群体的有效方法。

第二，加强社区教育的实体建设。"评估指标"根据上海市社区学校的实际运行状况，明确社区学校总体使用面积不得少于700平方米，居民办学点的面积要超过50平方米，教学设施完好率要达到90%，明确社区学校要配备1名专职校长，2名以上管理干部、按常住人口的1‰配备专职教师，并且组织志愿者教师队伍等。要求街镇社区教育经费的投入每年人均不少于6元。

根据测评情况来看，各街镇都本着因地制宜，因陋就简，勤俭节约的原则，在人力、财力、物资等方面进行保障，确保学习型社区创建工作的全面开展。比如，长宁区新华路街道地处寸土寸金的城市中心，为满足居民学习需求，街道采取联合办学、投资、整合等多种方式筹建社区学校。一是购买海富小区裙房1 000余平方米，建成社区文化中心；二是在区教育局的支持下，无偿使用新华路小学的闲置校舍1 000平方米；三是街道与番禺中学合作办学，由番禺中学在周末无偿提供近千平方米的教室和相关教学设备供居民使用。街道17个居民区全部建立社区学校分校，街道对居民教学点进行改建，配备空调、电视机、桌椅、图书报刊等，其中两个教学点建立了"东方信息苑"分苑，方便居民就近上网学习。虹口区凉城新村街道在创建活动中，集中街道的有限资金和财力，对原有的社区学校、文化活动中心和图书馆进行改建和扩建，社区学校由 500 平方米扩展到 2 000平方米，新建文化活动中心 6 000 平方米，配备和完善了教育文化设施，街道图书馆与上海图书馆实行借阅信息联网，可异地借还。27 个居委会全部拥有 100 平方米以上的教学点，还依托居民楼设立 32 个居民读报点。

第三，拓展社区教育的新内涵。在“评估指标”中，一方面要求社区积极开展社区文化、艺术、体育健身等传统项目。另一方面指导各街镇开发具有时代特征、符合居民学习需要的、新型的社区教育内容和形式。比如，大力扶植社区教育活动的品牌项目，提高社区学习活动的感召力，引导居民利用网络技术开展学习，培育优秀学习团队等。

浦东新区潍坊街道精心设计学习品牌活动，将原有的体育健身、科学普及、文化艺术、教育读书等四项社区学习活动，进行重新设计，建立社区“四大”学习活动节，扩大活动的影响力、感召力、参与率。同时，围绕学习品牌活动，做好三个加强：加强阵地建设，对社区科普中心进行改造，开辟四个科普展厅，建立百米科普长廊等。加强载体建设，针对不同对象，在“四大”学习节活动中，形成讲座、展览、知识竞赛、参与体验等载体，增加活动的参与率。加强机制创新，通过举办大型活动，促进各职能部门、社会各方参与的联动机制，建立各种学习文化团队和居民学习骨干的激励机制。普陀区长寿街道精心筹划形式和内容新颖的社区教育项目。依托社区学校曾经是文化名人余秋雨就读的学校，他们建立特色街道图书馆，设立“余秋雨文库”，“苏州河文库”等；举办社区民间收藏展，如《印象苏州河——普陀区苏州河近代工业商标文化收藏展》、《红红火火——中国传统礼仪红包收藏展》、《迎奥运、庆特奥——体育用品收藏展》等；承办社区白领之家活动，为社区白领青年免费提供交流活动场地，举办了“车友会”等活动；成立心理咨询室，为居民排解情感、执业、婚姻、家庭、人际沟通、身心健康的心理困惑和障碍。这些项目得到社区居民的普遍认同和赞许。

## 四、“评估指标”鼓励探索创新，形成创建特色



全面开展学习型社区创建工作需要将学习型社区的共性特征引入创建中，更好地指导创建活动。但是创建的方式和内容不是唯一的，应该丰富多彩，充满活力，有鲜明的时代特征。所以“评估指标”留出一定的分值权重，让各单位自主发挥和创新。在实际工作中各街镇的主要特色做法有以下几种：

一是把创建工作与开发地域特色的文化相结合。在“评估指标”中社区文化所占的分值并不多，但是从广义上讲社区文化应当包含社区学习和教育，社区文化是社会大文化的具体反映，也是开展创建活动的灵魂，制约着人们在社区学习教育领域中的价值取向，进而影响人们的学习情趣。许多街镇把居民的文化背景，地域民风民俗等元素融入到创建中，增强社区学习项目的影响力，提高居民的参与率。

宝山区淞南镇把“文化立镇”作为创建工作的根基，形成浓郁的地域特色。首先，他们依据群众的业余喜好，积极开展群众歌咏活动，形成“春之韵、夏之魂、秋之律、冬之魅”的文化四季歌；其次，发掘地方文化特色，开展群众性“皮影舞”活动，组织优秀“皮影舞”节目参加送戏下乡演出，得到群众欢迎；第三，努力传承“摄影之乡”文化，组织农民开展摄影创作，不少摄影作品参加上海市的摄影展、日本爱知世博会“中国城市风貌”展等；第四，积极组织好 117 支文化团

队，丰富基层群众文化生活。青浦区重固镇有着六千多年的文化历史，他们以“福泉山”文化品牌为抓手，组织老年志愿者讲师团，广泛传播科学健康的生活方式和终身学习的理念；以福泉山古文化遗址为载体，建立青少年科普教育实践基地，每年开展的科普之夏知识竞赛已经成为当地的特色品牌活动；同时，他们还举办广场艺术节、体育文化节、新重固人文艺汇演、才艺大赛等具有本土文化特点的主题活动。

二是围绕街镇的中心工作开展创建，服务于社区管理和发展。一些街镇将工作主题列为读书学习的重要课题，将学习成果指导工作，将组织学习、团队学习与街镇的管理工作紧密结合，使得学习内容、学习方式和学习成效更加生动活泼，更加富有创新力、生命力。

崇明县陈家镇地处崇明岛东端，是上海长江大桥的登陆处，生态岛建设，河蟹养殖是镇党委和镇政府的工作重点。在创建工作中，他们把学习教育融入到工作中，设立《提高市民生态素养的教育实验》项目，以村民学校为基点，开展生态教育，全镇53%的村民参加生态科普教育，提高了生态意识和生态道德水平，增强了生态技术能力。围绕河蟹养殖这个“龙头”产业，他们组织多种形式的技术培训，使得广大农户较快地掌握了科学养殖技术，进而脱贫致富。

“评估指标”在创建学习型社区中起到了重要的推进作用，今后市学习办还将吸取创建过程中的成熟经验，修改和调整“评估指标”，以便更好地指导创建工作，努力为上海学习型社会建设建立良好的基础。

## 参考文献

[1] 高志敏．成人教育社会学[M]．河北：河北教育出版社，2006．

[2] 高志敏.当代世界教育科学发展与成人教育[M].上海:上海交通大学出版社,1997.

[3] 上海市推进学习型社会建设指导委员会办公室.长三角地区创建学习型组织理论和实践探索文集[C].上海:上海人民出版社,2008.

[4] 上海市推进学习型社会建设指导委员会办公室.实验与示范——上海市社区教育实验工作总结(2001—2008)[C].上海:上海教育出版社,2009.

# 社区学习中心——基层终身学习的有效机制[①]

## ——联合国教科文组织社区学习中心项目行动研究

齐志勇[②]

联合国教科文组织开展的社区学习中心项目主要经历了以下发展过程：从实现全民教育目标出发，开展扫盲教育活动，关注教育发展过程中的弱势群体，研究非正规教育为脱贫服务，针对学习者需求将扫盲与实用技术培训相结合，倡导参与式的学习方法，通过开展活动进行社区成员能力建设，促进个人与社区的可持续发展，实践终身学习理念，形成基层社区终身学习机制。

社区学习中心项目是由联合国教科文组织亚太地区教育局（前亚太地区办事处）于1998年发起的。作为一个促进实现全民教育目标的项目活动，最初是通过非正规教育项目活动来进行的。在为社区所有成员提供教育服务的前提下，社区学习中心的主要作用是要通过开展扫盲和扫盲后的继续教育活动，有针

① 本文为书面发言稿。

② 齐志勇：甘肃教育科学研究所副所长。

对性地为当地社区的成员提供各种学习培训机会。社区学习中心开展的项目活动,因其参与性强、内容切合实际、组织方式灵活、活动形式多样、涉及领域广泛而受到基层社区教育组织者和学习者的欢迎。同时,社区学习中心也作为一个为社区成员提供信息服务、科技知识和生活技能的载体和资源中心,在提高社区能力建设、促进当地经济的可持续发展过程中发挥着积极作用。

在联合国教科文组织的倡导和各参与国家政府和非政府组织的支持下,社区学习中心项目行动研究不断深入开展、影响不断扩大。经过十多年的行动项目研究和大量的基层实践活动,参加实施社区学习中心项目活动的国家已由最初的仅有亚太地区 11 个国家,扩大到中亚地区,有近 30 个国家参加实施社区学习中心项目。除中国作为首批参与国之一开展了此项行动研究之外,其他参与国家有孟加拉、不丹、柬埔寨、印度、印度尼西亚、伊朗、哈萨克斯坦、老挝、马来西亚、缅甸、蒙古、尼泊尔、巴基斯坦、巴布亚新几内亚、菲律宾、萨摩亚、斯里兰卡、泰国、乌兹别克斯坦、越南、阿富汗、吉尔吉斯斯坦、马尔代夫等。一些非洲国家,如南非、肯尼亚、赞比亚和津巴布韦等,在实施全民教育行动的过程中也开始越来越关注社区学习中心的建设。

## 一、社区学习中心的国际背景与社会基础

在国际上,社区作为一种基层的社会组织的概念最早产生于欧美国家,而社区教育则更是在发达国家得到广泛的实践运用。正是这种社区教育的发展促进了社区学习中心的产生。最早的社区学习中心是作为一种非正规教育组织形式,为那些无法得到或未能完成正规教育的人提供补充教育的机会和场所。在

20世纪60年代末70年代初,非正规教育成为国际上有关教育政策讨论中的一部分,开始对正规学校教育机构之外进行的教育教学和培训予以认可。在那些教育水平发达的国家,非正规教育一般不会对国内教育政策产生影响,而是更多地探讨社区教育、社区学习、非正式教育和社会学方法。但是,这种讨论的结果,却总结出了非正规教育的四个特点:第一,它可以满足处境不利人群的需求;第二,它更关注特殊人群教育和个人发展问题;第三,它具有明确的教育目标;第四,也是非常重要的,是非正规教育的组织形式和教学方法更具有灵活性。因此,许多国家,特别是发展中国家非常重视非正规教育的作用,将其作为一种解决文盲问题,普及基础教育,实现全民教育目标的有效方式,在许多国家的教育部内设立了专门管理非正规教育的机构。与此同时,许多教育专家和学者开始介入对终身教育的探讨,认为终身学习概念的确立将会对教育体系产生重要影响。在建立学习化社会的过程中,未来教育体系的发展将是正规教育、非正规教育和非正式教育三者的有机结合。

促进全民教育发展一直是联合国教科文组织的优先任务,在推动世界各国向实现全民教育目标努力的过程中,尤其关注发展中国家的全民教育,所涉及的领域包括基础教育、农村教育、成人教育、职业教育、妇女与儿童教育、少数民族教育和环境教育,并在世界范围内开展这些领域的教育项目与培训活动,并取得了令人瞩目的进展。

2000年,联合国教科文组织、开发计划署、人口基金会、儿童基金会和世界银行共同主办,在塞内加尔首都达喀尔召开了世界全民教育论坛。论坛总结了1990年世界全民教育大会以来各地区、各国在开展基础教育方面的经验和教训,研讨并求得扫除实现全民教育障碍的途径。会议一致认为,教育是实现可持续发展和各国内部以及国与国之间和平与稳定的关键，因而也是有效地参与正在经历迅速全球化的21世纪的社会和经济的必不可少的手段。会议最后通过的《全民教育行动纲领》提出了六项具体目标：全面提高和改善幼儿教育；确保在2015年以前使所有儿童特别是女童都能完成高质量的初等教育；为青年人提供平等的受教育机会；促进成人扫盲和基础教育，到2015年使文盲人数减少50%；消除小学和中学的性别差异问题；全面提高基础教育和成人教育水平。

世界全民教育宣言和《达喀尔行动纲领》都认为，实现全民教育的目标已刻不容缓。如果不加快实现全民教育的步伐，各国和国际上减少贫困的共同目标就无法实现，各国之间和各国内部的差距将会扩大。全民教育目标中都涉及了青年和成人教育问题，也就是说，全民教育不仅要靠普及正规学校教育，所有人的基本学习需求能够而且必须作为当务之急予以满足。

联合国教科文组织开展社区学习中心项目的理念主要来自在发展中国家广泛开展的非正规教育实践活动。非正规教育在传统上一直被作为正规学校教育的补充，主要是为没有完成基础教育的人提供第二次学习机会。因此，非正规教育的对象主要是那些文盲、半文盲青壮年和辍学儿童。但是，进入新世纪，社会环境已发生了很大变化，随着现代化信息技术的发展，正规学校的教育内容已无法跟上飞速发展的现代科学技术进步。不仅完成基础教育满足不了当代人的学习需求，一个人即便是受过高等教育也并不等于完成了一生所有学习任务。而社区学习中心项目的实施，将实现全民教育目标与终身学习实际相结合，既要考虑弱势群体的基本文化基础知识学习需求，还要考虑完成基础教育者的继续学习愿望，同时也要顾及社区成员对现代科学技术的了解和学习需求。

## 二、社区学习中心的设计理念与主要功能

联合国教科文组织倡导的社区学习中心，是在总结以往开展非正规教育项目活动的基础上，对全民教育和终身学习的新思考、新认识和新实践。目前联合国教科文组织对社区学习中心的基本概念描述是：在实现全民教育目标的框架内，社区学习中心是由社区成员参与组织、建立、管理，满足所有社区成员的学习需求，并为当地社区教育发展和经济水平提高服务的各种基层组织学习机制。社区学习中心所有的教与学过程都着眼于鼓励学习者成为学习过程中的主人，以便能够实现自我发展，并同时为其家庭、社区和社会的发展做出应有的贡献。总而言之，社区学习中心的建立和发展是要通过组织开展有针对性的学习活动，在基层社区构建联合国教科文组织倡导的教育四大支柱，即学会做事、学会学习、学会生存和学会共同生存。

作为一个促进实现全民教育目标的项目活动，最初是作为非正规教育项目活动来进行的。社区学习中心作为非正规教育项目在各个国家和地区的实施过程中，由于社会制度、政治体制和经济发展水平不同，所以对社区学习中心概念的理解、活动内容的安排和组织方式也不一样。但是其各种活动都是以实现全民教育目标、提高社区成员生活水平、促进社区可持续发展为最终目的。

首先，社区学习中心是在正规学校教育体系之外的非正规教育学习机制。其服务对象主要是没能接受或未能完成基础教育的社区成员或弱势群体。

其次，社区学习中心是由社区成员自主建立并进行自我管理的基层学习组织。通过社区学习中心的项目活动，整合社区内外各类资源，培养社区成员的归

属感和民主意识。

第三,社区学习中心是为所有社区成员提供多种内容学习和培训的场所,用以提高全体成员能力、促进社区发展、提高生活质量。

作为扫盲及扫盲后学习的非正规教育机制,基层社区学习中心的主要功能是通过组织开展项目活动,提高社区成员生活技能,培养社区归属感,从而促进社区发展。

社区学习中心的主要功能见图1。

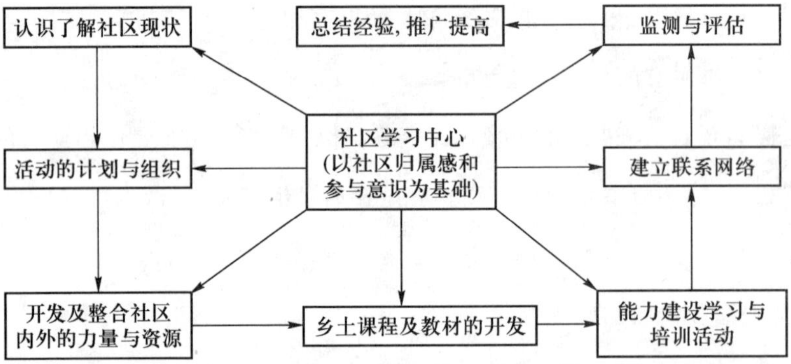


图1　社区学习中心的主要功能

社区学习中心的主要功能具体体现在以下几方面① 培养社区归属感:让成员了解社区环境及资源;提出社区发展中的问题;认识社区成员的责任并发挥其参与的积极性。② 活动的计划与组织:集思广益,探索解决途径,寻求可利用的资源;有针对性地制订活动计划。③ 开发外部社会支持力量,动员并整合社区资源:充分利用社区的设施设备资源和人才智力资源。④ 开发基层乡土课程教材:结合当地的人文、历史、文化和实际生活需求,组织开展基层乡土学习材料编写。⑤ 开展能力建设培训活动:相关文化知识的传播;科学技术的应用;增收渠道的开发;现代社会生活技能的培养。⑥ 建立联系网络:多层次沟通;多层面联系;多方式交流。⑦ 开展监测评估:关注活动过程;注重活动效益;总结成功经验;查找失败原因;开展的评估方式有自我评估、外部评估、综合评估。⑧ 经验总结与推广。

## 三、社区学习中心的活动策略及组织机制

在联合国教科文组织倡导支持的社区学习中心项目中,因不同国家的不同社会体制和需要解决的问题不同而各具特色。但都有一种共同点,这就是在实现全民教育目标的框架内,针对社区成员的学习需求,充分利用外部支持资源并调动整合社区内现有资源,通过在基层社区开展各种形式的项目活动,提高社区成员文化知识水平和生产创收能力,进而促进社区社会经济的整体发展。

各国在开展社区学习中心项目中的基本做法是:根据当地人民群众的实际需求来设立项目或活动主题,以项目主题为契机,动员社区成员的积极参与。利用项目的实施,整合各种资源,激发社区群众的学习动机,实现由项目活动向终身学习功能机制的转化。社区学习中心在实施具体项目活动的过程中,关注学习者的实际需求、动员社区各方面的积极参与、培养社区归属感、构建终身学习机制从而促进社区的可持续发展。

在开展社区学习中心的学习活动过程中应采取以下策略:

1. 提高学习者积极参与的策略

积极性是一种心理能动状态的体现,是处于能动状态的心理活动针对一定

目标的外在表现。实践证明,社区学习者参与积极性的高低决定了社区学习中心活动效率的高低,学习者参加培训活动的积极性越高,各种培训的效果就越好。但是并不是每一个参加培训的社区学习者都有积极主动的学习需要,尤其是在那些教育发展水平低的地区,人们受保守封闭的思想观念的影响,再加上培训内容与社区成员实际需求上的偏差,使得学员的学习积极性并不高,因此如何提高受教育者学习的积极性,把外部的教育要求转换为学习者内在的需求是社区学习中心的重要策略。

2. 学习内容的针对性及实用性策略

实用性或有效性是保持学习者学习动力和积极性的重要条件。社区学习中心的活动的目的是为改善学习者的生活条件,即消除贫困。因此要把教育内容的实用性作为社区学习中心活动的一个基本策略。要做到教育内容具有实用性,就必须认真研究各类社区贫困的原因,研究什么是迫切需要解决的且能够迅速解决的问题,对这些问题要优先加以解决。从受教育者所需要的内容入手进行培训,可使受教育者参加培训的积极性大大提高。

3. 学习过程中的参与性及教学方法的灵活性策略

社区学习中心在活动过程中,在教与学上要特别注意发挥非正规教育的优势方法,根据不同的学习对象采用灵活多样的教学方法,调动学习者的积极性,使其真正参与到学习的全过程中去。

4. 学习内容及教材本土化策略

社区学习中心在活动过程中,学习内容在基础知识、实用技术技能、态度和价值观念三个方面是统一的整体。特别不能忽视态度和价值观念的培养,要认识到态度和价值观念的形成,在一定程度上对于实现基本教育的最终目标具有决定性的作用。学习内容在基础文化科学知识和基本生活技能方面具有一定的普遍性，但是要把这些目标和内容转化为课程和教材时不能有统一的要求。因为各地区之间有不同的特征，有文化、生产方式、自然环境等方面的差别，要使培训富有成效，就要针对当地人口的不同特点编写最适合他们学习、最实用有效的教材。同时，教材中有些资料的选择也要吸收当地文化、习俗和生活中的优秀部分，把新知识、技术和现代观念与他们的本土文化结合起来，使学习者感到熟悉、可信、有用。

5. 活动的可持续性策略

社区学习中心的活动是否具有可持续性，是决定中心由项目活动向构建终身学习机制的关键因素。要使社区学习中心的活动具有持续性，首先，要不断革新学习培训的内容和形式，注重实效；其次，要注重受教育者的信息反馈；第三，社区学习中心的管理和教学人员需不断地发现问题、创造性地解决问题（图2）。

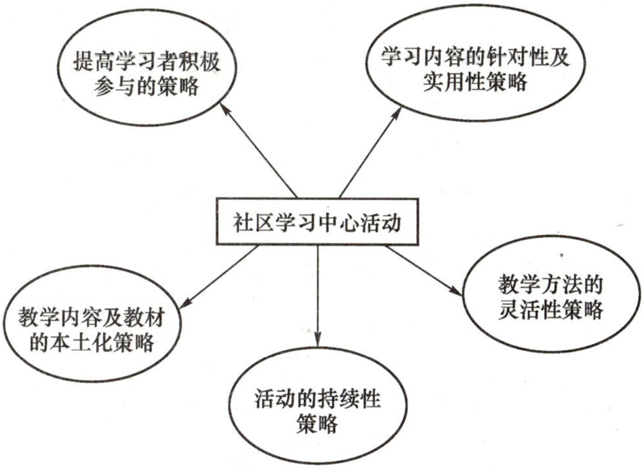


图2　建立社区学习中心及开展活动的基本策略

社区学习中心的活动策略,决定着其灵活的组织形式。在参与实施联合国教科文组织社区学习中心项目的国家中,非正规教育的管理机制和运作方式不同,根据各自国家和项目地区的实际情况,建立了社区学习中心的运行机制(图3)。

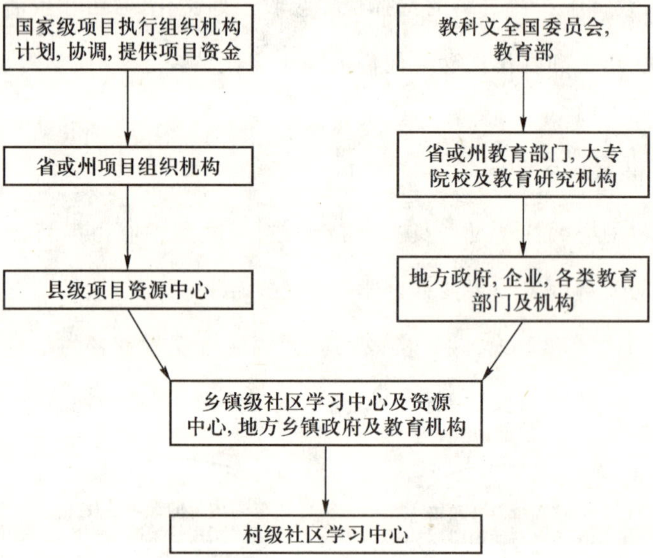


图3 社区学习中心项目的组织执行机制

组织结构方面依据其活动组织机制划分,国际上主要有以下类型:

第一类是利用原有的非正规教育机制开展社区学习中心活动。

如蒙古国在开展社区学习中心项目的过程中就是充分发挥教育部非正规教育局在各地建立的非正规教育教学点的作用。

第二类是政府虽然没有非正规教育专门机构,但是利用教育部门和教研机构开展社区学习中心建设研究并加以扩散,如中国、越南。

以中国为例，社区学习中心活动开始时作为教育行动研究课题，由教育科研部门负责组织实施。主要是对没有接受过正规教育的农村青少年和社区群众进行扫盲及扫盲后教育并为当地社区脱贫致富提供服务。在实验阶段，社区学习中心通常是由教育部门负责组织实施，依靠当地政府的支持，以学校为主结合村委会在当地农村社区建立学习中心并进行管理，结合非正规教育项目的执行，发挥学校在社区发展中的作用和功能。

第三类是政府支持，主要由非政府组织通过国际组织的项目支持来建立社区学习中心，开展活动。如孟加拉国、印度尼西亚、尼泊尔等。

社区学习中心项目的主要经验：

1. 社会的广泛支持和积极参与是基础。

2. 培养社区归属感是关键。

3. 开发整合社区资源（个人、家庭、成功人士、弱势群体、企业、非政府组织等）。

4. 加强能力建设和生活技能培养。

5. 及时监测评估。

6. 建立广泛联系网络。

社区学习中心面临的挑战：

1. 项目干预措施的针对性。

2. 活动内容的时效性。

3. 监测评估的指导性。

4. 中心发展的可持续性。

社区学习中心作为一种以非正规教育活动为主要方式的终身学习机制，在实践过程中应遵循“社区群众自发组织,社区群众自主管理,为社区群众服务”的建设原则。“社区群众自发组织”是指通过对社区学习中心的宣传使当地群众自觉意识并全面了解社区学习中心在社区中的功能。“社区群众管理”是指全面调动当地社区的教育资源,社区学习中心的建立和管理主要依靠当地群众和当地政府机关、非政府组织以及教育机构的支持。“为社区群众服务”即指社区学习中心的主要任务和活动的目的是以社区社会与经济发展中当地群众的实际需求为依据,为当地社区群众提供教育、科学技术、医疗卫生、环境保护和文化娱乐服务。

社区学习中心目前还是一个国际合作的非正规教育项目,但是随着时代的发展和社会的进步,终身教育与终身学习正在逐渐成为现代教育的主要发展趋势,这就为社区学习中心由项目活动向终身学习机制的转化提供了有利的客观环境条件。

# 夯实基础　发展特色<br>积极推进学习型城区建设[1]

上海市静安区推进学习型社会建设指导委员会办公室

静安区地处上海市中心，总面积 7.62 平方千米，现有人口 31 万，其中大专以上学历占 20%。人文素质高、经济实力强是静安区的特点。近年来，在保持经济良好发展势头的同时，各项社会事业也取得了全面进步，区委、区政府高度重视城区软实力的提升，在努力创建全国文明城区、打造国际静安的同时着力推进学习型城区的建设工作。

## 一、加强建设，夯实学习型城区发展基础

静安区历来有着崇尚文化教育的优良传统，著名教育家蔡元培、陈鹤琴、俞庆棠、段力佩等都曾在静安生活和工作，为静安留下了深厚的文化底蕴。自

① 本文为书面发言稿

2003年被确定为国家级社区教育实验区以来，静安区进一步重视市民素质提高和学习型城区建设，成立了推进学习型城区建设指导委员会，制订了《静安区推进学习型城区建设行动纲要》，积极探索和实施具有全程、全员、全方位特征的学习型城区建设工作，取得了可喜的成绩。

1．社区教育蓬勃开展

自1997年静安寺街道在全市率先建立社区学校以来，目前，静安区已基本构建了一个社区学院、四所老年大学、五个街道学校、72个居委分校的三级网络架构。2005年静安区实施了为每个街道配置一所全日制社区学校的实体化建设工程。同时，卫生、体育、科委、司法、民政、劳动等部门都积极主动地服务社区，努力为市民学习创设条件，提供便捷的学习机会。据2009年底的统计显示，各社区学校全年共开设各类培训班1 266个，开设各类活动社团1 045个，参与学习活动的市民达66 917人次，终身学习正逐步进入广大市民的生活。静安老年教育在全市处于领先水平，老年教育服务体系建设被评为全国社区教育示范项目，静安寺街道被评为全国社区教育示范街道，南西街道老年学校评为全国先进老年学校，曹家渡社区学校成为市文明委员会办公室（以下简称文明办）示范观摩点，南西街道和江宁街道两所老年学校被评为上海市示范学校；静安的早期教育和未成年人校外教育工作也走在全市前列，早教指导中心、家教指导中心、爱心学校、市民外语实训中心、社区专职教师队伍等社区教育机制均受到了社会好评。

2．职业技能培训迅速发展

近三年来，我区大力推进职业技术培训工程，区职业培训机构逐步发展到48家，培训专业发展到93个，其中高级以上的工种专业29个。有三万多人次参加了各类职业技能培训活动，其中，中高层次和复合型人才比例为71%，高出全市10个百分点。职业培训为区域经济和社会发展服务的态势逐步显现。区劳动职业技术培训与再就业教育工作服务机制日渐成熟。为静安经济建设和社会发展提供了一定的人力资源保证。

3. 社会力量办学机构进一步汇集

根据静安“高起点、外向型、国际化”的发展目标和楼宇经济发达的实际，利用中心城区的区位优势，发挥政府的调控和服务功能，积极培育优质民办教育机构，不断满足日益增长的各类职业培训需求。目前在我区落户的民办教育培训机构有93家，成为全市办学密度最高的区域。这些学校按照“实际、实用、实效”的原则，以外语、计算机、金融、会计、物流等现代服务业培训课程为主，满足市民继续学习、自我完善、不断发展的需求。同时政府通过建立行业协会，推进民办院校分等定级工作，推进区域民办教育培训机构的行风建设，提高行业的整体形象和教育效益，更好地适应区域经济和社会的发展。

4. 学习型组织建设积极推进

学习型组织建设活动是在构筑终身教育体系过程中，实现学习活动在劳动领域和生活领域有机结合的主要形式，是学习型城区建设的基本要件。在区文明办和总工会、机关党工委、妇联等有关部门的努力下，按照全国总工会、中央文明办的要求，围绕创建学习型机关、学习型单位、学习型家庭等重点，越来越多的单位积极参与学习型组织的创建活动；学习型社区建设同文明社区建设活动紧密结合，并正在不断扩展；同时，结合静安楼宇经济发达的区位特点，学习型楼宇的创建将逐步成为静安学习型组织建设中的一大亮点。

5. 学历、非学历教育资源得到整合

静安社区学院整合了区业余大学学历教育、电视大学分校的本专科学历教育、各类非学历培训教育资源，充分利用现代信息技术，依托远程教育网络，建设了既能提供学历教育，又能提供职业培训，还能开展休闲教育和文化教育的学习平台，每年招收各类学生3 000余名；举办各类培训7 000余人次，并根据市民的学习需求，探索实践了弹性学习、学分储蓄的机制。充分体现了社区学院大众化、社会化、综合性、多样性、服务性的功能和特点。

## 二、坚持创新，彰显静安学习型城区建设五大特色

### 1. 体制创新：专业化社会组织参与

按照"小政府大社会"的构想，围绕推进学习型城区建设这一中心，静安区于2008年成立了学习型城区建设联合会（以下简称学习联），以专业化社会组织服务的方式，整合社会各种教育资源，建立学习资源联盟，共同推进学习型城区创建工作，探索社会变革时期学习型城区建设的创新模式和运作机制。学习联成立近两年来，广泛开展调查研究，摸清区域社会教育资源状况和市民学习需求，并积极探索学习资源、咨询中介、活动服务、学习型组织创建四大功能联盟的运作模式，积极服务学习型城区建设。

学习联作为专业化的社会组织，凝聚了63家成员单位，通过开展一系列学习活动，推进学习型城区建设。为宣传学习型城区建设的理念，学习联承办了"学习型城区建设宣传口号征集"活动。配合"迎世博600天行动"的开展，推进学习型社会建设指导委员会办公室（以下简称学习办）和学习联共同承办了主题为"学习型社会与世博会的关系"的"静安学习论坛"，在各社区广泛开展世博

知识培训，取得了很好的效果。参与编撰《社区学习指南》、《社区教育教材》、《社区教育》杂志，为人人参与学习型城区建设创造了良好的氛围。

学习联还积极参加研讨交流，共议推进学习型城区建设的理论和实践。通过参加埠际会议“第六届长三角社区教育发展论坛”，开阔了眼界，宣传了学习联的组织理念，拓宽了视野。参与了市教育委员会（以下简称教委）社区教育招标项目《社会组织推进学习型城区建设》的研究，撰写的专题论文《发挥专业社会组织作用，推进静安学习型城区建设》，在上海市成人教育协会推进学习化社区工作委员会2009年年会上荣获一等奖。

学习联通过营造各成员单位浓厚的学习氛围，创设更多的学习机会，探索创建学习型组织的有效途径和方法，积累创建学习型组织的良好经验，不断促进成员单位的自身建设，并努力使联合会成为推进静安学习型城区建设的先行者和生力军，为推进静安学习型城区建设发挥积极的作用。

2．机制创新：白领学堂搭建乐学平台

静安区学习办结合中心城区楼宇经济发达的区位特点，针对静安10万楼宇白领以及广大在职人员学习和文化进修的需求，在全市首先创建“静安白领学堂”，打造在职白领学习平台，提升白领的文化内涵、丰富白领的业余生活、增强白领的就业技能、拓展白领的社交技能，为建设静安“高起点、外向型、国际化”的发展目标而努力。从2008年10月启动以来，“白领学堂”以其创造性的办学模式，现代化的课程设置，全方位的学习服务赢得了社会各界的广泛关注。办学近两年来，共有数近万人次的白领人士、机关公务员、企事业单位职工参与了白领学堂的各类教育培训活动，初步形成了较好的社会声誉，品牌效应也逐步形成。

“白领学堂”开放式、多元化的学习形式迎合了在职人士的学习需求。课程基本形式以学习沙龙、小班教学、精品讲座和展示活动为主。目前,“白领学堂”拥有静安东西方文化进修学校承办的品味人生——白领国学与文化沙龙;锦创教育培训中心承办的绅士风度——白领舞蹈沙龙;银都艺员培训学校承办的香樟花园——白领戏剧沙龙;圆桌英语培训中心承办的时尚圆桌——白领英语沙龙;外服国际人才培训中心承办的授人以渔——白领职业生涯导航沙龙;奋发进修学院承办的蜜蜂会——白领活动沙龙这六个教学点。已经开发的“白领学堂”课程包括英语口语、戏剧欣赏、面试技巧、职场礼仪、国学修养、时尚生活、心理辅导、理财投资、拓展训练等。

白领学堂教学点采取政府补贴、成本收费与免费学习相结合的运作方式,真正让有需求的白领人士得到实惠。由于白领学堂的办学理念就是把部分有特色、有诚信的教育机构整合起来,充分调动各校的积极性,形成合力,政府统一包装宣传,所以“静安白领学堂”的创办既提升了各校的知名度又提高了市民参与学习的可信度,共同为白领人士的业余学习和机关、企事业单位的继续教育献力献策,努力塑造静安社区教育的品牌。对打造国际静安,建设文化名区,提升静安的国际知名度起到积极推动作用。

3. 服务创新:乐龄讲坛构建精神家园

根据静安老年人口达到26.8%,率先进入老龄化的实际,静安区高度重视老年教育,通过开展课程教材、公益讲座、院线电影、戏剧沙龙、歌舞演出、艺术展览等“六进社区”活动,为居民提供学习内容配送服务。

在推进老年学校教育、老年远程教育的同时,静安区积极扩大老年社会教育的服务面,首创了常年制、系列化、综合性讲坛式社会教育——静安乐龄讲坛的新模式。讲坛设置了时事政治热点、文学历史长廊、投资理财顾问、老年健康快车和百科知识园地等五大板块，在每个街道老年学校分别设立了报告点，方便老年人就近听讲。乐龄讲坛是居住在静安区的老年人和曾在本区工作过的老人精美的精神大餐。

讲坛坚持既要立足高品位、兴趣性，又要根据群众的精神文化需求，经常捕捉新的信息，丰富、充实讲坛内容，还要走出去，接触社会，请最好的演讲者来讲坛讲课，深受老年人欢迎。讲坛开设三年来，共开设了300讲，听众达四万多人次，赢得老年朋友良好的口碑。有好几对老夫妻携手共听，成为讲坛的常客；有一对80岁的老夫妻，虽然已经从静安搬迁到宝山，还是每次早早来到会场，帮助布置会场、排好课桌椅；还出现了保姆推着坐轮椅的老人来听讲的情景。有许多讲座还被摄制成光盘，提供给街道、居委的时政沙龙活动时使用。讲坛出版了两本老年教育教材，“理财入门”和“健康饮食”受到市老年教育领导小组的充分肯定，作为新世纪老年课堂的第一批系列丛书。

今年，为了更好地贴近“迎接世博盛会、打造国际静安”的形势需要，乐龄讲坛在讲坛板块的设置上，增加了“走近世博和认识静安”的内容，请有关专家作有关宣传世博、介绍静安人文、历史和发展远景的讲座。

现在，静安区正在进行“讲坛式老年社会教育运行模式的探索”市级招标课题的实验工作，努力打造上海老年社会教育新品牌，为静安老人生活得更美好做出更多的贡献。

4. 载体创新：静安学习网整合资源

随着经济的繁荣、市民居住条件的改善以及科学技术的快速发展，人们可以不出家门就能得到丰富的信息资源。因此，运用现代网络作为社区教育的载体，将逐步成为实现人人皆学、时时能学、处处可学的重要途径和手段。

静安学习网自2008年正式向市民开通以来,受到广大市民的青睐。2009年完成了改版工作及后台管理软件的开发建设。对学习网的课程以及相关信息窗口进行了梳理,扩展了学习网的容量,提高了学习流量。并在原有12个栏目的基础上,整合开辟了“网上课程”、“网上展示厅”、“学习互动窗口”、“学习资源联盟”、“网上图书馆”、“社区教育信息窗”、“学习网络链接”等栏目窗口,拓展了“学习网”的服务功能。比如“网上展示厅”的开辟,为学习者搭建了学习交流平台;“学习互动窗口”能及时解决学习者在学习中遇到的问题并接受意见和建议;“学习资源联盟”由区学习型城区建设联合会协调社会组织共同建设,不仅使广大市民能够共享优质的教育资源,而且向市民提供了一门式的学习服务;“网上图书馆”首批向市民提供八大类别的3 000册网上读物,为学习者提供了知识面更广的电子图书,深受广大市民的欢迎。

静安学习网现有完整课程近700门。按内容分为生活、休养、工作三大类课程;从学习形式上分为“三分屏”课件、视频课件、动画类课件、文本课件。这样根据市民不同层次的需求提供了不同形式的学习方法。

在课程的管理上,运用向市民免费发放“学习卡”,在网上通过注册进行积分学习的方法。这种学习方法的特点是,市民的学习是在一定的组织管理、组织协调、组织帮助、组织推进下进行的自主性学习。注册学习的方法之所以能够得到广大市民的认同,是因为学员注册后,可以通过自我测试来鉴定自己的学习情况,同时在排行榜上确立自己的学习地位,从而获得学习评价及相应的奖励。

目前,静安学习网正向着更加成熟的方向发展,随着课程的不断更新和拓展,力求达到近千门课程,成为市民终身学习随时随地的课堂,随叫随到的老师。

2010年,静安区荣获全国数字化学习先行区称号。

5. 方法创新:着力推进学习型小区建设

学习型城区建设的基础在社区。按照教育部和市教委有关要求,静安区积极推进学习型社区建设。静安区有四个街道被确定为市级学习型社区创建街道,占总街道数的80%。同时,着重就居委层面创建学习型小区的工作进行了探索与实验。

按照"以评促建、以评促改"的目的,2009年初启动了对学习型小区的创建评估工作,评估工作以居委小区为创建单元,以居民为学习主体,以完善居民区终身教育服务体系为基础,以加强居民区分校建设和各类学习型团队培育为重点,以各类社会教育活动和精神文明建设为主要载体,围绕切实加强领导,落实组织保障,满足社区居民学习需求,不断促进居民人文素养和生活质量的提高,不断促进小区精神文明创建与和谐社区建设的要求来开展。

评估推进工作采用居委小区回顾自评与专家考察评估相结合的方法进行。在居委党总支认真回顾总结自评的基础上,专家评估通过听一次汇报、看一次资料、进行一次实地考察、召开一批座谈会(干部与学员居民)、进行一次深度访谈、考评组打分、交换意见等步骤进行。

各居委小区尽管地域状况、居民特点、历史文脉不同,但都普遍建立了以党总支书记挂帅的创建领导班子,党总支都能坚持"以人为本"的理念,坚持"提高居民素养,促进小区建设"工作目标,重视组织机构建设,积极发挥小区分校阵地作用,设计丰富多彩活动载体,努力提高居民的参与度;通过完善管理机制促进队伍建设,通过整合教育资源提升小区合力,通过发挥区域整体优势,形成互动的学习氛围,通过组织居民参与学习活动,形成了浓郁的邻里亲情,为小区的稳定和发展注入了生机和活力。

通过创建评估工作的开展，进一步摸清了创建工作现状，健全了评估指标体系，完善评估工作方法，培训了工作队伍，促进了各街道之间创建工作的交流，此外还促进了小区分校建设和示范性网校收视点建设工作。目前有51.4%的小区为创建达标小区，有14%的小区为创建先进小区。学习型小区创建工作更好地夯实了静安社区教育的发展基础，进一步擦亮了静安社区教育在居委层面的品牌，为今后建设学习服务有特色、学习团队有典型、学习活动有品牌、学习阵地有氛围、实践学习有经验、社区发展有成效等“六个有”品牌小区奠定了基础。

## 三、着眼未来，为建设国际静安增强软实力

根据静安区委八届十次全会提出：打造国际静安，发展静安的各项事业，都要坚持高水平定位、高起点规划、高标准执行、高强度推进、高质量完成的“五高”工作要求。静安学习型城区建设工作也必须按照“五高”的要求，更加注重工作细节和品质，努力打造在全市有影响力的工作品牌，不断增强建设国际静安的推动力。

新一轮的学习型城区建设必须坚持以人为本，提高市民素质，促进人的全面发展和自我完善；坚持以打造国际静安为目标，提高城区文明程度，促进城区综合实力提升与社会和谐发展。营造构建学习型城区的良好环境，完善社区教育，加强职业教育，发展继续教育，建设学习型组织，培育组织文化。通过全面规划、分步实施、以点带面，大力推进学习型城区建设。

经过全区努力，静安区要进一步形成全民学习、终身学习的社会共识；进一

步形成“党委领导有力、政府推动有序、社会积极支持、全民广泛参与”的学习型城区建设管理体制和运行机制；进一步形成集学习信息发布、学习阵地提供、学习内容配送、学习活动组织、学习成效认可于一体的终身教育服务体系；基本形成机关、企事业单位、社区、家庭、楼宇等多模式、广覆盖的学习型组织创建格局；基本形成一批引领作用强、影响力大、辐射面广、具有静安特色的学习型城区建设活动品牌。实现新增劳动力平均受教育年限15年以上，市民运用外语交流的普及率达25%，市民各类学习活动参与率达70%，各类学习型组织建设总体创建率达70%。进一步形成“人人皆学、时时能学、处处可学”的学习型城区框架。围绕以人为本的理念，建设学习服务体系。通过打造一批标志性硬件载体和软件项目，使政府为市民提供优质、便捷服务落到实处，为学习型城区建设营造更加良好的环境。

# 终身学习体系下的继续教育与培训

# 纳入终身学习链环的中国继续教育①

张力②

继续教育是终身学习的一个必不可少的链环。从半个世纪以来的国内外实践看，继续教育相对初始的正规教育而言，具有对象广泛、针对性强、周期短、见效快的显著特点，对一个国家和地区的人力资源开发具有其他类型教育不可替代的作用，特别是对于像中国这样的终身学习体系尚未健全的发展中国家来说，更是具有很强的实用价值。

1995 年，中国全国人大通过的《教育法》第 19 条规定，国家鼓励发展多种形式的成人教育，使公民接受适当形式的政治、经济、文化、科学、技术、业务教育和终身教育。这标志着以成人学习者为主要对象的继续教育与终身教育之间形成紧密联系。2002 年和 2007 年，中共中央的十六届全国人民代表大会和十七届全国人民代表大会报告相继对中国建设全民学习、终身学习的学习型社会作出

① 本文为书面发言稿。

② 张力：国家教育发展研究中心主任，博士生导师。

了重大战略部署。2008 年国务院启动了研制《国家中长期教育改革和发展规划纲要(2010—2020 年)》(简称《规划纲要》)的工作,2009 年 2 月底的《规划纲要》征求意见稿把继续教育作为“发展任务”部分中的一章,进行了新的全面谋划,强调“继续教育是面向学校教育之后所有社会成员的教育活动,特别是成人教育活动,是终身学习体系的重要组成部分”,明确了继续教育在中国特色社会主义现代化教育体系中的定位。本文拟结合《规划纲要》战略专题组调研成果,围绕中国继续教育的发展现状和政策前景作一初步分析。



## 一、中国继续教育发展的基本现状和宏观背景

中国继续教育在改革开放 30 年来呈现出蓬勃发展的态势,学历继续教育使数千万成人提高了知识和学历水平;中国成人中学毕业生累计近 2 600 万人,成人中专毕业生累计超过 1 800 万人,成人高等教育毕业生累计超过 2 300 万人,参加高教自学考试者累计达 5 000 余万人,其中获得本专科学历者达 800 余万人。职业培训使数以亿计从业人员提升了素质和职业能力;仅农民中专和农民技校所开展的培训累计就超过 11 亿人次。全国企业职工培训规模每年达9 000 万人次,全员培训率 2007 年达到 45%;现代远程教育为成人提供了更加便捷的学习机会。广播电视大学本专科毕业生累计近 700 万人。目前电大和普通高校网络学院注册生超过 400 万人,其中在职者占 90% 以上。近年来社区教育日渐兴起,丰富了城乡居民精神文化生活。

在经济全球化深入发展、科技进步日新月异、知识经济方兴未艾的背景下,继续教育在提高国民素质、开发人力资源、造就专门人才等方面的重要作用日益

显现。特别是当前中国处于全面建设小康社会的关键时期，加快发展继续教育，是促进经济增长方式转变和产业结构调整的重要因素，必须持续有效地提高从业人员和各类专门人才的素质和创造力。同时，加快发展继续教育，还是实现全体人民学有所教、构建和谐社会的重要途径，中国已经步入人口老龄化门槛，应当尽可能满足包括老年人在内的社区居民多样化学习需求。

总之，加快发展继续教育，是建设全民学习、终身学习的学习型社会的必然要求，是满足公民更新知识、提高能力和全面发展的迫切要求，是建设人力资源强国和创新型国家的基本条件之一。但是，当前中国继续教育事业还不能完全适应经济社会发展及人民群众的需求，城乡、区域、行业之间发展和资源配置很不平衡，省际及行业、部门之间存在资源相互分割封闭现象，从业人员参与继续教育质量和资源利用效益还不够高，学习针对性不强，成果认可制度不健全，教育培训市场不规范，经费投入和师资队伍等保障条件不足，缺乏科学评价监测制度，成为影响和制约继续教育发展的突出障碍。

## 二、中国继续教育发展的指导思想和主要原则

根据中共中央十七届全国人民代表大会关于“发展远程教育和继续教育，建设全民学习、终身学习的学习型社会”的总体部署，今后中国继续教育发展的指导思想是，以邓小平理论和“三个代表”重要思想为指导，深入贯彻落实科学发展观，牢固确立为社会主义现代化建设服务、为人民服务的方向，坚持以人为本，努力实现全体人民学有所教，为促进全民学习、终身学习创造良好条件。按照《规划纲要》的基本思路，我们要进一步解放思想，深化改革，从社会和学习者

的需求出发，以人力资源能力建设为核心，大力发展各种类型的继续教育，充分调动社会各方面积极性，拓展各类教育机构和相关场所的继续教育功能，向社会成员提供更加广泛、多样、灵活的学习机会和优质继续教育资源，切实提高继续教育的质量和水平，努力实现继续教育的科学发展。总体上看，今后需要把握好以下四条主要原则。

1. 以人为本，服务全民

继续教育的服务对象是以成人为主的社会成员。在知识社会与终身学习背景下，扩大全体社会成员参与继续教育的机会，是保障公民受教育权利的重要体现。要面向社会、面向人人，大力发展各种继续教育，通过多种渠道和资源，为社会提供开放灵活的学习机会，为学习者更新知识、拓展技能、提高素质提供有效服务。重视继续教育机会公平，把发展继续教育作为缩小教育差距的重要手段，公共教育资源优先向困难群体倾斜。

2. 政府统筹、社会参与

继续教育的发展，涉及众多政府部门、各种社会组织与教育资源，应当建立统筹规划、分类指导、权责明确、协调合作的继续教育管理体制。要进一步明确政府各部门责任，通过制定发展规划、法律法规、方针政策和基本标准等，统筹指导不同行业地区继续教育，统筹学校教育与继续教育发展。同时，要调动社会各方面积极性，发挥市场机制在继续教育资源配置上的积极作用，形成公办民办并举、开放办学、多元投入、优势互补的办学格局。

3. 创新体制，优化体系

加快继续教育发展，关键是构建有利于终身学习的制度政策体系。要深化继续教育体制改革，积极探索与社会主义市场经济体制相适应的继续教育运行机制。加强正规教育、非正规教育与非正式教育的相互衔接和沟通。加快构建遍布城乡的继续教育网络。充分发挥学校教育和社会教育资源各自的优势,重点依托现有学校资源,鼓励和支持各种公共教育文化机构面向社会开放继续教育资源。可以率先从省域做起,利用现代信息技术,统筹构建省域内继续教育公共服务平台,实现优质教育资源共享,既要鼓励发达地区先试先行,在制度建设和增强实效方面取得突破进展,又要倡导发达地区对欠发达地区的智力、技术和资金的支援,使得公共教育服务资源能让更多人从中受益。

4. 注重质量,讲求实效

加快发展继续教育,必须立足中国基本国情,以从业人员继续教育为重点,注重继续教育的规模、结构、质量和效益相互协调。在努力拓展继续教育资源、途径和机会的同时,加强质量管理,探索建立质量保障体系。完善继续教育市场准入,规范继续教育招生、办学、考试和发证。改革继续教育内容和方法,更好适应学习者实际需求,特别是面向从业人员的继续教育,应以提高就业创业能力、岗位适应能力为重点,注重新知识、新技术、新工艺的学习和创新能力培养。

## 三、2020 年中国继续教育发展的战略目标设想

《规划纲要》提出,中国教育改革发展的总体战略目标是:到 2020 年,基本实现教育现代化,基本形成学习型社会,进入人力资源强国行列。终身教育体系基本形成,促进全体人民学有所教、学有所成、学有所用,继续教育必须为总体目标提供有力支撑。为此,2020 年中国继续教育战略目标的具体设想是:基本形成人人皆学、处处可学、时时能学的学习型社会。大体上包括以下四层意义。

1. 终身教育体系基本形成

终身教育体系主要包括学校教育和继续教育两大组成部分，要大力发展非学历继续教育，稳步发展学历继续教育，广泛开展城乡社区教育，加快各类学习型组织建设，搭建终身学习“立交桥”，促进各级各类教育纵向衔接、横向沟通，为社会成员提供多次学习机会、多样学习途径和多种成才路径。

2. 继续教育参与率大幅提升

要将继续教育纳入各行业、各地区总体发展规划，通过广泛动员、增强激励等手段，扩大继续教育规模，全面提升从业人员继续教育的年参与率，争取从现在的不到25%达到2020年的50%，当年参与继续教育的规模从现在1.66亿人次增加到3.5亿人次，努力缩小不同行业、不同地区群体在参与继续教育机会方面的差距。

3. 继续教育保障机制更加健全

推动继续教育相关法律政策进一步整合完善，作为省级政府教育统筹综合改革试点的一个重点领域，要着力加强区域内跨部门继续教育的协调，建立更加有效的继续教育激励机制和质量评价机制，健全成本分担、多渠道筹措经费的继续教育投入方式，为继续教育发展提供有效的体制机制保障，促进继续教育持续健康发展。今后，建议积极创造条件，探索省际继续教育协作改革试点，建立跨地区继续教育的定期协作机制，可以选择长江三角洲、珠江三角洲、环渤海、东北老工业基地等地区推进试点。

4. 继续教育的质量显著提高

及时总结分析各地区各部门的实践做法，进一步学习借鉴发达国家推动终身学习发展的政策要点和有效经验，改进继续教育培养模式，实现不同类型学习成果的互认和衔接，建立较为完善的质量监测评价体系，深化教育管理体制、办学体制和投入体制等方面的改革，克服不利于继续教育结构优化和资源共享的体制机制障碍，重点建设统筹包容不同方面资源的远程开放继续教育及公共服务平台，促使继续教育质量得到明显提升，继续教育的针对性、实效性及服务发展的能力能够不断增强。

# 统筹城乡发展下的农民终身教育[①]

洪绂曾[②]

2010年中央一号文件提出:把统筹城乡发展作为全面建设小康社会的根本要求。统筹城乡发展,是国家根据我国现阶段经济社会发展的特点和突出矛盾而做出的重大战略决策。就内涵和实质来讲,统筹城乡发展就是要改变城乡二元结构的经济体制,实现以城带乡、以工促农、城乡一体的协调发展。

农民是"三农"问题的核心,充分发挥广大农民的积极性和创造性,激发他们的自身潜能,是解决"三农"问题、实现城乡统筹发展的根本。发展农民终身教育,提高其综合素质,培养有文化、懂技术、会经营的新型农民,对于推进工业化、城镇化和农业现代化,最终实现城乡一体化,具有举足轻重的作用。

---

① 本文为大会发言稿。

② 洪绂曾,农业部原副部长、第十届全国政协常委、全国政协经济委员会副主任、研究员。

## 一、发展农民终身教育对统筹城乡发展的重要意义

“终身教育”一词最早来源于法国著名成人教育家保罗·朗格朗，他指出终身教育是在人生的各种阶段及生活领域，包括全部正规的、非正规的和非正式的学习在内的教育理念。之后，终身教育开始逐步成为世界主流的教育思潮，对世界教育乃至整个人类社会都产生了深远的影响。

《国家中长期教育改革和发展规划纲要(2010—2020年)》中提出了“构建体系完备的终身教育”、“促进全体人民学有所教、学有所成、学有所用”的战略目标。实现这一目标，需要对占我国人口绝大多数的农民，大力开展终身教育。可以说，农民教育是完善终身教育体系必不可少的一个教育方面，是实现全面建设小康社会目标的重要途径。

### （一）发展农民终身教育是新农村建设的主要任务和重要手段

新农村建设的基本任务，就是要逐步把传统农业改造成为具有持久市场竞争力和实现农民持续增收的现代农业，把农村传统村落改造建设成为现代文明农村新社区，把传统农民培养成为有文化、懂技术、善经营的新型农民。培育新型农民，既是新农村建设的基本任务之一，也是实现新农村建设的重要手段。要培育高素质的新型农民，就必须要推进面向农民的继续教育，对农民开展终身教育。

### （二）发展农民终身教育是提高农业综合生产能力的重要举措

农业综合生产能力由多种能力要素构成，包括：生产要素供给与保障、技术支撑、生产组织、市场经营、制度保障、风险抗御等能力，这六个方面基本上都与

农业劳动力的综合素质密切相关。如从技术支撑能力方面来看,农民素质决定着农民对新技术的态度以及接受和应用能力,直接影响到科技创新成果的采用和扩散程度。此外,农业生产组织能力、农产品市场经营能力、农业风险抗御能力都与农业劳动力的综合素质密切相关。可见,大力发展农民终身教育,对农民大力开展农业科技培训,是提高农业综合生产能力的有力措施。

### (三) 发展农民终身教育是解决农民增收问题的治本之策

农民素质与农民收入的关系主要体现在两个方面。一是农民素质的高低直接影响到农业劳动生产率的高低,进而影响到其收入水平。高素质的农民采用新技术和现代农业设施的意识和能力强,经营管理水平相对较高,因而可以提高其劳动生产率水平,从而提高收入水平。二是农民素质直接影响到农户的兼业经营或从事二、三产业的能力,进而对农民收入结构产生影响。研究表明,接受过中等职业技术教育的农民的收入要比接受普通高中教育的农民高出15.22%,其主要原因之一在于接受过中等职业教育的农户能运用专业技术兼业经营。

可见,加强对农民的教育培训,提高农民的科学文化水平和专业技能,是解决农民增收问题的治本之策。

## 二、当前农民教育工作面临的挑战和存在问题

### (一) 农民教育工作面临的挑战

伴随着我国农业和农村的深刻变革,农民教育工作正面临新的形势和新的挑战。

1. 农民教育更具综合性

农业产业结构升级、生产经营方式转变、高新技术广泛应用和农业功能拓展，以及新型工农关系和城乡关系建立，农村的人口结构和社会组织结构的变化，对农民在生产、生活、市场、文化、观念等方面都提出了较高要求。如何满足提高农民综合素质的要求，是摆在我们面前的重大课题。

2．农民教育更具复杂性

我国农村幅员广阔、地域差别大、农民居住分散，加上近年农村劳动力大量转移，农民流动性大，增加了组织难度。另外，农民兼业性生产经营方式明显，农民对教育培训需求的个性化和多元化特点更加突出，农民教育在内容组织、课程设置、教材开发，以及现代教育技术应用等方面都有很大挑战。

3．农民教育更具艰巨性

主要表现：① 数量大。农村劳动力 4.9 亿，而且每年还要新增劳动力 800 多万。从理论上说，这些人都需要教育和培训。② 文化水平低。据调查：我国仍有 1/3 的农民处在小学及小学以下的文化水平。其中，不识字或识字不多占 7%，小学文化程度占 25.8%，初中文化程度占 49.4%，高中文化程度占 16.8%，大专以上文化程度只占 1.1%。③ 动力弱。与非农产业、城市相比，农民的理性选择是跳出农门，离开农村，许多农民尤其是青年农民认为参加务农学习浪费时间，不愿参加培训。④ 条件差。农业是弱质产业，农民教育又是弱势教育，两个阴影的叠加使得农民教育历史欠账太多。由于投入长期不足，条件手段落后，尤其是县以下农民教育培训机构难以高质量、高效率开展工作。⑤ 过程长。随着科技和社会进步，随着农业现代水平提高和新农村建设步伐加快，农民素质要求也将随之提高。新型农民的标准、要求和内涵是相对的、动态的。培养新型农民是一项长期的、艰巨的历史性任务，因此农民教育也是长期的基础性工作，将贯穿中国特色社会主义建设的整个历史进程。

（二）农民教育工作中存在的问题

从当前农民教育工作的实践看，农民教育适应新形势还需要努力解决一些问题，归纳起来，主要是以下几个方面。

1. 力量比较分散

目前，农民教育的实施主体包括农业、教育、劳动等多个部门，呈现多头化管理的现象；同时由于各部门间没有隶属关系，在开展工作时往往缺乏有效的协调和沟通，导致师资力量和教育经费过于分散，无法达到最佳的教育效果。因此，需要进一步明确农民教育的职能部门或牵头单位，统筹协调和科学规划农民教育工作，避免资源分散、内容重复、管理混乱和不良竞争。

2. 口头重视现象

有些地方政府和农业主管部门对农民教育工作存在认识不高、理解不深、重视不够、工作不到位等问题。农民教育工作难度大、见效慢，一些部门和领导口头上重视，措施上不力，嘴上讲重要，行动上排最末，仅停留在口头重视的层面，农民教育工作难以也不可能真正做好。

3. 投入远远不够

长期以来，国家对农民教育基础建设的投入很少，尤其是缺乏对县和乡村农民教育基础建设的投入，农民教育培训条件相当落后，有相当一部分乡村找不到给农民上课的场所，有的连几张座椅都难以保证。农民培训财政专项也是近些年刚刚开始，填补历史欠账还显不足。

4. 缺乏保障政策

农民仍没享受到与城镇职工教育培训的同等待遇。我国颁布的《劳动法》、

《职业教育法》对城镇职工教育培训经费的来源和方式等都有明确规定。《国务院关于大力发展职工教育的决定》(国发〔2005〕35号)规定,一般企业按照职工工资总额的1.5%足额提取教育培训经费,从业人员技术要求高、培训任务重、经济效益较好的企业,可按2.5%提取,主要用于企业职工特别是一线职工的教育和培训。但至今为止,我国还没有关于农民教育培训的专项法律和制度安排,农民参加教育培训缺乏有力的法律和制度保障。

5. 机制依然不活

农民众多、居住分散、构成复杂、需求多样,要求农民教育更具灵活性、针对性和实效性。实施的各项工程、项目,开展的各项工作要在提高到位率、见到真成效上下工夫。目前,一些地方农民教育培训的内容、时间、地点的安排,方式和方法的选择都没能很好地满足农民的实际需求。农民教育培训师资水平也难以适应新形势、新任务要求,尤其是作为培训教师的基层农技人员知识老化,缺少继续教育的机会,对新技术掌握不全,知识结构比较单一、信息比较匮乏、培训方法比较陈旧。

## 三、构建灵活开放的农民终身教育体系

“构建灵活开放的终身教育”是《国家中长期教育改革和发展规划纲要(2010—2020年)》提出的发展任务。农民教育是终身教育体系的重要组成部分,构建体制完备、教育形式灵活多样的农民终身教育体系是实现全民终身教育的必要途径。构建农民终身教育体系需要立足我国国情,从我国农业、农村、农民实际出发,发挥各级各类教育培训机构在农民教育领域的作用,逐步构建有中

国特色的农民终身教育体系。

（一）制定相关的农民终身教育法律法规

自改革开放以来，国家对农村九年制义务教育、农村职业教育非常重视，农村基础教育和职业教育有了很大发展。但是，我国对农民终身教育尚无相关的法律、法规规定，农民终身教育的权利得不到有力的保障，这在一定程度上制约了农民接受终身教育。制定有关农民终身教育的法律法规迫在眉睫。

制定农民终身教育法律法规，可以从两个层面开展。一是依据目前我国教育和社会发展的具体情况，加快制定一部具有统筹和指导作用的、广泛适用的国家"终身教育法"，从战略发展的高度来规约和指导农民终身教育的开展。二是修订现有的有关法律法规，渗透和补充农民终身教育方面的内容。在我国现行的有关教育的法律法规中，都或多或少地涉及了终身教育问题，只是没有突出或单列农民终身教育问题。对这些法律法规进行修订，突出农民终身教育的内容，单列农民终身教育的条款，保障农民终身教育工作依法开展。

不论采用上述哪种方法，在农民终身教育法律法规中，都应对农民终身教育的宏观管理、教育机构、受教育者、经费投入、条件保障与质量监控等方面进行详细界定，实现对农民终身教育的统筹规划和综合协调，把农民终身教育工作纳入到法制化的管理轨道。

（二）建立农民终身教育保障机制

根据我国目前的实际情况，建立农民终身教育保障机制应做好以下三方面的工作。

1．建立相应的农村劳动就业制度

接受终身教育是农民实现自我发展的主要渠道，但是由于我国现阶段农业生产力比较低下，对劳动力素质的要求不高，导致我国农民终身学习意识淡薄，大批低素质的农村劳动力未经职业培训直接进入劳动力市场。因此，有必要建立一系列的农村劳动就业制度，从社会需求和个人发展两方面促进农民终身教育发展。

对于农村新生劳动力（未来农民），在进入劳动力市场之前必须接受职业培训或接受职业学校教育，并取得相应的毕业证书或职业资格证书后才能就业。对于已走向社会的农村劳动力，政府要鼓励他们接受终身教育。具体而言可以从三个方面入手：一是实施绿色证书工程，推行农村劳动就业准入控制制度，逐步做到就业要文凭，务农凭证书；二是对乡镇企业、农村第三产业从业人员以及进城务工人员，实行“先培训、后就业”、“先培训、后上岗”的制度；三是逐步实行农村专业技术“三证”（即初等技术、中等技术和实用技术证书）制度，保证获得专业技术教育证书者优先就业上岗或承包土地等。

只有提高农村劳动就业的门槛，从动力机制上改变农民对终身教育的态度，才能从根本上提高农民的学习意识，从主客观两方面促进农民对终身教育的需求，才能推动农民终身教育发展。

2．拓宽农民终身教育经费筹措渠道

保证经费的投入是构建农民终身教育体系的物质基础和基本保障，经费投入始终是制约农民终身教育发展的一个“瓶颈”。经费投入的根本出路在于从中国国情出发，尝试拓宽教育经费筹措渠道。构建农民终身教育体系，应建立健全一种以国家投资为主体与多元化投资相结合、拓宽外部投资渠道与提高内涵能力相结合的农民教育投资与管理新体制。

一是国家要增设一定比例的农民终身教育专项经费投入，各级财政加大对农村教育的扶持力度。二是成立农民终身教育发展基金会,吸收民间资金,接受社会各界提供的专项资助和捐赠。三是扩大农民终身教育的服务范围和功能,增加农村教育产业的收入,增强农村教育的自身造血功能和自我发展能力。四是加强对农民教育经费的监管,保证其合理使用,提高经济效益。五是促使农民终身教育的理念深入人心,倡导和鼓励个人和家庭投资教育。

3. 搭建农民终身教育"立交桥"

建立开放多元的农民教育体系,需要整合各级各类教育资源,搭建多渠道、多形式、多层次、多内容的农民终身教育立交桥。一是大力发展农村职业教育,鼓励基础好、有教育需求的农民接受职业教育。二是积极发展农村成人教育,形成以县级农民科技教育培训中心为龙头、各级成人学校为骨干、村成人学校为基础的成人教育培训网络。三是适度发展面向农村的高等教育,利用现代远程教育手段和已有的成人教育途径,把高等教育稳步推向农村,满足农民接受高等教育的要求。四是探索建立初等、中等、高等职业教育相互衔接,普教、职教、成教相互沟通,学历教育与非学历教育之间学分互认的农民终身教育制度。在学历教育和非学历教育之间建立衔接机制,探索将非学历教育学习成果、相关职业资格和技能资格转换为学历教育学分的制度,实现农民培训与教育的有效衔接。

(三) 加快推进农村教育信息化进程

当前是一个知识经济、信息经济的时代,世界科技飞速发展。随着中国信息化基础设施建设的推进,以卫星、电视和互联网等为载体的现代远程教育将成为教育的主要手段。构建农民终身教育体系,需要充分发挥现代远程教育在农民教育中节约成本、覆盖面大的优势,加快推进农村教育信息化进程。

一是要加快农民教育信息化基础设施建设,构建农民教育信息化公共服务体系，建设农民网络教育公共服务平台，同时体现本土化、经济型特点，提高设施利用效率，为实施农民终身教育提供可靠的物质和技术保证。

二是要加强农民教育信息资源的开发与整合，形成多层次、多功能、交互式的农民教育资源服务体系。充分利用广播电视、互联网、卫星网、VCD等远程教育手段，超时空、高速度、广辐射地把国内外先进的技术、经验、信息，快速有效地传播到乡村、农户，使其尽快转化为农民致富奔小康的生产力。

农民终身教育，既关系到农民自身未来发展的需要，也关系到农村社会的发展和小康社会的全面建设，我们必须抱着对农民和整个时代高度负责的态度来看待这一问题。推进农民终身教育，有赖于政府及社会各方面的共同努力。我们相信，农民终身教育事业一定大有可为，前景光明！

# 中国城镇化进程中的农村劳动力转移培训[①]

朱小蔓[②]

改革开放以来,中国城镇化进程不断加快,并伴随大量农村富余劳动力向城镇转移,一个新的、巨大的农民工群体不断发展壮大起来。一方面,农民工为中国社会发展做出了巨大贡献,另一方面,农民工较低的文化水平和职业技能状况不但阻碍了其自身获得更好的发展,也给社会安定带来一定隐患。有鉴于此,中国政府陆续颁布相关文件,加大农村劳动力转移培训力度。各地在实践中取得了许多成功经验,同时,面对数量巨大、流动性强的农民工群体,农民工转移培训仍然面临一些挑战。

① 本文为书面发言稿。

② 朱小蔓,联合国教科文组织国际农村教育研究与培训中心主任,北京师范大学教育学部教授,博士生导师。

## 一、城镇化背景下中国农村劳动力转移培训的迫切性

### （一）城镇化背景下农村劳动力转移数量巨大

改革开放以来，中国社会进入深入的社会转型时期，经济社会的快速发展不断推动并加速了中国的城镇化进程。中国城市化率已从1982年的20.60%增至2000年的36.09%，2007年为44.9%，预计到2020年达到60%左右，2050年将要达到70%～75%。伴随城镇化的发展进程，中国社会自20世纪90年代初期开始出现人口大规模流动和迁移的现象，主要表现为农村人口大量流入城市，一个新的、巨大的社会群体——农民工群体不断发展壮大起来，传统的城乡社会人口结构开始发生深刻转变。据调查，1989年农村外出务工劳动力由改革开放初期不到200万人迅速增加到3 000万人，1993年达6 200多万人。截至2004年年底，中国外出农民工数量已为1.2亿人左右，如果加上在本地乡镇企业就业的农村劳动力，农民工总数大约为2亿人。到2008年年底，中国农村劳动力转移总量已达到2.25亿人。

### （二）农村转移劳动力文化程度低、技能状况差

作为连接城市和农村的新的社会群体，农民工是当代中国产业工人的主力军，农民工在中国经济社会建设中起到了极其重要的作用。然而，农民工群体较低的学历状况和薄弱的职业技能状况也制约了农民工自身的发展，延缓了农民工群体融入城市生活的步伐。

1. 学历状况整体偏低

2006年抽样调查显示[①],农民工的学历以初中毕业和初中未毕业居多,平均受教育年限为8.67年,相当于初中二年级水平。农民工的学历水平具体分布为:农民工群体中,小学未毕业占6.7%,小学毕业占8.7%,初中未毕业占22.5%,初中毕业占32.7%,高中未毕业占10.8%,高中毕业或中专毕业占13.5%,大专以上学历的占2.8%。同时,农民工的学历状况与其年龄呈现出明显的负相关现象。具体分布情况如图1所示(其中年龄阶段1代表16~25岁,年龄阶段2代表26~35岁,年龄阶段3代表36~45岁,年龄阶段4代表46岁以上)。从图中可以明显看出,学历越高,位于1、2年龄阶段的人群(即青壮年)所占的比例越大,相反,学历较低阶段则以年长者为主。

2. 实际学力状况差

农民工群体的学历状况整体偏低是一个不争的事实,然而其实际学力状况更为薄弱,调查显示[②],农民工的实际学力尚未达到初中水平,学力相当于5年,与他们的平均受教育年限8.67年仍相差3.5年。

3. 职业技术技能薄弱

不但农民工群体的学历与学力状况普遍偏低,而且缺乏适应产业结构升级的必要的职业技术技能。据统计,农村转移劳动力中无等级的占41.3%,初级工占19.7%,中级工占20.5%,高级工占2.1%。[③] 2004年底,全国城镇近2.6

① 数据来自东北师范大学农村教育研究所于2006年10月至2007年2月对北京、上海、山东、贵州等全国10个省市各个行业近万名农民工的抽样调查统计。

② 数据来自东北师范大学农村教育研究所于2006年10月至2007年2月对北京、上海、山东、贵州等全国10个省市各个行业近万名农民工的抽样调查统计。

③ 说明:技术等级的划分根据《工人技术等级标准》1983年版进行,工人技术等级一般实行八级工制,1~3级为初级工,4~6级为中级工,7~8级为高级工。

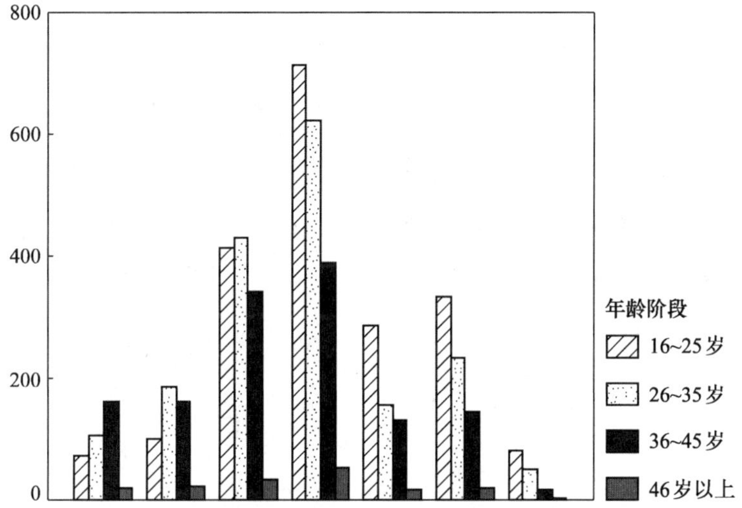


图1　各学历水平的农民工的年龄状况图

亿从业人口中,技能型劳动者仅占32.9%,且技术等级偏低,初级工占43%,中级工占36%,高级工占17%,技师和高级技师仅占4%。

（三）开展农村劳动力转移培训的紧迫性

农民工群体较低的文化技能素质无法与社会经济的快速发展对技能型劳动力的巨大需求同步发展,导致缺乏转岗就业技能的农村转移劳动力在城市中获得稳定就业的难度越来越大。这种状况不但制约了农民工的个体发展,而且在一定程度上延缓了社会的发展进程,因此,向农村劳动力开展转移培训成为新时期中国政府面临的迫切任务。

首先,农民工个体及其家庭的经济发展状况迫切需要农村劳动力转移培训。

随着经济的快速发展,人们的消费水平与市场物价水平不断上升,然而受到农民工自身职业技能的制约,农民工劳动力市场普遍处于供大于求的状态,企业受到自身利益驱动,对农民工工资水平的上涨幅度却一直很小。福建省农调队2004年12月对福州、厦门、莆田、泉州、漳州5个城市的200名农民工、10个劳务中介机构、30家企业的调查显示,农民工平均每人月工资749.4元,同比增加5.1元,仅增长0.7%,比企业员工平均工资少178.1元,低19.2%。较低的经济收入使农民工群体的家庭负担显得更为沉重。调查显示①,农民工打工收入除了用于盖房子、买房子、供子女上学及赡养老人等花销外,只有15.1%的农民工可以抽出一部分钱用于学习各种致富技术,而13.5%的农民工除日常花销以外基本没有什么剩余。

其次,中国社会的健康稳定发展迫切需要对农村转移劳动力进行培训。农民工群体较低的文化技能素质在一定程度上阻碍了中国社会的发展进程,并给社会的安定带来重重隐患。较低的职业技能水平导致城市劳动力市场人才需求结构不合理,企业用工质量差,进而引发"民工荒",制约了城市经济结构的转型。在中国转移劳动力流入大省,如"珠三角"、"长三角"地区,一方面在社会中闲散着大量农村富余劳动力,而另一方面,用工企业遭遇"民工荒"。2009年广东省劳动和社会保障厅对深圳等10个城市就业状况的调查显示,二季度人力资源市场普工求人倍率为0.8,处于供大于求的状态;然而技工仍然供不应求,求人倍率为1.1。7月份人力资源市场需求23.3万人次,然而由于前来竞聘的农民工缺乏相应的职业技术技能,成功介绍率仅为30%。

---

① 数据来自东北师范大学农村教育研究所于2006年10月至2007年2月对北京、上海、山东、贵州等全国10个省市各个行业近万名农民工的抽样调查统计。

较低的职业技能水平无法使农民工群体在城市获得稳定就业，导致该群体在城市中一直处于经济条件差、社会地位低的社会底层结构之中，进而引发一系列不良社会后果，为社会安定带来一定隐患。据《人民法院报》报道，近年来农民工犯罪问题一直呈现居高不下的局面。2002—2005 年，江苏省海安县法院判决有罪案犯 1 189 人，其中，农民工犯罪人数为 243 人，占 20.43%。从近年来刑事审判的情况看，农民工罪犯主要有以下特点：以中青年居多、文化水平普通偏低、法律意识不强、就业情况普遍不稳定、犯罪类型以侵财性案件为主等。

由此可见，农民工问题在中国城镇化的背景中已凸显出来，较低的文化素质和技能状况无法使农民工真正融入城市的工作与生活之中。因此，针对农民工群体的实际情况，开展农村劳动力转移培训，是当前中国一个非常重要而且亟待完成的社会任务。

## 二、中国农村劳动力转移培训的经验

中国政府高度重视农民工转移培训问题，陆续出台了《2003—2010 年全国农民工培训规划》、《关于做好农民进城务工就业管理和服务的通知》、《国务院关于解决农民工问题的若干意见》等一系列加强农村劳动力转移培训的政策措施，取得了较好成效，部分地区还在培训实践过程中积累了一些很好的经验。

### （一）建立政府主导型管理体制，切实落实政府在农村劳动力转移培训中的责任

在推动农村劳动力转移培训工作过程中，中国政府建立了政府主导型管理模式，即政府在农村劳动力转移培训的运行和发展中起主导和关键作用，强调人

力资源与社会保障部、农业部、教育部、科技部、建设部、财政部、扶贫办等相关政府部门密切配合,按照各自职能,充分发挥各类教育、培训机构和工青妇组织的作用,多渠道、多层次、多形式开展农民工职业培训。这种管理模式最大的优势在于政策导向和资源集中配置,政府可以通过直接命令、指令性政策、直接资金投入等干预手段实现城乡教育资源的共享,降低信息成本,避免农村劳动力转移培训的盲目性与资源浪费。例如,北京市朝阳区、广东省中山市等地建立了"两级政府、三级管理、多部门协调配合"的管理体制,切实落实政府在农村劳动力转移培训中的主导职责。其中,"两级政府"是指由区政府、镇政府的领导组织成立"外来务工人员教育培训工程领导小组",主要负责外来务工人员"五大培训"(文明素质培训、法制观念培训、安全教育培训、文体活动培训、专业技能培训);"三级管理"指建立街道、地区流动人口管理服务办公室和社区(村)三级流动人口管理服务站;"多部门合作"是指统筹规划人力资源和社会保障局、教育局、农业局、财政局、人事局、民政局、妇联、团市委、市技工学校、市中等专业学校等部门和单位的职责,加强部门协调配合,共同促进农村转移劳动力培训工作健康、有序发展。

### (二)构建三体联动的劳动力转移培训运行机制,有效保障培训工作的实效性

在农村劳动力转移培训过程中,政府有关部门、培训机构(学校)与雇用农民工的行业、企业之间建立起相互联系与协调配合的运行机制,大力推行"招生、培训、就业一条龙"的服务模式,把培训与就业引导紧密结合起来。通过招生、培训、就业"三体联动",既能够增强农村劳动力转移培训的针对性与实效性,满足企业的用工需求,同时,又能够极大地调动农民参加培训的积极性。例

如，青岛推行“政府来买单、企业下订单、学校出菜单”的转移劳动力培训运行机制。“政府来买单”，即由市区各级政府按照一定比例出资支持农村劳动力转移培训；“企业下订单”，即企业根据发展需要，向有关中介机构（即职业学校毕业生就业市场）提出用工计划；“学校出菜单”，即在掌握企业的用工计划的基础上，各培训基地（职业成人学校）根据企业岗位需要，制定培训课程“菜单”，开展农村劳动力转移培训。为了保障三体联动的劳动力培训运行机制的有效运转，青岛市劳动、教育等部门共同组织并形成了覆盖全市的劳动就业市场，以便将企业的用工信息及时传达给各培训机构。

（三）合理安排农民工转移培训内容，职业技能与生活技能培训并重

在制定农村劳动力转移培训内容的过程中，一些地方政府将农民工的长远发展规划到城市发展之中，立足于农民工群体在城市工作与生活的实际需要，合理安排培训内容，职业技能培训与引导性培训并重，对于增强培训的针对性与实效性、促进农民工向城市市民转化起到了积极的促进作用。

一方面，因地制宜，以提高农村转移劳动力的岗位职业技能为取向，改变农民工群体职业技能整体薄弱的状况。有关培训部门在对农民工的培训愿望、文化程度、技能专长等方面的状况进行普查登记的基础上，密切结合劳动力市场的用工需求，开展有针对性、实用性强、见效快的专业培训。如，浙江省宁波市在培训内容的制定方面，因地制宜，根据当地产业经济发展特点设置不同专业类型。在服务业发达地区侧重开展计算机、宾馆服务、餐饮、物业管理、家政服务等方面的培训；工业经济发达地区重点开展机械加工、起重工、电焊工、装配工、数控等专业培训，为加工制造业提供合格劳务人员；民营企业发达地区积极开展创业型培训。在此基础上，根据不同农民工群体的培训意愿，开展不同内容的专题

培训。

另一方面，在职业技能内容的基础上增加生活技能方面的通识性内容，缓解农村劳动力城乡生活方式的冲突，包括开展文明素质、法制观念、健康教育、文体活动等培训内容，促进农村劳动力尽快适应与融入城市生活，增强对城市文明的认同感和责任感。如，武汉市在农村劳动力转移培训过程中，制定了丰富的培训内容。一是积极开展专业技能培训，有效提高农村劳动力的职业技术技能；二是开展普法讲座，提高农民工的守法意识和维权意识，维护他们的自身权益；三是加强岗位安全教育，使农民工接受基本的安全生产知识教育，切实保障农民工的生命安全；四是广泛开展以“健康教育”为主题的女职工素质教育，通过发放资料、开展讲座、组织知识竞赛等方式有效地增强了农民工女职工的健康意识。



（四）鼓励多元主体合作办学，形成多样化办学模式

中国政府从实际出发，积极探索适应当地需要的农村劳动力转移培训模式，鼓励支持各种社会力量举办多种形式的农村劳动力转移培训，积极倡导各地区因地制宜地实行学校之间、校企之间、地区之间、城乡之间联合培训、合作办学。从办学主体的角度来看，中国各地在实践中已经探索出以下几种具有各自特色的培训模式。

第一，区校合作培训模式。这种模式的特点在于职业院校与所在社区合作，充分整合社区内教育资源，以技能培训为主要驱动力，以职业院校为依托，以农民工居住社区为平台，在充分满足外来务工人员教育需求的同时，促进农民工对城市文明的认同。例如，青岛市成立了“社区教育大课堂”，与华夏职教中心联合，开设了以服装制作、计算机、财务会计专业为主要内容的培训班，面向进城务工人员开展技能培训；同时，该社区组织还联合司法、妇联、计生、街道办事处等

单位和部门，开展以“送法律、送关爱、共平安”为主题的教育活动，以增强农民工在城市生活的归属感与认同感。

第二，校企合作培训模式。这种模式的特点在于职业院校与用工企业充分沟通，密切结合，通过订单培养、在岗培训等方式实现人才资源的充分利用，这种培训模式曾在一段时间内有效解决了用工企业的“民工荒”问题。例如，成都市温江区根据区域经济特色，充分整合教育、企业等社会职业教育资源，从而实现了职业院校与用工企业的“良好对接”。针对当地工业园区入驻企业的需求，职业培训机构主动了解企业用工需求，提前对农村劳动力进行培训，以提高转移培训的针对性，实现转移劳动力的充分就业，建立起有效的“订单、培训、就业”三位一体培训模式。

第三，企业自主培训模式。这种模式主要利用企业自身的资源优势，对拟招收的企业员工进行岗前培训，这种模式依据企业的用工需求“量身定做”培训内容，同时接受培训的人员能够在企业的实践基地中及时操作，实现理论与实践的有效沟通与融合，以便在最短的时间内提高培训者的技能水平，达到企业的用工标准。例如，深圳市将2004年定为“企业培训年”，鼓励大中型企业进行自主培训。东莞市步步高电子工业有限公司每年投入员工教育培训经费达100万元，用于对新进厂的工人进行为期一周的岗前培训。

第四，社区学校培训模式。这种培训模式的特点在于按照居住场所划分不同的区域展开培训，打破了人们之间社会、经济地位的界限，容易使农民工产生归属感和增强农民工的城市适应能力，培训更易起到事半功倍的效果。例如，浙江省奉化市力邦村，通过定期向社区内的外来民工分发教育培训需求卡的方式，及时、充分地了解农民工的培训需求，开展有针对性的培训；同时，社区学校开展

"欢乐力邦村青年文化艺术节"、"包汤圆迎元宵"、"十佳居民评选"、"百年好合和谐力邦集体婚礼"等活动,营造厚重的文化环境和亲和的人文环境,使外来务工者安居乐业,促进社区的和谐发展。

## 三、中国农村劳动力转移培训中的问题与挑战



中国农民工不但数量基数大、文化素质水平较低,而且具有很强的流动性,导致农村劳动力转移培训摊子大、战线长,任务更为艰巨。当前,尽管中国的农村劳动力转移培训已经取得了很大的成绩,并在实践过程中总结出了很好的经验和操作模式,但总体而言,农村劳动力转移培训在思想观念、制度安排、就业服务与教学工作等方面仍然存在着一些有待解决的问题。

第一,中国长期以来形成的"重普通教育,轻职业教育和成人教育"的思想观念,对农村劳动力转移培训构成很大的挑战,导致一些地方政府部门和企业领导对开展农村劳动力转移培训的重要性和紧迫性认识不足,对农村劳动力转移与新农村建设和城市化的关系认识不到位,未将农村劳动力转移培训纳入议事日程。此外,部分农民对转移培训的重要性认识不足,参加教育培训的意识淡薄、主动性不强。

第二,从全国范围来看,中国农村劳动力转移培训的管理体制和运行机制还不够健全。现行培训管理体制属于部门办学、部门管理,条块分割、各自为政的情况较为突出,缺乏强有力的统筹协调机制,进而导致培训机构、培训设施与培训队伍常常低水平重复设置,造成培训资源的严重浪费。同时,成人教育培训的多元化办学格局尚未完全建立起来,非政府组织、非营利性培训机构参与成人教

育培训的热情仍然不高。

第三，农村劳动力转移培训还缺乏充足与稳定的经费来源。当前，中国农村劳动力转移培训的一个突出问题是尚未形成政府、用人单位和个人合理分担的投入机制，培训经费投入不足且缺乏稳定的投入渠道。首先，从政府层面看，中国成人教育与职业教育长期处于弱势地位，职业与成人教育经费所占比重与其承担的教育培训任务不相适应，特别是用于农民职业教育的经费更为有限。其次，从培训机构来看，不少成人学校办学条件较差，人力、物力和财力的投入严重不足，且缺乏稳定的、高质量的成人教育师资队伍，影响了培训规模的扩大和质量的提高。再次，从农民个人角度看，农民支付培训费用的能力低。由于农民经济收入低、家庭负担重，承担部分培训费用和食宿费用的能力依然有限，这也在一定程度上挫伤了农民接受教育培训的积极性。

第四，农村劳动力转移培训在机构设置、内容与方式，以及劳动力市场信息服务等方面与农民的需求还存在一些矛盾。首先，由于农民工职业转换频率高、行业企业技术升级快等多方面原因，一些传统的农村劳动力培训内容与方式已经远不能满足农民的多样化需求，给培训工作带来很大的挑战。其次，中国尚未建立起系统科学的农村劳动力档案，没有一个专门部门能够比较完全地掌握农村劳动力资源分布、年龄结构、文化程度、教育培训求职意愿及转移就业的基本情况，导致许多地方的劳动力培训缺乏针对性，农民的转移就业率受到很大影响。再次，中国劳动力市场信息网络还很不完善，辐射功能不强，信息传递周期长、效率低，无法为农民转移培训后的就业提供有力保障。

（北京师范大学教育学部 2008 级博士生郭静为本文做了前期资料搜集与整理工作，深表谢忱！）

## 参考文献

[1] 牛文元.中国新型城市化报告[M].北京:科学出版社,2009.

[2] 国务院研究室课题组.中国农民工调研报告[R].中国言实出版社,2006.

# 终身学习与行业发展——机械行业开展继续教育的实践[①]

涂仲华[②]

在构建全民终身学习体系的过程中，行业组织的作用是为行业内各种不同类型的人员提供各种不同形式的学习机会。由于行业组织的特点，终身教育和终身学习在行业发展的过程中主要是以继续教育的形式出现的，与传统的正规学校教育比较，它是属于一种非正规的、无一定形式的、覆盖整个行业全部从业人员的终身学习。本文着重介绍我国机械行业多年来开展继续教育工作的实践以及终身学习和行业发展的关系。

## 一、机械行业的概况

机械行业是我国装备制造业的重要组成部分，是为国民经济发展和国防建

① 本文为论坛发言稿。

② 涂仲华，原中国机械部教育司司长、机械工业教育协会理事长。

设提供技术装备的基础性产业和支柱产业，也是拉动经济社会快速发展的主要动力。

2009年，全国拥有规模以上的机械工业企业99 300家，资产总额6.68万亿元，从业人员1 625万人，2009年机械工业完成工业总产值10.75万亿元，同比增长16.07%，其中汽车产、销量都超过了1 300万辆，占世界第一位。从总量规模上，我国已跻身于世界装备制造业大国的行列。

## 二、机械行业继续教育工作的现状与进展

在机械行业发展的整个历史过程中，自始至终紧紧伴随着继续教育的发展。继续教育已经成为机械行业发展战略不可缺少的一个重要组成部分，对机械行业的振兴起到了重要的支撑作用。

在机械行业内继续教育工作主要从以下几个方面进行。

### （一）机械行业管理人员的教育培训

1. 企业职业经理人培训

职业经理人是市场经济条件下的专业管理人员群体，这一群体的状况在很大程度上决定着企业以至整个行业的管理水平和竞争能力。最近几年，中国机械工业企业管理协会根据机械行业的特点积极探索构建适应社会主义市场经济要求的机械行业职业经理人认证培训体系，取得了较好的进展。建立了机械工业职业经理人培训认证指导委员会；制订了一系列的管理办法、工作规程和流程，建立了相应的标准评价体系和培训考核体系；有一批优秀的师资团队。这个体系将机械行业职业经理人分为三个层次：高级职业经理人（包括企业董事长、

总经理和部分高管)、职业经理人(部门经理、分公司负责人等)、准职业经理人(企业基层管理者和一般管理人员),对不同层次的经理人,有不同的培训内容和要求。通过研究开发,建立了机械行业企业经理人胜任特征模型,由管理变革、战略规划、团队建设、系统思维能力、执行力、创新能力、发展他人、合作意识、绩效评估、学习能力等10个要素组成,并由此构建了行为能力的分级评价标准和测评方法。职业经理人的认证培训工作,现在得到了20多个省市行业组织和众多企业的积极配合,初步形成了一个有相当规模的工作网络。5年来,已有近600名行业优秀的经营管理者通过了机械行业企业职业经理人的认证培训。

2. 管理人员知识更新

现代管理领域专业技术人才知识更新的项目是包含在国家实施的专业技术知识更新工程中的一个内容,主要是以提升管理能力和更新知识为目的,以能力建设为中心,以国有大中型企业和重点行业领域高级管理人才为重点,紧密结合岗位需求。内容包括宏观管理知识、现代管理理论、现代管理方法和现代企业管理实务。

3. 国外培训

从1994年开始,设立中国机械工业——斯隆教育基金项目,目的是与世界一流的美国麻省理工学院斯隆管理学院合作,进行企业高级管理人员的培训,有计划地为机械行业培养一批具有国际化视野并具备现代企业管理知识的企业领军人物和高层次复合型管理人才。具体办法是企业赞助,大学承办,直接到世界名校接受短期培训。

### （二）机械行业专业技术人员的继续教育

1. 专业技术人员更新工程(653 工程)

2005 年由国家人事部颁发了“专业技术人员知识更新工程实施方案”。方案指出，国家将在现代农业、现代制造、信息技术、能源技术、现代管理 5 个领域重点培训 300 万紧跟科技发展前沿、创新能力强的中高级专业技术人才。其中，现代制造领域由中国机械工业联合会牵头负责。教育培训的原则是政府推动、单位支持、个人自愿、充分发挥行业协会的作用，推进专业技术人员继续教育的社会化。2009 年统计，在行业的企业、科研院所、高等院校和社会培训机构中，已有 88 个教育单位开展了相关的教育培训，全行业累计已组织近 41 万人次参加了现代制造领域知识更新的培训。

2. 机械工程师的继续教育与资格认证

（1）建立机械工程师进修基地。1983 年在行业内成立了机械工程师进修学院，由中国机械工程学会主办。学院依靠政府、行业组织和学术团体的支持，以全国各省机械行业组织和学会系统为办学体系，建立广泛的社会办学网络。办学的宗旨是组织机械专业技术人员在职进修、更新和拓展知识，改善知识结构，提高业务素质，适应科技进步和管理现代化的需要。学院的建立，开创了大规模培养在职科技人员的先河，培养了一大批掌握新理论、新技术的人才，仅初期三届进修学员就达到了 16.3 万人。

（2）自学考试委托开考的合作教育。为了增强继续教育持续发展能力，在国内第一个在工科新专业领域引入了自学考试委托开考。采取“在职进修与国家考试相结合”、“继续教育与学历教育相结合”的新形式。截至 2009 年底，共组织近 10 万人参加委托开考学习和考试，为国家培养出机电一体化和工业工程专业本科生共 13 800 名。

(3) 机械工程师资格认证。这是由中国机械工程学会在中国科协批准下进行的。工作思路是"以资格认证为龙头,以继续教育为主题",出发点是在经济全球化的条件下,对继续教育与资格认证以及国际互认之间关系的认识,这项工作已经取得了初步的进展。2003 年,在开展"机械工程师综合素质与技能"考前培训的前提下,中国第一批经过社团认证的机械工程师诞生。至 2009 年底,全国共有 2 200 人经过考试通过了机械工程师技术资格认证。与此同时,机械工程师国际认证也在探索中进行,目前正开展与英国机械工程师的双边互认试点工作。

(4) 工程师职业发展继续教育。结合机械工程师职业发展需要,建立了"机械工程师在线学习平台",用在线教育的形式开展培训。机械工程师的短期培训由行业的各专业协会、学会指导,根据自身需要,经常性地开展(如汽车、电工和仪器仪表等系统)。目前已形成了一个庞大的培训网络,涵盖了全国绝大多数省(直辖市、自治区),已经备案的培训基地有 80 多个。

(三) 机械行业技能人才的教育培训

1. 在行业内推行国家职业资格证书制度

这项工作主要是由中国机械工业企业管理协会承担,成立了机械工业职业技能鉴定指导中心,并从标准、教程、试题库建设入手,涉及 28 个行业,近 300 个企业主体工种,既包括汽车、农机、机床、电工电器、工程机械等大行业,也包括轴承、模具业等分行业。目前总计已完成 50 个标准的开发研制,建立近 400 个工种的庞大试题库,在全国各地已设立各级鉴定培训机构 181 家,有一支 4 000 多人的管理和考评队伍,逐步形成了一个职业技能鉴定管理体系。

2. 开展行业特有工种的职业技能竞赛

从2004年开始,连续多年在汽车、发动机、锅炉等行业筹划和承办了多次职业技能竞赛活动。竞赛与培训、岗位练兵、鉴定工作有机结合,产生了一批行业内的拔尖技能人才,促进了技能人才队伍的建设。

3. 培养制造领域的高级技能人才

通过职业技能鉴定评价员工技能水平,严格高级技能人才的评审条件,2009年先后在汽车、机电、变压器、电线电缆等行业开展了一批高级技师和技师的评审工作。

4. 组织实施职业教育发展项目

为了促进技能人才的培养,行业组织还积极配合教育部、人力资源和社会保障部实施"职业院校制造业和现代服务业技能型紧缺人才培养培训工程"和"国家高技能人才培训工程",开展适应产业发展需要的各类技术应用人才的培养、培训活动。2000年成立了全国机械职业教育教学指导委员会,大力推进教育教学改革,提高教育质量。机械工业教育发展中心还于2006年和中央电大合作,联合开办中央广播电视大学人才培养模式改革与开放教育试点工作。

(四) 学习型组织建设

在行业内大力推动创建学习型组织的活动,将创建学习型组织与行业发展结合,与企业实际结合,与加快培养"三高"人才相结合,取得了良好效果。近年来,向行业推广了江淮汽车集团创建具有江淮特色的学习型企业,推动企业跨越式发展的经验;许继集团发动全员参与,精心组织团队学习,创新企业文化的经验;上海柴油机公司通过学习型组织理念渗透,激发员工学习动力,全方位提高职工素质的经验;无锡威孚集团围绕提升企业核心竞争力,以人为本,创新模式,构筑多层次学习渠道的经验;等等。这些成功经验,把全行业的学习型企业创建活动提高到了一个新的水平。

### (五)继续教育工作的进展

近几年来,机械行业继续教育工作取得了较好的进展。2009年对机械行业17家大中型企业的职工教育培训进行了抽样调查,从调查统计结果可以看出:

(1)职工整体受教育程度明显提升。17家企业共有职工总数91 722人,其中初中以下占21.2%;高中及中专程度占45.8%;大专以上占33.0%。而2004年抽样调查的结果,这个比例分别是31.1%,45.5%和23.4%。5年间初中以下的比例减少了10%,而大专以上的比例上升了大约10%。

(2)企业对职工教育培训的重视程度在逐步提高。17家企业共设有职工教育培训机构31个,平均每个企业接近2个。17家企业职工教育经费总数占工资总额的1.64%,每个企业年均教育经费支出和每个职工年均受教育的经费支出分别增长了4.8倍和2.4倍。

(3)企业全员培训率平均为58.5%。工人中参加培训的人数占工人总数的65.8%,管理人员和专业技术人员接受过培训的占这部分人的47%。

2004—2009年,全国机械工业总产值增加约两倍,每年均以高于全国国内生产总值增长速度的两位数增加。从以上不完全的抽样统计数据也可以看出:机械工业的快速发展,必然伴随着继续教育加快发展的要求;而继续教育的发展,则是机械工业发展的重要支撑。

## 三、机械行业继续教育发展中几个关键因素

### （一）政府推动

近年来，党中央、国务院和有关部委陆续发布了一系列关于进一步加强人才工作、改进企业经营管理人员教育培训以及加强专业技术人员继续教育方面的决定和意见。这些文件表现了国家对人才培训和继续教育工作的高度重视，既有指导思想，又有具体要求和实施办法。这对行业继续教育的发展无疑是一个极大的推动。

### （二）行业指导

由于开展继续教育的重要性和广泛性，继续教育工作几乎涉及所有的行业组织，如作为一个综合性的行业协会——中国机械工业联合会担负着行业教育培训的指导协调作用，一些主要的专业协会、学会在制订行业职业标准、机械工程师进修与职业资格认证、职业经理人培训与认证、技能人才培训以及行业培训体系的建立等方面都有出色的表现，显示了行业组织在继续教育发展中扮演着重要的角色。

### （三）企业重视

企业既是继续教育的主体，也是继续教育的服务对象。只有企业本身有继续教育的渴望，充分理解它的重要性，而且积极地投入，继续教育才能广泛深入地开展。由于经济的快速发展和市场竞争的压力，许多有远见的企业领导开始认识到未来最成功的企业将是学习型企业，有的企业领导认为“一个企业变革时代唯一的核心竞争力就是比你的竞争对手学习得更快”。由于国家逐步推行

职业资格认证，持证上岗、评级考核、激励与淘汰等人事制度的改革也激发了企业员工的学习积极性，过去是“要我学”，现在是“我要学”。这是推动学习型企业建设和继续教育发展的强大动力。

## 四、挑战机遇和对策

### （一）挑战和机遇

机械装备制造行业不仅是国民经济的基础产业，同时也是世界各国争夺的战略制高点。我国已经成为制造大国，但离制造强国还有不小的距离。与先进国家相比，我们还有较大的差距。主要表现是自主创新能力不足，高端制造装备和技术大多依靠进口，降低能耗和实行绿色制造任务还很艰巨。当前，国际国内的经济形势正在发生深刻变化，经济发展方式的转变，新一轮产业结构调整的进行，对我国机械装备行业的发展将会产生深刻的影响和严峻的挑战。为了应对这种新的形势，并促进工业由大变强，我国已提出了现代制造业的产业振兴规划，同时全行业都在积极探索在科学发展观指导下机械行业持续、稳定和健康发展的途径，这些对机械行业又是一个大好的机遇。产业的振兴主要依靠技术进步，技术进步又主要取决于人的素质，而人的素质的提高离不开继续教育的发展。目前机械行业的人才队伍中高级管理人才、高级专业技术人才和高级技能人才极为短缺，尤其是创新人才和领军人才已成为行业的稀缺资源。经济发展方式的转变和产业结构的调整将会大大增加行业从业人员职业和岗位转换与变动的流动性，科技进步、自主创新和提升企业竞争力的需要，也必然会对行业和企业内的各类人员在知识、能力和素质方面提出更高和更新的要求。因此，可以预见今后在行业内将会呈现对继续教育的巨大需求，而且这种需求将会不断向深度和广度发展。

（二）政策建议

1. 鉴于开展继续教育的重要性和迫切性，应该大力加强政府对继续教育的领导和协调，在管理体制上也要有相应的改革。

2. 完善人力资源管理的制度建设，如准入制度、岗位规范、职业资格、职务晋升等。一个有效的激励和约束机制将是继续教育发展的强大推动力。

3. 充分发挥行业协会在继续教育中的作用。行业组织应该成为本行业继续教育的核心组织者，统筹规划、分类指导，建立一个为行业服务的教育培训体系，在这方面，行业组织具有其他部门难以替代的作用。

4. 形成一个多元化和多种形式的继续教育体系。政府、行业、企业各负其责，高等院校、研究院所、社会培训机构密切合作。根据不同的教育对象和要求，采用不同的培训和学习方式。当前特别要大力发展远程教育方式。

5. 加大对继续教育的投入。政府相关部门要从资金投入和政策优惠等方面支持行业的继续教育，建立继续教育的专项基金，企业也要不断加大在继续教育方面的投入。

# 社区教育:终身学习的重要平台[1]

刘建同[2]

当前,中国经济社会发展正处于深刻转型的关键期,工业化、信息化、城市化、市场化、国际化快速发展,多种机遇与挑战并存,多重矛盾相互交织,社会形态的新发展,产业结构的新调整,都要求教育事业必须加快改革与发展步伐,以应对经济社会发展和人们需求变化带来的挑战。2009 年 10 月,中国国务院总理温家宝在其撰写的《教育大计教师为本》一文中指出,教育要符合自身发展规律的要求,教育要符合时代发展的要求,教育要符合建设中国特色社会主义对人才的要求,教育要符合以人为本的要求。循着这一思想,中国政府组织制定了《国家中长期教育改革与发展规划纲要(2010—2020 年)》,面向时代要求谋划教育事业的发展,以努力建设一个“全民学习、终身学习的学习型社会”,实现全体人民“学有所教”。要达成这一目标,仅有传统意义上的学校教育显然是不够的,还必须大力发展基于终身学习理念的各种正规的和非正规的教育。2009 年 12 月在巴西召开的第六届国际成人教育大会上形成的《贝伦行动框架》指出,持

① 本文为论坛发言稿。
② 刘建同,教育部职业教育与成人教育司副司长。

续不断地接受教育和学习是人的一项基本权利，终身学习就是要使人通过“整个正规和非正规的不断学习过程”，达成“增长能力、丰富知识、提高技术或专业资格，或者以新的方向，以满足自身和社会的需求”的目的，终身学习在可持续发展战略中具有核心作用。我认为，不论是作为一种理念还是一种实践，终身学习的实现都必须依托于相应的载体和平台，而社区教育无疑就是这样的一个重要平台。因此，推进终身学习，就必须大力发展社区教育。从中国的实际看，我认为，发展服务于终身学习的社区教育当前要着重推进以下几项工作。

1. 要加强社区教育的宏观统筹与制度设计

要以贯彻落实《国家中长期教育改革与发展规划纲要（2010—2020 年）》为契机，在建设有中国特色终身教育体系的框架下，切实加强社区教育的宏观统筹与制度设计，进一步明确新形势下社区教育发展的目标任务和政策措施。今后三年，中国社区教育发展的总体目标是：中心城市和沿海发达地区有组织的社区居民学习参与率要达到 70% 以上，满意率达到 60% 以上；中部地区中等以上城市社区居民学习参与率要达到 60% 以上，满意率达到 50% 以上；西部地区的主要城市积极稳步开展社区教育实验工作。为此，必须进一步完善覆盖城区、街道、社区居委会的三级社区教育网络，大力提高各类社区学习中心远程数字化应用水平，加快开发适应各类社区居民学习需求的学习课程，切实加强社区教育工作者队伍建设。

同时，要进一步加强在社区居民终身学习制度、非正规及非正式教育与其他各类教育相互沟通、衔接认可等制度方面的探索。中国的北京、上海等一些地方已在试行发放市民终身学习卡，建立个人学习账户和学习积分卡，对学习者进行学习认证、学分积累乃至与学历教育学分互认的试点。这项工作非常有意义，有利于架设真正意义上的终身学习"立交桥",有利于为公民提供多次学习、多样选择的路径。

2. 要大力开展以职业技能为主的培训活动

这是由中国人口众多,工业化和城镇化正在加速发展的基本国情所决定的。我们的教育不仅要关注少年儿童和青年人,还必须面向全体社会成员,使全民受教育水平有一个较大的提高。特别是城市化进程中大量农村人口要转变为城市社区居民,大量农村劳动力要转移成为非农劳动力,城市社区内下岗转岗人员、低收入人群的再就业和提高收入,都要求我们的社区教育必须以面向成人的职业教育为重点。为此,要进一步加大社区职业技能培训的力度,积极开展在职人员的岗位培训、下岗失业人员再就业培训、外来人群培训等,不断创新培训模式和手段,提高培训质量和培训效益。同时,还要做好老年教育和社区青少年校外教育工作,使社区教育生动活泼地开展起来,在传承文化、传承文明、传承价值观等方面发挥积极的作用。

3. 要进一步推动社区教育向纵深发展

一是要深化社区教育管理体制改革,切实发挥好民间组织的作用。在发展社区教育的进程中,中国逐步形成了"政府统筹领导,教育部门主管,有关部门配合,社会积极支持,社区自主活动,群众广泛参与"的管理模式。实践表明,这一模式是成功的,但也有进一步完善和改革创新的必要。最主要的一点就是要在政府主导下,进一步发挥民间力量和组织在发展社区教育中的作用,扩大其参与度,调动其积极性,促进社区教育的全民参与度,努力提高社区教育的管理水平和服务能力。

二是要健全和优化社区教育网络体系。在中国,区(县)、街道(乡镇)、居委会(村)三级社区教育网络是区域社区教育管理、实施的主要载体,是社区居民就近就便参与学习的重要基地,是构建终身教育体系进行全民终身学习的基础平台。健全和优化三级网络体系包括了三级网络的场所建设、专兼职人员配备、管理规范等。在三级网络体系建设中尤其应注意数字化网络建设,大力提高社区教育的数字化水平,努力为社区成员接受教育培训、进行自主学习提供优质资源和条件,推动人们向数字化生活方式迈进。

三是要积极开发社区教育课程资源,努力丰富人们的学习内容。正规的学校教育经历了漫长的发展过程,已经建立起了一套较为完整的教学体系、课程体系,形成了相对完善的课程建设管理制度和评价制度。而社区教育在中国从整体上说只是近些年才发展起来的,尚处于起步阶段,许多工作还在探索中,特别是社区教育课程建设还很薄弱,急需大力加强。为此,必须动员各方面力量,积极投入社区教育课程资源开发,努力提高社区教育供给终身学习的能力和水平。

四是要开展学习型组织创建活动,推进终身学习的组织化程度。创建学习型组织是社区教育的重要内容,也是发展社区教育的重要抓手。要进一步推进学习型城市、学习型机关、学习型企业、学习型社区、学习型乡村等各类学习型组织的建设。要充分依托社区内教育、文化、体育以及驻社区单位的资源,经过梳理整合后使这些资源面向社区开放,便于社区成员随时随地就可以接触到它们、进而进入学习状态。要强化队伍建设,大力提高社区教育工作者专业化水平,建立社区教育工作者岗位培训制度,发展社区教育志愿者队伍,为社区教育的深入发展提供有力的人力资源支持。

实践表明,社区教育的广泛开展,推进了终身教育理念的树立,营造了全民学习、终身学习的氛围,使教育和学习惠及更广大的民众,较好地满足了个人发展和社区发展的需求,有力地提高了广大社区居民的素质,弘扬了现代文明生活方式,推进了区域优秀传统文化的发掘和传承,促进了社区的现代化发展与和谐发展。依托着社区教育平台,终身学习已经转化为行动,并正在重塑着我们的社会。

# 论大力加强继续教育教师队伍的建设[1]

黄 健[2]

国运兴衰，系于教育。近日《国家中长期教育改革和发展规划纲要（2010—2020年）（征求意见稿，以下简称《纲要》）的发布，在全社会引起广泛反响，成为一件牵动亿万人民之心的重要国事。本次《纲要》以终身学习理念作为改革与发展我国各级各类教育的指导原则，以促进每一个人的终身发展为教育改革与发展之本，立意不凡，影响深远。

## 一、问题的提出

对于《纲要》中提出的各项改革与发展任务，《纲要》第三部分重点提出了各种保障条件，其中第17章"加强教师队伍建设"被置于第三部分的首要位置，作

① 本文为书面发言稿。
② 黄健，华东师范大学教授、博士生导师，华东师范大学终身教育研究中心副主任。

为实现《纲要》各项战略任务的基本条件，并指出，“有好的教师，才有好的教育”，可见国家对教师队伍建设工作重要性的充分认识。该章明确提出了将“建设高素质专业化教师队伍”作为发展目标，具体内容涉及“加强师德建设”、“提高业务水平”、“提高地位待遇”和“健全管理制度”等方面，而从教师对象的指向来看，重点涉及中小学教师、职业院校教师和高等学校教师队伍建设的重要内容，强调要加强农村地区教师队伍建设，具有明确的指导意义。但遗憾的是，对于“终身教育体系的重要组成部分”——继续教育的教师队伍建设而言，该章并未提出任何说明。

## 二、加强继续教育教师队伍建设的必要性

从事继续教育工作的教师队伍究竟应不应该纳入《纲要》教师队伍建设的视野中呢？笔者的观点是“非常必要”，因为今天的教育观，是超越了传统学校教育的“大教育观”，是涵盖了大量非正规、非正式教育与学习活动的“终身教育观”。未来教育发展如果不将学校教育系统之外的继续教育纳入整个国家教育规划的话，教育为社会服务的功能，教育为人的发展服务的功能，教育实现人力资源强国的功能，以及教育实现自身的现代化的目标则无法达致。事实上，《纲要》已明确将继续教育视为“现代终身教育体系的重要组成部分”，并将之作为八大“发展任务”之一，从而确立了继续教育在未来我国教育体系和教育发展中的重要地位。同时，《纲要》发展继续教育的总方针是“加快发展继续教育”，并提出了清晰的发展目标，如“继续教育参与率大幅提升，从业人员继续教育年参与率达到50%以上”等。

正如《纲要》“加强教师队伍建设”部分开篇所指出的，“教育大计，教师为本”。要实现发展继续教育的上述战略任务，继续教育教师队伍的建设就是一项重要的保障条件，因此它理应成为未来中国教师队伍发展战略的重要内容之一。同时，由于继续教育的发展战略是“加快发展”，由此看来，加强继续教育教师队伍建设的任务不仅“非常重要”，而且还“十分迫切”。

而从这支队伍的现状来看，队伍建设的必要性就更为突出了。自 1998 年教育部撤并了成人教育司这一专门管理成人教育的部门以来，虽然实践层面的企业培训、社区教育等类型的继续教育发展势头良好，但却严重缺失教育行政部门对继续教育教师队伍采取战略引导、政策支持及有力的发展措施，从而在较大程度上影响了继续教育的质量和效益，制约了继续教育事业的健康发展。

以近年来发展迅猛的企业培训和社区教育为例，就遭遇着从业者的岗位职责与岗位标准基本缺失、职业素质参差不齐、专业发展渠道匮乏、职业适应困难、生涯发展路径不明晰、待遇和晋升问题难以保障、队伍管理混乱等问题。以上海社区教育专职教师队伍情况为例，他们是推展上海市社区教育发展的主力军，但这支队伍存在的突出问题是规模总量小，1 200 余名社区教育骨干教师要服务于全市 220 多万 65 岁以上的社区老人群体和 500 多万的外来人口群体；相比其他类别的教师，这支队伍的职称结构、学历结构、年龄结构指标均较为落后；从业者中有 3/4 的教师来自普通教育系统，缺乏从事社区教育所需的专门素质与能力，工作适应性问题突出。他们的专业发展途径也相当匮乏，大部分专职教师仅参加了由所在区县组织的上岗培训，培训内容的专业性程度不高，针对性、实效性亟待加强。此外，在社区教育专职教师队伍管理方面，还存在着岗位职责与岗位标准不明晰、专业技术岗位评聘缺乏专门系列、教师职业生涯发展动力不足、基本权益得不到保障等问题。

上述种种问题，在整个继续教育工作者队伍中具有普遍性。为此，加强继续教育教师队伍建设理应纳入教育发展议事日程，否则，没有一支师德高尚、懂得继续教育规律、掌握了恰当的教育培训方法与技术的专业化继续教育师资队伍作为保障，显然"加快发展继续教育"的任务是难以实现的。

## 三、继续教育教师队伍的专业化建设

根据《纲要》第三部分第 17 章，未来教师队伍建设的总体目标是建设一支高素质的专业化教师队伍。为此，本文将借鉴专业社会学的研究成果，提出继续教育教师专业化建设的主要对策。根据专业社会学的研究，"专业是一种特定的专门职业"。而"专业化"（professionalization）的含义，大部分学者认为是"某种特定职业逐渐具备各种专业属性，从而在特定社会中获得专业地位的过程"。某种职业成为专业必须具有以下四个基本特征。

1. 拥有系统、艰深与复杂的专业智能（知识、技能、才干等），且这些智能需通过专门而系统的教育、培训及丰富的专业实践而赋予从业者。

2. 向它的客户或公众提供高质量的、利他而无私的专业服务，而不是将它仅仅作为营利手段。

3. 形成专业组织，制定专业伦理和专业标准，以规范专业人员的行为，维护客户和公众利益，并形成专业同一性，维护专业人员权益。

4. 受国家或社会的特许保护，具有市场垄断性和专业权威地位，但垄断和保护的目的是为了更好地满足公众需要，保护公众权益不受侵害。

上述定义为继续教育教师队伍确立了理想要求，而当下继续教育教师队伍的现状则是加强这支队伍建设的现实起点。综合上述两方面考虑，未来我国继续教育教师队伍的专业化建设应从以下几个方面入手。

一是完善继续教育教师的专业教育与培训体系。完善相关的专业教育与培训体系，发展相关的专业知识和专业技能是专业化建设的首要任务。建议大力改造和创新已有成人教育专业，将仅仅面向基础教育、职业教育和高等教育教师的教育硕士向继续教育教师开放，使之成为继续教育教师系统接受专业教育与专业培训、获得专业成长的摇篮。同时加强系统的继续教育理论建设，逐步形成有中国特色的继续教育理论体系。

二是加强继续教育教师的专业化标准研究与队伍管理。专业标准建设是队伍专业化建设的一项核心的基础性工作。应整合大学继续教育专业、成人教育协会等专业机构的力量，制定各类继续教育教师的专业技术职务标准，设立准入门槛，为继续教育教师的聘任、使用、考核、培训、晋升和激励提供专业依据。

三是发挥政府保护继续教育教师专业社会地位的干预作用。政府力量的积极干预，是专业队伍获得社会地位的重要手段。教育行政部门应尽快制定有关规章，明确继续教育教师接受专业教育与培训的途径与方式，奠定和保护继续教育教师的社会地位，并最终保护广大学习者的权益，为他们提供优质继续教育。

## 四、结语

鉴于发展终身教育体系是未来我国教育改革与发展的重要目标，“加强师资队伍建设”的内涵应不仅仅是加强中小学教师队伍、职业学校教师队伍、高等院校教师队伍建设，而要加强与《纲要》的“发展任务”相匹配的各级各类教师教育，其中特别是要按照专业化建设要求，加强近15年以来与事业发展规模极为不相称的继续教育的教师教育。

## 参考文献

[1] 华东师范大学职业教育与成人教育研究所课题组. 上海市社区教育专职教师队伍现状调查报告,2010.

[2] 赵康. 专业、专业属性及判断成熟专业的六条标准——一个社会学角度的分析[J]. 社会学研究,2000(5): 30-39.

[3] 周倩. 高等教育学与社会学视角下专业与专业化探悉[J]. 江苏高教. 2006(3):32-34.

# 关于建立非正规学习成果认证制度的实施构想[①]

张翠珠[②]



## 一、非正规学习成果认证是终身教育的基础性制度

非正规学习成果认证制度是终身教育与终身学习的基础性制度，是终身教育、终身学习体系建设的核心内容。

终身教育是指"人们在一生中所受到的各种培养的总和"。它包括各个年龄阶段的各种方式的教育，既有正规教育也有非正规教育，既有学校教育也有社会教育。

关于终身教育的组织特性，或说是组织原则，一般认为主要体现为两点：垂直沟通和水平整合。垂直沟通是指在个体生命全程的不同时间，统合学习经验

① 本文为书面发言稿。

② 张翠珠，北京市教科院职业教育与成人教育研究所研究室主任、研究员。

和活动，即注重各级各类教育的衔接，包括学前、学校与学校后的阶段，强调自主性与独立性的学习。水平整合是指在个体生命全程的不同阶段，可获取各式各样的教育活动和经验，即建立学校和其他具有教育功能的机构的关系，组成一个学习网络。

终身教育是一个教育的整体，其具体实施就需要各种教育形式和环境互补、融合，并利用社会提供的一切机会以实现其重要而关键的功能。即，要实现终身教育的理想，就必须在社会中建立终身教育体系。

有学者认为：终身教育体系，是指各级各类教育、各种教育形态的有机综合教育系统。这个系统具有整体相关性，其构架应是纵向衔接、横向沟通、纵横整合、内外协调、整体优化的教育系统结构。

总体来说，终身教育就教育形态而言，是包括正规、非正规和非正式教育在内的体系化的整体性教育；在运作方面，遵循"把原来相互割裂的各种教育及其因素、资源加以统合化、一体化"的组织原则；就教育体系而言，其特征主要表现为：开放性、统整性、弹性化、生活化等；其架构是纵向衔接、横向沟通、纵横整合、内外协调、整体优化的系统结构。

建设纵横整合、内外协调、整体优化的终身教育与终身学习体系，就必须建立和完善与之相适应的终身教育和终身学习制度。非正规学习成果认证制度能够在正规教育与非正规教育、正规学习与非正规学习、学历教育与非学历教育之间建立起有机联系，实现几者之间的沟通与融通，是终身教育与终身学习体系建设的一项基础性、关键性、标志性制度。

## 二、建立非正规学习成果认证制度的可行性

非正规学习成果认证制度在终身教育制度框架中处于最基层的位置，为地方政府探索实施这一制度提供了可能和空间。

根据终身教育的体系特点，为充分实现各级各类教育之间实现有效沟通与衔接，正规、非正规和非正式教育有机结合，普通教育与职业教育之间相互渗透、逐步融合的目标，终身教育制度设计的重点是终身教育系统内部一体化和终身教育系统与外部环境的协调发展。主要表现为三个层次。

第一层次，建立区域或国家终身学习资格框架，以实现教育与社会的协调发展。如2008年4月，欧盟议会和欧盟理事会通过了《关于建立欧洲终身学习资格框架的建议》。欧盟委员会建议各国到2010年把本国的国家资格框架同欧洲资格框架联系起来。“欧洲资格框架”被视为“元框架”，可使国家和行业的资格框架同其他的资格框架联系起来，促进资格的转换和承认，增加透明度，增进可比性，加强参加终身学习利益攸关方的互信，减少跨国工作和学习的障碍。

我国在制定国家中长期教育改革和发展规划纲要过程中，提出了“制定知识、能力与技能并重的终身学习国家资格体系”的设想，搭建终身学习的立交桥，实现正规教育、非正规教育与非正式学习相互沟通，学历资格与职业技能资格相互贯通。

建立终身学习资格框架，不但能够建立各级各类教育相互衔接、相互沟通的教育体系，更重要的是能够减少教育适应社会要求和变革的制度性和体制性障碍，促进文化、教育、社会的融合，加快信息、知识的流通与传播以及劳动力的跨

区域流动。

第二层次，在区域或国家层面建立特定领域的资格框架，如欧洲的高等教育区总体资格框架。1999 年 6 月，欧洲 29 国部长在意大利的博洛尼亚签署“博洛尼亚宣言”，拉开了建立欧洲高等教育区总体资格框架的序幕。此后 2005 年《卑尔根公报》、2007 年《伦敦公报》、2009 年《鲁汶公报》都在不断完善和推进欧洲高等教育区总体资格框架，把建立这一资格框架作为推动终身学习的重要步骤，提出到 2012 年，各国要在博洛尼亚进程框架内实现国家高等教育资格框架。又如，英国于 20 世纪 90 年代开始建立的国家职业资格证书制度，建立了国家职业资格框架，以促进教育与经济、产业、劳动世界的沟通和融合，促进学历资格与职业技能资格的相互贯通。我国也在逐步建立职业资格证书制度，但仅限于建立了职业性资格框架，由于存在体制性障碍，这个框架还未与学术性资格框架建立起沟通衔接与相互融通的关系和机制。

第三层次，也是基础层面，在国家或地区范围内建立非正规学习成果认证制度。在国家中长期教育改革和发展规划纲要中，就提出了这方面的设想：建立继续教育学分积累与转换制度和非正规、非正式学习成果认证制度，实现不同类型学习成果的互认和衔接。

我国已经把建立终身教育体系、推动终身学习作为国家发展与社会建设的重大战略。在推进终身教育与终身学习的战略中，必将把重点放在制度建设、体制机制变革等深层次问题上来。在国家层面，核心就是建立国家资格框架，在完善学术性资格、职业性资格框架的基础上，突破体制性和制度性障碍，建立起两者之间、正规教育与非正规教育之间的沟通桥梁。在地方层面，可以在地方享有的教育权限范围内，把制度建设的突破口放在建立继续教育学分积累与转换制度和非正规、非正式学习成果认证制度上。

本文就是在地区层面，结合北京市在这一领域的实践发展，对非正式学习成果认证制度进行讨论并提出建设构想的。

## 三、关于非正规学习成果认证制度相关概念的讨论

### （一）非正规学习

非正规学习是指在学校正规教育之外的一种有目的、有组织、有计划的学习活动，其目的在于增进知识、掌握技能、改变态度和确立价值观等。

关于非正规教育，库姆斯等人认为是指“在正规的学校教育体系以外的有组织、有体系的活动，旨在为那些人口中特殊的小群体提供有选择的教育。它是有组织的，但不是充分制度化的；是系统的，但不是完全常规化的。其内容、方法、形式比正规教育具有较少的正规性，较多的灵活性。它往往是在工作场所、生活社区、职业岗位等真实情境下，由各种经济的、社会的、政治的和文化的机构负责实施。

本文所说的非正规学习是指对个人而言，由非正规教育途径所提供的学习活动。非正规学习成果是指个人通过非正规学习而在知识、技能和能力等方面获得增长、提升的结果。

### （二）非正规学习成果认证

认证是商品经济发展的产物，最初是对产品及其生产体系进行认证，以保证其质量的制度设计。“认证”一词的英文原意是一种出具证明文件的行动。

学习成果认证是指由可以充分信任的第三方机构依据程序对符合一定教育

教学质量要求或能力标准的学习成果及其过程和服务给予书面保证，出具证明文件的活动。对个人通过非正规教育途径而取得的学习成果及相关过程和服务进行认证，就是非正规学习成果认证。

非正规学习成果认证，应具有五个特征。

第一，认证机构必须拥有较高的威信和可信度，因此应由国家或政府授权或认证，以取得相应的资格。

第二，认证的对象，既包括个人的学习成果，也包括质量体系，如提供教育学习服务的机构、教育教学过程、课程等相关因素。个人的学习成果，应包括工作经验、先前的学习经历等。

第三，认证的基础，或说认证的尺度，应是学业质量、能力标准、职业资格等。也包括正规教育质量标准，以便于在一定的条件和需求下，实现二者的转换和衔接。

第四，颁发的证明文件，根据多样化需求，应该是多样的。如课程学习证书、成绩证明、资格证明、学习证明、结业证书、毕业证书、学分证书、荣誉证书乃至学位证书等。

第五，结果导向。只要学习后的结果达到了规定的标准或水平，就一律予以承认，而不管学习者采用何种途径和方法。

（三）非正规学习成果认证制度

对个人通过非正规教育途径而取得的学习成果及相关过程和服务进行认证，就是非正规学习成果认证。保证非正规学习成果认证公正、有效开展的一系列办事规程或行动准则就是非正规学习成果认证制度。制度通常也是某一领域的制度体系，由于认证的对象包括个人的学习成果的积累与转换问题，因此，本文讨论的非正规学习成果认证制度，也包含了非正规学习的学分积累与转换制度。

## 四、关于北京市建立非正规学习成果认证制度的实施构想

### （一）建立市民非正规学习成果认证制度的重要意义

"市民非正规学习成果认证"制度是学习型城市一项基础的、核心的学习制度，也是一项教育改革和教育制度创新工程。建立和实施这项制度是落实党的十七大提出的"建设全民学习、终身学习的学习型社会"的重要举措，是加快建立首都终身教育体系和终身学习服务体系、深化学习型城市建设的需要；是丰富和扩大教育功能、为全体市民提供丰富多样的教育和学习服务的需要。

推进"市民非正规学习成果认证"，有利于促进各级各类教育之间、学历教育与非学历教育之间、正规教育与非正规和非正式教育之间的纵向衔接和横向沟通；有利于促进各类学校教育和社会教育相互融通；有利于扩大市民接受教育和培训的机会、保障市民终身学习权利；有利于完善学习激励机制、激发广大市民参与学习积极性；对完善终身教育体系和终身学习服务体系，推动学习型城市建设的深入发展有着重要意义。

### （二）市民非正规学习成果认证制度的主要内容

"市民非正规学习成果认证"是指对市民个人的各种学习过程、学习成果进行记录、存储、转换、认证、奖励的一整套制度。

1. 推行市民终身学习卡，建立非正规学习成果积累制度

"终身学习卡"是对市民个人的各种学习过程、学习成果进行记录、存储的

档案。为保障每个公民终身学习的权利、义务，真实记录其所有学习的过程、活动及结果，有条件的区县可试点建立北京市市民终身学习档案系统，建立并实施市民终身学习卡制度。

终身学习卡制度应由教育主管部门主管。学习卡的管理和实施可由教育行政部门委托社区教育学院或社区教育中心进行。社区学院应成立相应的机构，确定专人开展工作。各街道社区学校负责检查、监督、汇总；各居委会市民学校负责日常管理。

建立终身学习卡运行系统。试点区县可根据实际情况建立终身学习卡虚拟网络运行和实体运行系统。实体运行应以区市民学校为载体、以市民学校三级教育网络为组织机构，选择有一定基础的市民学校为试点。在试点过程中逐步完善、推广。社区学校“终身学习实体卡”账号通过街镇社区学校注册发放，适用于课堂教学活动。虚拟网络运行系统应以地区电大、电中的远程教育体系、地区终身学习平台为支撑，网络“终身学习虚拟卡”账号通过网站注册获得，适用于网上学习活动。

终身学习卡发放范围及记录内容。学习卡的发放范围应覆盖辖区内的全体市民。记录其完成的各种学习活动，包括接受的正规学校教育、非正规的职业培训、社会文化生活教育和培训。凡列为市、区各委办局、社区学院或社区教育中心、市民学校总校、街道市民中心校以及具有办学资格的办学部门教学计划的内容（有计划、有教授人员、有固定场所的各类教育培训课程），均可纳入记分卡累计学分。

学习卡中的学习记录经过积累和认证，可作为学习深造、就业、取得各种证照及享受公共文化、服务活动等优惠的重要依据。终身学习卡以学分为记录单位。通过学时累积、转换为学分的，记录结果可作为表彰、奖励的依据；通过选修课程积累学分的，经过认证的课程，可作为转换学历、职业资格的依据。

社区学院或社区教育中心应加强课程开发，加强对社区学校、社会性教育培训机构及其他组织机构的教育指导，提供学习服务。

教育行政部门应制定相应政策，保障经费投入，完善管理制度，建立表彰机制，推动终身学习卡制度的建立，完善本区域的终身学习服务体系。

2. 探索建立“市民非正规学习成果认证制度”

非正规学习成果是指通过非正规教育获得的学习成果，它包括正规学校教育外所有有目的、有组织、有计划的学习活动结果。学习成果认证是指由第三方机构或个人证实学习者学习后的结果符合一定的知识、技能增长标准的活动。

市民非正规学习成果认证制度是指对于市民终身学习卡中记录的学习活动、学习成果，根据市民个人的需要，不同类型的学分可以实现互认互通，特别是学历证书与职业资格证书之间、正规教育与非正规教育之间的学分互认与学分转换。重点是探索针对非正规教育与学习活动建立学分制，使学习者可自主地通过选择课程学习，累计学分，达到不同的标准后，申请相应的单科结业证书、职业资格证书、学历证书。

建立学习成果认证中心，负责管理、评鉴机构和组织的办学资格、课程设计和教学水平，如符合相应的标准，这些机构和组织有权填写学习记录；经过认证的课程，可作为可转换学分记录并积累。

各级各类学校、各种培训机构、大中型企业、行业协会、专业性协会、各种社团举办的培训，都可向学习成果认证中心申请机构认证资格和课程鉴定。

加强课程的研究、开发与资源的整合与利用。课程是学分的基础。各级各类学校应改革课程结构，加大课程开发的力度，增强课程设置与组合的多样化、灵活性；特别应针对非正规教育开发课程。对于社区、行业企业、机关事业单位开展的非正规教育培训活动，应从课程开发与规范的角度加以指导、引导和规范。

（三）建立市民非正规学习成果认证的保障机制

1．完善组织机构，建立领导管理体制

在学习型城市建设领导小组下设终身教育委员会，主要职能为协调、指导、推动和评估终身教育工作，包括统筹协调市民非正规学习成果认证工作。终身教育委员会具体事务由教育行政主管部门负责，其职责可由领导小组办公室承担。各区县也要建立健全相应的指导协调机构，推动终身教育和市民非正规学习成果认证工作的开展。

2．完善投入机制

加大对终身教育的投入力度。政府部门应加大对成人教育、继续教育的财政投入，提高这部分面向在职人员、普通市民的教育经费在教育总体经费中的比例。每年拨付专项经费用于推动终身教育和学习型城市建设工作。

政府运用财政、金融、税收等政策杠杆，拓宽资金渠道，鼓励社会力量资助终身教育；鼓励家庭个人增加教育和培训投入，形成以政府为主体，社会和个人分担的经费投入机制。

开展建立终身教育基金会的试点工作，鼓励和吸引民间资本对终身教育与终身学习的投入。

3．完善激励、奖励机制

研究制定对积累一定学分的市民予以适当优惠、免费的办法。建立个人学习账户。市民积累的学分和得到认证、转换的学分，都可以存入学分管理中心，并开设相应的个人学习账户。当市民需要学习深造、就业、取得各种证照时，个人学习账户中的学分积累与认证情况可以成为重要的参考依据。当市民要取得学历证书、职业资格证书、进行文化和生活消费时，可以取出学习账户中的学分资本进行消费或替换。建立每年对学习态度积极、学习成果显著的单位和个人予以表彰的制度。

4. 进一步加强社区学院建设

社区学院要成为本地区的学习服务提供中心、学习成果认证中心、市民学习的指导咨询中心、课程开发和课程资源与信息交流中心、社区教育师资培养与教师进修中心、终身学习与学习型城市建设信息网络中心和学习资源平台。加强工作者队伍和师资队伍、志愿者队伍建设。

5. 建立终身教育的信息化平台

构筑卫星传播网、宽带互联网和教学辅导系统"三网合一"的覆盖全市城乡的市民学习平台和学习系统；通过强大的网上学习资源信息库，为市民提供全方位、全天候、个性化的学习服务。

6. 加强理论研究和咨询、指导

终身学习卡和学习成果认证是非常复杂的制度建设，必须加强理论研究和咨询工作。边实践、边总结试点经验，探索规律，为终身学习卡和学习成果认证制度的建立和完善提供指导。

## 参考文献

[1] 顾明远. 教育大辞典(增订合编本). 上海:上海教育出版社,1998.

[2] 叶忠海.创建学习型城市的理论和实践.上海:上海三联书店,2005.

[3] 杨国德.终身学习社会——21世纪教育新愿景.中国台湾:师大书苑,1999.

[4] 李建中.欧洲推进终身学习发展的路径.中国成人教育协会年会交流资料,2009(11).

[5] C.J.泰特缪斯.培格曼国际终身教育百科全书.教育与科普研究所编译.北京:职工教育出版社,1990.

# 论坛总结报告和综述

# 上海国际终身学习论坛总结报告[①]

曼佐尔·阿哈默德(Manzoor Ahmed)[②]



## 一、导语

在中华人民共和国的上海举行2010年世博会之际，2010年5月19日至21日，来自35个国家的200多名与会者参加了上海终身学习国际论坛。本次论坛由上海市人民政府、中国教育发展战略学会、中国联合国教科文组织全国委员会和联合国教科文组织共同主办。

于2009年举行的第六届国际成人教育大会(CONFINTEA VI)上通过了贝伦行动框架，本次上海论坛是该次大会之后首次举办的国际大事。其目的是巩固该次大会所引领的终身学习热潮，并把终身学习从纸上谈兵转为实际行动，以此构建完备的终身学习体系。

上海世博会是独一无二的，它并没有像往届世博会那样展示各种产品和技

① 本文为大会发言稿。

② Manzoor Ahmed，孟加拉国BRAC大学教育发展研究所所长。

术，而是在快速都市化的世界中展示了一种“城市让生活更美好”的人类愿景和渴望。分享创建学习型社会的愿景和实践行动，以此作为本届世博会畅想未来的一个显著特征是完全合适的，这是因为学习型社会是社会可持续性发展的保障，并应该致力于创造全人类和谐、公正和充满尊严的生活。

来自全世界——非洲、亚洲、太平洋、拉美、欧洲和北美等专家齐聚此次论坛，他们无一例外地将毕生精力奉献于探索学习与教育事业的理念与实践，并时刻以批判的眼光进行不懈的研究。与会专家们就既成事实的过程、现今的状况以及我们可能却未曾达到的目标发表了自己的看法。今天，我们在第六届国际成人教育大会之后再次相聚于此，共同思考 2015 年千年发展目标和全民教育（EFA）目标，以及 21 世纪初人类将面临的更大的挑战和机遇。

来自多个国家的实践人士、政策制定者、倡导者以及学术界人士在大会演讲和分组讨论上分享了各自的经验、成就和关注的问题。试图概括和压缩这些丰富而微妙的探讨是不可能的，而最好的方法就是把握住本次论坛中主要观点和立场的线索。本文也试图从各个方面一一呈现本次论坛的相关论点，并且列举一系列值得注意的与战略行动问题相关的主要立场。

## 二、中国阐释了全球的进步

首先，不得不提及我们所取得的进步，这些值得庆祝的进步在本次论坛中得到了呈现。为了阐明许多国家终身学习领域成就的多样性和广泛性，让我们首先概括一下中国在正规教育体系之外，作为终身教育的重要元素所引入的学习机会。此外，贝宁、印度尼西亚、印度、日本、韩国、南非、泰国和美国等国家也分享了各自在构建终身学习过程中的历史和非线性的发展历程。来自中国和这些国家的经验也引发了大家对概念上的、战略上的、运作上的各种问题的思考，这些问题同样成为本次论坛热烈讨论的主题。

在中国，终身学习的人数至少是正规学校教育人数的3倍。10亿终身学习的潜在人群的基本情况如下：7.9亿工人需要更新知识和技能；1.2亿从农村移居到城市的人口需要适应新的工作和生存环境；1.44亿老龄人口想成为积极的市民，并追求有意义的、丰富的休闲生活。

中国教育发展战略学会会长郝克明女士向我们分享了中国继续教育的多种新型模式。这些新模式通过建立与政府、学校、社区、企业和其他组织之间的合作关系取得了快速的发展。

目前在中国，只接受过初等正规教育的农村人口获得相关知识以及技能教育的机会得到激增。成人中等职业技术学校和成人高等教育机构开展的继续教育为成人学习者提供了学历教育。自20世纪80年代中期起，非学历继续教育，如农民中专和技校，培训人次已累计超过11亿；此外，每年全国企业职工培训规模都达9 000万人次左右。除此之外，政府、企业的管理干部及专业人才和非政府组织中的妇女、青年和工人也都接受相应的继续教育。

中国建设了以卫星、电视和互联网为载体的远程教学服务平台，普通高校远程教育注册在校生已达110万人。

目前，国家级试点社区教育计划已经在全国114个地区开始启动，省级政府也相应设立了超过400个教育社区。这些社区通过各种类型教育资源的高效整合，为居民提供高质量的继续教育服务。

中国的学校教育将以终身学习理念为指导，从教与学两方面进一步深化教学内容与教学方法等方面的改革，为学习者的终身学习奠定良好的基础。学校教育体系将更加灵活、开放，从而满足学习者多样化的需求。职业技术学校将在提供学历教育的同时，为社会成员提供短期职业培训。这些学校将放宽招生和入学限制，以顺应高等学校社会服务功能的强化。21世纪教育发展最为重要的目标之一就是将终身学习理念融入整个教育体系。鉴于此，政府正在考虑成立一个国家层面上的，由各个产业部门和其他相关组织共同参与的继续教育协调机构。

下文列举了推动终身学习发展的其他关键措施，这些措施有些正在实施，有些已经被认可其必要性，包括：

1. 总体终身学习法制框架，将明确政府、组织和个人之间的权利与义务。

2. 通过信息通信技术，包括卫星、广播网络和互联网，在全国范围内建立覆盖城乡的终身学习支持和服务系统。

3. 完善继续学习成果的评价、认证和学分转换制度。

4. 探索建立个人终身学习积分卡制度，逐步推行继续教育学分制度。

5. 建立知识、能力与技能并重、学历资格与职业技能资格相互沟通的国家资格体系。

6. 建立政府、企业和个人合理分担成本的终身学习经费保障制度，确保制度向弱势群体倾斜。

7. 探索建立社会投资教育的激励机制，加大提高企业、组织和民政部门对工作场所学习的投入力度。

上海市作为新兴终身学习体系结构的典型，除正规教育和培训体系之外，还有6 000多个学习站、基础及高等远程教育设施、面对面和混合型学习设施等。

这些都为上海市创建学习型城市并最终形成学习型社会奠定了坚实的基础(Li, 2010)。

## 三、重申理念

贝伦行动框架肯定了“从摇篮到坟墓的终身学习是基于包容、解放、人道主义和民主的价值之上的一种哲学理念和概念框架,是组织各种形式教育的原则……”(UNESCO, 2009)。

终身学习伴随人的一生:生命不息,学习不止。正如叶澜女士所说:“终身学习在教育诞生之前便已存在。”又如 Roger Boshier 所言,“在传统社会人们不得不依靠学习来维持生存。因此,学习即是生存”(Boshier, 2010)。只是近些年来,社会功能的专业化和制度化导致正规教育在人的儿童期和成人初期处于统治地位,模糊了终身学习这一概念。来自贝宁的 Abdel Baba-Moussa 重申了库姆斯于19世纪70年代提出的关于正规、非正规和非正式教育的概念分类。库姆斯同时还指出,人类学习中绝大多数的非正式和非正规学习都在人的一生中不断延续(Baba-Moussa, 2010; Coombs and Ahmed, 1974)。

一些发言人,包括 Adama Ouane 和 Heribert Hinzen,提到1972年 Edgar Faure 和1996年 Jacques Delors 为首的学者向联合国教科文组织提交的报告。正如 Faure 在报告开头所写:如果学习在时间和多样性上影响人们生活的各个方面,并且影响着社会的各个方面,包括社会资源、经济资源和教育资源,那么我们不能只停留在“教育体系”的大改革上,应该走得更远,直至实现学习型社会(Faure et al. ,1972)。同时还有 Delors 提出的终身学习四大支柱,即学会做人、学会理解、学会做事、学会与人共处，诠释了学习与生活、社会之间复杂的相互作用的范式（Delors et al.，1996）。

Roberto Carneiro 激情洋溢地描述了一个崭新的教育愿景，他将通常的“教会学习”转变为由自学、社区学习、不断增加的辅助性学习和网络学习构成的混合型学习，这些拆分的教育服务在时间和空间上具有更大的灵活性，因此能够在相关学习中提供更多机会。学会学习，作为终身学习最基本的技能，包括建立自我意象和自尊心，增强批判性思维和学习动机，开发针对学习和参与学习的策略。Kasama Varavarn 依照泰国的经验，强调能力和动机在自我导向性学习中的重要性（Carneiro，2010；Varavarn，2010）。

Rosa Maria Torres 女士肯定并补充了学习和生活同等重要，生活才是最根本课程的观点。她和其他发言人共同强调，学习作为一个集体化和社会化的过程，需要创建学习型家庭、学习型社区和学习型社会。

Torres 女士还强调终身学习：并不是终身教育（一个机械的被控制的过程）；并不局限于成人；并不是一个制造人力资源的经济策略（将人看做是生产机器）；并不只是个体学习，而是集体化的和社会化的过程；并不与教育权利矛盾（而是将其扩大为学习的权利）（Torres，2010）。

来自印度尼西亚的 Kusumiadi 和 Martono 和来自南非的 Shirley Walters 以及其他发言人都认为在终身学习的纵向整合中，需要补充学习机会、学习目标、学习内容和全方位的学习视野等方面的横向整合来平衡纵向整合。全方位学习的一个方面，即个人为了实现自我价值并履行社会责任，积极、高效地参与建立民主惯例和文化的实践当中，这不论对发展中国家还是发达国家都是至关重要的（Kusumiadi and Hartono，2010；Walters，2010）。Carneiro 教授通过列举新加坡



让学习伴随终生 上海国际终身学习论坛文集

的四重目标,即建设人力资本、社会资本、情感资本和想象力资本,阐释了另一个扩展的学习愿景(Carneiro, 2010)。

在这些构想中所呈现出的理念也许会被认为是抽象的、极富争议的和理想化的,因此尝试将其转化为现实的过程中一定会面临很多障碍。

## 四、存在争议的议题

在讨论过程中,关于某些问题的争辩可能会帮助我们认清终身学习目前存在的障碍和限制,也可能会为找到实际且可行的解决方案提供指南。下文将简要陈述这些存在争议的议题。

1. 开放的、灵活的、参与式的学习方式为个体和社群提供了多种选择,并能够对其需求作出回应,然而这种学习方式与政府及公共部门应为终身学习承担的责任之间究竟有何关系,却存在一些争论。在市场经济和公共产品商品化的背景下,这一问题已经逐渐上升到立法层面。与其说它是一种关于灵活选择与公共/政府责任(如制定管理框架、提供财政支持、与多重利益相关者建立合作关系,或者是作为总体服务者提供其他机构所不能提供的服务)之间关系的固有矛盾,不如说它是一个政治和意识形态地位的问题,和其倡导者所处的政治和意识形态地位有一定的联系。

2. 欧盟强调,终身学习从根本上讲是一种获得与工作相关技能、应对劳动力市场竞争的手段,事实是否如此? Hinzen 指出,尽管获取与就业相关的技能、改进个体经济状况都是不可低估的重要问题,但如果仅仅把终身学习看作人力资源开发,则无疑是一种狭隘的观念(Hinzen, 2010)。我要再次强调,正如 Rog-

er Boshier 等人所言，这是一个政治-意识形态问题，是一种新自由主义与“社会民主”观点之间不必要的对立。

3. 教育方式中教师与学习者各扮演什么角色？传统教育中的教师与学习者的角色应该遭到颠覆吗？这类疑问的出现是由于有些人对教学-学习的相关实践、概念和准则的变化缺乏认识，而本领域早已就这些变化达成了共识。教学-学习过程中的学习者中心方式、自我激励型学习者、自我管理型学习者、教师作为辅助者而非知识来源、教师与学习者联合探索等观点，都与终身学习的哲学和本质相契合。

4. 是通过教育改良将终身学习方式纳入教育体系，还是说教育系统内部需要更加彻底的变革？一个合适的例子就是会议中有人提到将宗主国的语言（比如法语）作为正规教育所使用的语言，而这种做法有悖终身学习的精神。教育改革或变革是复杂而困难的，即使我们对变革颇有溢美之辞或是具备推行变革的坚定决心，也并不一定会有好的结果。变革的行动和策略必须是基于具体情境的，并且变革的议程必须征得利益相关者的同意。我们也必须就社会劣势群体的利益、时间框架的可行性，以及各方利益群等问题进行系统性评定。

5. 从本质上说，终身学习是否只是一个关于成人教育、扫盲教育和非正规教育的问题？如果说答案是肯定的，则必定违背终身学习的本质和基本原理。由于正规教育伴随人的整个生命周期，因而否定的答案是更加合理的。协同作用是终身学习的关键词。教育系统的变迁必须要对整个系统进行全面的考虑，以充分实现终身学习的力量和潜能。与此同时，现实却传递着这样一种信息：正规教育系统已经在结构和制度上得到了较为完善的发展，因此，教育系统中发展得还不够完善的部分就应该得到更多关注。这是一个均衡问题，并且需要阶段性的努力。尽管非正式学习从定义上看是无计划、无组织的，但我们仍然应该发挥创造力和想象力，让它成为与其他形式的教育同等重要的一部分。

## 五、确认需求和前进道路

某些重要问题并未引发广泛的争论，关于这些问题，会议确认了其解决方案和策略方面的需求，并应当引起我们的高度重视。下面就简单总结一下这些为数不多的需求：

1. 制定和推行政策的需求

一个决定性问题是政策的范围，即政策究竟应该多么宽泛。是包括所有的教育和学习问题，还是仅仅限制在某些具体领域？比如成人学习或者职业技能还是聚焦于扫盲教育？本次论坛中呈现的各种论点提供了一个更为广阔的范围，将各类终身学习内容和元素置入一个更为广阔的情境之中。但这将取决于在有限的时间内，我们究竟能够实现多大变革和发展。一个更为可行的折衷做法是制定一套整体政策框架，并在框架内部根据不同变革阶段的重点对某些具体政策进行详细阐述。

2. 法制框架

法制框架的形成与政策制定密切相关，它能够为政策的实施提供保障。法律条款及与之相关的规定、规则和程序均来于已颁布的法律，因为已被接受的法律开发了一种系统化的途径，加强了对终身学习活动的治理和管理。在本次会议中，我们听到了许多国家的法律条款，其中一些已经生效，有一些则还在制定过程中。

3. 推动终身学习的社区学习中心网络(CLC)

归属于社区的多元目的的社区学习中心(如日本的"Konnikan"以及其他国家中类似的组织)存在于许多国家。如果它们成为提供相关培训、传播知识,以及与各种辅助支持相结合的基础性机构,将会提供有效的服务。这些社区学习中心,如果纳入国家或地区的技术支持网络,将会创造更多的教育和学习机会,并将为降低贫困率、提高生活质量带来积极影响。因此,它们是学习型社会中终身学习必不可少的基础模块。

4. 一个平衡的终身学习框架

正如南非的事例所示,国家认证框架能够从一个综合性的角度帮助终身学习活动中的资源使用、学分转移、学习质量以及课程开发等事项。在那些证书和认证盛行的国家里,建立平衡的终身学习框架显然十分重要,它在任何一种课程中都能够作为一种促进质量改进的方法(Walters, 2010)。当关键的利益相关者有充分的机会进行合作和沟通时,这种机制的运行就会有效。关于这一方面,争论和辩论是难免的,但如果能就核心目标和研究依据达成共识,那么问题就能得到解决。

5. 制定符合社会关注的终身学习目标和内容

终身学习的基本原理来源于个体学习者明确的需求和问题与社会集体的优先权之间的联系和相关性。只有在概念构建和制定政策方针时对该理论地位给予系统的关注,才能使其成为现实。目前急需建立终身学习与扩大人们的可持续发展的能力、知识、理解和技能这一目标之间的联系和相关性,就是一个典型的例子。正如Walters在第六届国际成人教育大会中提出的,"只有变成一个学习的星球,地球才有可能生存下去"(Walters, 2010)。

6. 充分发挥计算机通讯技术的作用

先进的计算机通讯技术在创造性地向更多的学习群体传递学习内容方面开辟了新的道路。到目前为止,它的潜力还未完全实现。在成人学习和终身学习中应用的计算机通讯技术,为其提供了更为广阔的范围,填补了现行的数字学习鸿沟。正如 John Daniel 所言,计算机通讯技术可以帮助切断教育中"高质量和垄断性之间隐秘的联系",推动更广阔的、高质量低成本的学习通路的发展,"学习活动都将同时发生"(Daniel, 2010)。

7. 公共资源总量的增长

在发展中国家,终身学习中的成人学习所占据的政府教育经费显然还不到1%,只创造极少的国内生产总值。未来几年里,绝大多数国家都对政府总体教育经费有一个增长的预期,因此从中期看,将其中成人学习与教育、终身学习所占的比重至少提高3% ~5%是合理的,而从长期看则应该有进一步的增长。这种增长并非负担,而必须符合成人学习与教育、终身学习所宣称的角色。我们必须打下平衡支撑终身学习各个组成部分(包括正规教育)的根基,因此,我们应该积极从包括私人部门、社区和外部支持体系在内的其他途径汲取资源。

总之,作为终身学习的组成部分,正规的、非正规的以及继续教育项目,都应在丰富的非正式学习氛围中为广泛的学习目标与学习群体服务。由此可知,终身学习能使全体居民受益,并能为学习和社会作出贡献,与此同时,"学习友好"型社区日渐成型,且为学习环境的创建提供了帮助。终身学习不再仅仅是一个选择,也不仅仅是一个必然,而是一项必须由全人类共同履行的义务。

## 参考文献

[1] Baba-Moussa, A. R. (2010). *Du 'systeme educatif' au 'contexte d' action educative'*. Presentation at the International Forum on Lifelong Learning. Shanghai (19-21 May).

[2] Carneiro, R. (2010). *Tapping into the treasure of learning: Progress and challenges.* Presentation at the International Forum on Lifelong Learning. Shanghai (19-21 May).

[3] Coombs, P. and Ahmed, M. (1974). *Attacking Rural Poverty; How Nonformal Education Can Help.* Baltimore: Johns Hopkins University Press and World Bank. Daniel, J. (2010). *Distance Education: Means, ends, opportunities and threats.* Presentation at the International Forum on Lifelong Learning. Shanghai (19-21 May).

[4] Delors, J. *et al* (1996). *Learning: The Treasure Within.* (Report of the International Commission on Education in the 21st Century). Paris: UNESCO. Faure, E. *et al* (1972). *Learning to be.* (Report of the Edgar Faure Commission). Paris: UNESCO.

[5] Hao, K. (2010). *The development of lifelong learning system in China.* Presentation at the International Forum for Lifelong Learning. Shanghai (19-21 May).

[6] Hinzen, H. (2010). *Policy development toward lifelong learning in European Union.* Presentation at the International Forum on Lifelong Learning. Shanghai (19-21 May).

[7] Kusumiadi, A. and Martono, H. (2010). *Building learning societies through literacy education: Experience in Indonesia.* Presentation at the International Forum on Lifelong Learning. Shanghai (19-21 May).

[8] Li, J-X. (2010). *Constructing the learning society for better life: Shanghai's experience.* Presentation at the International Forum on Lifelong Learning. Shanghai (19-21 May).

[9] Ouane, A. (2010). *Evolution of and perspectives of lifelong learning.* Presentation at the International Forum for Lifelong Learning. Shanghai (19-21 May).

[10] Torres, R-M. (2010). *Lifelong learning: beyond Education for All*. Presentation at the International Forum on Lifelong Learning. Shanghai (19-21 May).

[11] UNESCO (2009). *The Belém Framework for Action*. Sixth International Conference on Adult Education (CONFINTEA VI), Belem, Brazil, 1-4 December. Paris: UNESCO.

[12] Varavarn, K. (2010). *Policy frameworks designed to build learning societies*. Presentation at the International Forum on Lifelong Learning. Shanghai (19-21 May).

[13] Walters, S. (2010). *Insights: Lifelong learning in South Africa*. Presentation at the International Forum on Lifelong Learning. Shanghai (19-21 May).

[14] Ye, L. (2010). *Revisiting the Classics: The Necessitated Return of Research on Teaching/Learning Relationship in Modern China*. Presentation at International Forum on Lifelong Learning. Shanghai (19-21 May).

# 上海国际终身学习论坛综述

中国教育发展战略学会学术部



由联合国教科文组织、上海市人民政府、中国教育发展战略学会和中国联合国教科文组织,全国委员会主办,上海市教育委员会等单位承办的“上海国际终身学习论坛”于2010年5月19—21日在上海成功举办,论坛的主题是“让学习伴随终生——终身学习的进展、发展趋势和制度建设”。来自有关国际组织和37个国家共200余名中外专家出席了会议。

中国国务委员刘延东为大会发来贺信,联合国教科文组织总干事伊琳娜·博科娃、中国教育部部长袁贵仁在会上作了重要讲话。在为期三天的大会演讲和分组讨论会上,中国教育发展战略学会会长郝克明、葡萄牙教育部原部长罗伯托·卡乃罗、联合国教科文组织终身学习研究所所长阿达玛·旺安、世界终身学习委员会主席尼维斯·阿杜等50多位中外知名专家作了系列演讲和发言,对当今终身学习面临的重大问题和最新进展进行了研讨和交流。

## 一、本次论坛产生的重要影响

### （一）论坛提升了终身学习研究的水平，为推动世界范围内的终身学习做出重要贡献

本次论坛中的报告和发言，反映了这些年来终身学习研究和实践的最新成果，质量和水平比较高。与会专家的发言从不同角度和学习领域，比较深刻地总结了世界范围内终身学习的进展和新鲜经验，提出了许多重要的观点，丰富了终身学习的内涵，特别是对终身学习的发展趋势和进一步推动终身学习的思路和对策措施进行了研讨和相互交流，对促进各国和世界加强终身学习的实践和研究具有重要意义。联合国教科文组织终身学习研究所所长阿达玛·旺安说，“这次会议是这些年来召开的关于终身学习最重量级的国际学术研讨会，将为推动全世界范围内的终身学习做出重要贡献”。加拿大哥伦比亚大学教授罗杰·博什尔、印度尼西亚专家哈里·马拉托诺、柬埔寨教育、青年与体育部代表郎苏发等说，世界这么多知名的专家共同探讨当代终身学习视角下学习的内涵和教育实践中的各种问题，为各国终身学习的实践者、倡导者、决策者和学术界提供了一次极好的学习机会。许多与会代表表示要深入学习研究在这次会议上专家们提出的研究成果，希望会议秘书处能寄给他们论坛各位专家的演讲稿和有关资料。上海市副市长沈晓明认为，这次上海国际终身学习论坛，丰富了世博会“城市让生活更美好”的人文内涵，成为上海世博会一道亮丽的风景线，因为只有终身学习、全民学习，才有可能真正实现“城市让生活更美好”。孟加拉大学教育发展研究所所长曼佐尔·阿哈默德说，上海世博会没有像往届世博会那

样，只展示各国的经济发展以及产品和技术，而是在快速都市化的世界中展示了“城市让生活更美好”的人类愿景和渴望，特别是在这里同时成功举办了终身学习国际论坛，让人们分享了创建学习型城市和社会的经验和实践行动。而学习型社会正是未来致力于为全人类创造和谐、公正和有尊严的生活以及建设美好和可持续发展社会最重要的特征。在这些方面，上海世博会可以称得上是独一无二的。



（二）参加论坛的学者具有来自不同国家的广泛性，开阔了人们对终身学习的认识和视野

参加会议的学者有亚洲、欧洲、北美和拉丁美洲、非洲、大洋洲等不同经济和社会发展水平的37个国家。这是我国召开的关于终身学习最大规模的国际研讨会，也是教育领域参加国别最多的一次学术研讨会。参加这次论坛的不仅有发达国家的著名学者，而且有一半以上是来自发展中国家包括非洲和拉丁美洲的专家、教育部部长以及各个领域的教育工作者。中国教育发展战略学会副会长、江苏教育科学研究院原院长周稽裘说，论坛使大家看到了从20世纪70年代初提出终身学习理念以来在世界范围内所取得的重大进展，同时也使我们了解各国在终身学习的研究和实践方面所积累和创造的丰富经验和不同特色，开阔了人们的思路和视野。

（三）论坛增进了国际教育界对中国终身学习和整个教育事业发展的认识，加强了中国与世界各国在终身学习领域的交流与合作

中国政府对这次论坛十分重视和支持，教育部长袁贵仁专程到上海参加论坛，并在会上发表重要讲话，令与会专家深受感动。他们认为这体现了中国政府对终身学习的重视，这也是中国在终身学习和整个教育事业发展方面取得巨大

成绩的重要原因。论坛增进了国际教育界对中国终身学习和整个教育事业发展的认识。德国成人教育协会区域主席哈瑞伯特·汉森说,“我和我的很多同事都感到除了我们自己的研究和实践所得到的经验外,中国终身学习的成就和发展思路有很多我们值得学习的地方”。这次论坛的总结报告人(联合国教科文组织重要文献“财富蕴藏其中——展望21世纪教育”主要起草人之一)曼佐尔·阿哈默德在会议的总结报告中,大段引用了中国教育发展战略学会会长郝克明在会上所做的关于“中国终身学习的发展和制度建设”的报告以及中国专家在论坛的发言。他说,来自中国和许多国家的经验引起了大家对相关理论、战略和运作等问题的思考,它们成为本次论坛上代表们热烈讨论的议题。与会专家还对这次会议精心、出色的组织特别是上海市政府提供的热情周到的安排和服务,给予很高的评价。一些专家专门致信会议的组织者表示感谢。这次国际论坛对促进我国终身学习的开展和学习型社会的建设,加强与各国的交流与合作,具有重要的意义。上海市教育委员会主任薛明扬说,从这次终身学习国际论坛中得到了很多的启示,我们将结合专家们在论坛中提出的见解,思考研究进一步推进终身学习发展的战略。例如,怎样鼓励所有的社会成员终身学习?政府应该如何更好地承担起更多的公共教育服务的责任?如何鼓励各级各类正规学校在服务社会成员的终身学习中发挥更重要的作用?如何为外来移入人口的终身学习提供更好的服务,等等。通过对论坛成果的学习,必将对上海市终身学习的发展和制定完善上海教育改革和发展规划纲要产生巨大的促进作用。为了充分发挥这次论坛对我国建设终身学习体系和学习型社会的促进作用,高等教育出版社将出版上海终身学习国际论坛论文集。

## 二、这次论坛研讨提出的重要观点

### （一）丰富和发展了对终身学习理念内涵的认识

终身学习的理念是20世纪60年代后期和70年代初由联合国教科文组织和有关专家保罗·郎格朗、埃德加·富尔等先后提出并在国际上推动实施的。将近半个世纪以来，随着科学技术的发展和社会的进步，终身学习已经从一种观念发展成为共同的行动，终身学习的理念也在不断丰富和发展。这次论坛对以下几个问题进行了比较深入的讨论，提出了一些新的观点。

1. 从强调“终身教育”转向更多地强调“终身学习”

厄瓜多尔原教育部长顾问罗莎·玛利亚·托雷斯说，终身学习与终身教育不同，终身学习不仅仅限于教育，终身学习的概念较终身教育要大得多；同时它不是一个有组织的、被控制的过程，没有人能在其一生的发展过程中接受一直由老师教授和不断进行的测验、考试等这样的终身教育。终身学习强调学习者的主体性，学习者可以根据个人自身发展和社会的需求选择学习的内容、学习的方法和组织形式也是多种多样的。从工业社会向知识社会过渡，是以学习型社会的构建作为依托和基础的。这就要求学习者具有对新知识学习的自觉性以及自主学习的能力，持续不断地、批判性地学习，这些是最基本和最重要的。阿达玛·旺安在“终身学习的演变和视角”的报告中提出，从20世纪90年代开始，联合国教科文组织从强调终身教育转向强调终身学习，这个转变具有非常重要的意义，表明终身学习关注的重心正从强调教育的供应方（终身教育强调教育授予者的责任）向强调学习者本身的需求转变，也就是强调终身学习应是学习者自觉的学习过程。中国教育发展战略学会副会长谈松华说,终身教育和终身学习这两者不是对立的,也不是可以替代的,而是一种发展和深刻的变化。主旨是要以学习者为中心,调动学习者对学习的潜能,关注学习者对学习的多样化需求。同时,信息技术在教育领域的应用,为学习者个性化的学习、移动学习、远程学习等提供了技术的支撑。所以从强调终身教育向强调终身学习的变化,是把握终身学习进一步发展的一个非常重要的基点,这不仅影响非正规教育,同样也会影响正规教育,即学校教育如何变革来适应这样一种教和学关系的变化。华东师范大学教授叶澜在"重读经典——当代中国教·学关系研究的必要回归"的报告中,提出要实现建设学习型社会的目标,不能只关注社会教育系统和支持保障系统的改革和再造,更要注意使学习者与生俱有的探究欲望与学习需求,在人生各阶段得到加强与提升。她在报告中把现代终身学习的理念与中国文化传统和经典中存在的关于教和学关系的许多丰富和深刻的理念紧密结合起来,全面地阐述了教与学的关系。她认为,从社会与人类的延续和发展以及每个人的生命由生至死的演化历程,都不可能没有学与教的伴随。终身教育与终身学习的区别首先是承担主体的不同,终身学习的主体是个人,终身教育的承担主体是社会。教与学的关系,既存在于个人的生存经验与智慧之中,存在于人类社会的全部领域之中,又存在于学校教育的特殊领域之中。由于学校的产生,使人类出现了对教·学关系的有意识的思考与研究,使它成为一个问题被凸显出来。对教与学的关系,应当视作是在人类对这一关系性质的认识从自在走向自为、从原始走向丰富与和谐的超越意义上,通过进行更加深刻的研究,有新的认识和提高。

2. 终身学习的内容——更加注重人的能力发展

一些与会专家认为，知识的掌握固然重要，但终身学习应更加注重人的能力发展，这是终身学习的基础。曼佐尔·阿哈默德在发言中重申了联合国教科文组织在《学习：财富蕴藏其中》报告中所提出的"学会学习、学会做事、学会与他人合作共处、学会发展"的观点，认为这是终身学习的重要支柱。加拿大"英属"哥伦比亚大学教授罗杰·博什尔认为，要强调学会如何与自然和谐相处。

葡萄牙教育部原部长、联合国教科文组织21世纪教育委员会委员罗伯托·卡乃罗在"发掘学习宝库"的报告中，特别强调了终身学习的主体——学习者学会学习的重要性。他说：现在学习者学习的环境、方式和学习组织的形式都发生了很大的变化。过去学习者学的东西都是老师和学校里教的东西，现在已逐渐演变成为通过多种途径自我学习的活动，比如通过互联网学习，通过看书阅读学习，通过社会活动和社区组织的日益增多的各种形式的学习，等等。罗伯托·卡乃罗强调学会学习是终身学习最基本的能力，包括具有学习的积极性和内在的动力，了解自己学习的需求，找准学习的目标和掌握学习的方法，增强批判性思维等。

3. 关注非正规和非正式学习在终身学习中的作用

这次论坛在这方面的主要观点是：一是强调学校教育已经不能完全适应人们对终身学习的要求。加拿大"英属"哥伦比亚大学教授罗杰·博什尔说，人们在一生之中应该有选择进出各种学习和教育机构的机会，学校只是这个大学学习画面的一个组成部分。二是人在一生中的学习，大部分是通过非正规和非正式学习进行的。罗伯托·卡乃罗认为，非正规的学习是终身学习的重要组成部分，也是创新的重要基础，这种学习能把生活中的新的体验转化为知识和技能。生活是学习的一个最基本的来源。托雷斯说："过去总以为非正式学习是在校外进行的。其实，学校内外都有很多非正式学习或称无一定形式学习，比如听广播、看电视、对话以及通过互联网学习等。这种学习虽然没有课程、没有老师、没有考试，也能帮助学生获得知识、增强能力，调动学习者的积极性，是终身学习的重要形式。”坦桑尼亚教育部成人教育司司长萨罗姆·拉马汗·蒙加格拉强调：“对于那些缺乏正规教育机会的人来讲，非正规教育是一种好的替代方法。”穆萨强调，“每个国家都应该根据自己的国情，充分认识非正规学习及无一定形式的学习对于终身学习和国家发展的重要性”。

托雷斯还从神经科学的角度，提出关注老年人的学习。她说，现在脑科学的许多研究成果显示，老年人的认知能力并没有下降，而且有些人由于有了更多经验，更贴近现实，在许多方面学习的效果比年轻的时候还要成功。在推进终身学习的时候，不要忘了年纪大的那些人。

4. 丰富了对终身学习功能的认识

阿达玛·旺安、托雷斯等专家提出，对终身学习不应仅仅从经济的角度，把终身学习只看作为促进知识经济发展和开发人力资源所做的努力；而应更加注重促进社会的进步和融合、关注学习者对精神生活的需求和学习乐趣。他们强调，“学习的重要目的是为了能更好地积极生活，让所有人获得比较体面的生活，和谐的生活”。

美国教育部副部长布伦达·丹恩·梅西尔强调，要进一步发挥终身学习促进社会公平的功能。要积极关注处境不利群体如低技能成人群体、移民群体、失业群体、残疾人士的学习。哈瑞伯特·汉森介绍了欧盟推进终身学习的政策取向就是给予所有人平等参与终身学习的机会，尤其关注老年群体、低技能劳动者、新移民的需求。

（二）强调在终身学习的框架下学校教育改革的重要性和紧迫性

与会专家认为，在关于终身学习的宣传、研究和实践中，学校教育的改革不应成为被忽略的领域。曼佐尔·阿哈默德在会议的总结报告中说，在终身学习理念的指导下，传统教育中教师与学习者的角色，不仅应该而且在一些国家和学校，已经从认识和实践上发生了重大的变化。但对不少国家和学校来说，还远未达成共识和形成教学改革的行动。罗莎·玛利亚·托雷斯提出，要视终身学习为一场对现有的学习文化、教育文化的革命，它在所有的层面（无论是概念层面、组织层面、还是教学法层面）都会带来根本性的变化。南非西开普大学终身学习部主任雪莉·沃尔特斯说，为了适应终身学习的要求，需要高等学校发生根本性变化，这种变化是全局性的，涉及高等教育的所有方面，从合作伙伴到总体框架，从教学、管理到学生支持系统及服务，都需要转变观念。

叶澜认为，学校的产生和发展，使得教与学的关系沿着以下方向演化：学校教与学在对象上的局限性（包括年龄及其社会身份），内容上的学科知识性（与社会实践的脱离），教对于学的控制支配性（学的被动依赖性），等等。使得学校教学逐渐成为一种不改革就无法适应当今社会对人的要求，不改革就不利于个人全面成长发展的因素。终身教育与终身学习对于学校教育而言，不是取消，而是再造，是学校教育中教与学的重建。郝克明在报告中说，良好的学校教育是学习者终身学习和建立学习型社会的基础和保证。以终身学习理念为指导，从教和学两方面进一步深化教学改革，为学习者的终身学习和发展打下比较扎实的基础，应成为当前学校教育改革的重要任务。教育部政策法规司司长孙霄兵指出：“终身教育应当是改变传统的正规教育体系的创新教育。在教学内容和方法上，要进行跨越、重组、精练和调整；要改革原有的以学科为主导的方式转向以学习者的需求灵活安排教学。”

雪莉·沃尔特斯从政府行为的角度，设计了推动学校教育改革的制度环境，她认为，就国家层面而言，第一要考虑国家的政策、法规对学校教育的要求，第二要有激励机制包括融资的机制和制度的建设。要从战略性的角度把这一整体改革细分为各个部分和步骤逐步进行。教育部高等教育司张大良司长认为，高等学校在我国继续教育中担当新的历史使命，需要在以下方面进行改革：① 科学定位，大力发展高等学校的继续教育；② 开放资源，积极推进高等学校继续教育优质教学资源的共享和服务；③ 提高质量，建立健全高等学校继续教育的质量保障体系；④ 统筹协调和逐步完善高等学校继续教育的管理体制机制和法规体系。北京大学丁小浩教授介绍了该校在为各类专业和管理人才提供继续教育和培训的同时，开办“平民学校”为农民工提供继续教育培训的经验与体会，引起与会者的兴趣。

（三）重视和大力推进学校后的继续教育和培训

与会专家普遍认为学校后的继续教育和培训越来越成为终身学习的重要组成部分。郝克明在报告中说，终身学习理念最根本的启示在于，人们在整个一生中所需要的知识从学校教育中获得的只是一小部分，大部分知识以及各种能力和技能等，都要在社会实践中通过不断的继续学习才能获得。从中国来说，除在校学习人员外，有 7.69 亿从业人员，有 1.2 亿左右农村富余劳动者需要逐年转移到第二、三产业中；每年还有数以千万计新增和需要再就业的劳动者；此外还有 1.6 亿的老龄者。这些接受过不同层次学校教育进入社会的成员已接近 10 亿人，是现有学校人数的 3 倍。他们对各种类型的学习不仅存在巨大的需求，而且在学习的类别、内容、方式、时间等方面的要求，也非常多样化。终身学习体系需要覆盖所有社会成员。大力推进社会成员的继续学习,应该成为教育事业发展和建立终身学习体系的重要组成部分和新的增长点。她还从推进领导管理体制改革、加强继续教育的激励机制等5个方面,介绍了中国在推进继续教育方面的设想和政策措施。

会上,各国专家交流了以多种形式大力推进各个领域和各类人群进行继续教育和培训的经验。布伦达·丹恩·梅西尔强调:"美国主要是针对劳动大军的实际需求,向他们提供高等学历补偿教育和职业教育,帮助成年人实现更加成功的职业生涯。"罗杰·博什尔说,加拿大正在努力把所有的社会成员纳入终身学习的系统中,并设立了对学习型城市的评估委员会。实践表明,在终身学习方面做得比较好的城市,市民从总体上说,会更富有、更健康、更快乐、更有能力、更有修养,犯罪率更低。他们对市民进行继续教育的做法与正规的学校教育在学习机会、课程组织、学习目标、学习内容和方法以及教学手段等有很大的不同。柬埔寨专家郎苏发说,我们在继续教育方面特别关注那些没有办法接触正规教育的人,比如说穷人、贫困家庭、边缘地区以及被边缘化的人。

上海市教育委员会副主任李骏修介绍了上海利用丰富的教育资源、建设市民继续教育和培训服务体系的经验和体会。一是为市民提供各种学历或职业培训机会的学校教育机构,主要满足青年成人接受各种层次的学历补偿教育以及职业培训的需求。二是建立遍布全市各区县、街镇和村居委的三级社区教育机构如社区学院、社区学校和社区学习站点等,开展形式多样的文化知识教育、职业技能培训、公民素养培育、休闲与健身等学习活动。三是推进各个组织、部门员工的继续学习和培训。上海各大行业和大中型企业已普遍建立了培训中心,成为各单位建设学习型组织的基础。四是由社会组织及个人投资举办的教育培训机构迅速发展，努力满足市民个性化学习的需求。市民终身学习活动的蓬勃开展，打破了“学习就是学校教育”、“学习就是老师教、学生学”等传统学习观，正在逐步形成“人人皆可为师”、“处处是课堂”、“学习即生活”等新理念。中国农业部原副部长、农村教育研究会会长洪绂曾介绍了中国农业劳动者的继续学习和培训，中国机械工业教育协会涂仲华理事长介绍了中国机械行业专业技术人员继续学习的经验和体会。

（四）关注学习型社区和学习型组织的建设

这次会议设立了以构建学习型社区和学习型组织为主题的分论坛，对创建学习型社区、学习型组织的经验以及与创建学习型社会的关系等问题进行了讨论和交流。日本国家教育政策研究院笹井宏益在所做的报告中，强调了建设学习型社区、学习型组织对建设学习型社会的重要性，并介绍了日本自1945年开始建立和发展社区学习中心的经验。社区学习中心依据日本的《社会教育法》，由居民所在地的地方政府举办，使用公共税收来运营，由地方公务员担任社区学习中心主任，并发挥各类专家在社区学习中心的作用。在社区学习中心，社区居民可以按照个人需要获得知识、技能。社区学习中心还形成一个网络，让个人和本地的机构、组织建立联系。同时，还通过居民的集会和加强联系、沟通，让人们在相互学习和交流中，学习和了解新的知识和信息，发展自己的各种能力。日本城市的社区学习中心非常普遍，现在全国已有17 143个社区学习中心。

韩国首尔大学教育学院院长韩崇熙提出，在推进学习型社会建设方面，要进一步研究学习型城市的特征以及它与传统城市的区别。他认为城市是一个很复杂的社会系统，对学习型城市的认识和研究还需要提高和加强；一些人甚至把构建终身学习社会看成是发展成人教育，这是认识上的大偏差。南非西开普大学终身学习部主任雪莉·沃尔特斯说,建立学习型社会,需要有强烈的愿望和政治远见。需要转变思想观念,把教育、培训、工作与地区发展结合起来,而且还应考虑交通安全、经济、医疗等跨行业的因素,要协调和整合各个部门系统有关学习的资源、政策和做法。韩国国家教育研究院李海荣介绍了他们正在研究的学习型社会评价模型。

(五)充分重视和发挥信息技术和现代远程教育的作用

信息技术的高速发展对于推动终身学习的发展带来了前所未有的机遇,也是发展中国家在教育资源相对短缺的条件下能够构建学习型社会的重要保证。国际远程教育知名专家、英联邦学习促进会主席约翰·丹尼尔在会上做了“现代远程教育的目的、手段、挑战和机遇”报告,引起与会专家的很大关注。他说,以现代信息技术为核心的现代远程教育的发展,不仅可以突破时间和空间的限制,为不同教育水平、不同年龄的人提供更多的学习机会,而且正酝酿着教育领域的巨大改革。这场改革将能够解决长期以来教育发展面对的最大困惑和阻碍。教育发展的三大目标,即扩大教育的规模、提高教育的质量和水平、减少教育的支出,以便使更多人有接受教育的机会。在传统的面对面课堂教学的教育模式中,不可能同时实现增大教育规模,提高质量,并且维持低支出的目标。如果把这三个目标用一个三角形来表示,传统的教育模式使这个三角形成为一个“铁三角”,阻碍了教育的健康发展。但是,信息技术和现代远程教育的发展,将这个“铁三角”转换成了一个灵活的三角,如果搞得好,可以同时达到扩大教育规模、提高教育质量和维持教育低成本的要求。他说英国开放大学就是这方面的一个成功实例。英国开放大学不仅拥有22万在校学生(还有6万身处国外的学生),而且在英国全国教学质量评估中,英国开放大学位居牛津大学之上。在英国进行的关于学生满意度的全国调查中，开放大学也连续三年排名第一。开放大学每个学生的支出，根据专业的不同，是传统大学每个学生支出的60%～80%。他介绍了英国开放大学进行教学改革的经验，特别强调为学习者学习服务的三个关键因素：① 在教学内容方面，为学习者提供高质量的、充足的学习资源，并通过音频、视频、网络等多种方式促进学生的学习。② 建立对学生学习的支持体系。教师和辅导人员通过电话、信件和电子邮件对学生的学习提供必要的支持和指导，学生也可以通过自己组织的学习小组相互帮助和交流。③ 科学细致的组织和管理。包括学习资料的发放，考试的管理和监督等，都由专业人员进行专业化管理等。郝克明在报告中强调：在中央和地方广播电视大学的基础上，整合相关教育资源，组建覆盖城乡的开放大学，是中国推进终身学习的重大战略措施。她建议开放大学在总结经验的基础上，根据自身的比较优势，与国内外有关高等学校合作，选择最优质的教学资源，努力使开放大学成为新型的、高质量的乃至国内一流水平的巨型大学。她提出，根据我国社会成员对继续学习的巨大需求，建议开放大学实行学历教育和非学历教育并重、并探索这二者之间能够相互沟通和衔接的教学制度。上海市教育委员会副主任李骏修在报告中介绍了上海市打造终身教育信息化平台，服务市民终身学习，营造自主学习、灵活学习氛围的经验，并提出正在以广播电视大学为基础创办开放大学。坦桑尼亚专家蒙加格拉介绍说，该国正在进行以MP3、MP4为基本教学手段向特殊人群提供学习机会的试验，如该国格伦格洛地区的孩子由于经济条件和地理环境等原因，要求他们全部进入正规学校学习是不可能的，他们用MP3、MP4的技术，帮助学习者在没有电源的地方以及走到哪里都能学习，受到了学习者的欢迎。中国教育电视台台长康宁认为，中国教育电视台正在建设的“学习超市”是一个融合多种网络、多种终端、多种传输路径的学习系统，也是适合非正规和无一定形式教育的终身学习平台。

（六）建立终身学习成果认证、转换制度，促进不同类型教育之间的衔接和沟通

这些年来推进终身学习的一个重要经验和启示，就是要研究学习者通过学校后的各种继续学习和培训特别是通过非学历、非正式学习所取得的成果如何获得社会的认可和实现不同类型教育之间可以进行必要的转换，否则很难充分调动所有社会成员持续学习的积极性。旺安指出："当今教育已多样化，但彼此之间存在着一些清晰的壁垒和疆界，教科文组织正在致力于打破这些疆界。"建立终身学习成果的认证和转换制度，正在被许多国家当做推进终身学习的抓手。韩国、澳大利亚等国建立了终身学习学分登记和学分转换制度，欧盟通过建立资格能力框架对终身学习和实践取得的进步进行认证。会上雪莉·沃尔特斯说：南非推进终身学习的一个重要经验就是建立终身学习认证框架。因为终身学习成果"认证"是促使各种教育衔接的核心因素，是实现不同教育沟通、协调的工具，它可以把教育、培训、工作和发展有效地结合起来。南非从1990年开始建立全国终身学习认证框架，2009年颁布了新的全国终身学习认证方案，在南非主管当局领导下成立了高等教育认证委员会、一般教育认证委员会以及职业认证委员会。这个框架贯穿教育、培训、工作和社会各部门，相互联系也十分紧密。他们的认证框架是国家性质的，但具有一定区域和全球的意义。中国的一些专家提出，中国正在探索建立个人继续教育积分卡制度；并逐步推行继续教育学分制度，促进不同类型教育间的学分互认，完善继续学习成果的评价、认证和转换制度，并正在就构建通过各种渠道学习成才的"立交桥"进行试点。

（七）加强终身学习的制度建设，明确政府、社会、学习者的责任

德国专家哈瑞伯特·汉森在“欧盟终身学习政策的发展”的报告中说，欧盟各国在教育政策方面是多样的，但是由于欧盟强调终身学习的重要性，2000年以来，先后发表了“终身学习备忘录”、“欧盟终身学习行动计划”等一系列文件，使得终身学习成为整个欧盟的重要议题和工作。他说，一个教育体系如果没有好的政策、法律，是不可想象的。我们所面临的挑战，全球化时代经济迅速发展，人口老龄化和新移民的需求不断增加，特别是欧洲还需要解决7 200万低技能劳动力的问题，等等。欧盟的政策在这方面反映了五个重要信息：首先是扫除学习者参与学习的障碍，提升社会成员尤其是成人继续学习的参与率，特别是关注低技能人群；其次是保证成人继续学习的质量；三是认可和承认学习的成果；四是对老年人和外来人员的学习加大投入；五是建立指标和基准。他说，“欧盟各成员国力争在5年内，开始实施非正规和非正式学习的教育认证和认可制度。在这方面，提高数据质量和可比性的工作也十分重要。我们需要好的支持系统”。

会议组织分讲坛就“政府、社会和个体学习者在构建学习型社会中的责任与作用”进行了交流。会议的基本倾向是肯定政府在推进终身学习和构建学习型社会中要担负领导、推动和提供保障的重要使命，也有人认为终身学习的主体是学习者个人，担心政府介入过多会使终身学习滑回到老路上去。天津市教科院院长张武升代表参加分论坛的专家，向全体会议汇报时说，政府在构建终身学习中肩负主要责任，一是推动立法，二是提供制度设计，三是提供充分的资金保障；社会（包括学校、非正式教育机构、企业、用人单位等）是构建学习型社会的基础，在推进终身学习方面的主要功能表现在以下几方面：一是组织实施终身学

习，二是实现国家的教育要求和学习者需要的平衡，三是为学习者的工作学习、休闲学习提供课程体系和灵活多样的教育方式；学习者是终身学习的主体，一是确立终身学习理念，提出终身学习目标和计划，二是学会学习，提高继续学习能力，做终身学习的主人。

与会专家对终身学习的经费保障问题包括融资进行了热烈的讨论。上海徐汇区副区长周秀芬认为：终身学习的受益方包括社会、社会组织和学习者个人，应按照谁受益谁承担的原则，由政府、社会和学习者合理分担费用，并介绍了上海徐汇区的具体做法。曼佐尔·阿哈默德在论坛的闭幕讲话中指出："未来几年里，绝大多数国家都对政府的教育投入抱有预期，政府对教育总投入中应有一定比例用于继续教育和学习，同时还必须从社会成员个人、社会各部门、社区、企业等各种途径来汲取继续教育经费的资源。"哈瑞伯特·汉森把政府、社会和学习者称为终身学习融资的"黄金三角"，但各个"角"作用的大小，与一个国家的财政、教育制度以及对终身学习的理解程度密切相关。

## 三、本次论坛对我国终身学习研究工作的若干启示

### （一）进一步加强关于现有教育体系的改造与建立终身学习体系关联性的研究

从这次终身学习国际研讨会可以进一步看出，终身学习体系被认为应包括社会成员生命周期中的所有学习——从婴儿到生命终结前各种环境下的正规、非正规和非正式学习，已经成为世界越来越多的国家和学者的共识。这里需要进一步研究的是，推进终身学习和现行教育的关系是什么？是现行学校教育体

系的延伸，还是按照终身学习的需要整合一切教育形式和资源？从我们国家来说，这些年来，对终身学习的重要性和终身学习理念内涵的认识有了很大提高，特别是对终身教育不等于成人教育，也不是现行学校之外各种教育形式的总和等的认识，在教育理论研究人员和教育管理人员中形成了高度共识。但是，由于我国终身学习的起步比较晚，在社会各领域包括教育领域，对终身教育体系的认识，还存在一些值得注意的问题：一是把国民教育体系和终身教育体系看做是相互并列的两个体系；二是认为终身教育是学校教育外其他场所实施的教育的总和；三是认为终身学习体系等于国民教育加上继续教育。理论是行动的先导。许多专家指出，对终身学习观念理解不准确、不全面甚至产生误区，会在实际工作中造成不利的影响：一是容易使学校教育置身于终身学习体系之外，把推进终身学习只看作是学校外其他教育的职责，忽视学校教育的改革和学校在建立终身学习体系中的作用；二是不利于促进各级各类教育衔接、沟通和资源整合，特别是建立通过各种不同类型的教育渠道都能成才的“立交桥”。因此，在这方面还需要坚持不懈地、有针对性地大力加强对现代终身学习理念和内涵的宣传工作，并针对当前在认识和实践上存在的一些问题，认真加强和深化终身学习的研究，特别是加强对现有教育体系的改造与建立终身学习体系关联性的研究。要进一步密切研究成果与教育重大决策的联系，促进科学研究成果的转化，使我国终身学习的研究更好地为建设终身学习体系和学习型社会服务。

（二）重视和加强对学习型社会特征、目标任务、评价指标以及相关政策的研究

终身学习的研究不仅是一个理论问题，更是一个实践问题。最近研究制定的《国家中长期教育改革和发展规划纲要》把基本形成学习型社会作为2020年

教育改革和发展的一个战略目标。它不仅是国家教育观念和意志的体现和宣示，也为教育改革和发展指明了方向。但是如果对学习型社会的内涵、特征、评价指标等缺乏科学具体的研究论述和规定，不仅不利于统一思想和组织实施，也会使该目标成为一般号召，而对教育实际行为缺乏影响力。我们建议尽快组织力量对学习型社会的内涵、特征、评价指标以及建设的目标、工作步骤和政策措施等进行深入研究。

还要进一步加强激励终身学习、建设学习型社会的政策研究。一是研究如何建立终身学习成果认定和转换制度。这对我国终身学习具有特别重要的意义：第一，它是促使不同类型、形式学习衔接和整合的重要工具和保证；第二，在重学历的国度，它是激励和提高学习者参与终身学习积极性的基本手段。从韩国和南非的经验看，对终身学习成果实行认证和转换不仅是必要的，也是可行的。非正规学习的成果可以通过学分积累并向文凭证书转换，无一定形式的学习成果可通过资格证书和职业资格给予肯定。希望国家把建立终身学习成果认定和转换制度作为推进终身学习和建立学习型社会的抓手，加大研究试验工作力度，让有条件的地区、城市先搞起来，为全国指导工作积累经验。二是研究如何整合终身学习的公共服务平台并建立相应管理平台。可指定或组建若干机构，负责方案制定、学分登记、制定转换标准及组织实施的有关工作。三是研究如何建立促进终身学习与学习型社会建设的跨部门合作机制。

（三）加强终身学习领域的国际交流和合作

这次在上海举行的终身学习国际论坛，是21世纪以来在我国终身学习领域举行的一次大型国际学术研讨会。对加强国际交流和合作，增进我们对现代终身学习理念的认识，吸取国外的先进经验，拓宽思路和视野，促进我国站在世界终身学习研究和实践的前沿，推动终身学习的开展和学习型社会的建设，具有重要的意义和作用。为了进一步加强终身学习领域的国际交流和合作，建议针对我国建设终身学习体系和学习型社会的难点问题，有针对性地就一些专题，如在终身学习理念指导下的学校教学改革；建立终身学习成果认证、转换制度；促进不同类型教育之间的衔接和沟通等问题，进行更为深入的研讨和交流。